कम्पनी राज और हिन्दी

[आलोचना]

कम्पनी राज और हिन्दी

सन्दर्भ : फोर्ट विलियम कॉलेज

शीतांशु

राजकमल प्रकाशन

ISBN : 978-93-87462-69-4

मूल्य : ₹495

पहला संस्करण : 2018

प्रकाशक : राजकमल प्रकाशन प्रा.लि.
1-बी, नेताजी सुभाष मार्ग, दरियागंज
नई दिल्ली-110 002

शाखाएँ : अशोक राजपथ, साइंस कॉलेज के सामने, पटना-800 006
पहली मंजिल, दरबारी बिल्डिंग, महात्मा गांधी मार्ग, इलाहाबाद-211 001
36 ए, शेक्सपियर सरणी, कोलकाता-700 017

वेबसाइट : www.rajkamalprakashan.com
ई-मेल : info@rajkamalprakashan.com

मुद्रक : बी.के. ऑफसेट
नवीन शाहदरा, दिल्ली-110 032

COMPANY RAJ AUR HINDI
Criticism by Sheetanshu

अभिन्न मित्र और शिक्षक
अमरनाथजी के लिए
इस विषय पर सबसे पहली बातचीत उन्हीं से हुई

और माँ के लिए

भूमिका

मेरा अनुरोध है...
भरे चौराहे पर करबद्ध अनुरोध
कि राज नहीं भाषा
भाषा...भाषा...सिर्फ भाषा रहने दो
मेरी भाषा को
इसमें भरा है
पास-पड़ोस और दूर-दराज की
इतनी आवाजों का बूँद-बूँद अर्क
कि मैं जब भी इसे बोलता हूँ
तो जैसे कहीं गहरे
अरबी-तुर्की बांग्ला तेलुगू...
यहाँ तक कि एक पत्ती के हिलने की आवाज भी
मैं सब बोलता हूँ ज़रा-ज़रा
जब बोलता हूँ हिन्दी

—केदारनाथ सिंह

'हिन्दी के बारे में एक हिन्दी कवि का बयान' कविता की ये पंक्तियाँ एक खास तरह के दर्द से उपजी बेचैनी का मार्मिक बयान हैं। अपनी भाषा को सिर्फ भाषा के रूप में पाने की कवि की यह इच्छा सैकड़ों वर्षों से किसी-न-किसी कारण से अधूरी ही है। भाषा के सीधे सरल रूप के साथ सत्ता, साम्राज्य और पूँजी ने जिस तरह के खिलवाड़ किये हैं, उसने उसकी वास्तविक पहचान को हमेशा हाशिए पर ही बनाए रखा। आजादी तो मिल गई है पर स्थितियों में कुछ खास परिवर्तन नहीं आया है।'पास-पड़ोस और दूर-दराज की आवाजों के बूँद-बूँद अर्क' के आस्वादन से आज भी बहुतायत लोग वैसे ही वंचित रखे जाते हैं जैसे कभी औपनिवेशिक समय में रखे जाते थे। इस पुस्तक की चेतना बस उन्हीं कारकों को ढूँढ़ने की इच्छा से आती है जिसने आज भी स्थितियों को ऐसा गड्डमड्ड बना रखा है। इस पुस्तक

की चेतना उस हिन्दी से आती है जो सत्ता और साम्राज्य की नहीं बल्कि उस आम आदमी की जबान है जिसके लिए हिन्दी को खोने का मतलब अपनी आवाज खो देना है, जिसके लिए हिन्दी रोजी-रोटी है और जिसके बगैर वह कुछ भी नहीं है। इस हिन्दी का उन्नीसवीं सदी के शासकों की समझदारी से कोई वास्ता नहीं है, राजभाषा से तो कतई नहीं। इस पुस्तक में मैंने कोशिश की है कि उस हिन्दी के अतीत के कुछ अनसुलझे पहलुओं को सुलझाने का प्रयास करूँ जो हमारे पास 'आखिरी सिक्के' की तरह रह जाती है। औपनिवेशिक दौर में प्राच्य ज्ञान और हिन्दी भाषा को समझने के लिए जिन सरलीकृत रास्तों को ईजाद कर लिया गया है, यह पुस्तक उन्हीं रास्तों से मुक्ति का प्रयास है।

उत्तर-उपनिवेशवाद की सैद्धान्तिकी के विकास के साथ प्राच्य ज्ञान पर औपनिवेशिक सत्ता के दबाव के सन्दर्भ में बहुत सारी सामग्री सामने आई है। यह सुखद है कि इसने बौद्धिक हलकों में नये विचार-विमर्श की चेतना का सृजन किया है। लेकिन यह सामग्री ज्यादातर औपनिवेशिक सत्ता के विस्तार के लिए किये गए ज्ञान के अनुकूलन की प्रक्रिया का पर्दाफाश करती है। निश्चय ही उपनिवेशवाद की प्रतिष्ठा में ज्ञान के अनुकूलन की प्रक्रिया का बहुत ही महत्त्वपूर्ण स्थान रहा है और इस बात से इनकार नहीं किया जा सकता कि उपनिवेशवाद को स्वीकार्य बनाने के लिए एक खास किस्म के लेखन को विशेष महत्त्व देकर उसका काफी दुरुपयोग किया गया है। किन्तु इस दुरुपयोग को विभिन्न सिद्धान्तकारों ने आसान माध्यम के रूप में पाकर इतना सरलीकरण किया है कि बहुत सारी ऐसी बातों के लिए भी पूर्णतया उपनिवेशवाद को ही जिम्मेदार ठहराया जाने लगा है जिसके लिए उसके अतिरिक्त और भी कई कारक जिम्मेदार हो सकते हैं। ज्ञान की अपनी उन्मुक्तता और प्रभावोत्पादकता की बात ही नहीं की जाती। इस प्रक्रिया के कारण औपनिवेशिक दौर के प्राच्य ज्ञान को समझने की पद्धति में काफी घाल-मेल हो गया है, विचार-विश्लेषण में काफी कमियाँ आ गई हैं। पिछले कुछ दशकों में बड़े पैमाने पर यह हुआ कि औपनिवेशिक दौर में पश्चिमी अध्येताओं द्वारा किये जा रहे सम्पूर्ण लेखन को सिर्फ एक ही कोण के आधार पर ऐसे व्याख्यायित किया जाने लगा, जैसे किसी व्यक्ति के चिन्तन को और बातें प्रभावित ही न करती हों! औपनिवेशिक दौर की गहरी समझदारी रखनेवाले कई प्रगतिशील विचारकों ने, जैसे कि इरफान हबीब या सुमित सरकार ने, इस स्थिति के प्रति चिन्ता व्यक्त करते हुए माना है कि पश्चिम के इन अध्येताओं को अकादमिक जगत् में मात्र साम्राज्यवाद हितैषियों के रूप में ही प्रतिष्ठित किया जाने लगा है और यह प्रक्रिया इस कदर बढ़ गई है कि पश्चिम के अनेक अध्येता जो भारत जैसे एशियाई देशों का अध्ययन करते रहे हैं, स्वयं को 'प्राच्यवाद' (पूर्व प्रचलित अर्थों में) से अलग दिखाने लगे हैं।

ऐसी उलझाऊ स्थिति में हमें यह समझना होगा कि आलोचक या इतिहासकार का दायित्व सिर्फ इतिहास की तथ्यात्मक प्रस्तुति में या किसी सैद्धान्तिकी के विकास में खत्म नहीं हो जाता बल्कि जैसा कि ई.एच. कार कहते हैं कि यथार्थ पर डाले गए आवरण को अनावृत करने के लिए उसे निरन्तर क्रियाशील रहना पड़ता है, अतीत से निरन्तर संवाद करना पड़ता है। आज के कठिन समय में जब सत्तासीन ताकतें भ्रम की लगातार सृष्टि करती रहती हैं तब तथ्यों के प्रति, अतीत के प्रति समकालीन विचारकों और इतिहासकारों की जिम्मेदारी भी उसी अनुपात में गुरुतर हो गई है। उपनिवेशवाद ने भारतीय समाज के विकास में हस्तक्षेप कर अत्यन्त विनाशकारी प्रवृत्तियों को बढ़ावा दिया है। किन्तु इस स्थिति के विरोध के लिए जरूरी है कि हम सिर्फ विरोध तक न पहुँचें, बल्कि यथार्थ तक पहुँचें।

पिछली सदी में उपनिवेशवाद के चरित्र को स्पष्ट करने की दिशा में कई प्रगतिशील इतिहासकारों ने अत्यन्त तार्किक विवेचन कर इस दायित्व का उचित निर्वाह किया था। निश्चय ही विश्वपटल पर उपनिवेशवाद को दरकिनार करने में, उसकी समाप्ति में इन बुद्धिजीवियों ने महत्त्वपूर्ण भूमिका निभाई है। इस भूमिका के बाद भी स्थिति ऐसी है कि देश की कई जानी-मानी हस्तियाँ, महत्त्वपूर्ण सरकारी ओहदों पर विराजमान लोग, देश के कई 'कर्णधार' बीच-बीच में औपनिवेशिक राज्य के मानवीय पक्षों को उजागर करने का बीड़ा उठाते रहते हैं। औपनिवेशिक इतिहास-दृष्टि के प्रभाव से ग्रस्त लोग आज भी विदेशी विश्वविद्यालयों में जाकर अंग्रेजी राज का गुणगान करने में गर्व की अनुभूति करते हैं। ऐसे में पुनः-पुनः औपनिवेशिक राज्य के दुष्कर्मों और मिथ्या निर्मितियों का वर्तमान सामाजिक स्थितियों, राजनीतिक गतिविधियों और अकादमिक विमर्शों के सन्दर्भ में अध्ययन-अध्यापन भी एक ऐतिहासिक दायित्व का कार्य हो जाता है ताकि प्रभुत्वशाली पश्चिमपरस्त प्रभु वर्ग द्वारा लगातार निर्मित भ्रमों के असर को थोड़ा कम किया जा सके। किन्तु इसके साथ एक और ऐतिहासिक दायित्व का कार्य यह भी है कि अगर अंग्रेजी हुकूमत द्वारा हिन्दुस्तान के आर्थिक दोहन, साम्राज्यवाद की प्रतिष्ठा और भारतीय आधुनिकता में हस्तक्षेप से सम्बद्ध गम्भीर और महत्त्वपूर्ण स्थापनाओं के लिए तर्क जुटाने के क्रम में प्रगतिशील और सचेत आलोचकों ने पंक्तियों के बीच विद्यमान तथ्यों को यथोचित सम्मान से वंचित कर दिया हो, तो उसका भी उद्‌घाटन किया जाए। ज्ञान की चेतना अन्याय के विरोध के साथ किसी भी छद्मता के अनावरण की पक्षधर होनी चाहिए। इसीलिए इस पुस्तक में यह स्वीकारते हुए भी कि उपनिवेशवाद ने एक खास किस्म के लेखन के द्वारा स्वयं को स्वीकार्य करवाने का कार्य किया है, इस तर्क को प्रतिष्ठित किया गया है कि उपनिवेशवादी दौर के सम्पूर्ण ज्ञान को इस खास कोण से देखने की वजह से बहुत-सी बारीक बातों से हमारा ध्यान हट जाता है, विभिन्न परिस्थितियों का बहुत ही एकरेखीय

मूल्यांकन सामने आने लगता है, जो वास्तविक भौतिक परिस्थितियों को उद्‌घाटित करने में बाधा का कार्य करती हैं।

अपने इस तर्क को प्रतिष्ठित करने के लिए कोई आसान-सा उदाहरण चुनने के बजाय एक ऐसे संस्थान (फोर्ट विलियम कॉलेज) को चुना गया है, जो मूलभूत रूप से उपनिवेशवाद को और भी स्वीकार्य बनाने के लिए ही प्रतिष्ठित किया गया था। यही वह संस्थान है जिस पर यह आरोप हमेशा लगाया जाता है कि कम्पनी ने इसका आधार लेकर हिन्दुस्तान पर सत्ता को प्रतिष्ठित किया और औपनिवेशिक परियोजना के तहत हिन्दी-उर्दू में इसी कॉलेज ने फूट डाल दिया। बारीकियों को समझे बगैर ऐसी सरलीकृत बातें कई विद्वानों ने की हैं। किन्तु मजेदार बात यह है कि वेलेजली जैसे साम्राज्यवादी द्वारा स्थापित इस संस्थान के उद्‌भव के कारकों, उसके विकास के स्वरूप और उससे उत्पन्न ज्ञान का अध्ययन करके भी यह प्रतिष्ठित किया जा सकता है कि ज्ञान को सिर्फ एक ही कोण से देखने से ज्ञान की वास्तविक शक्ति को समझने में अधूरापन रह जाता है और औपनिवेशिक सत्ता ने निश्चय ही ज्ञान का अपने पक्ष में बहुत उपयोग किया किन्तु द्वन्द्वात्मक परिस्थितियों में ज्ञान अलग किस्म की भूमिका भी निभाती है।

इस संस्थान के सन्दर्भ में हिन्दी जगत् में अनेक प्रकार के मत, विवाद और भ्रान्तियाँ मिलती हैं। जैसे कि एक तरफ अगर यह मान्यता है कि हिन्दी भाषा की दृष्टि से कॉलेज कोई विशिष्ट योगदान न दे सका, तो दूसरी तरफ यह मान्यता है कि कॉलेज द्वारा प्रस्तुत कृतियों और उसकी भाषा-नीति से हिन्दी साहित्य की दशा और दिशा प्रभावित हुई। एक तरफ अगर यह मान्यता है कि 'प्रेमसागर' एक अत्यन्त उबाऊ और निम्न कोटि की रचना है तो दूसरी तरफ यह कि 'प्रेमसागर' हिन्दी साहित्य की एक अमूल्य कृति है और इतिहास-ग्रन्थों में उसका अवमूल्यन किया गया है। ये दुविधाएँ पैदा होती हैं संक्रमण के दौर की परिस्थितियों के सीमित विश्लेषण के कारण। इसीलिए साम्राज्यवाद के विकास में संस्थानों और प्रतिनिधीकरण को सफल बनानेवाले अन्य माध्यमों का जैसा मूल्यांकन शुरू हुआ है, यह पुस्तक उससे राबता नहीं रखती। इस पुस्तक में फोर्ट विलियम कॉलेज की स्थापना और उसके विकास के अध्ययन से मेरी यह दृष्टि बनी कि संक्रमण के उस दौर में सत्ता ज्ञान से ज्यादा आर्थिक जरूरतों से संचालित थी और प्राच्यविदों का सत्ता से वैसा ही सम्बन्ध नहीं था जैसा कि कम्पनी के अधिकारियों का। एक में गूढ़ता है तो एक प्रत्यक्ष, बिना लागलपेट। इसीलिए प्राच्यविदों पर ज्ञान के प्रभाव ने सत्ता के साथ उसके सम्बन्धों में सिर्फ सहयोग ही नहीं, फाँक भी पैदा किये। सामान्य तौर पर इन प्राच्यविदों और संस्थानों का नाम लेकर यह कह दिया जाता है कि कम्पनी ने जैसा चाहा, वैसा ही इन ज्ञान के संस्थानों ने किया। यह वस्तुनिष्ठ मूल्यांकन नहीं है। मूल्यांकन तब तक सटीक नहीं है जब तक चरित्र के समस्त पहलू उभरकर सामने

न आएँ। यह पुस्तक सिक्के के इसी दूसरे पहलू की ओर ध्यान दिलाना चाहती है।

सत्ता और ज्ञान का जैसा सम्बन्ध पूँजीवाद के पूर्ण विकास के बाद दिखाई देता है, वही सम्बन्ध पूँजीवादी उत्थान के दौर में देखना ठीक नहीं है। बाद में जाकर प्राच्यवाद का जितना सचेत प्रयोग हुआ है, व्यापारिक पूँजीवाद के दौर में यह प्रयोग उतने सचेत ढंग से नहीं हो रहा था। मूलतः व्यापारिक पूँजीवाद से औद्योगिक पूँजीवाद की तरफ संक्रमण के दौरान ज्ञान की वास्तविक स्थिति में परिवर्तन आता गया। औपनिवेशिक सत्ता का ज्ञान के प्रति दृष्टिकोण अपनी व्यापारिक नीतियों के हिसाब से परिवर्तित होता गया। इस पुस्तक में यह स्थापना दी गई है कि फोर्ट विलियम कॉलेज की भाषा-नीति और कम्पनी की भाषा-नीति में एक फाँक मौजूद था—जो मूलतः इसी तर्क की संस्तुति करता है। अन्यथा ज्ञान और सत्ता का जैसा सम्बन्ध अठारहवीं सदी के उत्तरार्द्ध में विकसित हो रहा था, वह उन्नीसवीं सदी के पूर्वार्द्ध में 'ओरिएंटलिस्ट-एंग्लीसिस्ट कंट्रोवर्सी' की शक्ल नहीं लेता। व्यापारिक पूँजीवाद से पैदा हुए अतिरिक्त उत्साह को कैसे परवर्ती समय में औपनिवेशिक सत्ता ने ही दबाया, इसकी छवि भी उभरकर आनी चाहिए। किसी भी अध्ययन के क्रम में हमें यह नहीं भूलना चाहिए कि ज्ञान की एक संस्कृति के निर्माण में पश्चिम के इन अध्येताओं की भी थोड़ी-बहुत भूमिका रही है, भले ही उससे साम्राज्यवाद का सम्बन्ध रहा हो। उन्नीसवीं सदी में अपनी पहचान निर्मित करने में भारतीय बुद्धिजीवियों ने इस प्राच्यवाद (पूर्व प्रचलित अर्थ में) से बहुत मदद ली है। कभी उससे लड़कर, कभी उसे स्वीकार कर।

इस पुस्तक में मेरी मूल चिन्ता यह रही है कि फोर्ट विलियम कॉलेज की विशिष्ट स्थिति और उसके विकास के माध्यम से सत्ता और ज्ञान के इसी समीकरण की ओर ध्यान आकर्षित किया जाए। लोग इसे सिर्फ फोर्ट विलियम कॉलेज का इतिहास न समझ लें। यह पुस्तक जितना फोर्ट विलियम कॉलेज के विभिन्न पहलुओं को समेटने के लिए लिखी गई है उतना ही फोर्ट विलियम कॉलेज को एक माध्यम के रूप में केन्द्र में रखकर अठारहवीं सदी के उत्तरार्द्ध और उन्नीसवीं सदी में सत्ता और ज्ञान के सम्बन्धों की बारीकियों को पहचानने के लिए भी। उन्नीसवीं सदी के इतिहास को लेकर बहुत सहज तरीके से निष्कर्ष निकाल लेना वाजिब नहीं, वह भी तब जब विश्व स्तर पर यह बहुत ही विराट परिवर्तन का दौर था। इसे सरलीकृत तरीके से देखने के कारण या राजनीतिक-आर्थिक लाभ अर्जित करने के चक्कर में बहुत क्षति पहुँचाई गई है।

सत्ता विचारधारात्मक नियंत्रण स्थापित कर आम जनता की चेतना के अनुकूलन के लिए मुहावरों का विकास करती है। ऐसा हर युग में होता आया है। प्रभुत्व कायम करने की इस प्रक्रिया में, मुहावरे गढ़ने की इस प्रक्रिया में ज्ञान एक अनिवार्य कड़ी है। युग की प्रभावी सोच-पद्धति और बौद्धिकता का दबाव बनाकर ही सत्ताधारी

आम जनता को भ्रमित और उनके चिन्तन को बाधित करते हैं। हिन्दुस्तान में अपने साम्राज्य विस्तार और लूट की अभिवृद्धि के लिए अंग्रेजों ने 'सभ्यता' और 'लोक प्रशासन' मुहावरों का जमकर प्रयोग किया। इसी तरह द्वितीय विश्वयुद्ध से पूर्व फासीवादियों ने 'राष्ट्रवाद' और 'जातीय श्रेष्ठता' के मुहावरे का इस्तेमाल किया था। ऐसे उदाहरण अनगिनत हैं। भूमंडलीकरण के इस दौर में जनवादी संघर्षों से अर्जित सामाजिक-व्यवस्थाओं का भी हथकंडे की तरह प्रयोग हो रहा है। तीसरे विश्व के संसाधनों पर नियंत्रण के लिए जैसे 'जनतंत्र' को भी एक मुहावरे में ही तब्दील कर दिया गया है। ऐसी परिस्थिति में ज्ञान की परम्परा और उसके विकास की प्रक्रिया के सम्बन्ध में चिन्तन-विश्लेषण अनिवार्य है। सार्थक और सुन्दर के विकास के लिए ज्ञान की अपनी उन्मुक्तता और प्रभाव तथा सत्ता के गलियारों से उसके सम्बन्ध का सवाल अहमियत रखता है। इसलिए और भी कि ज्ञान की स्वाभाविक वृत्ति का सम्बन्ध जिज्ञासा से है और जिज्ञासा स्वयं में एक विकसनशील प्रवृत्ति है। यही कारण है कि इतिहास में सत्ता का वर्चस्ववाद और मानवता के लिए सार्थक तत्त्वों का विकास समानान्तर दिखाई देता है। यह पुस्तक इतिहास के एक अत्यन्त महत्त्वपूर्ण मोड़ पर सत्ता और ज्ञान के समीकरण की इन्हीं बारीकियों को समझने के प्रयास की परिणति है।

हिन्दी साहित्य के अध्येताओं को यह स्वीकारने में कोई हर्ज नहीं होना चाहिए कि हिन्दी साहित्य में अभिलेखागारीय शोध बहुत कम होते हैं और उसकी स्थिति सन्तोषजनक नहीं है। फोर्ट विलियम कॉलेज के सन्दर्भ में लिखनेवाले ज्यादातर लेखकों (लक्ष्मीसागर वार्ष्णेय को छोड़कर) ने द्वितीयक स्रोतों से काम चलाए हैं। कॉलेज के सन्दर्भ में प्रचलित भेदों-मतभेदों और भ्रान्तियों का एक कारण यह भी है। इस पुस्तक में जो भी निष्कर्ष दिये गए हैं, वे सही हों या गलत, प्राथमिक स्रोतों के आधार पर ही दिये गए हैं। कुछ उद्धरण सीधे लक्ष्मीसागर वार्ष्णेय की पुस्तक फोर्ट विलियम कॉलेज से लिये गए हैं, लेकिन वह भी सिर्फ इसलिए क्योंकि 'प्रोसीडिंग्स ऑफ दी कॉलेज ऑफ फोर्ट विलियम' के दस्तावेज सिर्फ राष्ट्रीय अभिलेखागार, नई दिल्ली में उपलब्ध हैं और सभी के लिए आसानी से प्राप्य नहीं हैं। कुछ उद्धरण जिनके हिन्दी अनुवाद द्वितीयक स्रोतों से उपलब्ध हो गए, अतिरिक्त श्रम से बचने के लिए उनका उपयोग कर लिया गया। मूल अंग्रेजी में उद्धरण बस वहीं दिये गए हैं जहाँ कथ्य की तार्किकता और प्रामाणिकता के लिए उनका होना आवश्यक लगा।

इस पुस्तक को लिखने के क्रम में जब भी कोई तार टूटता हुआ लगता या संस्थान की गतिविधियों को समझने की जरूरत महसूस होती तो मुझे लक्ष्मीसागर वार्ष्णेय की पुस्तक 'फोर्ट विलियम कॉलेज' की ओर रुख करना पड़ता। कॉलेज प्रोसीडिंग्स के एक-एक पृष्ठ का निरीक्षण करने के बाद वार्ष्णेयजी ने बहुत ही

व्यवस्थित ढंग से हिन्दुस्तानी विभाग से सम्बन्धित सामग्री को इस पुस्तक में सजाया है। इस ग्रन्थ से सहमति-असहमति अपनी जगह है लेकिन वार्ष्णेयजी के प्रति धन्यवाद ज्ञापित किये बगैर आगे बढ़ना उनके योगदान का अवमूल्यन होगा।

जे.एन.यू., नई दिल्ली; कलकत्ता विश्वविद्यालय, कोलकाता; साहित्य अकादेमी, नई दिल्ली और एशियाटिक सोसाइटी, कोलकाता के पुस्तकालयों से कई महत्त्वपूर्ण पुस्तकें उपलब्ध हुईं। राष्ट्रीय पुस्तकालय, कोलकाता के रेयर बुक कलेक्शन में और राष्ट्रीय अभिलेखागार, नई दिल्ली में कई पुरानी और महत्त्वपूर्ण कृतियाँ देखने को मिलीं। विलियम प्राइस सम्पादित 'हिन्दी एंड हिन्दुस्तानी सेलेक्शंस' की प्रति राष्ट्रीय पुस्तकालय, कोलकाता से ही उपलब्ध हुई और 'प्रोसीडिंग्स ऑफ दी कॉलेज ऑफ फोर्ट विलियम' (19 भागों में) के दस्तावेज राष्ट्रीय अभिलेखागार, नई दिल्ली में ही देखने को मिलीं। इनसे गुजरने के बाद ही इस विषय पर मैं कुछ समझदारी बना सका, इसलिए उनका बहुत आभारी हूँ।

नामवरजी के निर्देशन में वर्ष 2008 में एम.फिल. उपाधि के लिए 'फोर्ट विलियम कॉलेज और हिन्दी भाषा' विषय पर मैंने एक शोध-कार्य जमा किया था। इस विषय पर काम करने के दौरान उन्होंने मुझे लगातार अनावश्यक उत्साह में पड़कर भटकने से बचाए रखा। पिछले आठ वर्षों के दौरान इस पुस्तक के रूप में मैंने उसी शोध-कार्य को विकसित किया है, उसे विस्तार दिया है। इस विषय पर काम करने के दौरान उन्होंने मुझ पर जितना विश्वास दिखाया, उसे व्यक्त नहीं किया जा सकता, न ही उनका ऋण कभी चुकाया जा सकता है। उनके और प्रो. वीर भारत तलवार के निर्देशन और सहयोग के प्रति बहुत आभारी हूँ। इस पुस्तक को पूरा करने के आखिरी महीनों में सबसे अधिक सहयोग और स्नेह मिला प्रो. मैनेजर पाण्डेय और प्रो. ओमप्रकाश सिंह से, उनका भी बहुत आभार।

प्रेसीडेंसी विश्वविद्यालय, जे.एन.यू. और कलकत्ता विश्वविद्यालय के अपने सभी शिक्षकों, असम विश्वविद्यालय के अपने सहकर्मियों और पिछले चार वर्षों से मेरी देखभाल कर रही खालिदा और नज्मा का आभारी हूँ। इस पुस्तक को लिखने के क्रम में चौहान सर, कृष्णमोहन जी, अंजू, उमा, मीनाक्षी, अभिषेक, कान्हा, सौरभ, आफताब, रोशन, मुन्ना, गौतम, वीरेन्द्र, अरिता, अनघा और सोनम से मिले सहयोग और प्रोत्साहन के लिए उनका शुक्रगुजार हूँ। यह पुस्तक प्रेस में जाने से पहले मेरे बहुत ही प्रिय दोस्तों—सन्दीप, चन्दन, अभिजीत और मनीष—की नजर से होकर गुजरी है, उनको भी धन्यवाद। राजकमल प्रकाशन समूह के प्रति कृतज्ञ हूँ कि उन्होंने इतने सुरुचिपूर्ण ढंग से इस पुस्तक को प्रकाशित किया। समूह के सम्पादकीय निदेशक निरुपमजी ने पुस्तक को जिस रुचि के साथ देखा और इसे बेहतर बनाने के लिए जो सुझाव दिये, उसके लिए उनका भी बहुत शुक्रगुजार हूँ।

मेरे परिवार के सदस्यों, विशेष रूप से भइया-भाभी और दीदी-जीजाजी का आभारी हूँ जिन्होंने इस बीच मुझे हर किस्म की जिम्मेदारी से मुक्त रखा। विभा ने इस पुस्तक को लिखने में जितना सहयोग किया है, उसके बिना यह पुस्तक अधूरी शक्ल में ही रह जाती। उन सभी का आभारी हूँ जिन्होंने मुझ पर इस बीच अपना भरोसा बनाए रखा, जिन्होंने प्रेम तो पर्याप्त दिया पर प्रतिदान नहीं माँगा।

—शीतांशु

अनुक्रम

सत्ता, ज्ञान और संस्थान

फोर्ट विलियम कॉलेज की स्थापना और उसके विकास एवं ह्रास की कहानी ईस्ट इंडिया कम्पनी के चरित्र एवं सत्ता और ज्ञान के सम्बन्धों की बारीकियों को समझने का बहुत ही बेहतरीन माध्यम है। असल में, इस कॉलेज की स्थापना (1800) भारतीय इतिहास के उस मोड़ पर हुई थी जो परम्परा से एक ऐसे विच्छेद का दौर है जिसने भारतीय समाज, संस्कृति, राजनीति, धर्म, दर्शन, कृषि, व्यापार आदि के चरित्र को बदलकर रख दिया। यह वह दौर है जब स्वयं ईस्ट इंडिया कम्पनी को भी इंग्लैंड में आकार ले रहे गम्भीर आर्थिक-सामाजिक परिवर्तनों का सामना करना पड़ रहा था। ईस्ट इंडिया कम्पनी की सामाजिक-सांस्कृतिक नीतियों को इन परिवर्तनों के आलोक में देखे बगैर सत्ता और ज्ञान के सम्बन्धों की बारीकियों को उजागर करना नामुमकिन है। इन परिवर्तनों को ठीक से समझे बगैर ही जब विद्वानों ने फोर्ट विलियम कॉलेज और ईस्ट इंडिया कम्पनी के सम्बन्धों की विवेचना शुरू की तो इसकी परिणति न सिर्फ फोर्ट विलियम कॉलेज और उसके साहित्य के एकरेखीय मूल्यांकन में हुई बल्कि इस दौर में सत्ता और ज्ञान के सम्बन्धों के स्वरूप का भी अधूरा और अतार्किक चेहरा ही प्रत्यक्ष हुआ। ब्रिटिश हुकूमत, ईस्ट इंडिया कम्पनी और विभिन्न संस्थानों को मात्र एक ही चश्मे से देखने की प्रवृत्ति ने इनके आपसी सम्बन्धों के अन्य आयामों को हाशिए पर डाल दिया। उत्तर-उपनिवेशवाद की सैद्धान्तिकी के साथ इसी किस्म की एक अन्य अतिरंजना का भी विकास दिखाई दे रहा है। दूसरी ओर, उत्पादन-सम्बन्धों में हो रहे अभूतपूर्व परिवर्तनों और सामाजिक संरचनाओं पर उसके प्रभाव को ठीक से चिह्नित न कर पाने के कारण ही कम्पनी राज के इतिहास पर विमर्श करते हुए आज भी कई विद्वज्जनों की दृष्टि सबकुछ छोड़कर बार-बार बिजली, प्रेस, रेल, संचार और प्रशासनिक सुगठन की ओर ही लगी हुई है। इसी तरह, जब फोर्ट विलियम कॉलेज की स्थापना के पीछे निहित कारकों पर विचार किया जाता है तो वहाँ भी अन्तत: राजनीतिक-आर्थिक विवशताओं से उपजे सुगठित प्रशासनिक ढाँचे की जरूरत या साम्राज्यवादी आकांक्षा पर ही बातें केन्द्रित होकर रह जाती हैं, जबकि कहानी कुछ और ही है।

संक्रमण के दौर में औपनिवेशिक सत्ता

कहानी की शुरुआत फोर्ट विलियम कॉलेज के स्थापना वर्ष (1800) के समय औपनिवेशिक सत्ता के चारित्रिक विकास को एक बार फिर समझे बगैर नहीं हो सकती क्योंकि यह वही समय है जब औद्योगिक पूँजीवाद अपने पैर पसार रहा था और व्यापारिक पूँजीवाद का इंग्लैंड की राजसत्ता से गठबन्धन टूटा नहीं था। इस समय के बारे में बहुत सारे शोध हो चुके हैं और विद्वानों ने अलग-अलग दृष्टियों से इसे देखा है। जो दृष्टि मुझे ज्यादा तर्कसंगत लगी है और जिसके प्रकाश में सत्ता और ज्ञान के सम्बन्ध को और बेहतर ढंग से समझा जा सकता है, संक्षेप में उसका ब्यौरा यहाँ आवश्यक है।

अठारहवीं सदी का अन्तिम चरण और उन्नीसवीं सदी का प्रारम्भिक दौर कम्पनी की आर्थिक स्थिति में और क्रमश: सांस्कृतिक और प्रशासनिक नीतियों में व्यापक परिवर्तन का दौर था। इन परिस्थितियों को समझने के लिए यह अत्यन्त आवश्यक है कि व्यापारिक पूँजीवाद से औद्योगिक पूँजीवाद की ओर के विकास को ठीक से समझा जाए। इस दौर में इंग्लैंड में आर्थिक धरातल पर आनेवाले परिवर्तनों के फलस्वरूप भारतीय आर्थिक संरचना इंग्लैंड की आर्थिक संरचना से इस कदर जुड़ चुकी थी कि दोनों को अलग-अलग करके देखा ही नहीं जा सकता। औद्योगिक पूँजीवाद का यह संक्रमण इतना व्यापक और इतना तीव्र था कि अर्थव्यवस्था के साथ-साथ बौद्धिक एवं साहित्यिक-सांस्कृतिक परिवेश पर भी इसके असर को आसानी से चिह्नित किया जा सकता है। उन्नीसवीं सदी में संस्कृतिकर्मियों और बुद्धिजीवियों में परस्पर विरोधी प्रवृत्तियाँ एक साथ दिखाई देने के पीछे भी इस संक्रमण की भूमिका है। संक्रमण की वजह से उत्पन्न दुविधाओं का युग के साहित्य पर बहुत गम्भीर असर पड़ा। अठारहवीं सदी के उत्तरार्द्ध के भारत में ब्रिटिश प्राच्यविदों के चिन्तन के प्रभाव और उन्नीसवीं सदी में उनके प्रभाव का ह्रास और आंग्लवादियों के बढ़ते दबदबे के पीछे भी सत्ता और पूँजी की स्थिति में आए इस परिवर्तन को बीज-कारक के बतौर चिह्नित किया जा सकता है। फोर्ट विलियम कॉलेज की स्थापना के कारणों, ईस्ट इंडिया कम्पनी की भाषा-नीति एवं शिक्षा-नीति से उसका अन्तर और चौवन वर्ष के कार्यकाल के दौरान उसकी दशा-दुर्दशा की वजहों को समझने के मूलभूत सूत्र यहीं से खुलते हैं।

अठारहवीं सदी के उत्तरार्द्ध को रजनी पाम दत्त ने ठीक ही 'आधुनिक पूँजीवाद की भ्रूणावस्था' कहा है।[1] चरित्र की इस भिन्नता पर और अलग से उसके विश्लेषण पर मेरा विशेष जोर है। व्यापारिक पूँजीवाद के दौर की आवश्यकताएँ औद्योगिक पूँजीवाद के दौर की आवश्यकताओं से भिन्न होती हैं। आवश्यकताओं के इस परिवर्तन के फलस्वरूप ही अठारहवीं सदी के आखिर में कम्पनी इस दबाव में आने लगी थी कि भारत के व्यापार पर उसका एकाधिकार खत्म हो लेकिन यह प्रक्रिया

उन्नीसवीं सदी में ही पूरी हो सकी जब भारत में कम्पनी की इजारेदारी समाप्त हो गई और औद्योगिक पूँजीवाद के कारण बड़े पैमाने पर कच्चे माल का भारत से अबाध निकास का रास्ता खुल गया, भारत के आमूल-चूल दोहन का रास्ता खुल गया। दोहन की प्रक्रिया की इस तेजी ने भारतीय इतिहास की प्रस्तुति में घाल-मेल की प्रक्रिया को भी बहुत तेज कर दिया। लूट-खसोट जितनी बढ़ती गई, इतिहास भी उतना ही झूठा होता गया, साम्राज्यवादी साँचे में ढलता गया। औद्योगिक पूँजीवाद के विकास के साथ ही ब्रिटिश साम्राज्य की कीर्ति, सभ्यता और समाज के प्रति उसकी गम्भीर चिन्ता, मानवीयता, श्रेष्ठ होने की वजह से शासन करने और लूटने के उसके अधिकार, प्रशासन और कृषि के क्षेत्र में उसके महत्त्वपूर्ण योगदान, ज्ञान के क्षेत्र में उसके वर्चस्व और विभिन्न क्षेत्रों में भारत के पिछड़ेपन के बारे में—हर तरीके के झूठ और भ्रम सायास और अधिक कूट-कूटकर भर दिये गए। अब प्राच्यविदों की पुरानी परम्परा की पद्धति इस मामले में उतनी मददगार साबित नहीं हो रही थी।

व्यापारिक पूँजीवादी दौर के लूट का विवेचन करते हुए अपनी पुस्तक 'भारत में अंग्रेजी राज और मार्क्सवाद' में रामविलासजी ने लिखा है : 'चाहे व्यापार हो, चाहे माल की पैदावार, पूँजीवाद की प्रवृत्ति होती है कि एक शक्तिशाली गुट दूसरे गुटों को दबाकर इजारा कायम करे। व्यापारिक पूँजीवाद के युग में इजारेदार कम्पनियों का निर्माण और उनकी शक्ति का प्रसार इसी प्रवृत्ति का सूचक है। ये कम्पनियाँ इतनी ताकतवर हैं कि वे राज्यसत्ता पर हावी हो जाती हैं अथवा उसे अपना समर्थन करने को मजबूर कर देती हैं।'[2] भारत के सन्दर्भ में यह कथन सोलहों आने सटीक है। इतिहासकारों के लिए 1750 के दशक का बंगाल इस प्रक्रिया को समझने का प्राथमिक पैमाना बन चुका है। औरंगजेब के शासनकाल के पश्चात् उत्पन्न परिस्थितियों ने कुछ ही दशकों में हिन्दुस्तान के इतिहास में एक ऐसी विदेशी शक्ति को प्रभुत्व कायम करने का अवसर दे दिया जो भारतीय अर्थव्यवस्था को खोखला करने के मकसद से ही क्रियाशील रही। सर्वविदित है कि पलासी की लड़ाई और उसकी 'लूट'[3] के बाद से भारतीय राजनीतिक परिदृश्य में ईस्ट इंडिया कम्पनी का महत्त्व वृहत्तर होता गया। इजारेदारी कायम करने के क्रम में ईस्ट इंडिया कम्पनी न सिर्फ अपने साम्राज्य की परिधि का विस्तार करती गई बल्कि उसकी आय का एक बड़ा हिस्सा भारत की 'लूट' से आने लगा। पलासी, बक्सर और बैंडीवाश के बाद किसी भी चुनौती के अभाव में कम्पनी की लूट की मात्रा बढ़ने लगी। रजनी पाम दत्त ने दस्तावेजों को खँगाल कर और आर.सी. दत्त की पुस्तकों की मदद से इस लूट के चरित्र के बारे में ऐसे-ऐसे उदाहरण सामने रखे हैं कि किसी तरह की दुविधा या सन्देह की गुंजाइश नहीं रहती। हाउस ऑफ कॉमंस के सदस्यों के सम्भाषणों, भारत के गवर्नर जनरलों के पत्रों और कोर्ट के डायरेक्टर्स को दी

गई रिपोर्टों, कम्पनी के कर्मचारियों की टिप्पणियों, अंग्रेज सौदागरों के संस्मरणों और अर्थशास्त्रियों की पुस्तकों से उद्धरण देकर उन्होंने साबित किया है कि विश्व इतिहास में ऐसी विनाशलीला शायद ही कहीं उपस्थित हुई हो जहाँ एक देश को लूट-लूटकर, करोड़ों लोगों को अकाल और भुखमरी का शिकार बनाकर, दूसरा देश अपने लिए बेरहमी से सम्पत्ति बटोरने और उद्योग-धन्धे तैयार करने में व्यस्त है। 1780-1800 के दौर में अगर औद्योगिक पूँजीवाद 'टेक-ऑफ' (एरिक हॉब्सबाम) करने में समर्थ हो सका तो इसके पीछे भारत में मचाई गई इस विनाशलीला की भूमिका महती रही।

इन दस्तावेजों में और कोई नहीं बल्कि स्वयं क्लाइव यह कह रहा है कि कम्पनी ने एक ऐसा साम्राज्य कायम कर लिया है जो फ्रांस और रूस को छोड़कर यूरोप के किसी भी साम्राज्य से ज्यादा विस्तृत है। उसने चालीस लाख स्टर्लिंग की मालगुजारी अर्जित की है और उसी के अनुपात में व्यापार किया है (30 मार्च, 1772 ई. को हाउस ऑफ कॉमंस के एक भाषण से)।[4] लूट की यह प्रक्रिया इस कदर पाशविक हो चली थी कि 1769-70 के अकाल के बावजूद मालगुजारी में कोई कटौती नहीं की गई थी। इस सन्दर्भ में गवर्नर जनरल वॉरेन हेस्टिंग्स द्वारा कोर्ट को 3 जनवरी, 1792 ई. को भेजी गई यह टिप्पणी देखिए : 'इस सूबे की कम-से-कम एक-तिहाई आबादी के खत्म हो जाने तथा उसके फलस्वरूप खेती में कमी आ जाने के बावजूद 1771 ई. में जितनी मालगुजारी वसूली गई, वह 1768 से भी ज्यादा थी।...स्वभावतया यह आशा की जाती थी कि इस महाविपत्ति के जैसे दुष्परिणाम हुए हैं, उसे देखते हुए मालगुजारी भी कम हो जाएगी लेकिन ऐसा नहीं हुआ क्योंकि मालगुजारी का पुराना स्तर कड़ाई के साथ कायम रखा गया।'[5] रही-सही कसर 1793 के स्थायी बन्दोबस्त ने पूरी कर दी। इस बन्दोबस्त के बाद कम्पनी के साथ-साथ जमींदारों की भी लूट शुरू हो गई। आश्चर्य नहीं कि अगली सदी में अकाल से मौतों की संख्या सरकारी आँकड़ों में ही दो करोड़ थी। कोई भी गलतफहमी न पालते हुए रजनी पाम दत्त ने बिल्कुल ठीक रेखांकित किया है, "अंग्रेजों से पहले जिन शक्तियों ने भारत पर विजय हासिल की थी, उनमें और अंग्रेजों में यही फर्क था कि पहले के विदेशी विजेताओं ने जहाँ भारत के आर्थिक आधार को ज्यों का त्यों रहने दिया और अन्त में उसमें घुल-मिल गए, वहाँ ब्रिटिश विजेताओं ने उस आधार को छिन्न-भिन्न कर दिया और वे ऐसी विदेशी शक्ति के रूप में बने रहे जिसमें सत्ता का संचालन बाहर से होता था और भारत से नजराने की वसूली करके बाहर भेजा जाता था। भारत में विदेशी पूँजीवाद की विजय और यूरोप में पूँजीवाद की विजय के बीच भी यह अन्तर है कि यहाँ ध्वंसात्मक प्रक्रिया के साथ-साथ उसी के अनुरूप नई शक्तियों का विकास नहीं हुआ। भारत की जनता ने महसूस किया कि उसकी पुरानी दुनिया तो उजड़ चुकी है पर नई दुनिया का कहीं पता नहीं था

इसलिए ब्रिटिश शासन के अधीन भारतीय जनता के दुख-दर्द के साथ एक खास तरह का विषाद जुड़ गया।'[6]

दोहन की इस प्रक्रिया के लिए और कम्पनी के 'जन-कल्याणकारी' स्वरूप के दिखावे के लिए भी यह जरूरी था कि 'लोक-प्रशासन' पर 'ध्यान' दिया जाए। कम्पनी की गतिविधियाँ अठारहवीं सदी में ही इतनी बेलगाम हो चुकी थीं कि उसे 'नियंत्रित' रखने के लिए ब्रिटिश हुकूमत पर भी दबाव बढ़ता जा रहा था। यह दूसरी बात है कि ब्रिटिश हुकूमत ने जो नियंत्रण स्थापित किया, उसके मूल में उस असीमित आय की स्थिरता की चिन्ता ज्यादा थी जो सिर्फ कम्पनी के हिस्से में जाती थी और जिसका एक बड़ा हिस्सा ब्रिटिश राजसत्ता को मिलता था। धीरे-धीरे इंग्लैंड में कम्पनी के विरोधी बढ़ते जा रहे थे। इनमें ज्यादातर वैसे लोग थे जो भारत को कम्पनी के एकाधिपत्य से निकालकर मुनाफाखोरी में हिस्सा चाहते थे। ऐसे में ब्रिटिश राजसत्ता ने रेगुलेटिंग ऐक्ट (1773) और पिट के इंडिया ऐक्ट (1784) के मार्फत कम्पनी की गतिविधियों में हस्तक्षेप किया। बोर्ड ऑफ कंट्रोल को भारतीय मामलों की निगरानी का भार दिया गया। कार्नवालिस को इस हिदायत के साथ भारत भेजा गया कि भारत में जो क्षेत्र हमें प्राप्त हैं, हम उनसे सन्तुष्ट हैं और समय की दरकार यह है कि अधिकृत प्रदेशों की 'ओवरहॉलिंग' की जाए।[7] लेकिन इन सारी कार्यवाहियों से उस ईस्ट इंडिया कम्पनी की बुनियादी व्यापारिक और साम्राज्यवादी चरित्र में कोई फर्क नहीं पड़ना था जो ब्रिटिश राजसत्ता को सबसे अधिक राजस्व देती थी। कम्पनी 1765 ई. में ही इतना मुनाफा कमाने लगी थी कि उसने गद्दी को चार लाख पौंड सालाना देने का वादा किया था।[8] अठारहवीं सदी के उत्तरार्द्ध की भारतीय राजनीतिक परिस्थितियों में कम्पनी की भूमिका के सन्दर्भ में शेखर बन्द्योपाध्याय की इस मान्यता से पूर्णतः सहमत हुआ जा सकता है : 'राजस्व की चिन्ता ने कम्पनी को प्रशासन के काम से लगाया और इस तरह सैनिक श्रेष्ठता से भू-भाग पर वर्चस्व की दिशा में, अप्रत्यक्ष शासन से प्रत्यक्ष अधिग्रहण की दिशा में एक संक्रमण आया।...भारत में ब्रिटेन के साम्राज्यिक प्रसार की प्रक्रिया में राजस्व, व्यापार और फौजी आवश्यकताओं का घात-प्रतिघात इतना स्पष्ट है कि उसे अनदेखा कर पाना असम्भव है।'[9]

स्पष्टतः ऐसे समय में, ब्रिटिश हुकूमत द्वारा प्रशासन से सम्बन्धित जो भी कदम उठाए गए या बताए गए, वे अन्ततः शासन करने और व्यापारिक हितों की मनोवृत्ति से ही संचालित थे। अठारहवीं सदी की असीमित लूट के बाद ब्रिटिश हुकूमत को औद्योगिक पूँजीवाद के विकास के लिए रास्ता तैयार करना था। लूट की पुरानी व्यवस्था औद्योगिक पूँजी के चरित्र के अनुकूल नहीं थी। कम्पनी का एकाधिकार इस पूरी व्यवस्था में बाधक था इसलिए किसी भी तरीके से उसके अधिकार क्षेत्र का सीमित किया जाना जरूरी था। औद्योगिक पूँजीवाद के जोरदार दबाव की वजह

से भारतीय साम्राज्य को बन्दरों की बाँट के लिए खोलना जरूरी था। कम्पनी पर इसके लिए कुछ दबाव बनाया जाना जरूरी था। इस संक्रमण को सटीक अंजाम तक पहुँचाने के लिए सुव्यवस्था और प्रशासन का ढिंढोरा पीटना भी जरूरी था। कम्पनी अगर इस बीच 'रामराज्य' स्थापित करने का बीड़ा भी उठा लेती तो इतिहास को संचालित करनेवाली शक्तियाँ उसे उसी दिशा में ले जातीं जिस दिशा में वह गई। अठारहवीं सदी के आखिर में अपमानजनक तरीके से वेलेजली ने जो अधिग्रहण की प्रक्रिया शुरू की थी, वह इसी प्रक्रिया के विस्तार में झिझक की समाप्ति की उद्घोषणा थी। इंग्लैंड में इस दौर में देश-प्रेम की भावना का इतना प्रसार कैसे हुआ? अपने विशाल साम्राज्य की जनता को सुशासन देने की चिन्ता इस दौर में इतनी क्यों बढ़ गई? भारत की विशाल जनता को अब सभ्य बनाने के लिए भारतीय परम्परा की चीजों से अलग इंजीलवाद और उपयोगितावाद का सिद्धान्त[10] ज्यादा उपयुक्त क्यों लगने लगा? पश्चिमीकरण ही भारत के विकास का एकमात्र उचित माध्यम क्यों माना जाने लगा और इन सारी चीजों के साथ ही इस दौर में मुक्त व्यापार के लिए रास्ता क्यों तैयार हो रहा था? 1813 के चार्टर ऐक्ट में कम्पनी के एकाधिकार को क्यों समाप्त कर दिया गया? ऐसी माँगें क्यों उठीं कि अब भारतीय साम्राज्य सीधे ब्रिटिश हुकूमत के पास होनी चाहिए? भारत का कपास उद्योग तहस-नहस क्यों होने लगा? भारत कच्चे माल का स्रोत कैसे बनता गया? —इन दो अलग लगनेवाली धाराओं के आपसी सम्बन्ध-सूत्रों को तलाशने से इस युग की बारीकियों की सही समझदारी विकसित की जा सकती है।

अठारहवीं सदी के दौरान मचाई गई लूट में किसी किस्म के बौद्धिक अनुकूलन की आवश्यकता नहीं पड़ी थी। कम्पनी को इतना समय ही नहीं मिला था और वह जरूरत भी नहीं आन पड़ी थी कि वह अनुकूलन का गम्भीर प्रयास करे। यह सारा लूट तो बिना किसी बौद्धिक गुलामी के ही सम्भव हो गया था। 1784 ई. में एशियाटिक सोसाइटी स्थापित तो हो गई थी किन्तु ज्ञान का प्रयोग उपनिवेशितों के मानसिक अनुकूलन के लिए बड़े पैमाने पर सम्भव नहीं हुआ था। अभी तो उपनिवेशवाद ही पूर्णतः प्रतिष्ठित नहीं हुआ था। यह जरूरी है कि ऐसे दौर के प्राच्यविदों के चिन्तन को अगर हम अपने विश्लेषण में लाएँ तो औद्योगिक पूँजीवादी दौर की आक्रामकता से उनके इस फर्क को जरूर ध्यान में रखें। रामविलासजी जब विलियम जोंस का मूल्यांकन करते हैं तो अर्थतंत्र पर व्यापारिक पूँजी की छाप का और साहित्य और संस्कृति पर सत्रहवीं-अठारहवीं सदी के पूर्वार्द्ध की संस्कृति का प्रभाव ध्यान में रखते हैं। वस्तुतः फोर्ट विलियम कॉलेज की पृष्ठभूमि में एक ऐसा माहौल तैयार हो रहा था जिसमें ज्ञान के साम्राज्यिक महत्त्व को तो अच्छे से समझा जाने लगा था किन्तु सत्ता के साँचे में उसे ठीक से पिरोया नहीं जा सका था। व्यापारिक पूँजीवाद से जैसे ही हम औद्योगिक पूँजीवाद की तरफ बढ़ते हैं तो स्थिति बदलने

लगती है। औद्योगिक पूँजी के विकास के साथ कम्पनी को अत्यन्त नई समस्याओं का सामना करना पड़ रहा था। खर्च को अब बहुत व्यवस्थित ढंग से देखने की जरूरत थी। कम्पनी शुद्ध मुनाफे की दृष्टि से हर चीज को देख रही थी इसलिए प्राच्यवाद के तहत हो रहे जरूरत से ज्यादा काम उनके लिए महत्त्वपूर्ण नहीं थे। वे अतिरिक्त बोझ लादनेवाले थे जिसके बगैर भी काम चल सकता था। विलियम जोंस से जेम्स मिल और मैकाले के दौर तक के इस क्रमिक विकास का अध्ययन सत्ता और ज्ञान के सम्बन्धों को समझने के लिए काफी मददगार है। हेस्टिंग्स के आत्मविश्वास से बैंटिक की दुविधाओं तक की परिस्थितियों को समझने के लिए इन सारी बातों को पृष्ठभूमि में रखकर और एक-दूसरे के साथ जोड़कर देखने की जरूरत है।

उन्नीसवीं सदी के पूर्वार्द्ध में भ्रूणावस्था का पूँजीवाद विकराल रूप धारण करने लगा था। उत्पादन के क्षेत्र में आए क्रान्तिकारी परिवर्तन ने शोषण और दमन में भी क्रान्तिकारी परिवर्तन उपस्थित किया। परिस्थितियों के इस परिवर्तन ने प्राच्य ज्ञान के प्रति कम्पनी के रुझान में व्यापक अन्तर तो उपस्थित ही किया था, ब्रिटिश हुकूमत का महत्त्व भी इस तरह स्थापित हो चुका था और उनका आत्मविश्वास इतना बढ़ चुका था कि अब पिछली सदी की तरह उन्हें सावधान रहने या किसी के सामने झुकने की आवश्यकता नहीं थी। इस देश के बड़े-बड़े नवाबों, राजा-महाराजाओं और मुगल सम्राट को वे धूल चटा चुके थे, लेकिन अठारहवीं सदी में ऐसी घटनाओं को अंजाम देने के बाद भी वे कहीं न कहीं अपनी सीमाओं को पहचानने की कोशिश भी करते रहे थे। अठारहवीं सदी के खत्म होते-होते किसी को सन्तुष्ट करने, समझौता करने, सम्मान देने की रत्ती भर भी जरूरत नहीं थी। जिन चिन्ताओं को ध्यान में रखते हुए मुगल सम्राट के सम्मान को बरकरार रखा गया था, रेगुलेटिंग ऐक्ट और पिट के इंडिया ऐक्ट को लागू किया गया था, कार्नवालिस को भारत भेजा गया था, बोर्ड ऑफ कंट्रोल को संसद ने हिदायतें दी थीं, वे चिन्ताएँ उन्नीसवीं सदी के पहले दशक के बाद नदारद होती गईं। भारत में सबसे बड़ी ताकत के रूप में उभरने, स्थायित्व अर्जित करने और पूँजी के दबदबे के विस्तार के साथ ब्रिटिश हुकूमत की भी प्राच्य ज्ञान को देखने की दृष्टि बदलने लगी। पूरब में मान्यता है कि विद्या आपको विनयशील बनाती है, विनय से पात्रता आती है, पात्रता से धन, धन से धर्म और धर्म से सुख लेकिन साम्राज्य स्थापित करने के क्रम में, उन्नीसवीं सदी में अब ऐसे अंग्रेज भारत में ज्यादा दिखाई देने लगे जिनमें यह प्रक्रिया पूरे उलटे रूप में थी। धर्मान्धता के कारण और सुख-समृद्धि के लिए धन की होड़ में विनयशीलता घट रही थी। विनयशीलता के अभाव के साथ सुपात्रों की संख्या भी कम होने लगी थी और ऐसे में प्राच्य ज्ञान को अप्रासंगिक माननेवाले और आंग्लीयता के पैरोकार बढ़ने लगे और अगर कुछ बच रहा तो सिर्फ श्रेष्ठता-ग्रन्थि।

प्राच्य ज्ञान

इस तरह फोर्ट विलियम कॉलेज के विकास की पृष्ठभूमि को मूलतः व्यापारिक पूँजीवाद, ब्रिटिश ईस्ट इंडिया कम्पनी के साम्राज्यवादी चरित्र, भारत में मचाई गई लूट, क्षेत्रीय शक्तियों के पतन, भारतीय आर्थिक और सांस्कृतिक ढाँचे से अंग्रेज जाति का अलगावबोध और शोषण व दमन की प्रक्रिया को जारी रखने के लिए प्रशासनिक एवं सैनिक विवशताओं आदि के माध्यम से चिह्नित किया जा सकता है। राजनीतिक-आर्थिक स्वार्थों और परिस्थितियों से सम्बद्ध इन प्रवृत्तियों का प्रभाव बहुत ही तीव्र, परिवर्तनकारी और स्पष्ट था। इसीलिए जब इतनी विस्तृत पृष्ठभूमि लिये हुए संस्थान की स्थापना को सिर्फ अधिकारियों को शिक्षित करने के लिए कम्पनी की जरूरत के माध्यम से चिह्नित किया जाता है, तो आश्चर्य होता है। खैर! सत्ता और ज्ञान के सम्बन्धों और फोर्ट विलियम कॉलेज के चरित्र को समझने के लिए इन प्रवृत्तियों के अलावा 'ब्रिटिश प्राच्यवाद' के साथ ज्ञान की जिस नई परम्परा और संस्कृति का उत्थान हुआ था, उसका सम्यक् विश्लेषण भी आवश्यक है। बौद्धिक और सांस्कृतिक चेतना-युक्त इस प्रवृत्ति का साम्राज्यवाद और ईसाई मत से बहुत ही संश्लिष्ट और गूढ़ सम्बन्ध था। इस प्रवृत्ति का प्रभाव भी व्यापक और परिवर्तनकारी जरूर था लेकिन अन्य प्रवृत्तियों की तरह इतना सीधा नहीं था कि सहज ही व्याख्यायित हो सके। प्राच्यवाद की सईदी थीसिस के बाद तो यह समस्या और भी बढ़ गई है।

यह चाहे ग्रेट ब्रिटेन से हुकूमत के दबाव के फलस्वरूप हो, चाहे राजस्व वसूली की प्रक्रिया में आसानी के लिए, शोषण और दमन की प्रक्रिया में आसानी के लिए हो या फिर ईस्ट इंडिया कम्पनी के जन-कल्याणकारी चरित्र के दिखावे के लिए, हर दृष्टिकोण से एक प्रशासनिक व्यवस्था का भ्रम तैयार करना ईस्ट इंडिया कम्पनी की बुनियादी जरूरत बन चुका था। यह प्रवृत्ति बहुत स्पष्ट भी है और व्याख्या-विश्लेषण के हर फ्रेम में फिट भी हो जाती है। यही कारण है कि फोर्ट विलियम कॉलेज की स्थापना के पीछे जो कारक गिनाए जाते हैं, उसमें विभिन्न राजनीतिक-आर्थिक विवशताओं से उपजे सुगठित प्रशासनिक ढाँचे की जरूरत पर ही बातें केन्द्रित हो जाती हैं। लॉर्ड वेलेजली की प्रवृत्ति भी साम्राज्यवादी प्रसार और प्रशासनिक सुगठन की ओर अत्यधिक थी। विस्तारवाद की नीति जो वेलेजली से पहले धीमी पड़ गई थी, वेलेजली के आगमन (1798) के बाद पुनः गतिशील हो गई। वेलेजली भारत में अपने कार्यकाल के दौरान लगातार सैनिक और कूटनीतिक कार्यवाहियों में उलझा रहा। उसने बारम्बार मैसूर, हैदराबाद के निजाम, कर्नाटक, तंजोर, सूरत, अवध, मराठा, होलकर के मामलों में हस्तक्षेप किया और साम्राज्य-विस्तार के क्रम में कोर्ट ऑफ डायरेक्टर्स को भी कई बार अँधेरे में रखा।[11] कोर्ट ऑफ डायरेक्टर्स को वेलेजली ने कॉलेज की स्थापना के सन्दर्भ में जो नोट लिखकर भेजे थे, उसमें

भी प्रशासनिक सुगठन पर अत्यधिक जोर था। वेलेजली ने लिखा कि यह संस्थान भारत में लाखों लोगों को व्यवस्थित प्रशासन का सुख देगा और ब्रिटिश साम्राज्य को उसकी योग्यता, अखंडता, सद्गुणों और धर्म की बुनियाद पर स्थायी बनाने में सहायक सिद्ध होगा।[12] इन परिस्थितियों और नीतियों की परिणति यह हुई कि फोर्ट विलियम कॉलेज पर केन्द्रित अध्ययनों में कई अध्येता प्रशासनिक सुगठन की आवश्यकता पर केन्द्रित होकर रह गए। लक्ष्मीसागर वार्ष्णेय की 'फोर्ट विलियम कॉलेज' में सरलीकरण की यह प्रवृत्ति देखी जा सकती है। अध्ययन के इस दृष्टिकोण के फलस्वरूप फोर्ट विलियम कॉलेज के उदय, उसके विकास, प्राच्यवादी उभार के दौर में ज्ञान-विज्ञान के क्षेत्र में उसकी भूमिका और तत्युगीन बौद्धिक-सांस्कृतिक परिस्थितियों में उसकी अवस्थिति को पहचानने में एक अधूरापन रह गया।

डेविड कॉफ ने ब्रिटिश प्राच्यवाद और बंगाल नवजागरण के सन्दर्भ में आधुनिकता का गम्भीर अध्ययन किया है। 'ब्रिटिश ओरिएंटलिज्म एंड बंगाल रेनेसाँ' में उन्होंने 1773 से 1830 ई. तक के दौर को भारत में ब्रिटिश सांस्कृतिक नीति के सन्दर्भ में देखते हुए प्राच्यवाद युग कहने की पेशकश की है और फोर्ट विलियम कॉलेज को वॉरेन हेस्टिंग्स की सांस्कृतिक नीति और एशियाटिक सोसाइटी के बाद प्राच्यवाद की अगली कड़ी के रूप में देखा है।[13] कॉफ के इस अध्ययन में सामाजिक-राजनीतिक परिस्थितियों और नीतियों के साथ युग के बौद्धिक-सांस्कृतिक परिवेश का भी विश्लेषण है। कॉफ ने लिखा है : '1800 ई. में गवर्नर जनरल वेलेजली द्वारा कलकत्ता में स्थापित इस कॉलेज ने ब्रिटेन-भारत सम्बन्धों के परिणामों का अध्ययन करने के लिए बिल्कुल आदर्श सांस्थानिक माहौल तैयार किया। भारत में उच्च अध्ययन के लिए यूरोपियों द्वारा निर्मित यह पहला ऐसा संस्थान था जिसने भारतीयों को भी विभिन्न विभागों में स्थान दिया और दक्षिण एशियाई और यूरोपीय लोगों के बीच सांस्कृतिक आदान-प्रदान को बढ़ावा दिया। सक्षम प्राच्यविदों के माध्यम से कॉलेज ने अपने शैक्षणिक कार्यक्रम में सुधार किया और प्रसिद्ध एशियाटिक सोसाइटी ऑफ बंगाल और विलियम कैरे के सेरामपुर मिशन को, भारतीय संस्कृति को सजीव करनेवाली व्यापक प्रभाव वाली संस्था में तब्दील कर दिया।'[14] फोर्ट विलियम कॉलेज को डेविड कॉफ ने एक सिरमौर संस्थान कहा और उसे भाषायी आधुनिकता और साहित्यिक पुनरुत्थान, विद्यार्थियों के भारतीयकरण और उनकी बौद्धिकता के विकास और बंगाल में आधुनिक बौद्धिक वर्ग के उदय[15] के साथ जोड़कर देखा है। इस तरह भारत में एक नई प्रकार की चिन्तन-प्रणाली के विकास में ब्रिटिश प्राच्यवाद का मूल्यांकन और ब्रिटिश प्राच्यवाद के फ्रेम में फोर्ट विलियम कॉलेज की अवस्थिति का अध्ययन करके कॉफ ने राजनीतिक परिस्थितियों के साथ-साथ बौद्धिक-सांस्कृतिक परिवेश को भी चिन्तन के लिए जरूरी समझा। यह अध्ययन इस मायने में अतिवादी जरूर है कि औद्योगिक पूँजी के संक्रमण के व्यवस्थित रेखांकन के

अभाव में यह फोर्ट विलियम कॉलेज के साम्राज्यवादी पहलू को ज्यादा उकेर नहीं पाता, किन्तु इस अध्ययन की विशिष्टता इसमें है कि यह उस पहलू को भी बहस में लाता है जिसे वार्ष्णेयजी ने अपनी पुस्तक में ठीक से छुआ तक नहीं। वस्तुत: अठारहवीं सदी का अन्तिम पच्चीस वर्ष प्राच्यवादी ज्ञान-पद्धति और चिन्तन-शैली के उभार का दौर था जिसका कॉलेज की नींव रखे जाने से लेकर भविष्य की महत्त्वपूर्ण नीतियों तक, सब पर प्रभाव रहा। कॉलेज की स्थापना के पीछे जो विद्वान सिर्फ प्रशासनिक आवश्यकताओं और साम्राज्यवादी आकांक्षाओं को लेकर चलते हैं, वे प्राच्यवाद के महत्त्व और प्रभाव की तह में नहीं जा पाते। एशियाटिक सोसाइटी से किसी स्पष्टतया परिभाषित मदद के बगैर ही कम्पनी अपने साम्राज्य का विस्तार कर रही थी किन्तु बाद में जाकर वेलेजली अगर फोर्ट विलियम कॉलेज को इतना आवश्यक समझने लगता है तो निश्चय ही इसके पीछे साम्राज्यवादी आकांक्षाओं के अतिरिक्त प्राच्यविदों द्वारा तैयार किये गए अकादमिक-सांस्कृतिक परिवेश की महत्त्वपूर्ण भूमिका थी। इन प्राच्यविदों ने अपनी सारी सीमाओं के बाद भी पूरब के अध्ययन और ज्ञान के प्रसार में जितना श्रम लगाया था, वह साम्राज्यवादी वेलेजली को देशी जनता के मानसिक अनुकूलन के लिए निश्चय ही एक उपयोगी माध्यम लग रहा था। इस दोहरे स्तर का ध्यान निरन्तर बनाए रखना चाहिए।

सईदी फ्रेम के बाद प्राच्यवाद को देखने की एक अतिवादी दृष्टि का विकास हुआ है। 'ओरिएंटलिज्म' की भूमिका में सईद प्राच्यवाद के एक तीसरे अर्थ का ज़िक्र करते हैं : 'यहाँ मैं प्राच्यवाद के एक तीसरे अर्थ की बात करूँगा जो उपर्युक्त दोनों अर्थों की तुलना में कहीं अधिक ऐतिहासिक और भौतिक रूप से पहचाना जा सकता है। अगर हम अठारहवीं सदी के अन्तिम पच्चीस वर्षों से प्रारम्भ करें तो यह साफ हो जाएगा कि प्राच्यवाद का विवेचन और विश्लेषण एक ऐसी कॉरपोरेट संस्था के रूप में किया जा सकता है जिसका विषय है पूरब, जिसके बारे में वक्तव्य दिये जाते हैं, जिसके बारे में व्यक्त किये गए विचारों को प्राधिकृत किया जाता है, जिसका वर्णन किया जाता है, जिसे पढ़ाया जाता है, जिसका रूप निर्धारित किया जाता है, जिस पर शासन किया जाता है : थोड़े में कहें तो प्राच्यवाद पूरब के ऊपर शासन करने, उसे संरचित करने और उसके ऊपर अधिकार जमाने की पश्चिमी शैली है।'[16] प्राच्यवाद की इस सईदी अवधारणा की परिणति यह हुई कि 'प्राच्यवाद' जिसका पूर्व प्रचलित अर्थ 'पूरब की भाषाओं एवं संस्कृतियों का अध्ययन' था, अब मात्र 'प्राच्य की पाश्चात्य धारणाएँ' में तब्दील हो गया (इरफान हबीब)। सईद के इस 'प्राच्यवाद' को प्रो. हबीब ने थोपने की राजनीति के तहत देखा है और लिखा है कि जो भी सईद के मिजाज के अनुकूल नहीं ठहरते, उनके साथ वे मनमाना व्यवहार कर सकते हैं या उन पर 'प्राच्यवादी' (नकारात्मक अर्थों में) होने का ठप्पा लगा सकते हैं।[17] हिन्दुस्तान में प्राच्यवाद मूलत: एक अकादमिक अध्ययन के क्षेत्र

के रूप में जाना जाता रहा है। उपनिवेशवादी राष्ट्रों और पूरब में उनकी गतिविधियों के साथ इसके बहुत ही गूढ़ सम्बन्ध रहे हैं किन्तु इसके बावजूद भारतीय विद्वान प्राच्यविदों के अकादमिक कार्यों को महत्त्व देते रहे हैं। इसका प्रमुख कारण यह है कि प्राच्यवाद के तहत औपनिवेशिक वर्चस्व को बृहद् बनाने के अतिरिक्त ऐसे अनेक कार्य हुए हैं जिनकी भारतीय इतिहास, संस्कृति और साहित्य की समझ तैयार करने में गम्भीर भूमिका रही है। उदाहरण के लिए—पुरानी लिपियों का पढ़ा जाना, पुरानी पांडुलिपियों को खोजना और उन्हें सुरक्षित करना; विभिन्न स्थानों, राजाओं, धर्मों के इतिहास का लिखा जाना, विभिन्न धार्मिक एवं साहित्यिक कृतियों का यूरोप की विभिन्न भाषाओं में अनुवाद कर उसे विश्वपटल पर रखना और उसके महत्त्व को रेखांकित करना, इत्यादि।

इसीलिए कई महत्त्वपूर्ण विद्वानों (इरफान हबीब, सुमित सरकार, एजाज अहमद, हरीश त्रिवेदी) ने सईद की अवधारणा से उत्पन्न उत्तर-औपनिवेशिक सैद्धान्तिकी में व्याप्त होती जा रही अतिवादिता की आलोचना की है। एडवर्ड सईद की पुस्तक 'प्राच्यवाद' के प्रकाशन के बाद प्राच्यवाद के नकारात्मक अर्थों को ही भारत के अकादमिक परिवेश में भी स्वीकार किया जाने लगा। इस विचार को बहुत प्रश्रय मिला कि प्राच्यवाद इतने गूढ़ तरीके से कार्य करती है कि पूरब कभी विचार और प्रक्रिया का मुक्त विषय हो ही नहीं पाया और इस प्रक्रिया में पश्चिम का वर्चस्व हमेशा बना ही रहता है। यह स्थिति उपनिवेशवाद के खत्म होने के बाद भी बनी हुई है। इस तर्क को बहुत विस्तार दिया जा रहा है कि प्राच्यवाद विभिन्न माध्यम से हमेशा ही प्राच्य का प्रतिनिधीकरण करता रहा है। हिन्दुस्तान में कई प्रगतिशील विचारकों ने इस तर्क को इसी रूप में अपनाने से इनकार कर दिया। इन विद्वानों ने यह स्वीकार करते हुए भी कि उपनिवेशवादियों ने अपने विस्तार के लिए प्राच्यवाद का बहुत बड़े पैमाने पर इस्तेमाल किया है, इसके तहत हुए सभी कार्यों को दूषित मानकर उसे साम्राज्यवाद की टोकरी में डाल देने का विरोध किया। इनका तर्क है कि सईद और उनके अनुसरणकर्ता प्राच्यवाद और औपनिवेशिक विमर्श को एक ही साँचे में रखते हैं और यह देख नहीं पाते कि पूरब के प्राच्यवादी विमर्श पर सिर्फ उपनिवेशवाद ही एकमात्र प्रभावी कारक नहीं है। इरफान हबीब ने ठीक लिखा है कि सईद और उनके अनुसरणकर्ताओं के लिए यह मान लेना बहुत ही सहज है कि लैंगिक एवं जातीय समानता, राष्ट्र एवं जनतंत्र, जो आधुनिक समय में पश्चिम में उदित हुए और जिन्हें 1789 की फ्रांसीसी क्रान्ति और 1917 के रूसी क्रान्ति से व्यापक स्वीकृति मिली, का आधुनिक समय के प्राच्य-अध्ययन पर कोई प्रभाव नहीं पड़ा।

अध्याय के आरम्भ में मैंने एक ही रंग के चश्मे से हर परिस्थिति को देखने की जिस प्रवृत्ति का विरोध किया है, प्राच्यवाद की सईदी अवधारणा के बाद उस प्रवृत्ति का काफी विकास हुआ है और उससे पुराने प्राच्यवादी संस्थान (जैसे एशियाटिक

सोसाइटी, फोर्ट विलियम कॉलेज) और प्राच्य सम्बन्धित ज्ञान के अनेक बहुमूल्य स्रोतों (जैसे ब्रिटिश प्राच्यविदों के प्रयास से उत्पन्न या खोजे गए ज्ञान के स्रोत) का अध्ययन मात्र साम्राज्यवादी परम्परा को गढ़ने के एक माध्यम की तरह किया जाने लगा है। किन्तु फोर्ट विलियम कॉलेज पर सामग्री जुटाते वक्त और उसी के बरक्स ब्रिटिश प्राच्यवाद का अध्ययन करने के दौरान मेरी यह धारणा बनी है कि इस अकादमिक संस्थान का मूल उद्‌देश्य प्रशासनिक ढाँचे को साम्राज्य के अनुकूल बनाना जरूर था लेकिन ज्ञान की नई चेतना का गम्भीर प्रभाव ही था कि कम्पनी की शिक्षा नीतियों और कॉलेज की आकांक्षाओं में हमेशा मतभेद रहा। द्वन्द्वात्मक परिस्थितियों में ज्ञान अलग किस्म की भूमिका अदा करता है। वह पक्षपाती भले दिखाई दे, विरोधी स्वर उसमें संचारी भाव के रूप में विद्यमान रहते ही हैं। उच्च पदासीन वेलेजली, जो घोर साम्राज्यवादी था, को भी इस कॉलेज की स्थापना के लिए कम्पनी से मदद मिलने के बजाय विरोध का ही सामना करना पड़ा। यह बहुत जरूरी है कि हम इस बात को रेखांकित करते रहें कि इस फाँक के कारण क्या रहे। ऐसा क्यों हुआ कि कोई संस्था, जो साम्राज्य के लिए इतनी आवश्यक थी, उसे कम्पनी के 'कोर्ट ऑफ डायरेक्टर्स' ने भी कभी सहानुभूति से नहीं देखा? कॉलेज के पाठ्यक्रम, उसके व्यवहार, उनके द्वारा लागू की गई नीतियों, कॉलेज में नियुक्त किये गए प्रोफेसरों की चिन्तन-प्रणाली, पढ़ाने के तरीके, तैयार की गई पुस्तकों, पुस्तकालय में मौजूद सामग्री—सभी में ब्रिटिश प्राच्यवाद की प्रवृत्तियों और प्रभाव की झलक साफ देखी जा सकती है। कम्पनी को सिर्फ मुनाफा चाहिए था, यह अतिरिक्त भार उसे कैसे स्वीकार्य हो सकता था! सत्ता ज्ञान को हमेशा ही प्रशासनिक, धार्मिक, राजनीतिक बन्धनों में बाँधने की कोशिश करती है लेकिन ज्ञान की स्वाभाविक वृत्ति जिज्ञासा से है और जिज्ञासा स्वयं में एक विकसनशील प्रवृत्ति है। ब्रिटिश प्राच्यवाद की साम्राज्य और ईसाई मत के प्रति निश्चय ही संवेदनशील दृष्टि है जिसके पीछे कुछ राजनीतिक-आर्थिक-धार्मिक कारण हैं और पर्याप्त प्रमाण भी हैं, विलियम जोंस तक में यह मोह देखा जा सकता है,[18] लेकिन इस मोह को विशेष राजनीतिक दृष्टिकोण और आवश्यकताओं के पक्ष में सिकोड़कर देखना गम्भीर ऐतिहासिक परिस्थितियों, परिवेश, घटनाओं, चरित्रों आदि के विकास की सीमाओं को बाँध देने जैसा है। फोर्ट विलियम कॉलेज को ब्रिटिश प्राच्यवाद से उपजी परिस्थितियों के आलोक में देखने से प्राच्यवाद के स्वरूप, सत्ता के साथ उसके गूढ़ सम्बन्ध और फोर्ट विलियम कॉलेज की दशा-दुर्दशा और सत्ता की विभिन्न नीतियों पर उसकी क्रिया-प्रतिक्रिया को और भी स्पष्ट किया जा सकता है।

उत्पादन सम्बन्धों के यथेष्ट विश्लेषण के अभाव में प्राच्यवाद के बारे में उत्तर-औपनिवेशिक अवधारणा एकरेखीय हो जाती है। एडवर्ड सईद मूलतः सांस्कृतिक विमर्श पर केन्द्रित होकर साम्राज्यवाद विरोध की व्याख्या के अपने आधार को

एकरेखीय और सीमित बना लेते हैं। भारतीय शिक्षा और साहित्य के इतिहास में जोंस और मैकाले के अन्तर्विरोधों और बीसवीं सदी के हिन्दी के महत्त्वपूर्ण बुद्धिजीवियों और इतिहासकारों की इनके प्रति दृष्टि का विवेचन कर इस अन्तर्विरोध को स्पष्ट किया जा सकता है। वस्तुतः उन्नीसवीं सदी के साम्राज्यवादी उत्थान के दौर में प्राच्यविदों और आंग्लविदों में इतना विवाद होता है तो इसका कारण यही है कि प्राच्यवाद सिर्फ किसी एक चीज से प्रभावित नहीं था। प्राच्यवाद के वास्तविक स्वरूप को समझने के लिए जरूरी है कि अध्येता प्राच्यवाद को उसके व्यापक अर्थों में स्वीकार करें, उसकी अच्छाइयों एवं कमियों के साथ। यह ध्यान रखें कि उसके तहत तमाम ऐसे कार्य हुए हैं जिसने हमारी ज्ञानात्मक संवेदना को मजबूत किया है। हमारे अपने इतिहासकारों और साहित्येतिहासकारों में इतनी साम्राज्यवाद विरोधी चेतना शुरू से थी तो इसका कारण यह है कि ये इतिहासकार प्राच्यवाद की औपनिवेशिक व्याख्याओं से मुक्त होने में समर्थ थे और यह कि प्राच्यवाद की तरह ही ये भी किसी एक ही विचार-सरणी से प्रभावित नहीं थे। प्राच्यवाद को अभी जिस तरह से स्थापित किया गया है, उससे ऐसा प्रतीत होने लगा है कि उपनिवेशवाद की स्थापना में यह सर्वाधिक प्रमुख कारण था और अभी साम्राज्यवाद को स्वीकृति दिलाने का दायित्व भी इसी के ऊपर है। किन्तु अठारहवीं सदी के उत्तरार्द्ध की परिस्थितियों का विवेचन साफ बताता है कि उपनिवेशवाद के प्रारम्भिक विकास और स्थापना में प्राच्यवाद कोई बहुत प्रभावी कारक नहीं था। इसका महत्त्व स्वयं कम्पनी के कोर्ट ऑफ डायरेक्टर्स फोर्ट विलियम कॉलेज की स्थापना के समय और उसके बाद भी नहीं आँक पा रहे थे। किन्तु यह तर्क हमेशा इस वास्तविकता को रेखांकित करते हुए ही दिया जाना चाहिए कि उपनिवेशवाद और साम्राज्यवाद ने पूरब के बारे में एक खास किस्म के लेखन को बहुत बढ़ावा दिया है। प्राच्यविदों ने भारत के अतीत की खोज का प्रयास जरूर किया है किन्तु यह भी सच है कि उनके अपने समय में पश्चिमी श्रेष्ठता और ईसाई मत की महत्ता उनके मानस में कॉमनसेंस की तरह विद्यमान थी। इसके बावजूद यह कहा जा सकता है कि भारत के सन्दर्भ में उन्नीसवीं सदी का अधिकांश लेखन यूरोपीय श्रेष्ठता के बोध के साथ सामने जरूर आता है किन्तु प्राच्यवाद में इसके अलावा भी बहुत-कुछ है जिसका महत्त्व इन व्याख्याओं के क्रम में भुला नहीं देना चाहिए।

जैसाकि जिक्र किया गया, औद्योगिक पूँजीवाद के उथल-पुथल का रास्ता वॉरेन हेस्टिंग्स के गवर्नर बनने के समय (1773 ई.) तक तैयार नहीं हुआ था। इसीलिए उसके कार्यकाल के दौरान ब्रिटिश राज और कम्पनी बहुत सतर्कता से कदम बढ़ा रहे थे और यह कोशिश कर रहे थे कि बहुत ज्यादा क्षेत्रों पर अपना राजनीतिक नियंत्रण स्थापित करने से पहले अधिकृत क्षेत्रों की 'ओवरहॉलिंग' की जाए। कम्पनी इस दौर में शायद इस बात के लिए तैयार भी नहीं थी कि एक समय उसे इतने बड़े भारतवर्ष

पर भी नियंत्रण स्थापित करने का मौका मिलेगा। इस सन्दर्भ में शेखर बन्द्योपाध्याय ने पी.जे. मार्शल के विचारों को उद्धृत किया है : 'पी.जे. मार्शल का कथन है कि 1784 ई. तक (अर्थात् पिट्स के इंडिया ऐक्ट के पारित होने तक) भारत के राजनीतिक विजय के बारे में अंग्रेजों की कोई सायास या सुसंगत नीति नहीं थी। पीछे इंग्लैंड में सत्ता ईस्ट इंडिया कम्पनी के कोर्ट ऑफ डायरेक्टर्स और ब्रिटिश सरकार की कमजोर नियामक शक्ति के बीच बँटी रही और देखने में इनमें से कोई भी 1784 ई. तक भारत में इलाके जीतने में दिलचस्पी नहीं ले रहा था, हालाँकि तब तक एक बड़ा साम्राज्य हाथ लग चुका था। मार्शल के अनुसार, इस तरह भारत में साम्राज्य की वृद्धि न तो नियोजित थी, न ही ब्रिटेन से निर्देशित।'[19] इसके बारे में शेखर अपना मत व्यक्त करते हुए लिखते हैं : 'कम्पनी के भारत में कार्यरत अधिकारियों की पहलकदमी ने ही भावी कार्य-प्रक्रिया का निश्चय किया, बावजूद इसके कि विजय अभियानों या उपनिवेशीकरण के पक्ष में लन्दन से कोई नीतिगत निर्देश नहीं था। अपने पहले के एक लेख में मार्शल ने स्वीकार किया था कि अठारहवीं सदी के आरम्भ में व्यापार का पर्याप्त प्रसार हुआ था तथा व्यापार और साम्राज्य के सुस्पष्ट अन्तर्सम्बन्ध को भी अनदेखा करना कठिन था। लेकिन फिर मुगल सत्ता के पतन से उपजे राजनीतिक विखंडन और अस्थायित्व ने कम्पनी के क्षेत्रीय प्रसार को बढ़ावा दिया। इसलिए आवश्यक है कि उसके इतिहास को अठारहवीं सदी की भारतीय राजनीति के विकासक्रमों के सन्दर्भ में देखा जाए, जब अंग्रेज सिर्फ इन विकासक्रमों पर प्रतिक्रिया कर रहे थे और अपने रास्ते में आनेवाले अवसरों का लाभ उठा रहे थे।'[20] इसीलिए जैसा कि पहले भी बताया जा चुका है कि औद्योगिक पूँजीवाद के बाद के चरित्र से इस प्रारम्भिक उपनिवेशवाद के अलगाव को बहुत ही सहजता से पूर्ववर्ती शासन व्यवस्था, प्रारम्भिक कम्पनी की नीतियों, भारतीय संस्कृति एवं सभ्यता के प्रति उनकी दृष्टि में आसानी से चिह्नित किया जा सकता है।

ऐसे में, साम्राज्यवाद के प्रति उन्नीसवीं सदी जैसी सतर्कता के अभाव में, ब्रिटिश प्राच्यवाद के प्रारम्भिक स्वरूप में अंग्रेज जाति, सत्ता और ईसाइयत के प्रति लगाव था तो इनके द्वारा उत्पादित ज्ञान में वे बीज भी थे जो भारतीयों को अपनी श्रेष्ठ परम्परा से परिचित करा रहे थे। संवाद के जिन तत्त्वों को डेविड कॉफ जैसे बहुत सारे विद्वान तलाशने में सफल होते हैं तो इसलिए क्योंकि इन प्रारम्भिक परिस्थितियों में अभी प्राच्यवाद अंग्रेजी हुकूमत के प्रति अपने दायित्व के अलावा भी भारतीय संस्कृति और सभ्यता के विभिन्न तत्त्वों के प्रति आकर्षित होने की छूट रख सकता था। डेविड कॉफ लिखते हैं : 'ज्यादातर प्राच्यविद् उन्नीसवीं सदी के विक्टोरियाई दृष्टि में राष्ट्रवादी नहीं थे। इसके विपरीत, वे अठारहवीं सदी की विवेकशीलता, शास्त्रीयता, और सार्वदेशिकता के उत्पाद थे। दक्षिण एशिया में आनेवाले बाद के अंग्रेजों से अलग, वे कम-से-कम एक भारतीय भाषा में महारत

हासिल करते थे, और उस भाषा का गम्भीर शोध के लिए इस्तेमाल करते थे।'[21] कहा जा सकता है कि अठारहवीं सदी के उत्तरार्द्ध में आकार ग्रहण करनेवाला ब्रिटिश प्राच्यवाद अंग्रेजी हुकूमत को जायज तो ठहरा रहा था लेकिन सिर्फ अंग्रेजी हुकूमत को जायज ठहराने के लक्ष्य से सक्रिय नहीं था, मात्र पूरब को हेय ठहराने के मकसद से सक्रिय नहीं था, सिर्फ साम्राज्यवाद फैलाने के मकसद से सक्रिय नहीं था। इस प्राच्यवाद के तहत बहुत सारा ऐसा ज्ञान भी तैयार हो रहा था जिसका साम्राज्य के प्रसार से कोई खास लेना-देना नहीं था। उसका सम्बन्ध पूरब के ज्ञान के प्रति जिज्ञासा से भी था। प्रारम्भिक प्राच्यविदों की अंग्रेजी हुकूमत को जायज ठहराने की शब्दावली कुछ अलग थी।

वस्तुत: वॉरेन हेस्टिंग्स जब भारत का गवर्नर जनरल बना तो भारतीय भाषाओं और संस्कृति के अध्ययन में तीव्र परिवर्तन उपस्थित हुआ। हेस्टिंग्स ने अपने सिविल प्रशासन के लिए भारतीय भाषाओं, संस्कृति और परम्पराओं की जानकारी को आवश्यक माना। हेस्टिंग्स की यह समझदारी थी कि एक सक्षम सिविल कर्मचारी वही हो सकता है जिसमें परसंस्कृति अपनाने का सामर्थ्य हो। भारतीयकरण की यह प्रक्रिया सिर्फ सामाजिक मेल-मिलाप में नहीं बल्कि बौद्धिक आदान-प्रदान के स्तर पर भी होनी चाहिए।[22] ब्रिटिश कर्मचारियों से वह यह चाहता था कि उन्हें यह प्रयास करना चाहिए कि वे एशियावासियों की तरह सोचने और कार्य करने का प्रयास करें तभी शासक और शासित में एक तरह का सम्बन्ध स्थापित हो पाएगा, नहीं तो साम्राज्य का पतन अवश्यम्भावी है।[23] 1784 ई. में एशियाटिक सोसाइटी को ध्यान में रखते हुए हेस्टिंग्स लिखता है कि हर तरह के ज्ञान का संचय, खास तौर से वैसा जो हम उन लोगों के साथ सामाजिक सम्पर्क से, जिन पर कि हम आधिपत्य के अधिकार को आधार बनाकर शासन करते हैं, राज्य के लिए उपयोगी है।[24] हेस्टिंग्स स्वयं फारसी में काफी सक्षम था। उसने भारतीय कानून, दर्शन, प्राचीन भाषाओं के अध्ययन के लिए मदरसा और विभिन्न संस्थानों की स्थापना को प्रोत्साहित किया।[25] 1773 ई. में उसने ऑक्सफोर्ड विश्वविद्यालय में फारसी के अध्ययन के लिए प्रस्ताव तैयार किया ताकि भारत आने से पहले ही सिविल कर्मचारियों को फारसी और हिन्दुस्तानी की अच्छी जानकारी हो सके।[26] कॉफ का मानना है कि हेस्टिंग्स की ही नीति प्राच्यवादी आन्दोलन का मूल सूत्र बन गई : 'प्रभावपूर्ण शासन के लिए भारत से प्रेम जरूरी है, भारत से प्रेम करने के लिए यहाँ के मूल निवासियों से सम्प्रेषण जरूरी है और यहाँ के मूल निवासियों से सम्प्रेषण के लिए यहाँ की भाषाओं की जानकारी अनिवार्य है।'[27] प्रेम की इस धारणा के प्रयोग के बारे में शेखर बन्द्योपाध्याय ने वारेन हेस्टिंग्स को उद्धृत करते हुए लिखा है : '1785 ई. में वॉरेन हेस्टिंग्स ने लिखा—ज्ञान का हर संचय राज्य के लिए उपयोगी है...वह दूर (अतीत) के प्रेम को आकर्षित करता और अपना बनाता है यह उस जंजीर को हलका बनाता

है जिसके द्वारा मूल जनता को अधीनता में रखा जाता है, और यह हमारे अपने देशवासियों के दिलों पर परोपकार के भाव और दायित्व की छाप छोड़ता है।— लेकिन अगर प्राच्यवादी संवाद आरम्भ में प्राचीन भारतीय परम्पराओं के सम्मान की भावना पर आधारित था तो वहीं उसने अधीनस्थ समाज के बारे में ऐसा ज्ञान भी पैदा किया, जिसने आखिरकार शासन की नीति के रूप में प्राच्यवाद के अस्वीकार का आधार भी तैयार किया।'[28] प्राच्यविदों को परवर्ती साम्राज्यवादी पचा पाने में अक्षम क्यों थे, इसके कुछ सूत्र यहीं से खुलते हैं।

1784 ई. में एशियाटिक सोसाइटी की स्थापना हुई और विलियम जोंस, जॉन हाइड, डेविड एंडर्सन, विलियम चेम्बर्स, जोनाथन डंकन, चार्ल्स विल्किंस, जॉर्ज बार्लो, चार्ल्स हैमिल्टन और फ्रांसिस गाल्डविन आदि इससे जुड़े। महत्त्वपूर्ण प्राच्य विषयों पर गम्भीर शोध 'एशियाटिक रिसर्चेज' के माध्यम से प्रकाश में आने लगे। निजी आर्थिक स्वार्थों से परे हटकर और प्रशासनिक कार्यों के बाद समय निकालकर भी अध्येताओं ने शोध-कार्य प्रस्तुत किये। एशियाटिक सोसाइटी के प्रयासों से गम्भीर बौद्धिक परिवेश का निर्माण हुआ जिसका प्रभाव पं. बंगाल में उद्भूत पूरे नवजागरण के दौर पर देखा जा सकता है। इसलिए एशियाटिक सोसाइटी और एशियाटिक रिसर्चेज के योगदान को मात्र साम्राज्यवाद के आईने में रखकर नहीं पहचाना जा सकता। विलियम जोंस ने एशियाटिक रिसर्चेज के पहले खंड में इस सोसाइटी के उद्देश्यों को लेकर 'ए डिस्कोर्स ऑन दी इंस्टीट्यूशन ऑफ ए सोसाइटी फॉर इन्क्वायरिंग इन टू दी हिस्ट्री, सिविल एंड नेचुरल, द एंटीक्विटीज, आर्ट्स, साइंसेज एंड लिटरेचर ऑफ एशिया' लेख में अपने मन्तव्य रखे। उन्होंने कहा कि 'यह मेरे लिए अनिर्वचनीय आनन्द की स्थिति है कि मैं एशिया के उस विस्तृत प्रदेश के मध्य में खड़ा हूँ जिसने विज्ञान को विस्तार दिया, आह्लादकारी कलाओं का सृजन किया, श्रेष्ठ बुद्धियों को जन्म दिया, जो प्राकृतिक आश्चर्यों से परिपूर्ण हैं और जहाँ अनेक प्रकार के धर्म, प्रशासनिक व्यवस्थाएँ, परम्परा, व्यवहार, भाषा और यहाँ तक कि मनुष्यों के रूप-रंग भी दृष्टिगत होते हैं। मैं यह कहने से स्वयं को रोक नहीं सकता कि इतना विस्तृत और महत्त्वपूर्ण प्रदेश अभी तक अनन्वेषित है।'[29] जोंस आगे लिखते हैं : 'सिर्फ वही जिज्ञासु और अध्ययनशील लोग इस सोसाइटी की सदस्यता ग्रहण कर सकते हैं जिनके भीतर ज्ञान के लिए प्रेम हो और जिनके भीतर इसका विकास करने की उत्कंठा हो।'[30]

ओ.पी. केजरीवाल की पुस्तक 'भारत के अतीत की खोज' में बड़े दुख के साथ ए.एल. बैशम ने लिखा है : 'सोसाइटी ने अपने प्रारम्भिक दिनों में प्रकृति विज्ञान में जो रुचि ली, उसे पश्चिम के प्राच्यविदों के आलोचकों ने अपने इस तर्क का आधार बनाया कि अंग्रेजों ने भारत सम्बन्धी अध्ययनों में केवल इसलिए रुचि ली ताकि वे इस क्षेत्र पर अपनी प्रशासनिक पकड़ को और मजबूत तथा प्रभावशाली बना सकें।

इस तरह के विचार हमें द्विशतवार्षिकी के अवसर पर आयोजित गोष्ठियों में भी सुनने को मिले।' आगे वे लिखते हैं : 'जब जोंस ने 'शकुन्तला' का अनुवाद किया और सारे पाश्चात्य जगत् को संस्कृत नाट्यशास्त्र की समृद्धि से परिचित कराया तो उनके बारे में क्या हम यह सोचें कि उन्होंने ऐसा जानकर किया कि 'मैं ऐसा इसलिए कर रहा हूँ ताकि मेरा देश अपने अधीन लोगों पर अपने शासन की पकड़ को और अधिक मजबूत कर सके?' क्या जेम्स प्रिंसेप के मन में यही भावना थी जब उन्होंने अशोक के अभिलेखों को पढ़ा? वेदों के प्रथम अध्ययन के पीछे कोलब्रूक का उद्देश्य क्या राष्ट्रीयता से प्रेरित था? यदि इन विद्वानों को अपने खाली समय के उपयोग के माध्यम से अपने देश या ईस्ट इंडिया कम्पनी की और अच्छी सेवा करनी थी तो निस्सन्देह उनके पास विद्याध्ययन से अधिक प्रभावशाली तरीके थे।'[31]

वस्तुत: सईद और उनकी पुस्तक के प्रभाव में यह बड़े पैमाने पर घटित हुआ कि समाज के विभिन्न घटक मात्र उपनिवेशवाद के माध्यम से व्याख्यायित होने लगे। सुमित सरकार लिखते हैं कि इस बात की ओर अब ध्यान ही नहीं है कि इनका औपनिवेशिक आधिपत्य से अलग भी कोई अस्तित्व है। इनके विश्लेषण में औपनिवेशिक आधिपत्य की सारी पेचीदगियाँ और भिन्नताएँ नजरअन्दाज होती हैं और मैकाले के मिनट को ही समुचित विवरण मान लिया जाता है भारत में ब्रिटिश सांस्कृतिक नीति का।[32] वस्तुत: साम्राज्यवाद विरोध की कोई भी व्याख्या उत्पादन पद्धतियों, उत्पादन सम्बन्धों और पूँजीवाद के क्रमिक विकास के बगैर असम्भव है। एजाज अहमद ठीक पहचानते हैं कि सईद सांस्कृतिक विमर्श पर अत्यधिक केन्द्रित होकर साम्राज्यवाद विरोध की व्याख्या के अपने आधार को एकरेखीय और सीमित बना लेते हैं।

रामविलास जी जब विलियम जोंस का पाठ करते हैं तो बराबर यह ध्यान रखते हैं कि उनकी ऐतिहासिक अवस्थिति को देखें, उन्हें सिर्फ अंग्रेजी सभ्यता के प्रतिनिधि के रूप में न पढ़ें। जोंस उनके लिए एक विशेष सांस्कृतिक परिवेश की उपज थे : 'अठारहवीं सदी के अन्तिम चरण में इंग्लैंड का बुनियादी ढाँचा अभी परिवर्तित न हुआ था। औद्योगिक क्रान्ति की शुरुआत हो चुकी थी लेकिन वह पूरी न हुई थी। अभी अर्थतंत्र पर पुराने व्यापारिक पूँजीवाद की छाप थी और उससे भी ज्यादा साहित्य और संस्कृति पर सत्रहवीं और अठारहवीं सदी के पूर्वार्द्ध की संस्कृति का पूरा प्रभाव था। विलियम जोंस इसी सांस्कृतिक परिवेश की उपज थे।'[33] स्पष्ट है कि रामविलास जी के यहाँ सिर्फ जोंस का ही नहीं बल्कि इस दौर के प्राच्यवाद का विश्लेषण भी इन्हीं ऐतिहासिक प्रभावों को ध्यान में रखकर होता। इस दौर के प्राच्यवाद पर बात करते हुए जोंस के बारे में जो बातें रामविलास जी को आकर्षित करती हैं, वही बातें एडवर्ड सईद और उनके अनुगामियों को आकर्षित नहीं करतीं क्योंकि साहित्य एवं संस्कृति से व्यापारिक पूँजीवाद के सम्बन्ध को वे वैसे विश्लेषित

नहीं करते जैसे कि रामविलास जी करते हैं। जोंस को पढ़ते वक्त रामविलास जी सचेत रहते हैं कि कहाँ उन्हें अंग्रेजी साम्राज्यवाद के प्रभाव के तहत देखना है और कहाँ व्यापारिक पूँजीवाद से उपजे सांस्कृतिक माहौल के तहत। उनके पास यह अन्तर्दृष्टि है कि जोंस जैसे अठारहवीं सदी के उत्तरार्द्ध के बुद्धिजीवी को उसी आईने से नहीं देखा जा सकता जिस आईने से उन्नीसवीं सदी में साम्राज्य से सम्बद्ध किसी व्यक्ति को, जैसे कि मैकाले। रामविलास जी जोंस की उन सीमाओं से पूर्णतया वाकिफ हैं जो सईद के प्राच्यवाद के लिए बहुत ही महत्त्वपूर्ण सामग्री उपलब्ध कराती हैं लेकिन उनके लिए इन सीमाओं से ज्यादा महत्त्व ज्ञान के प्रति विलियम जोंस की जिजीविषा का है। रामविलास जी अपने निबन्ध में पहले जोंस की उन बातों पर ज्यादा केन्द्रित दिखाई देते हैं जो ज्ञान के क्षेत्र, भारतीय संस्कृति के अध्ययन के क्षेत्र में उनके योगदान के रूप में रेखांकित किये जा सकते हैं। सईद के लिए तथ्यों का ऐसा चुनाव सम्भव नहीं हो पाता क्योंकि उनका ध्यान अठारहवीं सदी के संक्रमण की इस गम्भीरता की ओर वैसे नहीं जाता जैसे कि रामविलास शर्मा का। मार्क्सवाद के प्राच्यवाद पाठ से उनके अध्ययन के गम्भीर अन्तर का यह सबसे बुनियादी कारण है। व्यापारिक पूँजीवाद से सम्बद्ध पुराने सांस्कृतिक परिवेश से जोंस का सम्बन्ध समझने के कारण ही रामविलास जी उनका महत्त्व रेखांकित कर पाते हैं। वस्तुत: पुराने व्यापारिक पूँजीवाद की परम्परा से जुड़े होने का ही असर था कि जोंस ब्रिटिश जाति और ईसाई मत से लगाव रखने के बावजूद अपने बर्ताव में आक्रामक नहीं दिखाई देते। ऐसी प्रवृत्ति का विकास उन्नीसवीं सदी में आकर ही ज्यादा होता है जब साम्राज्यवादी महत्त्वाकांक्षा बहुत बढ़ जाती है। रामविलास जी जोंस के योगदानों का विश्लेषण करने के बाद उनकी कमियों को भी रेखांकित करते हैं। ये वैसी ही कमियाँ हैं जो सईद के प्राच्यवाद की दृष्टि से महत्त्वपूर्ण हैं। किन्तु उनके लिए इन कमियों का अध्ययन पूरी 'यूरोपीय मानसिकता की दूषित बौद्धिकता' (एजाज अहमद) का अध्ययन नहीं बनता बल्कि एक खास ऐतिहासिक अवस्थिति पर केन्द्रित रहता है। इसीलिए अंग्रेज जाति, ईसाई धर्म और ब्रिटिश शासन के प्रति जोंस की अस्मितागत सीमाओं से पूर्णतया परिचित होने पर भी पहले जोंस की उन्मुक्तता, रोमांसिकता और भारतीय संस्कृति के अध्ययन में उनकी कष्टसाध्यता का रेखांकन रामविलास जी के लिए ज्यादा महत्त्वपूर्ण हो जाता है। फोर्ट विलियम कॉलेज और ईस्ट इंडिया कम्पनी की नीतियों और सम्बन्धों को ऐसी ही व्यवस्थित दृष्टि से देखने की आवश्यकता है। कॉलेज की प्रशासनिक संरचना, उसके साहित्य, उसकी भाषा-नीति, गिलक्रिस्ट जैसे अध्येताओं की दृष्टि इत्यादि में साम्राज्यवादी पुट ढूँढ़ना बहुत ही आसान है। किन्तु महत्त्वपूर्ण कार्य इस आसान परिघटना का उद्‌घाटन नहीं है बल्कि उन बारीक बातों का विश्लेषण है जिन्हें हम सामान्यीकरण करने के दौरान छोड़ते चले जाते हैं। रामविलास जी हमें उन्हें पकड़ने का रास्ता

दिखाते हैं। फोर्ट विलियम कॉलेज पर व्यापारिक पूँजीवाद की वही छाप नहीं ढूँढ़ी जा सकती जो जोंस पर रामविलास जी देखते हैं किन्तु परवर्ती साम्राज्यवादी प्रवृत्ति के प्रभाव के अतिरिक्त भी फोर्ट विलियम कॉलेज पर कुछ प्रभाव निश्चित विद्यमान थे जिन्हें छोड़कर आगे बढ़ना इतिहास के साथ अन्याय है। समस्या यह है कि अस्मिताओं में बँटता जा रहा समाज अब विरोधी तत्त्वों के सार्थक पक्ष को रेखांकित करने में यकीन नहीं रखता। यहाँ मार्क्स को याद करना चाहिए जिसने पूँजीवाद के उन्मूलन का बीड़ा उठाया था लेकिन समाज के लिए उसने पूँजीवाद के भी कुछ सार्थक पहलू ढूँढ़े थे।

रामविलास शर्मा इसी परम्परा के चिन्तक थे और इसीलिए प्राच्यवाद की इस परम्परा से ज्ञान को मुक्त नहीं करना चाहते थे, बल्कि चाहते थे कि तार्किक अन्तर्दृष्टि का इस्तेमाल करते हुए इन प्राच्यविदों के महत्त्वपूर्ण कार्यों को प्रकाशित किया जाए और उसका भारतीय संस्कृति के विश्लेषण के लिए प्रयोग किया जाए। रामविलास जी ने लिखा है : 'विलियम जोंस की रचनावली पूरी नहीं है। 1784 ई. के पहले इंग्लैंड में उन्होंने जो कुछ लिखा था, वह इसमें शामिल नहीं किया गया। उनकी जीवनी पढ़ने से ऐसा मालूम होता है कि शुरू में वे राजनीतिक विचारधारा में काफी क्रान्तिकारी थे। आगे चलकर उनका विकास हुआ या ह्रास हुआ, यह जानने के लिए उनकी प्रारम्भिक रचनाओं को देखना बहुत जरूरी है।...जो लोग भारत–प्रेमी हैं, वैज्ञानिक चिन्तन का विकास करना चाहते हैं, इस देश में और संसार में परिवर्तन चाहते हैं, उनके लिए यह और भी आवश्यक है कि वे प्रयत्न करके उनकी प्रारम्भिक रचनाएँ प्राप्त करें और उन्हें प्रकाशित करें।'[34]

रामविलास जी मार्क्सवादी इतिहास–दृष्टि का इस्तेमाल करते हुए उपनिवेशवाद के आरम्भ का भी गम्भीर विश्लेषण करते हैं, ब्रिटिश सरकार की कुरूपताओं को भी गहराई से खँगालते हैं और इसके बाद भी विलियम जोंस का सरलीकृत मूल्यांकन नहीं करते। ऐसा सम्भव होता है इतिहास और पाठ के महत्त्व की बराबर समझ के कारण। उपनिवेशवादी दौर में ज्ञान का बहुत ही गहरा सम्बन्ध था सत्ता से। यह वह दौर था जब सत्ता के लिए ज्ञान का महत्त्व बहुत ही स्पष्ट हो चुका था। भौगोलिक ज्ञान ने अंग्रेजों को दुनिया पर आधिपत्य स्थापित करने में बहुत सहायता पहुँचाई थी। उपनिवेशवाद और ईसाइयत का प्रभाव इस दौर की ज्ञानमीमांसा में बहुत व्यापक रूप में मौजूद था। यह पूँजीवादी उत्थान का दौर था और अंग्रेजों को अपने सारे कुकर्मों को उचित ठहराना था। किन्तु इस दौर में अगर प्राच्यविदों और आंग्लविदों में इतना विवाद होता है तो इसका कारण यह है कि ज्ञान सिर्फ किसी एक चीज से प्रभावित नहीं था। सभी इस दौर में अंग्रेजी सभ्यता को एक ही तरह से स्थापित करने का प्रयास नहीं कर रहे थे। जोंस की परम्परा और मैकाले की दृष्टि का अन्तर्विरोध, गिलक्रिस्ट और प्राइस की भाषा–नीति का अन्तर्विरोध गम्भीर अध्ययन की माँग

करता है। इस दौर में कुछ ऐसे भी अंग्रेज प्रशासक थे, जो देशी भाषाओं को स्थापित करने की बात करते हैं। इस परिवर्तन को समझने के लिए इतिहास के निर्णायक कारकों को कहीं अधिक गम्भीरता से समझने की जरूरत है।

इस तरह हम कह सकते हैं कि साम्राज्यवाद-विरोध की जो पद्धति रामविलास जी ने अपनाई, उससे हम बहुत-कुछ सीख सकते हैं। रामविलास जी ने साम्राज्यवाद के अपने तीव्र विरोध के बाद भी औपनिवेशिक दौर के लेखन को बहुत सीमित करके नहीं देखा क्योंकि उनका ध्यान सबसे पहले साम्राज्यवाद के उत्थान के आर्थिक-राजनीतिक कारणों, उसकी गूढ़ संरचना और उसका प्रतिरोध करने के तरीकों के विकास की तरफ था। इसीलिए वे विरोधी धारा के भी प्रगतिशील तत्त्वों को पहचानने में और उनका प्रयोग करने में सक्षम थे। रामविलास जी के लेखन से यह स्पष्ट हो जाता है कि साम्राज्यवाद की पूरी प्रक्रिया को समझने के लिए सांस्कृतिक वर्चस्व को समझना जरूरी है, किन्तु पिछली सदी में मार्क्सवाद ने साम्राज्यवाद विरोध की जो राजनीतिक-आर्थिक शब्दावली गढ़ी है, उससे मुक्त होकर साम्राज्यवाद विरोध विरोधाभासी दिशाओं की ओर ले जाएगा।

ऐसे में, अगर इस दौर को लेकर सिर्फ साम्राज्य और प्रशासन की चर्चा हो तो सत्ता और ज्ञान के उस द्वन्द्व की बात दब जाती है, जिसकी चर्चा सर्वाधिक आवश्यक है। एशियाटिक सोसाइटी ने ऐसे अनेक विषयों पर शोध कराए जिनका सम्बन्ध ज्यादातर ज्ञानार्जन की प्रक्रिया से है। उदाहरण के लिए 'एशियाटिक रिसर्चेज' के चौथे खंड में प्राकृतिक उत्पादों और उसके प्रयोगों, भौगोलिक परिवेश, दर्शन, ऐतिहासिक महत्त्व के स्थलों और स्मारकों, धर्म, भाषा, ज्योतिषशास्त्र आदि विविध क्षेत्रों के गम्भीर मुद्दों पर हुए शोध देखे जा सकते हैं।[35]

हम यह जरूर याद करते हैं कि प्राच्यविदों ने पूरब को हेय बताया, पश्चिमी सभ्यता के मानदंडों पर हमारा मूल्यांकन किया, अपने प्रतिमानों पर हमें सभ्य बनाने का प्रयास किया, भारतीय समाज की विकृतियों को चिह्नित किया, धार्मिक विभेद को अपनी अस्मिताई चिन्तन से बढ़ावा दिया किन्तु इस बात की चर्चा कम करते हैं कि विलियम जोंस और उनके साथी प्राच्यविदों ने विभिन्न भारतीय भाषाओं में अनुवाद भी किये, भारतीय धर्मग्रन्थों का अध्ययन किया, प्राचीन पांडुलिपियों का पता लगाया, व्याकरणों की रचना की, भारतीय कानून, जाति-प्रथा और सामाजिक संरचना का विश्लेषण किया और भारतीय परिवेश से प्रेरणा लेकर काव्य-सृजन भी किया। जोंस को ग्रीक, रोमन, फ्रेंच, स्पेनी, इतालवी, चीनी, संस्कृत आदि भाषाओं का ज्ञान प्राप्त था। मनुस्मृति, हितोपदेश, महाभारत, ऋग्वेद, कालिदास, जयदेव, प्राचीन भारतीय संगीत, भारतीय प्रकृति, दर्शन, पुराण, ज्योतिष, बीजगणित, नाट्यशास्त्र, मुहम्मद, फिरदौसी, खुसरो, निजामी के सन्दर्भ में उन्हें विस्तृत जानकारी थी और इस जानकारी को उन्होंने अंग्रेजी में उपलब्ध कराया।[36] जोंस ने हिन्दुस्तान के प्राचीन

तत्त्वों को परखा, उसकी छानबीन की और यूरोपीय बौद्धिकों के सामने भारतीय इतिहास के कई श्रेष्ठ तत्त्वों को स्थापित किया। कई भारतीय साहित्यकारों और इतिहासकारों ने इस विकास से प्रेरणा ग्रहण की। सर जॉन शोर ने विलियम जोंस पर केन्द्रित अपने एक व्याख्यान में कहा है : 'ज्ञान और सत्य उनके सम्पूर्ण अध्ययन के अभिप्रेत थे और उनका लक्ष्य मानव सृष्टि के लिए उपयोगी होना था। इसी दृष्टि से उन्होंने अपने अध्ययन का विस्तार सभी भाषाओं, देश और काल के लिए किया।'[37] विलियम जोंस ने तो हिन्दू धर्म के देवी-देवताओं (कामदेव, प्रकृति, दुर्गा, भवानी, इन्द्र, सूर्य, लक्ष्मी, नारायण, सरस्वती, गंगा) को आधार बनाकर लम्बी कविताएँ भी लिखीं, स्तुति भी की। कई कविताओं में जोंस अंग्रेज जाति के सुख के लिए प्रार्थना भी करते हैं।[38] चार्ल्स विल्किंस ने भी फारसी, संस्कृत और बांग्ला भाषाओं का गम्भीर अध्ययन किया था। विल्किंस ने बहुत सारी पांडुलिपियाँ एकत्रित कर उनके आधार पर भारत का प्राचीन इतिहास लिखने का प्रयास किया। सबसे पहला प्रयास उन्होंने 1785 ई. में किया जब उन्होंने नारायणपाल राजा का बादल पिलर शिलालेख (दिनाजपुर) पढ़ा।[39] उन्होंने गुप्तों के शिलालेख को भी पढ़ा। उन्होंने भगवद्गीता, शकुन्तला और हितोपदेश का अनुवाद भी किया।[40]

एच.टी. कोलब्रूक ने भी संस्कृत और प्राकृत भाषाओं, उनके साहित्य और प्राचीन ग्रन्थों को प्रकाश में लाने के प्रयास किये। हिन्दू धर्म और दर्शन के अध्येता के रूप में उन्होंने वेदों, धार्मिक क्रिया-कलापों, ब्राह्मणों, सांख्य-न्याय-मीमांसा-वेदांत दर्शन, जैनी और मुहम्मदी धाराओं के विकास पर कई शोधपूर्ण लेख लिखे।[41] कोलब्रूक ने संस्कृत को हिन्दुस्तान की ऐसी श्रेष्ठ और परिनिष्ठित भाषा माना जिसमें बहुत सारे क्लासिक रचनाकारों ने रचनाएँ कीं। उनका कहना था कि इसका विकास पूरे भारतवर्ष में पढ़े-लिखे हिन्दुओं द्वारा विज्ञान और साहित्य की भाषा के रूप में किया गया। भारतीयों के नागरिक और धार्मिक कानूनों के संग्रह-ग्रन्थ इसी भाषा में तैयार हुए।[42] जोंस के बाद कोलब्रूक बिना किसी विवाद के ही संस्कृत के आधिकारिक विद्वान के रूप में स्वीकृत हो गए। वे एशियाटिक सोसाइटी से जुड़े हुए थे। 1805 ई. में वे फोर्ट विलियम कॉलेज में संस्कृत और हिन्दू कानून के प्रोफेसर नियुक्त हुए। इन सारे विद्वानों में बहुत-कुछ अस्मिताई सीमाओं और साम्राज्यवादी आकांक्षाओं से संचालित था किन्तु बहुत-कुछ ऐसा भी था जो द्वन्द्वात्मक परिस्थितियों में ज्ञान की महती भूमिका के लिए मददगार साबित होता है।

कहा जा सकता है कि ब्रिटिश प्राच्यवाद और इन विद्वानों के प्रयासों के फलस्वरूप अठारहवीं सदी के अन्तिम पच्चीस वर्षों में ज्ञान के प्रति स्वाभाविक रुझान की जो एक परिस्थिति निर्मित हुई, उसका प्रभाव फोर्ट विलियम कॉलेज की स्थापना से लेकर उसकी कार्यप्रणाली तक पर पड़ा। यह प्रभाव तभी पहचाना जा सकता है जब हम तत्युगीन ईस्ट इंडिया कम्पनी की नीतियों के बाहर भी झाँकें।

साम्राज्यवाद के अतिरिक्त सत्ता और ज्ञान के द्वन्द्व का भी अध्ययन करें। तभी हम यह समझ पाएँगे कि ब्रिटिश प्राच्यवाद से जुड़े हुए या उससे प्रभावित कई विद्वान प्रशासनिक जरूरतों के लिए निर्मित कॉलेज में नियुक्त क्यों हुए! कोलब्रूक, जॉन गिलक्रिस्ट, विलियम कैरे, एच. बार्लो आदि को इसी श्रेणी में रखा जाना चाहिए। फोर्ट विलियम कॉलेज के पाठ्यक्रम में जो ग्रन्थ रखे गए, जैसे—शकुन्तला नाटक, बेताल पचीसी, तूतीनामा, गुलिस्ताँ, श्रीमद्भागवत, कुरान, प्रेमसागर, चन्द्रावती, गॉस्पेल्स, व्याकरण की पुस्तकें; विषयों के चुनाव की दृष्टि से उन पर भी ब्रिटिश प्राच्यवाद की छाप महसूस की जा सकती है। नीरज गोयल होम एंड पब्लिक डिपार्टमेंट्स, पब्लिक कंसल्टेशंस के आधार पर लिखते हैं : 'दस वर्ष के अन्दर ही बहुत-सी पुस्तकों का लेखन, संकलन तथा अनुवाद करके प्रकाशित करा दिया गया तथा उनकी प्रतियाँ फोर्ट सेंट जॉर्ज, बम्बई व इंग्लैंड स्थित हर्टफोर्ड कॉलेज को भी भेजी जाने लगीं।...1806 ई. तक कॉलेज स्थानीय अध्ययन का इतना बड़ा सांस्कृतिक केन्द्र बन चुका था कि ऑक्सफोर्ड विश्वविद्यालय और फोर्ट विलियम कॉलेज के बीच पुस्तकों का आदान-प्रदान होने लगा था।'[43]

गिलक्रिस्ट को कॉलेज में लाया ही इसलिए गया था कि प्राच्यवाद के क्षेत्र में और मूलतः 'हिन्दुस्तानी' भाषा के क्षेत्र में वे स्थापित हो चुके थे। कॉलेज में नियुक्ति से पूर्व ही गिलक्रिस्ट की डिक्शनरी, 'इंगलिश एंड हिन्दुस्तानी' (1800 ई.), 'हिन्दुस्तानी ग्रामर' (1796-98 ई.) और 'द ओरिएंटल लिंग्विस्ट' (1798 ई.) का प्रकाशन हो चुका था। 'प्रिमिटिया ओरिएंटल्स' में संकलित कॉलेज के विद्यार्थियों द्वारा रचित निबन्धों के विषय भी प्राच्यविदों से प्रभावित हैं, जैसे—1. ममालिक हिन्द की जबानों की असल बुनियाद संस्कृत है। —जे. रोमर। 2. सती होने की रीति हिन्दुओं में अपने पति के साथ भलमानसी और मया के चलन से बाहर है।—विलियम चैपलिन।[44] ब्रिटिश प्राच्यवाद के इस पाठ से फोर्ट विलियम कॉलेज की स्थापना की उस व्यापक पृष्ठभूमि को समझा जा सकता है जिसने सिर्फ वेलेजली ही नहीं बल्कि पूरे दौर के बौद्धिक परिवेश को प्रभावित किया था। ईसाई मत और ब्रितानी साम्राज्य के प्रति ब्रिटिश प्राच्यवाद के चरित्र में बहुत सम्मोहन है, गिलक्रिस्ट जैसे दूसरे चरण के पश्चिमी विद्वानों में साम्राज्यवाद हितैषी तत्त्व भी बहुत अधिक हैं लेकिन इसके बाद भी ज्ञान की जिस गतिशील चेतना का विकास ब्रिटिश प्राच्यवाद ने किया, उसे व्यापारिक मनोवृत्ति से संचालित कम्पनी सम्पूर्णता में पचा सके, ऐसा नहीं हो सकता था। सत्ता ने प्राच्यवाद का प्रयोग भले ही अपने लिए लगातार किया हो, इससे प्राच्यविदों के सृजन को सिर्फ सत्ता के आईने में नहीं देखा जा सकता। एडवर्ड सईद के अध्ययन के बाद प्राच्यवाद को सत्ता के साथ जोड़कर देखने का फैशन चल गया है जिससे इस दौर के प्रति अतिरंजित एवं पूर्वग्रहपूर्ण भ्रामक दृष्टि का विकास हुआ है। ऐसे अध्ययन के लिए रामविलास जी जैसे साम्राज्यवाद के घोर

विरोधी किन्तु अत्यन्त तार्किक एवं वस्तुनिष्ठ अध्येता की नजर चाहिए जिन्होंने भारतीय नवजागरण की स्थापना में जोंस की कमियों को पहचानते हुए उन्हें समस्या न मानकर एक माध्यम ही माना।

भारत जैसे देश के साहित्येतिहास के सन्दर्भ में पश्चिम की दृष्टि को समझने के लिए अत्यन्त सूक्ष्म विश्लेषण की जरूरत है क्योंकि भारत का पश्चिम से वही सम्बन्ध नहीं रहा जो मध्य-पूर्व का था। अठारहवीं सदी में उपनिवेशित होने से पहले विश्व-अर्थव्यवस्था का एक प्रमुख अंग होना, सांस्कृतिक धरातल पर एक समृद्ध अतीत का वाहक होना, पश्चिम से भौगोलिक दृष्टि से काफी दूर स्थित होना भारत के लिए कुछ भिन्न सन्दर्भों और पद्धतियों की माँग करता है। पूँजीवाद के साथ जैसा सम्बन्ध भारत का विकसित हुआ, ठीक वैसा ही मध्य-पूर्व का नहीं हुआ। साथ ही, इस्लाम के विस्तार का जो प्रभाव पश्चिम पर था, ठीक वही प्रभाव भारत पर नहीं था। भारत में ब्रिटिश प्राच्यवाद के स्वरूप का अध्ययन करनेवाले अध्येता न जाने क्यों इस तर्क को भुला देते हैं कि व्यापारिक प्रवृत्तियों से संचालित कम्पनी के कोर्ट ऑफ डायरेक्टर्स ने ही उन्नीसवीं सदी में आकर ऐसे-ऐसे कदम उठाए कि प्राच्यवाद के क्षेत्र में सक्रिय कई व्यवस्थित संस्थान भी, जो न सिर्फ प्राच्य ज्ञान को समृद्ध कर रहे थे बल्कि प्रशासनिक व्यवस्था को भी साम्राज्य के अनुकूल बना रहे थे, वैचारिक धरातल पर भारत में ब्रिटिश साम्राज्य को मज़बूती प्रदान कर रहे थे, काल के मुँह में समा गए। एशियाटिक सोसाइटी और फोर्ट विलियम कॉलेज दुर्गति के शिकार हुए। कहना न होगा कि यह स्थिति प्राच्यवाद की पैदा की हुई तो नहीं थी।

सत्ता, ज्ञान और संस्थान

'...आप यह समझ सकते हैं कि कोर्ट द्वारा भेजे गए 27 जनवरी के पत्र को देखकर, जिसमें फोर्ट विलियम कॉलेज को तोड़ देने की आज्ञा है, मैं कितना पीड़ित महसूस कर रहा हूँ।...मैं आपसे यह निवेदन करना चाहूँगा कि इस अभूतपूर्व संस्थान को पुनर्जीवन देने के लिए प्रभावपूर्ण (अगर ऐसा जरूरी लगे) हस्तक्षेप करें।

...मैं आपको यह जानकारी दे देना चाहता हूँ कि अगर कोर्ट इस संस्थान के उन्मूलन के अपने निर्णय पर कायम रहती है तो यह मेरा दृढ़ निश्चय है कि इंग्लैंड वापस पहुँचते ही मैं इस संस्थान के पुनर्गठन के लिए, जो इन प्रदेशों में सुगठित प्रशासन के लिए अत्यधिक आवश्यक है, संसद में प्रस्ताव रखूँगा। इस संस्थान को मैं इतना आवश्यक समझता हूँ कि मैंने यह निश्चय किया है कि अपना बचा हुआ राजनीतिक जीवन इस संस्थान को स्थापित करने के लिए अर्पित कर दूँगा।'[45]

[5 अगस्त, 1802 ई. को अर्ल ऑफ डॉर्टमथ को वेलेजली द्वारा लिखे गए पत्र का अंश। वेलेजली ने कोर्ट ऑफ डायरेक्टर्स द्वारा कॉलेज के उन्मूलन सम्बन्धी आज्ञापत्र से क्षुब्ध होकर यह निजी पत्र लिखा था।]

वेलेजली की महत्त्वाकांक्षा के सन्दर्भ में उपर्युक्त कथन के अलावा उसके हिन्दुस्तान आने और फिर इंग्लैंड लौटने के वक्त का मानचित्र भर देख लेना पर्याप्त होगा।

फोर्ट विलियम कॉलेज और सत्ता तथा ज्ञान के समीकरण के अध्ययन के क्रम में वॉरेन हेस्टिंग्स के बाद प्रशासकों में दूसरा महत्त्वपूर्ण नाम है मार्क्विस वेलेजली का। वेलेजली उस दौर का प्रतिनिधि है जब भारत में औद्योगिक पूँजीवाद की नींव रखी जा चुकी थी और उसके अनुकूल माहौल तैयार होना था। वेलेजली ने कुछ ही वर्षों की अपनी गतिविधियों से यह स्थापित कर दिया था कि पूँजीवादी आक्रामकता का भविष्य में चेहरा कितना कठोर होने वाला है और उपनिवेशों पर उसका कितना दुष्प्रभाव पड़ने वाला है। प्राच्यवाद के नजरिए से देखें तो एशियाटिक सोसाइटी के बाद दूसरा महत्त्वपूर्ण संस्थान फोर्ट विलियम कॉलेज था और इस कॉलेज की स्थापना का श्रेय साम्राज्यवादी वेलेजली को ही जाता है। लेकिन वेलेजली का उक्त कथन प्रमाणित करता है कि ज्ञान के ऐसे संस्थान, जो सईदी अवधारणा के हिसाब से प्राच्यवाद का इस्तेमाल कर सत्ता को सर्वस्वीकृत कराने में सहयोगी हो सकते थे और जबकि वेलेजली की दृष्टि भी सईदी प्राच्यवाद को पोषित करनेवाली थी, कम्पनी की नीतियों के कारण लगातार परेशानियों का सामना करते रहे। फोर्ट विलियम कॉलेज को डेविड कॉफ ने प्राच्यवाद की महत्त्वपूर्ण कड़ी के रूप में देखा है। इस कॉलेज के प्रति कम्पनी की नीतियों का अध्ययन एडवर्ड सईद की दृष्टि की एकरेखीयता को प्रमाणित करता है। कम्पनी की प्रतिकूल नीतियों के बाद भी सिर्फ वेलेजली की अपनी महत्त्वाकांक्षा ही थी कि वह इस संस्थान को बनाए रखने में सक्षम रहा। अन्यथा पूँजीवाद का यह प्रारम्भिक चरित्र ही इतना आक्रामक और इतना तीव्र था कि उसे ज्ञान के किसी संस्थान का उसकी आक्रामकता को जायज ठहराने के लिए प्रतीक्षा करने का धैर्य नहीं था।

भारत में आने से पहले वेलेजली दायित्व के कई महत्त्वपूर्ण पदों (हाउस ऑफ लार्ड्स में पीअर, सेंट पैट्रिक का निट, आयरलैंड का प्रिवी काउंसिलर, इंग्लैंड के खजाने का लॉर्ड, भारतीय मामलों का कमिशनर, ग्रेट ब्रिटेन का बैरॉन आदि) पर बैठ चुका था और मादक अधिकार-सुख का पर्याप्त भोग भी कर लिया था। हिन्दुस्तान के गवर्नर जनरल का पद सँभालते ही कम्पनी को उसने फिर से विस्तारवादी साम्राज्यिक नीतियों की ओर मोड़ दिया। वेलेजली हिन्दुस्तान के विस्तृत फैले हुए भू-भाग को सिर्फ व्यापारिक जरूरतों की न्यून दृष्टि से देखने का विरोधी था। भारत पर किसी भी तरीके से ब्रिटिश आधिपत्य को चिर आधिपत्य देना उसकी प्राथमिकता थी। इसके लिए जरूरी था कि विशाल भारतीय भू-भाग पर सैनिक और व्यापारिक श्रेष्ठता प्रमाणित कर भारतीयों के समक्ष उसे आवश्यक और हितकारी बनाकर पेश किया जाए। यह तभी सम्भव था जब भारतीय साम्राज्य के साथ-साथ बौद्धिक

चेतना पर भी अधिकार हो जाए। इसलिए साम्राज्य और बौद्धिकता को वेलेजली ने बाँधकर देखने की कोशिश की। अपने इस लक्ष्य की पूर्ति के लिए वेलेजली ने कई कठोर, महत्त्वपूर्ण और साथ ही अनियंत्रित कदम भी उठाए।

भारतीय प्रदेशों में मैसूर और अवध का महत्त्व बहुत अधिक था। फलस्वरूप ये दोनों ही शक्तियाँ वेलेजली की महत्त्वाकांक्षा से सबसे ज्यादा पीड़ित हुईं। वेलेजली ने जनरल हैरिस, जनरल स्टुअर्ट और निजाम की सेना के साथ मिलकर युद्ध-नीति तैयार की और 4 मई, 1799 ई. को टीपू सुल्तान को हराकर श्रीरंगपट्टम पर कब्जा कर लिया। युद्ध में टीपू मारा गया। वेलेजली द्वारा आयोजित ब्रिटिश राज्य की सैनिक कार्यवाहियों में इस युद्ध का गम्भीर महत्त्व था, इसलिए भी कि इस विजय का श्रेय एकमत से वेलेजली की झोली में जाना था। मैसूर के साथ घटे इस पूरे घटनाक्रम में वेलेजली ने जिस प्रकार की नीतियाँ अपनाई थीं और टीपू को और अन्य लोगों को जिस तरीके के पत्र लिखे थे, वे उसकी व्यग्रता को प्रमाणित करते हैं। इन पत्रों को 'वेलेजली डिस्पैचेज' में देखा जा सकता है। इसी तरह अवध पर भी सहायक-सन्धि के माध्यम से बहुत ही अपमानजनक और अजीब शर्तें थोपकर, उसके प्रशासन को कुपोषित बताकर नियंत्रण स्थापित किया गया। नवाब की सैन्य शक्ति भंग कर दी गई। रोहिलखंड और गंगा-जमुना के बीच के एक बड़े समृद्ध क्षेत्र पर अधिकार कर लिया गया। अंग्रेजी सेना की एक बड़ी टुकड़ी का खर्च भी नवाब पर ही थोप दिया गया। यह सब वेलेजली ने इस मनमाने ढंग से किया था कि उसकी विभिन्न नीतियों में से और किसी भी नीति की इतनी विस्तृत आलोचना और निन्दा नहीं की गई जितनी कि अवध के साम्राज्य से सम्बन्धित नीतियों की।[46] सहायक सन्धि के ही माध्यम से वेलेजली ने हैदराबाद और पूना पर भी ब्रिटिश प्रभुत्व कायम किया। इसके अलावा तंजोर, सूरत और कर्नाटक के प्रदेश भी हथिया लिये गए।

वेलेजली की इन महत्त्वपूर्ण कार्यवाहियों का सबसे रुचिकर पहलू, जिसका जिक्र पहले भी किया गया है, यह है कि इनमें से कई महत्त्वपूर्ण मामलों में उन्होंने कोर्ट ऑफ डायरेक्टर्स को भी अँधेरे में रखा। वेलेजली अपनी नीतियों को अपने हिसाब से तय कर लेते थे, उस पर कार्यवाहियाँ भी कर लेते थे और फिर अन्त में जाकर कोर्ट को इसकी जानकारी देते थे जबकि ब्रिटिश साम्राज्य के नियम के हिसाब से गवर्नर जनरल को अपनी कार्यवाहियों के लिए कोर्ट को विश्वास में लेना अनिवार्य था। कोर्ट का वेलेजली की ऐसी हरकतों पर कुपित हो जाना स्वाभाविक था। कई बार बोर्ड ऑफ कंट्रोल से कोर्ट ने इस बर्ताव की शिकायत की। गम्भीर मामलों में भी कोर्ट की अवहेलना करना काफी आश्चर्य में डालनेवाला है। तुर्रा तो यह कि इसके बाद भी वेलेजली कोर्ट की नीतियों को संकीर्ण ठहराते हुए कई लोगों को पत्र लिखते थे। जैसे कि शुरुआत में उद्धृत पत्र। कोर्ट वेलेजली की दम्भी प्रवृत्ति से इस कदर कुपित हो चुका था कि उसने बोर्ड ऑफ कंट्रोल को स्पष्टतः लिखा :

'हमें इस उपेक्षा का अनुभव इसलिए और भी होता है कि 20 जून, 1803 ई. के प्रेषण पत्र में यह घोषणा करने के बाद कि मराठा शक्तियों और ब्रिटिश शासन के बीच बातचीत की स्थिति बहुत नाजुक है, लॉर्ड वेलेजली युद्ध छिड़ जाने के बाद और पूरे युद्ध के दौरान लगभग पाँच महीने तक चुप्पी साधे रहे। उनकी इस चुप्पी के कारण हमारी दृष्टि में बिल्कुल ही असन्तोषजनक हैं। खबरें हमारे पास हर प्रकार के स्रोतों से पहुँचती रहीं, यहाँ तक कि कलकत्ता गजट के माध्यम से भी...बस, वही स्रोत मौन रहा, जिससे सूचना पाने का सर्वाधिक अधिकार हमें था...भारत की घटनाओं की विस्तृत सूचना हमें मिली पर गवर्नर जनरल और उनके परिषद से कोई अन्तर्वर्ती सूचना हमें नहीं मिली।'[47]

वेलेजली ने अपनी नीतियों को लागू करने के लिए शक्ति को अत्यधिक आत्मकेन्द्रित कर लिया था और 'गवर्नर जनरल की काउंसिल' ने भी उनके सामने कभी कोई समस्या खड़ी नहीं की। फोर्ट विलियम कॉलेज की स्थापना के सन्दर्भ में भी उन्होंने यही हरकत की। बड़े ही स्वेच्छाचारी तरीके से बिना कोर्ट ऑफ डायरेक्टर्स को इसकी सूचना दिये ही उन्होंने कॉलेज की स्थापना की घोषणा कर दी।

10 जुलाई, 1800 ई. को ही गवर्नर जनरल ने कोर्ट को भेजने के लिए 'दी गवर्नर जनरल्स नोट्स विद रेसपेक्ट टू दी फाउंडेशन ऑफ दी कॉलेज ऑफ फोर्ट विलियम' में अपने पक्ष के समर्थन में गहन विवेचन-विश्लेषण किया। इस नोट्स को प्रेषित कर वेलेजली ने कोर्ट से कॉलेज की स्थापना पर मुहर लगाने की माँग की। इस नोट्स को पढ़कर ऐसा लगता है कि जैसे 1800 ई. के आस--पास फोर्ट विलियम कॉलेज ही कम्पनी के विकास की सबसे बुनियादी जरूरत थी! वेलेजली ने इस नोट्स में लिखा : 'इसलिए ईस्ट इंडिया कम्पनी के कर्मचारी किसी प्रकार भी एक व्यापारिक संस्था के एजेंट नहीं समझे जा सकते। वास्तव में वे एक शक्तिशाली राज्य के प्रतिनिधि हैं और अब उन्हें नाममात्र की नहीं वरन् वास्तविक परिस्थिति के अनुरूप दृष्टि से देखना उचित होगा। अपने पुनीत कार्य और उच्च पद से उत्पन्न पेचीदगियों और गहरे सम्बन्धों का निर्वाह कर और विचित्र परिस्थितियों में पड़कर, जो सरकारी कार्य को गुरुतर और हर एक सरकारी उत्तरदायित्व की दिक्कतों को बढ़ा देती हैं, उन्हें मजिस्ट्रेट, जज, राजदूत और प्रान्त के गवर्नर जनरल की हैसियत से काम करना पड़ता है। उनके और संसार के प्रत्येक अन्य भाग के राजनीतिज्ञों के काम में यहाँ की प्रतिकूल जलवायु, एक विदेशी भाषा, विचित्र भारतीय रीति-रस्म और कायदे-कानून और यहाँ के रहनेवालों के आचारों की कठिनाइयों को छोड़कर और कोई अन्तर नहीं है।

इसलिए उनका अध्ययन, शिक्षाक्रम, आचरण, आचार-विचार और चरित्र इस प्रकार विकसित और उन्मुख किये जाने चाहिए जिससे उनके व्यक्तित्व और सरकारी

पदों के ऐश्वर्य तथा उनकी योग्यता और कर्तव्य के बीच सामंजस्य स्थापित किया जा सके।'[48] कहना न होगा कि अंग्रेजी सभ्यता को थोपनें की कितनी गहरी रणनीति वेलेजली के पास थी लेकिन वेलेजली के सभ्यता चिन्तन और कम्पनी की सभ्यता चिन्तन का फाँक भी इन्हीं पंक्तियों में अनुभूत किया जा सकता है। वेलेजली कम्पनी की नीतियों से विवश होकर व्यग्रता में ये बातें लिख रहा था।

वेलेजली के नोट्स के जवाब में कोर्ट ने लिखा कि मार्क्विस वेलेजली की यह आयोजना उदार और हितकारी होते हुए भी कम्पनी की आर्थिक दुरवस्था और धनाभाव को ध्यान में रखकर स्वीकार नहीं की जा सकती। (वेलेजली के नोट्स, कॉलेज के स्टैच्यूट्स, कोर्ट का जवाब आदि के लिए देखें अध्याय 2)

इन बिन्दुओं के आलोक में कई सवाल उभरते हैं। क्या कारण है कि मार्क्विस वेलेजली ने कॉलेज की स्थापना कोर्ट ऑफ डायरेक्टर्स को बताए बगैर ही कर ली? क्या कॉलेज वास्तव में कम्पनी के लिए उतना ही लाभप्रद था जितना कि वेलेजली अपने मिनट्स में बयान करते हैं? अगर वेलेजली की महत्त्वाकांक्षा के पीछे सिर्फ प्रशासनिक कारण ही थे तो उसने इतने विस्तृत पैमाने पर और इतने अधिक खर्च पर कॉलेज की स्थापना के बारे में क्यों सोचा? क्या उसे इतने ही बड़े पैमाने पर कॉलेज की बुनियाद नहीं रखनी थी कि कम्पनी के ऊपर खर्च का बोझ न पड़े या कोर्ट उसे जिस रूप में चाहता हो? आखिर कोर्ट ने कॉलेज के प्रति इतना विरोधी रुख क्यों अख्तियार किया? क्या वेलेजली की महत्त्वाकांक्षा के निर्माण में ब्रिटिश प्राच्यवाद से उपजे ज्ञान की संस्कृति का कुछ प्रभाव नहीं था?

रॉबर्ट आर.पीयर्स ने 'मेमॉयर्स एंड करेसपॉन्डेंस ऑफ दी मोस्ट नॉबल रिचर्ड मार्क्विस वेलेजली' में इस दौर के बारे में लिखा है : 'बौद्धिक वर्ग एक कॉलेज की स्थापना करनेवाले को कहीं ज्यादा सम्मान से देखता है बजाय उन लोगों के जो कि एक सेना को परास्त कर देते हैं या एक साम्राज्य पर अधिकार कर लेते हैं।'[49]

वेलेजली की महत्त्वाकांक्षा इतनी अधिक थी कि वे न सिर्फ साम्राज्य के सामने स्वयं को प्रमाणित करना चाह रहे थे बल्कि अपना वर्चस्व भी बनाए रखना चाह रहे थे। वेलेजली ने ब्रिटिश प्राच्यवाद के प्रभावस्वरूप पनपे ज्ञान की संस्कृति के महत्त्व को समझा था, इसलिए उसकी मनोवृत्ति को कम्पनी की व्यापारिक मनोवृत्ति (जो कि कोर्ट की भी मनोवृत्ति थी) और ब्रिटिश प्राच्यवाद दोनों ही कोणों से देखना होगा। यहाँ वेलेजली की साम्राज्यवादी मनोवृत्ति को भी ध्यान में रखना होगा। समस्या तब होती है जब ब्रिटिश प्राच्यवाद के प्रभावों को सिर्फ साम्राज्यवादी हथकंडे के रूप में प्रस्तुत किया जाता है। उसने भरसक ज्ञान के महत्त्व को समझा था लेकिन उसकी बुनियादी प्रवृत्ति एक साम्राज्यवादी की थी। दूसरी ओर, ब्रिटिश प्राच्यवाद के प्रारम्भिक चरित्र में अंग्रेज जाति और ईसाई मत के प्रति मोह होने के बाद भी प्राच्य ज्ञान के प्रति जिज्ञासा और उस ज्ञान के प्रसार की प्रवृत्ति भी थी।

वेलेजली का यह सोचना कि फोर्ट विलियम कॉलेज ऑक्सफोर्ड ऑफ दी ईस्ट के रूप में जाना जाएगा, कम्पनी की व्यापारिक मनोवृत्ति की तुलना में ब्रिटिश प्राच्यवाद से ज्यादा प्रभावित है। वेलेजली निश्चय ही मानता था कि कोर्ट इस कॉलेज को स्वीकृति नहीं देगा और इसलिए उसने कोर्ट को बिना बताए ही कॉलेज की स्थापना की घोषणा भी की थी। व्यापारिक मनोवृत्ति से संचालित कम्पनी को प्रशासन के लिए अपने अफसरों को कुछ प्राच्य विषयों और भाषाओं की जानकारी भर दे देना पर्याप्त था। इसके साथ ही फोर्ट विलियम कॉलेज की स्थापना से उनका खर्च और घाटा और भी बढ़ रहा था। प्रशासनिक सुगठन की आवश्यकता, साम्राज्य स्थापना की आकांक्षा और ब्रिटिश प्राच्यवाद का प्रभाव ही था कि वेलेजली कम्पनी का हिस्सा होकर भी मात्र व्यापारिक मनोवृत्ति से बाहर निकलकर व्यापक तौर पर नीतियाँ बना रहा था और फोर्ट विलियम कॉलेज की स्थापना को लेकर इस हद तक उत्तेजित था कि अपना शेष राजनीतिक जीवन इसी उपलक्ष्य में व्यतीत कर देने के लिए भी तैयार था। दूसरी ओर साम्राज्य विस्तार जिनकी बुनियादी जरूरत थी, (कम्पनी और कोर्ट ऑफ डायरेक्टर्स) वे प्राच्य ज्ञान के महत्त्व को ही आँक नहीं पा रहे थे और कॉलेज तोड़ने की आज्ञा दे रहे थे। फोर्ट विलियम कॉलेज को उन्होंने घटाकर काफी छोटे पैमाने पर कर दिया। यह बिल्कुल सही है कि साम्राज्यवादियों ने प्राच्यवाद को (जैसे कि वेलेजली) अपने पक्ष में अनुकूलित करने का प्रयास किया है लेकिन एक ही ढाँचे में तथ्यों को बाँधने के क्रम में कई सूक्ष्म बिन्दु दरकिनार हो जाते हैं। फोर्ट विलियम कॉलेज जैसा संस्थान जिसे ईस्ट इंडिया कम्पनी के अधीन ही रहना था, जिसका प्रयोग साम्राज्य के विकास के लिए होना था और जिसके माध्यम से प्राच्यविद्या को अपने अनुरूप ढाला भी जा सकता था, कम्पनी और कोर्ट के रवैये से प्रारम्भ से ही ह्रासोन्मुख हो गया। अगर इस पतन के पीछे कोर्ट ऑफ डायरेक्टर्स और वेलेजली के खराब सम्बन्धों को मानें तो भी यह मनमुटाव इस स्तर तक नहीं जाना चाहिए था कि कोर्ट कॉलेज के उन्मूलन की ही आज्ञा दे दे—ऐसे कॉलेज की, जिसके बारे में वेलेजली को लगता था कि 'दी कॉलेज मस्ट स्टैंड ऑर दी एम्पायर मस्ट फॉल'।

निश्चय ही सत्ता ने प्राच्यवाद की उन्हीं प्रवृत्तियों को स्वीकार किया जो आर्थिक हितों में बाधा नहीं पहुँचा रही थीं। इरफान हबीब का मत देकर पीछे यही स्पष्ट करने की कोशिश की गई है कि कोई भी इस बात से इनकार नहीं कर सकता कि उपनिवेशवाद ने प्राच्य ज्ञान के अनुकूलन का प्रयास किया है। जरूरत यह है कि प्राच्यवाद के विस्तार को सिर्फ एक ही कोण से देखने की भूल न की जाए। निश्चय ही सत्ता ने पुरानी प्राच्यवादी परम्परा की उन्हीं प्रवृत्तियों को स्वीकार किया जो आर्थिक हितों में बाधा नहीं पहुँचा रही थीं और तभी तक स्वीकार किया जब तक वे उनके लिए उपयोगी थीं। किन्तु ब्रिटिश प्राच्यवाद साम्राज्यवाद के हितकारी

तत्त्वों के अतिरिक्त ऐसे कई ज्ञान के तत्त्व भी दे रहा था जो सत्ता के लिए सीधे-सीधे किसी काम के नहीं थे। विशिष्ट ऐतिहासिक परिस्थितियों में निर्मित वेलेजली की मनोवृत्ति और उद्देश्य कोर्ट से मेल नहीं खा सकते थे। वेलेजली साम्राज्य के प्रति जिम्मेदार होते हुए भी इस कार्य के लिए जूझ रहा था। इसीलिए जब वेलेजली यहाँ से वापस इंग्लैंड जाता है तो मित्रों को कोर्ट के रवैये के खिलाफ लिखता है। कोर्ट को गाली देने के लहजे में वेलेजली कहता है कि शुद्ध व्यापारिक नीतियों से ग्रस्त कोर्ट के डायरेक्टर्स व्यापार से आगे कुछ सोच भी नहीं सकते थे (...दोज मीन स्पिरिटेड मेन, हूज पॉलिसी सो ही मेंटेंड, वाज आलवेज गवर्न्ड बाई दी नैरो व्यू ऑफ कॉमर्शियल हैबिट्स[50])। स्पष्ट है कि ज्ञान की संस्कृति को सत्ता कितना भी वशीभूत करने का प्रयास करे, वह एक पहलू पकड़ सकती है, ज्ञान को सम्पूर्णता में बाँध नहीं सकती।

सन्दर्भ

1. रजनी पाम दत्त, आज का भारत, मैकमिलन प्रकाशन, नई दिल्ली, 1977, पृ. 124
2. रामविलास शर्मा, भारत में अंग्रेजी राज और मार्क्सवाद, खंड-1, राजकमल प्रकाशन, नई दिल्ली, 1982, पृ. 20
3. कार्ल मार्क्स ने कम्पनी राज के बारे में 'द ब्रिटिश रूल इन इंडिया' और 'द ईस्ट इंडिया कम्पनी—इट्स हिस्ट्री एंड रिजल्ट्स' नामक महत्त्वपूर्ण लेख लिखे हैं। इन लेखों में उन्होंने कम्पनी राज की निर्ममता का पर्दाफाश किया गया है। रजनी पाम दत्त ने भी इस शीर्षक से अपनी पुस्तक 'आज का भारत' में एक अत्यन्त रोचक लेख लिखा है।
4. रजनी पाम दत्त लिखते हैं : 'ईस्ट इंडिया कम्पनी के प्रभुत्व और भारत में उसके विशेष शोषण का निर्णायक दौर आधुनिक पूँजीवाद की भ्रूणावस्था अर्थात् अठारहवीं सदी का उत्तरार्द्ध था। उस शोषण का चरित्र औद्योगिक पूँजी द्वारा किये गए बाद के उन्नीसवीं सदी के शोषण के चरित्र से भिन्न है और इसके लिए अलग से विश्लेषण की जरूरत है।' पृ. 128
5. वही, पृ. 132
6. वही, पृ. 111
7. सी.एच. फिलिप्स, इंडिया, हचिंसन यूनिवर्सिटी लाइब्रेरी, ब्रिटिश एम्पायर हिस्ट्री, लन्दन, पृ. 47
8. शेखर बन्द्योपाध्याय (अनुवाद—नरेश नदीम), पलासी से विभाजन तक, ओरिएंट लॉन्गमैन प्राइवेट लिमिटेड, 2007, पृ. 43
9. वही, पृ. 66-67
10. वही, पृ. 87
11. पी.ई. रॉबर्ट्स, वेलेजली के अधीन भारत, अनुवादक—उमाराव, उत्तर प्रदेश हिन्दी ग्रन्थ अकादमी, लखनऊ, 1971

    विस्तार के लिए देखिए—अध्याय 23, रॉबर्ट्स ने वेलेजली के सन्दर्भ में नियंत्रण बोर्ड

और निदेशक मंडल के बीच जो पत्र-व्यवहार चल रहे थे, उनसे दृष्टान्त देकर वेलेजली द्वारा निदेशक मंडल की, की जा रही अवहेलना का स्वरूप स्पष्ट किया है। देखिए—निदेशक मंडल द्वारा नियंत्रण बोर्ड को लिखे गए पत्र का अंश, पृ. 248 पर उद्धृत : 'हम उनके शासन के हर कार्य की सराहना करने के लिए तैयार भी हैं, जो हमारी राय में लोक कल्याण के लिए किये गए हैं, परन्तु पिछले कुछ वर्षों में किये गए उनके कार्यों को समझ-बूझकर पुनरावलोकन करने के बाद उसमें भारत के लिए विधान द्वारा संस्थापित संविधान की ओर हमारी सेवा प्रणाली की इतनी उपेक्षा दिखती है और अन्य सभी सत्ताधारियों की छोटे और बड़े मामलों में बारंबार इतनी अवहेलना दिखती है और स्वयं गवर्नर जनरल द्वारा नये-नये अधिकारों को हस्तगत कर लेने की निरन्तर ऐसी प्रवृत्ति दिखती है कि हमें लगता है कि उनके हाथों में हमारे भारतीय शासन का मूल रूप ही बदल गया है। वस्तुत: शासन का रूप सीधा-सादा तानाशाही का रूप हो गया है।'

12. मॉण्टगॉमरी मार्टिन, डिस्पैचेज मिनट्स एंड करेस्पॉण्डेंसेज ऑफ दी मार्क्विस वेलेजली, के.जी., ड्यूरिंग हिज एडमिनिस्ट्रेशन इन इंडिया, भाग-2, डब्ल्यू.एच. एलेन एंड कम्पनी, लन्दन, 1836, पृ. 350
13. डेविड कॉफ, ब्रिटिश ओरिएंटलिज्म एंड बंगाल रेनेसाँ, फर्मा के.एल. मुखोपाध्याय, कलकत्ता, 1969, पृ. 2
14. वही, पृ. 6
15. वही, पृ. xi
16. एडवर्ड सईद, लेख—प्राच्यवाद क्यों? साखी : जुलाई-दिसम्बर 2006, अंक-13-14, एडवर्ड सईद की पुस्तक 'ओरिएंटलिज्म की भूमिका' का अनुवाद, अनुवादक—रामकीर्ति शुक्ल, पृ. 66
17. इरफान हबीब, लेख—एडवर्ड सईद : कुछ आलोचनात्मक टिप्पणियाँ, साखी : जुलाई-दिसम्बर 2006, अंक-13-14, पृ. 54
18. डॉ. रामविलास शर्मा ने अगम प्रकाशन, दिल्ली द्वारा 1971 में प्रकाशित 'द वर्क्स ऑफ सर विलियम जोंस' से पर्याप्त उदाहरण जुटाते हुए जोंस के दृष्टिकोण का व्यवस्थित मूल्यांकन किया है। उस पहलू का भी जिसमें ब्रिटिश साम्राज्य के मोह में वे तार्किक बुद्धि से हटते दिखाई देते हैं। देखें—डॉ. रामविलास शर्मा, भारतीय साहित्य की भूमिका, राजकमल प्रकाशन, 1996, पृ. 230। रामविलास जी की जोंस सम्बन्धी दृष्टि पर विस्तार के लिए देखें—प्राच्यवाद और रामविलास शर्मा का जोंस पाठ, प्रगतिशील वसुधा : अंक-97, जुलाई-सितम्बर, 2015, पृ. 137
19. शेखर बंद्योपाध्याय, वही, पृ. 40
20. वही, पृ. 40
21. डेविड कॉफ, ब्रिटिश ओरिएंटलिज्म एंड बंगाल रेनेसाँ, फर्मा के.एल. मुखोपाध्याय, कलकत्ता, 1969, पृ. 5
22. डेविड कॉफ, वही, पृ. 17
23. वही, पृ. 17
24. वही, पृ. 17

25. रेव्र.जी.आर ग्लीग, मेमॉयर्स ऑफ दी लाइफ ऑफ दी राइट ऑनरेबुल वॉरेन हेस्टिंग्स, फर्स्ट गवर्नर जनरल ऑफ बंगाल, रिचर्ड बेंट्ली, लन्दन, 1941
26. डेविड कॉफ, ब्रिटिश ओरिएंटलिज्म एंड बंगाल रेनेसाँ, फर्मा के.एल. मुखोपाध्याय, पृ. 18
27. डेविड कॉफ, वही, पृ. 21
28. शेखर बंद्योपाध्याय, वही, पृ. 74
29. एशियाटिक रिसर्चेज ऑर ट्रांजैक्शंस ऑफ दी सोसाइटी इंस्टीट्यूटेड इन बंगाल फॉर इन्क्वायरिंग इनटू दी हिस्ट्री एंड एंटीक्वीटीज, दी आर्ट्स साइंसेज एंड लिटरेचर ऑफ एशिया, भाग-1, भारत भारती ओरिएंटल पब्लिशर्स एंड बुक सेलर्स, दुर्गा कुंड, वाराणसी, पृ. vii (अनुवाद मेरा)
30. वही, पृ. xi (अनुवाद मेरा)
31. ओ.पी. केजरीवाल, भारत के अतीत की खोज, किताबघर प्रकाशन, नई दिल्ली, 2009, प्रस्तावना से
32. सुमित सरकार, ओरिएंटलिज्म रिविजिटेड : सईदियन फ्रेमवर्क इन दी राइटिंग ऑफ मॉडर्न इंडियन हिस्ट्री, ऑक्सफोर्ड लिटररी रिव्यू, खंड-16, नं. 1-2, यूनाइटेड किंगडम, 1994, वही, पृ. 208
33. रामविलास शर्मा, भारतीय साहित्य की भूमिका, राजकमल प्रकाशन, नई दिल्ली, 1996, पृ. 225
34. वही, पृ. 278
35. एशियाटिक रिसर्चेज ऑर ट्रांजैक्शंस ऑफ दी सोसाइटी इंस्टीट्यूटेड इन बंगाल फॉर इन्क्वायरिंग इनटू दी हिस्ट्री एंड एंटीक्वीटीज, द आर्ट्स साइंसेज एंड लिटरेचर ऑफ एशिया, खंड-4, चतुर्थ संस्करण (फ्रॉम दी कैलकटा एडिशन), लन्दन, 1807, विषय सूची से
36. वही, पृ. 175-88
37. वही, पृ. 177
38. लॉर्ड टेनमथ, दी वर्क्स ऑफ सर विलियम जोंस विथ दी लाइफ ऑफ दी ऑथर, खंड-13, फॉर जॉन स्टाक्डेल, जॉन वाकर..., लन्दन, 1807, पृ. 333

    A hymn to Ganga :
    '...what name, sweet bride, will best allure.
    Thy sacred ear, and give the honour due?
    Vishnupedi? Mild Bhishmashu?
    Smooth Suranimnaga? Trisrota Pure?
    By that I call its pow'r confers;
    With growing gifts the supplicants bliss,
    Who with full sails in many light oar'd boat
    On the jasper basom float;
    Nor frown, dread goddess on a peerless race.
    With lib'ral heart and martial grace,
    Wafted from colder isles remote:
    As they preserve our lrws, and bid, our berres cease,

So be their darling laws preserved in wealth, in joy in peace.'

39. Charles wilkins/banglapedia
40. चार्ल्स विल्किंस, अ ग्रामर ऑफ दी संस्कृत लैंग्वेज, लन्दन, 1808, पृ. 5
Digitized by www.books.google.co.in
41. एच.टी. कोलब्रूक, एसेज ऑन दी रिलीजन एंड फिलॉसॉफीज ऑफ हिन्दूज, विलियम्स एंड वॉरगेट, लन्दन, 1858
42. एच.टी. कोलब्रूक, मिलेनियस एसेज, खंड-2, डब्ल्यू. एच. एलेन एंड कम्पनी, लन्दन, 1836, पृ. 2
43. नीरज गोयल, फोर्ट विलियम कॉलेज : एक इतिहास, ऋषभचरण जैन एवं सन्तति, नई दिल्ली, 1986, पृ. 43
40. प्रीमिटिया ओरिएंटालिस, खंड-2, थीसिस ऑन दी ओरिएंटल लैंग्वेजेज बाई दी स्टूडेंट्स ऑफ दी कॉलेज ऑफ फोर्ट विलियम, कलकत्ता, 1803
45. आर.आर. पीयर्स, मेमॉयर्स एंड करेस्पॉण्डेंसेज ऑफ दी मोस्ट नॉबल रिचर्ड मार्क्विस वेलेजली, खंड-2, रिचर्ड बेंट्ली, लन्दन, 1846, पृ. 212
46. वही, पृ. 130
47. पी.ई. रॉबर्ट्स, वही, पृ. 236
48. वही, पृ. 329 (अनुवाद—लक्ष्मीसागर वार्ष्णेय की पुस्तक 'फोर्ट विलियम कॉलेज' के परिशिष्ट से)
49. आर.आर. पीयर्स, वही, पृ. 184
50. सी.एच. फिलिप्स, इंडिया, हचिंसन यूनिवर्सिटी लाइब्रेरी, ब्रिटिश एम्पायर हिस्ट्री, लन्दन, पृ. 47

कम्पनी का व्यापारिक चरित्र और फोर्ट विलियम कॉलेज

अपनी काउंसिल के समक्ष रखने के लिए और कम्पनी के कोर्ट ऑफ डायरेक्टर्स को प्रेषित करने के लिए 10 जुलाई, 1800 को गवर्नर जनरल वेलेजली ने जो नोट्स लिया था उससे कॉलेज के निर्माण की आवश्यकता और उसकी रूपरेखा के सन्दर्भ में उसकी गूढ़ दृष्टि और सधी हुई तर्क-प्रणाली का पता चलता है। इस नोट्स की हर पंक्ति में यह खयाल रखा गया है कि कोर्ट ऑफ डायरेक्टर्स को यह विश्वास दिलाया जाए कि भारत में ब्रिटिश ईस्ट इंडिया कम्पनी और ब्रिटिश साम्राज्य के स्थायित्व के लिए फोर्ट विलियम कॉलेज जैसे किसी विस्तृत फलक वाले संस्थान की आवश्यकता है। एक ऐसा संस्थान जो अल्पायु में ही सिविल कर्मचारियों के मस्तिष्क में धर्म और प्रशासन के 'सही' सिद्धान्तों को रोप सके।[1] वेलेजली ने इस नोट्स में यह मान्यता रखी कि पूर्व की परिस्थितियाँ यूरोप से काफी भिन्न हैं। भारत की कठिन परिस्थितियों में एक व्यवस्थित शासन-प्रणाली स्थापित करना बहुत टेढ़ा काम है। भारतवर्ष में अधिकृत प्रदेशों की भौगोलिक सीमा के विस्तार के साथ कम्पनी के मातहत नियुक्त कर्मचारियों के कार्यों का स्वरूप ही नहीं बदल गया है बल्कि उनका दायित्व भी बहुत अधिक बढ़ गया है। अब भारतीय साम्राज्य पर वास्तविक नियंत्रण मात्र भौगोलिक क्षेत्रों पर आधिपत्य से सम्भव नहीं है। मालगुजारी प्रथा, अदालती कार्यवाहियों और कानून व्यवस्था के सफलतापूर्वक निर्वाह के लिए अनुशासित, सुयोग्य, कर्मठ और भारतीय भाषाओं, परिवेश, रीति-रिवाजों, कानून, धर्म आदि की जानकारी रखनेवाले प्रशासनिक अधिकारियों की जरूरत है। ऐसे अधिकारी जो कर्तव्यनिष्ठा और सद्‌गुणों से ब्रिटिश साम्राज्य का नाम ऊँचा उठा सकें। भारत आनेवाले ईस्ट इंडिया कम्पनी के इन प्रशासनिक कर्मचारियों को बहुत ही सीमित और व्यापारिक ढंग की जानकारी उपलब्ध कराई जाती थी और भारत आने पर अक्सर किसी नियंत्रण के अभाव में ये कर्मचारी व्यसन में लिप्त हो जाते थे। अब इन अधिकारियों के लिए वित्तीय या व्यापारिक ज्ञान से अधिक की आवश्यकता थी। भाषाओं की जानकारी के अभाव में पब्लिक रेकॉर्ड्स की उनकी जानकारी भी अधूरी रहती थी। वेलेजली लिखता है :

'साहित्य और विज्ञान के अंगों के सामान्य ज्ञान की उन्हें वह शिक्षा दी जानी चाहिए जो यूरोप में ऐसे ही पद ग्रहण करनेवालों को दी जाती है। इस मूलाधार के साथ उन्हें भारतीय धर्मशास्त्र, शरअ मुहम्मदी, धर्मनीति और एशिया में ग्रेट ब्रिटेन के राजनीतिक एवं व्यापारिक हितों और सम्बन्धों की शिक्षा सहित भारतीय इतिहास, भाषाओं और रीति-रस्मों और आचारों से भली भाँति परिचित करा देना चाहिए। ब्रिटिश विधान की भावना से प्रेरित होकर लागू किये गए देश के प्राचीन और प्रचलित कानूनों से लाभ उठाने का अवसर प्रदान करने की दृष्टि से सपरिषद गवर्नर जनरल द्वारा पास किये गए कायदे-कानूनों के आधारभूत सिद्धान्तों का पूर्णज्ञान होना उनके लिए आवश्यक है। उन्हें ब्रिटिश विधान के सच्चे और दृढ़ सिद्धान्तों का बहुत अच्छा और नीतिशास्त्र, न्यायशास्त्र और अन्तर्राष्ट्रीय कानून और सामान्य इतिहास के मामूली सिद्धान्तों का काफी ज्ञान होना चाहिए, ताकि वे भारत में ब्रिटिश साम्राज्य में व्यवहृत विभिन्न कानूनों के मूल भेदों को समझने और न्याय शासन करने तथा शान्ति एवं सुशासन की रक्षा करते समय उन दोनों की भावना को व्यवहार में ला सकें।'[2]

इस उद्धरण में मार्क्विस वेलेजली की गूढ़ साम्राज्यवादी सोच और प्राच्य ज्ञान के अनुकूलन का स्पष्ट प्रमाण मिलता है। किन्तु और गहराई से देखने पर जो बात सामने आती है, वह मानीखेज है। वेलेजली के पूरे मिनट्स में यह साफ दिखाई पड़ता है कि अपनी इस सोच को कम्पनी तक प्रेषित करने में उसे कड़ी मशक्कत करनी पड़ रही थी। वेलेजली की दृष्टि और कम्पनी के कोर्ट के डायरेक्टर्स की नकारात्मक मानसिकता सत्ता और ज्ञान के द्वन्द्व, व्यापारिक पूँजीवाद से औद्योगिक पूँजीवाद के संक्रमण और उस दौरान कम्पनी की स्थिति तथा प्राच्यवाद के चरित्र के अन्य पहलुओं को समझने के कई गवाक्ष खोलती है। कॉलेज का प्रारम्भिक ढाँचा और अधिनियम की बुनियाद रखे जाने के साथ ही पहले अध्याय में की गई मेरी यह पेशकश कि इन सभी के आपसी सम्बन्धों को एक ही चश्मे से देखने के बजाय अलग-अलग कोणों से देखना चाहिए—उसकी सार्थकता प्रमाणित हो जाती है। प्राच्यवाद को कम्पनी के कोर्ट के डायरेक्टर्स और वेलेजली एक ही दृष्टि से नहीं देख सकते थे, प्राच्यविद् भी हिन्दुस्तान को वैसे ही नहीं देख सकते थे जैसे कि कोर्ट के डायरेक्टर्स या फिर वेलेजली देख रहा था। अन्ततः इस संस्थान की इमारत असहमतियों की बुनियाद पर रखी गई।

कॉलेज का प्रारम्भिक ढाँचा और अधिनियम

10 जुलाई, 1800 ई. को ही कॉलेज सम्बन्धी रेग्यूलेशन भी तैयार कर लिया गया। गवर्नर जनरल के आदेशानुसार काउंसिल ने मैसूर की राजधानी श्रीरंगपट्टम पर विजय की पहली वर्षगाँठ की तारीख यानी कि 4 मई, 1800 ई. से कॉलेज की शुरुआत मानी। इस नियमावली के मुख्य बिन्दु इस प्रकार हैं[3] :

1. सिविल सेवा कर्मचारियों की बेहतर ट्रेनिंग के लिए, भारत आने पर उनके आचरण की देख-रेख के लिए, उनकी नैतिकता की सुरक्षा और दृढ़ीकरण के लिए, साहित्य और ज्ञान-विज्ञान के सामान्य सिद्धान्तों से उन्हें परिचित कराने के लिए तथा अनुशासन और शिक्षा की उचित व्यवस्था के लिए फोर्ट विलियम कॉलेज की घोषणा की जाती है।
2. कॉलेज के लिए, उच्च अधिकारियों और विद्यार्थियों के लिए, पुस्तकालय के लिए और ऐसे ही किसी अन्य महत्त्वपूर्ण उपयोग के लिए एक इमारत का निर्माण किया जाएगा।
3. गवर्नर जनरल कॉलेज के पैट्रॉन और विजिटर होंगे।
4. सुप्रीम काउंसिल के सदस्य और सदर दीवानी अदालत तथा निजामत अदालत के जज कॉलेज के गवर्नर होंगे।
5. गवर्नर जनरल और उनकी काउंसिल कोष का ब्यौरा रखेगी और कोर्ट ऑफ डायरेक्टर्स को बराबर इसकी जानकारी देती रहेगी।
6. एडवोकेट जनरल और कम्पनी की स्टैंडिंग काउंसिल लॉ ऑफिस का भार सँभालेंगे।
7. कॉलेज का प्रशासन प्रोवोस्ट और वाइस प्रोवोस्ट की निगरानी में रहेगा। उनका वेतन और कार्यकाल कॉलेज के संरक्षक और विजिटर की इच्छा पर निर्भर होगा।
8. प्रोवोस्ट इंग्लैंड के चर्च का पादरी ही होगा। प्रोवोस्ट न सिर्फ नवनियुक्त कर्मचारियों के बर्ताव और नैतिक आचरण की निगरानी रखेगा बल्कि ईसाई धर्म के नियमों और सिद्धान्तों के अनुसार उन्हें अनुशासित भी करेगा।
9. साहित्य और ज्ञान-विज्ञान के निम्न विषयों के प्रोफेसर जल्द से जल्द नियुक्त किये जाएँगे :

   'अरबी, फारसी, संस्कृत, हिन्दुस्तानी, बांग्ला, तैलंग, महरट्टा, तमिल, कन्नड़, शरअ मुहम्मदी, भारतीय धर्मशास्त्र, नीतिशास्त्र, न्यायशास्त्र, अन्तर्राष्ट्रीय कानून; भारत में ब्रिटिश राज्य के शासन-प्रबन्ध के लिए सपरिषद गवर्नर जनरल तथा फोर्ट सेंट जॉर्ज और बम्बई के सपरिषद गवर्नरों द्वारा पास किये गए कायदे-कानून; राजनीतिक अर्थशास्त्र और विशेष रूप से ईस्ट इंडिया कम्पनी की व्यापारिक संस्थाएँ और उनका हित; भूगोल और गणित; यूरोप की आधुनिक भाषाएँ; ग्रीक, लैटिन, और प्राचीन अंग्रेजी साहित्य (क्लैसिक्स); प्राचीन और आधुनिक सामान्य इतिहास; हिन्दुस्तान और दक्षिण का इतिहास और पुरातत्त्व; प्रकृति विज्ञान; वनस्पतिशास्त्र; रसायनशास्त्र और ज्योतिषशास्त्र।'[4] (विषयों के इन विस्तृत

परिप्रेक्ष्य को देखकर समझा जा सकता है कि वेलेजली की महत्त्वाकांक्षा कितनी अधिक थी, ब्रिटिश प्राच्यवाद से उपजे परिवेश का प्रभाव कितना गहरा था और कॉलेज को दुरवस्था में झोंक देनेवाले कोर्ट की सोच कितनी सीमित।)

10. अगर प्रोवोस्ट, वाइस प्रोवोस्ट या प्रोफेसर कॉलेज में सात साल या अट्ठाईस टर्म पूरा कर लेते हैं और कॉलेज के संरक्षक से अच्छे आचरण का प्रमाण-पत्र पा लेते हैं तो वे आजीवन वार्षिक पेंशन के अधिकारी होंगे जो उनकी आय का एक-तिहाई होगा।
11. बंगाल आनेवाले सिविल कर्मचारी अपना पहला तीन साल कॉलेज में व्यतीत करेंगे और कॉलेज के नियमों के अनुसार आचरण करेंगे। फोर्ट सेंट जॉर्ज और बॉम्बे के कर्मचारी संस्थान में प्रवेश ले सकेंगे।
12. प्रत्येक वर्ष कॉलेज में दो-दो महीने के चार टर्म होंगे और एक-एक महीने की चार छुट्टियाँ।
13. वर्ष में दो परीक्षाएँ ली जाएँगी और विद्यार्थियों को उनकी मेरिट के अनुसार संरक्षक और गवर्नर की उपस्थिति में प्रोवोस्ट द्वारा पुरस्कृत किया जाएगा।
14. नौकरियों में तरक्की भी कॉलेज में विद्यार्थी के प्रदर्शन पर निर्भर करेगा।
15. कॉलेज के लिए बनाए गए सभी नियम-कानून विजिटर और पैट्रॉन की इच्छानुसार परिवर्तित किये जा सकेंगे।
16. कॉलेज में हो रही सभी गतिविधियों का नियमित ब्यौरा हर पक्ष की समाप्ति पर कॉलेज का पैट्रॉन और विजिटर गवर्नर जनरल की परिषद के समक्ष रखेगा और गवर्नर जनरल की परिषद उसे कोर्ट ऑफ डायरेक्टर्स के सामने प्रस्तुत करेगी, आदि।

वेलेजली की इच्छानुसार कॉलेज बहुत बड़े पैमाने पर शुरू हो गया। राइटर्स बिल्डिंग, कलकत्ता में कक्षाएँ शुरू हो गईं और 10 अप्रैल, 1801 ई. से कॉलेज का पहला स्टैच्यूट भी लागू हो गया।[5]

लेकिन जैसा कि हम चर्चा कर चुके हैं, यह सारी कार्यवाही 'कोर्ट ऑफ डायरेक्टर्स' को अवगत कराए बिना ही शुरू की गई थी। इसका असर पड़ना लाजिमी भी था। वेलेजली ने कोर्ट को अपने इस संस्थान के बारे में अवगत क्यों नहीं कराया और कोर्ट और वेलेजली के सम्बन्धों में कितनी कटुता थी, इस पर भी विचार किया जा चुका है। लेकिन अपने तर्क को प्रमाणित करने के लिए कुछ और बिन्दुओं पर प्रकाश डालना जरूरी है। 27 जनवरी, 1802 ई. को कॉलेज काउंसिल को एक पत्र लिखकर कोर्ट ने तत्काल कॉलेज को बन्द करने की आज्ञा दी।[6] कोर्ट ने इस पत्र में लिखा कि ऐसे किसी भी कार्य की शुरुआत से पहले खर्च का एक

लेखा-जोखा तैयार किया जाता है और कम्पनी ऐसी स्थिति में नहीं है कि इतने बड़े आयोजन का भार वहन कर सके। साथ ही कोर्ट ने वेलेजली द्वारा बिना कोई संवाद स्थापित किये ही इस बृहत् कार्य की शुरुआत कर नियम भंग करने की आलोचना की। कोर्ट का यह मानना था कि जॉन बॉर्थविक गिलक्रिस्ट की सेमिनरी की पुनर्स्थापना के माध्यम से कम्पनी की जरूरत पूरी हो सकती है। वेलेजली को कोर्ट के इस बर्ताव से अत्यधिक ठेस पहुँचा। 5 अगस्त, 1802 की काउंसिल मीटिंग में वेलेजली ने यह राय जाहिर की कि कोर्ट जब यह पत्र जारी कर रहा था तो वह इतने अल्प समय में कॉलेज द्वारा किये गए योगदानों से परिचित नहीं था।[7] वेलेजली ने कोर्ट को कॉलेज की वजह से उत्पन्न सभी प्रकार की आर्थिक समस्याओं का समाधान देते हुए एक विस्तृत जवाब लिखा।[8] वेलेजली ने लिखा कि कॉलेज जैसे संस्थान का निर्माण कर ही कोर्ट धन का सबसे अच्छा उपयोग कर सकती है और बिना इस संस्थान के भारत में ब्रिटिश साम्राज्य को स्थायी रूप नहीं दिया जा सकता। कोर्ट द्वारा प्रस्तावित गिलक्रिस्ट की सेमिनरी से विद्यार्थियों को भाषाओं की कुछ जानकारी जरूर दी जा सकती है लेकिन उनके व्यक्तित्व का समुचित विकास नहीं किया जा सकता। कोर्ट की आज्ञा तत्काल लागू न कर वेलेजली ने दिसम्बर, 1803 तक कॉलेज को पहले की तरह चलते रहने का आदेश दिया। उन्होंने निवेदन किया कि कोर्ट इस सन्दर्भ में और भी विचार करे। इस बहाने वेलेजली को उच्च कार्यालयों में कार्यरत अपने मित्रों को पत्र लिखने और कोर्ट की शिकायत करने का मौका मिल गया। अन्ततः बोर्ड ऑफ कंट्रोल के हस्तक्षेप से कॉलेज बच गया। लेकिन घात-प्रतिघात का जो सिलसिला फोर्ट विलियम कॉलेज की नींव पड़ने के साथ ही शुरू हो चुका था, उसे रोका नहीं जा सका।

कोर्ट और वेलेजली के सम्बन्धों में कटुता थी—इस तथ्य से डॉ. लक्ष्मीसागर वार्ष्णेय अवगत थे लेकिन 10 जुलाई, 1800 ई. की तारीख में गवर्नर जनरल द्वारा लिये गए नोट्स के आधार पर वे सहमति के लहजे में लिख गए हैं : 'संचालकों की स्वीकृति बिना मिले ही वेलेजली ने कॉलेज क्यों खोल दिया, इसका उन्होंने स्वयं उत्तर दिया है। ऐसा करने के तीन कारण थे। पहला, कॉलेज की आंशिक आयोजना ही कार्यरूप में परिणत करने से तात्कालिक लाभ पहुँचने की उन्हें पूर्ण आशा थी। दूसरा, ओरिएंटल सेमिनरी में गिलक्रिस्ट द्वारा शिक्षित विद्यार्थियों से शासन को जो लाभ पहुँचा था, वह उनके सामने स्पष्ट था। तीसरा, वे चाहते थे कि पिछले तीन वर्ष में आए हुए कर्मचारी भी कॉलेज से लाभ उठा सकें। साथ ही अपनी प्रिय संस्था के प्रारम्भिक संचालन की देख-भाल करने और जो बीज उन्होंने बोया था, उसे अंकुरित होते देखने की उनकी प्रबल उत्कंठा थी।'[9]

वेलेजली द्वारा नोट्स में गिनाये गए इन कारणों को इतनी सहजता से स्वीकार नहीं किया जा सकता। कोर्ट को ही भेजे गए इस नोट्स के प्रति और भी विश्लेषणात्मक

दृष्टि अपनाने की जरूरत है। ऐसा नहीं था कि वेलेजली के दिमाग में कॉलेज निर्माण का खयाल अचानक ही आ गया था। गिलक्रिस्ट की सेमिनरी पर चर्चा करते वक्त ऐसे आयोजन की कल्पना के सन्दर्भ में वे कोर्ट को अवगत करा चुके थे।[10] 1799 ई. में हेनरी डुंडाज को लिखे पत्र में भी उन्होंने इस सन्दर्भ में विचार व्यक्त किये थे।[11] इस तरह वेलेजली के पास कोर्ट को ऐसे किसी आयोजन की सूचना देने का पर्याप्त समय था। कोर्ट को विभिन्न कार्यवाहियों के बारे में अवगत न कराने के सन्दर्भ में और भी प्रमाण पहले अध्याय में दिये जा चुके हैं। वस्तुतः उसने कोर्ट के साथ अपने सम्बन्धों की बुनियाद ही खराब डाली थी। वह निश्चय ही यह समझ रहा था कि इतने बड़े पैमाने और इतने अधिक खर्च पर एक कॉलेज स्थापित करने के लिए कम्पनी कभी तैयार नहीं होगी। और ऐसा ही हुआ। 19 जून, 1801 ई. को कॉलेज के प्रोवोस्ट रेव.डी. ब्राउन को चार्ल्स ग्रांट द्वारा लिखे गए एक पत्र से ऐसा भान होता है कि कोर्ट कॉलेज को स्वीकारोक्ति दे भी सकता था हालाँकि उसे तीन मुद्दों पर आपत्ति थी—1. यह कम्पनी के आर्थिक बोझ को बढ़ाएगा, 2. दूसरी प्रेसीडेंसी के छात्रों को इससे फायदा पहुँचना थोड़ा कठिन है, 3. इसके अध्ययन का क्षेत्र प्राच्य विषयों तक सीमित होना चाहिए क्योंकि अन्य विषयों का अध्ययन यूरोप में आसानी से कम खर्च पर उपलब्ध हो सकता है।[12] बाद में चलकर वेलेजली ने अपनी राजनीतिक गतिविधियों से और अन्य मामलों में भी कोर्ट की अवहेलना से डायरेक्टरों को और भी कुपित कर दिया। उसकी सबसे बड़ी महत्त्वाकांक्षा पर कुठाराघात अगर कोर्ट की प्रतिक्रिया हो तो इसमें कोई आश्चर्य नहीं। लेकिन ऐसा कोई वक्तव्य जारी करने से पहले यह जरूर ध्यान में रखना चाहिए कि अगर कोर्ट ऑफ डायरेक्टर्स व्यापारिक मनोवृत्ति से संचालित थे तो वेलेजली ने भी अपनी महत्त्वाकांक्षा से पूर्व प्रचलित नियमों की कम अवहेलना नहीं की थी।

इन घात-प्रतिघातों के बीच भी, अपने आरम्भिक वर्षों में कॉलेज ने कुछ योगदान किये। कॉलेज ने एक अकादमिक माहौल भी तैयार किया। कम्पनी को फोर्ट विलियम कॉलेज से कुल मिलाकर दो ही फायदे हो सकते थे—लूट के लिए प्रशासन के नाम पर एक व्यवस्थित प्रणाली और दूसरा, ज्ञान-विज्ञान के विकास के प्रति गम्भीर रुख का दिखावा। कम्पनी को अकादमिक संस्थान से बस इतना ही मतलब था। लेकिन प्रारम्भ से ही फोर्ट विलियम कॉलेज की न सिर्फ जरूरतें ही कम्पनी की इच्छा से बहुत अधिक थीं बल्कि उसकी शैक्षिक भूमिका भी। पिछले पच्चीस-तीस वर्षों से बंगाल में फैल रहे ब्रिटिश प्राच्यवाद का प्रभाव कॉलेज पर साफ दृष्टिगोचर होता है। जिस काउंसिल और अध्यापकों के साथ फोर्ट विलियम कॉलेज की शुरुआत हुई, वे पहले से ही प्राच्यविद्या के क्षेत्र में अपना स्थान बना चुके थे। ये बुद्धिजीवी ऐसे नहीं थे कि सिर्फ व्यापारिक मनोवृत्ति से संचालित हों। इनमें से कई कॉलेज से इसलिए भी जुड़े क्योंकि अध्ययन-अध्यापन उनकी प्रवृत्ति थी।

24 अप्रैल, 1801 ई. के मिनट के अनुसार काउंसिल के निम्न सदस्य थे :

रेवरेंड डेविड ब्राउन (प्रोवोस्ट)
रेवरेंड क्लॉडियस बुकानन (वाइस प्रोवोस्ट)
जॉर्ज हिलैरी बार्लो
हेनरी वेलेजली और
नील बेंजामिन एडमॉन्सटन

भविष्य में लेफ्टिनेंट कर्नल विलियम कर्कपैट्रिक भी इस सूची में शामिल हुए। प्रारम्भ में प्रधानाध्यापक के रूप में निम्न विद्वानों की नियुक्ति हुई :

भारत में ब्रिटिश सरकार द्वारा लागू किये गए नियम-कानून—जॉर्ज हिलैरी बार्लो
फारसी भाषा और साहित्य—नील बेंजामिन एडमॉन्सटन[13]
अरबी भाषा—जॉन बेली
हिन्दुस्तानी भाषा—जॉन बॉर्थविक गिलक्रिस्ट
ग्रीक, लैटिन और अंग्रेजी क्लैसिक्स—रेवरेंड क्लॉडियस बुकानन[14]

बाद में जाकर विलियम कर्कपैट्रिक, फ्रांसिस गैल्डविन, विलियम कैरे, एम. लम्सडेन, एच.टी. कोलब्रूक, विलियम हंटर, आर. डिनविडी और एशियाटिक सोसाइटी से जुड़े कई अन्य लोग कॉलेज के शिक्षक समुदाय में शामिल हुए। ये सारे विद्वान 1805 ई. से पहले ही कॉलेज में आ चुके थे। इनमें से जॉन गिलक्रिस्ट पहले से ही कई महत्त्वपूर्ण किताबों का प्रणयन कर चुके थे और ओरिएंटल सेमिनरी का सफल संचालन कर न सिर्फ वेलेजली से बल्कि कोर्ट से भी प्रशंसा पा चुके थे। कोलब्रूक, गिलक्रिस्ट, कैरे, बार्लो—सभी कई महत्त्वपूर्ण विषयों पर पुस्तकों के प्रणयन, सम्पादन, प्रकाशन से जुड़े हुए थे। 1806 ई. में कैरे ने कई खंडों में एक संस्कृत व्याकरण का प्रणयन किया। एक औपनिवेशिक परियोजना का हिस्सा होने के बावजूद ये विद्वान व्यापारवादी मानसिकता के विचारधारात्मक प्रभाव को हमेशा वैसे ही नहीं अपनाते जैसे कि सत्ता चाहती है। कॉलेज से जुड़े विद्वानों ने भारतीय भाषाओं के बारे में कई शोध-पत्र प्रकाशित किये, अनुवाद किये। कॉलेज में विभिन्न विषयों को लेकर वाद-विवाद होते रहते थे। यह कोई साधारण बात नहीं थी कि कॉलेज की स्थापना की अल्पावधि में ही छात्र विभिन्न विषयों पर प्राच्य भाषाओं में ही वाद-विवाद करने में सक्षम हो गए थे। 'प्रिमिटिया ओरिएंटल्स' और 'एनाल्स ऑफ दी कॉलेज ऑफ फोर्ट विलियम' में संकलित थीसिस और विजिटरों के भाषणों में वेलेजली के आयोजन की सफलता को देखा जा सकता है। 1800 से 1805 के दौर को अगर फोर्ट विलियम कॉलेज का स्वर्ण-युग कहा जाए तो यह कोई अतिशयोक्ति न होगी। कॉलेज के प्रारम्भिक दिनों की कार्यवाही को लेकर वेलेजली अत्यधिक सन्तुष्ट था। 30 मार्च, 1803 ई. को कॉलेज के डिस्प्यूटेशंस के बाद वेलेजली ने जो भाषण दिये,

उसमें भी वह कॉलेज को लेकर बहुत आशावान था। ध्यान रहे कि इस समय तक कोर्ट का विरोधी रुख प्रत्यक्ष हो चुका था। वेलेजली ने कहा : 'श्रीमान बार्लो से प्राप्त हुई रिपोर्ट में मुझे प्रथम वर्ष की कार्यवाही के दौरान संस्थान की प्रगति सन्तोषप्रद लगी। विद्यार्थियों ने न सिर्फ प्राच्य भाषाओं और साहित्य में निपुणता अर्जित करके बल्कि कॉलेज के नियम-कानूनों के उचित अनुपालन के माध्यम से भी अपनी विशिष्ट पहचान बनाई है; ऑफिसरों, प्रोफेसरों और शिक्षकों ने अत्यधिक उत्साह और सतर्कता के साथ अपने कर्तव्यों का निर्वाह किया; परीक्षाएँ ज्ञान और योग्यता के साथ सम्पन्न की गईं और विद्यार्थियों के चरित्र निर्माण के लिए अत्यधिक सार्थक सिद्ध हुईं; जबकि 6 फरवरी, 1802 ई. को फारसी, बांग्ला और हिन्दुस्तानी भाषाओं में हुए वाद-विवाद निश्चय ही विद्यार्थियों की प्रगति के असाधारण उदाहरण हैं।'[15]

इसी भाषण में कॉलेज से जुड़े शिक्षकों और प्राच्य ज्ञान के सन्दर्भ में भी वेलेजली ने विचार रखे :

'अपने मनोयोग और गम्भीर अध्ययन से इन सज्जनों ने प्राच्य भाषाओं और साहित्य के कई उपयोगी और महत्त्वपूर्ण कार्य प्रस्तुत किये जिनका प्रकाशन इस संस्थान के गठन के साथ ही होता रहा है और जिनसे इसके लाभकारी प्रभावों में और भी गतिशीलता आई है।...इस उपयोगी श्रम का प्रभाव इस संस्थान या साम्राज्य की सीमाओं के भीतर ही सीमित नहीं रहेगा। पूरब की महत्त्वपूर्ण भाषाओं के प्राथमिक अध्ययन को सुलभ बनानेवाले ऐसे महत्त्वपूर्ण कार्य प्राच्य ज्ञान और साहित्य को संसार के हर कोने तक ले जाएँगे।'[16]

20 सितम्बर, 1804 और 9 फरवरी, 1805 के पब्लिक डिस्प्यूटेशंस में भी वेलेजली ने कॉलेज की शिक्षा-प्रणाली और प्राच्य ज्ञान के प्रकाशन में उसकी उत्तरोत्तर प्रगति और कॉलेज से निकले विद्यार्थियों द्वारा प्रशासनिक सेवाओं में किये जा रहे योगदान की जमकर सराहना की। 8 मार्च, 1806 के डिस्प्यूटेशंस में जॉर्ज हिलैरी बार्लो ने कहा कि प्राच्यवादी ज्ञान के विकास से ब्रिटिश चरित्र, सिद्धान्तों और कानून के हिसाब से भारतीयों में सभ्यता और नैतिकता के बोध का दृढ़ीकरण कर भारत में ब्रिटिश साम्राज्य को और भी स्थिर बनाया जा सकता है। बार्लो का मानना था कि एशियाटिक सोसाइटी और फोर्ट विलियम कॉलेज के सम्बन्धों से प्राच्य ज्ञान-विज्ञान के सभी विषयों के क्षेत्र में जो बहुमूल्य कार्य लगातार प्रकाशित हो रहे हैं, उनसे यूरोप में ही नहीं, भारत में भी साम्राज्य के अनुकूल परिस्थितियाँ तैयार होंगी।

1800 के दशक में फोर्ट विलियम कॉलेज, सेरामपुर मिशन और एशियाटिक सोसाइटी के सम्बन्ध अत्यन्त प्रगाढ़ थे। इस सम्बन्ध और वेलेजली की महत्त्वाकांक्षा का असर था कि प्रारम्भिक दौर में कॉलेज का विषय-क्षेत्र और कार्य-क्षेत्र काफी व्यापक रहा। डेविड कॉफ ने दिखाया है कि किस प्रकार बुकानन, कैरे, हेनरी

कोलब्रूक, विलियम हंटर, जॉन गिलक्रिस्ट आदि विद्वान इन विभिन्न संस्थानों से गम्भीर रूप से जुड़े हुए थे। इन संस्थानों के बीच लगातार पुस्तकों का आदान–प्रदान होता रहता था।

इस व्यापक पृष्ठभूमि का ही असर था कि कॉलेज का पुस्तकालय भी दिनों–दिन समृद्ध होता गया। कॉलेज के पुस्तकालय के लिए पुस्तकों के आदान के सन्दर्भ में सबसे पहले वेलेजली ने 10 जुलाई, 1800 ई. को 'कलकत्ता गजट' में कॉलेज के पुस्तकालय के लिए किताबों के योगदान की माँग की। टीपू सुल्तान के पुस्तकालय से सामग्री आने के बाद कॉलेज के पुस्तकालय की समृद्धि कुछ और भी बढ़ गई। आर.के. पेर्ती द्वारा सम्पादित 'कैटेलॉग ऑफ बुक्स ऑफ दी फोर्ट विलियम कॉलेज कलेक्शन इन द नेशनल आर्काइव ऑफ इंडिया' की भूमिका से पता चलता है कि ऑक्सफोर्ड विश्वविद्यालय ने कॉलेज को कई महत्त्वपूर्ण ग्रन्थ तोहफे में दिये। पुस्तकालय के ओरिएंटल सेक्शन में स्ट्यूवर्ट कलेक्शन, फ्रांसिस बुकानन कलेक्शन, लॉकेट कलेक्शन, कोलब्रूक कलेक्शन आदि नाम से कई भाग थे और हिन्दुस्तानी के सहायक प्रोफेसर विलियम हंटर जब लाइब्रेरियन बने तो उन्होंने पुस्तकालय की समृद्धि के लिए गम्भीर प्रयास किये।[17] 1835 तक कॉलेज का पुस्तकालय ठीक–ठाक पुस्तकों का संकलन कर चुका था। इसके यूरोपीय विभाग में प्रकाशित पुस्तकों की संख्या 5224 तक पहुँच चुकी थी और प्राच्य शाखा में 11718 प्रकाशित पुस्तकें और 4225 महत्त्वपूर्ण पांडुलिपियाँ थीं।[18] भारत के राष्ट्रीय अभिलेखागार में आज भी फोर्ट विलियम कॉलेज से सम्बन्धित 199 पांडुलिपियाँ और 742 पुस्तकें उपलब्ध हैं।

निश्चय ही औपनिवेशिक मनोवृत्ति की एक अन्तर्धारा इस दौर में चारों तरफ बह रही थी। 'योर मोस्ट नॉबल एंड ओबिडिएंट सर्वेंट' जैसे सम्बोधन ब्रिटिश संस्कृति में पैठ चुके थे। मूल मुद्दा यह है कि इस मनोवृत्ति का पल्ला कौन कितना पकड़े हुए था। यह सही है कि वेलेजली और बार्लो जैसे साम्राज्यवादी ब्रिटिश साम्राज्य के स्थायित्व के लिए प्राच्य ज्ञान–विज्ञान को आधार बनाकर इस्तेमाल करना चाह रहे थे, लेकिन व्यापारवादी मानसिकता के शिकार कम्पनी के 'कोर्ट ऑफ डायरेक्टर्स' विचारधारात्मक नियंत्रण के महत्त्व को पहचानने में उतना समर्थ नहीं हो पाए थे जितना कि वेलेजली या बार्लो। वैसे इतना तो साफ ही है कि कॉलेज की स्थापना की पृष्ठभूमि और उसकी प्रारम्भिक गतिविधियों के तौर–तरीके भी इतने सामान्य नहीं थे कि कोर्ट ऑफ डायरेक्टर्स उसे सहर्ष स्वीकार कर लेते। ब्रिटिश साम्राज्य के प्रति मोह और श्रेष्ठता ग्रन्थि का असर प्राच्यविदों पर जरूर दिखाई देता है लेकिन उनका झुकाव प्राच्य के ज्ञान–विज्ञान की ओर भी था। इसलिए कोर्ट ऑफ डायरेक्टर्स की नीतियों के कुप्रभाव से कॉलेज को बचाने का प्रयास भी वे लगातार करते रहे और प्राच्य विद्या के क्षेत्र में लगातार विभिन्न ग्रन्थों का प्रणयन और

प्रकाशन भी करते रहे। बाद में चलकर जब शिक्षा अंग्रेजी माध्यम में देने की नीतियाँ सामने आईं तो सबसे अधिक विरोध दर्ज करनेवालों में ये प्राच्यविद् ही थे। वस्तुतः इस शोध में सत्ता और ज्ञान के इसी गूढ़ सम्बन्ध की ओर ध्यान दिलाने का प्रयास किया गया है। प्राच्यविदों के योगदान और साम्राज्य के साथ उनके सम्बन्धों के मूल्यांकन में गम्भीर सतर्कता बरतने की आवश्यकता है।

कम्पनी के व्यापारिक चरित्र का प्रभाव

हिन्दुस्तान में एक बहुत पुरानी मान्यता है कि लक्ष्मी और सरस्वती एक साथ नहीं रह सकतीं। अठारहवीं सदी के अन्तिम वर्षों में अंग्रेज जाति भारत से पूँजी भी बटोर रही थी और अंग्रेजी अध्येता ज्ञानार्जन भी कर रहे थे। लेकिन औद्योगिक पूँजीवाद के विकास के साथ जैसे-जैसे लक्ष्मी के प्रति इस जाति में मोह बढ़ता गया, प्राच्य ज्ञान के प्रति इनके रुझान में गिरावट आने लगी। कुछ बौद्धिक अंग्रेजों ने प्रयास किया कि सभी कुछ समेटकर रखा जाए। विलियम जोंस ने लक्ष्मी की स्तुति में एक कविता लिखी थी। इस कविता में पहले तो जोंस लक्ष्मी के तेजमयी रूप और कथा का वर्णन करते हैं और फिर अन्त में देवी से निवेदन करते हैं कि बहादुर अंग्रेज जाति पर अपनी कृपादृष्टि बनाए रखें। इस स्तुति से प्रभावित होकर लक्ष्मी ने अंग्रेज जाति पर अपनी कृपादृष्टि तो बना ली पर दूसरी तरफ सरस्वती जाती रहीं! विलियम जोंस द्वारा ही भारत में पल्लवित प्राच्यविद्या उन्नीसवीं सदी के दूसरे-तीसरे दशक में अपना महत्त्व खोने लगी।

व्यापारिक प्रवृत्तियों से संचालित कम्पनी के कोर्ट ऑफ डायरेक्टर्स ने ऐसे-ऐसे कदम उठाए कि फोर्ट विलियम कॉलेज जैसा व्यवस्थित संस्थान भी, जो सिर्फ प्राच्य ज्ञान को ही समृद्ध नहीं कर रहा था बल्कि प्रशासनिक व्यवस्था को भी साम्राज्य के अनुकूल बना रहा था और वैचारिक धरातल पर भारत में ब्रिटिश साम्राज्य को मजबूती प्रदान कर रहा था, काल के मुँह में समा गया। 1805-06 के वर्ष कॉलेज के लिए बहुत घातक रहे। वेलेजली हिन्दुस्तान से हमेशा के लिए रवाना हो गया। इंग्लैंड में ईस्ट इंडिया कम्पनी कॉलेज की स्थापना हुई और कोर्ट ऑफ डायरेक्टर्स ने कॉलेज की कार्यप्रणाली में गम्भीर हस्तक्षेप किये। इस कॉलेज की दुर्दशा की शुरुआत के मूल में तीन प्रमुख कारण थे :

1. कोर्ट का विरोधी रुख,
2. ईस्ट इंडिया कम्पनी की पूँजीवादी-साम्राज्यवादी प्रवृत्ति,
3. हर्टफोर्ड कॉलेज (ईस्ट इंडिया कम्पनी कॉलेज, इंग्लैंड) की स्थापना।

अठारहवीं सदी के उत्तरार्द्ध में ईस्ट इंडिया कम्पनी की व्यापारिक नीतियाँ भारतीय समाज और अर्थव्यवस्था के लिए क्यों और कितनी घातक रहीं, इसका कुछ विवेचन किया जा चुका है। उन्नीसवीं सदी में भी कम्पनी की नीतियों का

कुप्रभाव वैसे ही जारी रहा, हालाँकि अब उसे और भी सुशासन के आवरण में लागू किया जाने लगा। कम्पनी के चरित्र को लेकर भारत में ऐसे कई गम्भीर अध्ययन हो चुके हैं जिनमें कम्पनी द्वारा मचाई गई लूट की कलई खोली गई है। इस अध्ययन में उसके विस्तार में गए बगैर सीधे इन दुर्नीतियों के कुप्रभाव का आकलन किया गया है। इसके लिए मैंने लक्ष्मीसागर वार्ष्णेय की 'फोर्ट विलियम कॉलेज' और 'प्रोसीडिंग्स ऑफ दी कॉलेज ऑफ फोर्ट विलियम, होम मिसेलेनियस' के दस्तावेज देखे। मुझे यह देखकर कोई आश्चर्य नहीं हुआ कि 1805 ई. से कॉलेज के खर्च में कटौतियों का जो सिलसिला शुरू हुआ, वह फिर कॉलेज के बन्द होने के साथ ही खत्म हो सका। आए दिन कुछ-न-कुछ ऐसे नियम लागू किये जाते जिससे कॉलेज की साख कम होती जाती। कम्पनी ने कॉलेज की उन सभी गतिविधियों और जरूरतों में हस्तक्षेप किया जो कि कोर्ट ऑफ डायरेक्टर्स को प्रशासनिक आवश्यकताओं से थोड़ी भी अधिक लगीं :

1. 1805 ई. में कोर्ट ऑफ डायरेक्टर्स ने यह आदेश जारी किया कि बम्बई और मद्रास प्रेसीडेंसी के विद्यार्थियों को कॉलेज से वापस भेज दिया जाए, अध्यापकों और प्रोफेसरों की संख्या कम कर दी जाए, वेतन में कमी की जाए, एक ही प्रोवोस्ट रखा जाए और जहाँ तक हो सके, अन्य खर्चों में भी कटौती की जाए। कॉलेज काउंसिल को विवश होकर इस सम्बन्ध में कार्यवाही करनी पड़ी।[19]
2. 1805 और 1806 ई. में कोर्ट ऑफ डायरेक्टर्स के दबाव में कुछ विभागों के मुंशियों के वेतन में भी कटौती की गई।
3. कॉलेज द्वारा 1805 ई.में की गई कटौतियों से भी कोर्ट को सन्तुष्टि न मिली। 21 मई, 1806 ई. को कोर्ट ने कॉलेज काउंसिल को एक पत्र लिखकर फिर से कटौती करने के लिए कहा। कोर्ट ने आदेश दिया कि कॉलेज में सिर्फ प्राच्य भाषाओं का ही अध्ययन हो, हर्टफोर्ड कॉलेज में शिक्षा देने के बाद विद्यार्थियों को फोर्ट विलियम कॉलेज में सिर्फ एक वर्ष तक रखा जाए, प्रोवोस्ट और वाइस प्रोवोस्ट की पदवी हटा दी जाए। वेतन में भी कटौती के आदेश जारी किये गए। इस आदेश के अनुरूप ही कॉलेज के विधान में परिवर्तन लाया गया जिस पर गवर्नर जनरल ने 12 फरवरी, 1807 ई. को अपनी स्वीकृति दे दी।[20] अब कॉलेज के पास वेलेजली जैसी क्षमता वाला ऐसा कोई नहीं था जो यह सब रोक सके।
4. 13 सितम्बर, 1815 ई. को एक पत्र लिखकर कोर्ट ने मंत्री तथा परीक्षक पद तोड़ देने की आज्ञा दी।[21]
5. कोर्ट ने पाठ्य-पुस्तकों के अलावा अन्य किस्म की पुस्तकों के प्रकाशन पर भी आपत्ति दर्ज की।[22]

6. 28 जून, 1820 के कोर्ट के एक पत्र के दबाव में काउंसिल ने पुनः कटौतियाँ कीं। इसमें कई हजार रुपयों की बचत सम्भव हुई।[23]
7. नये प्रोफेसरों की नियुक्ति करने या नये ग्रन्थों की रचना करवाने की बात तो दूर, एकाउंटेंट जनरल वुड और चार्ल्स मेटकॉफ भी कॉलेज को बन्द कर देने की सलाह दे रहे थे।[24]

स्पष्ट है कि कॉलेज की स्थिति में लगातार गिरावट आती जा रही थी। कोर्ट को कॉलेज से अधिक से अधिक हासिल करना था और कम-से-कम खर्च। किसी एक विभाग में मुंशी रखने के लिए दूसरे विभाग से निकाल लिये जाते। तीस के दशक में कॉलेज की स्थिति नाजुक हो गई थी लेकिन इसके बावजूद कटौतियाँ जारी रहीं। कॉलेज में न प्रोफेसर रह गए, न कर्मठ विद्यार्थी। 1853-54 में कॉलेज की स्थिति क्या हो गई थी, इसे डलहौजी के उन मिनट्स (1853) से ठीक समझा जा सकता है जिसमें कॉलेज को बन्द करने की बात कही गई थी : 'कॉलेज की वर्तमान व्यवस्था के अन्तर्गत विद्यार्थी प्रायः आलस्यपूर्ण जीवन व्यतीत करते हैं। ऋण का भार उन पर लदा रहता है। कॉलेज की वर्तमान व्यवस्था बिल्कुल दूषित है। उसके सुधार के लिए कई उपाय बताए गए हैं। कुछ सज्जन तो सुधारों के साथ-साथ कॉलेज की पुनर्स्थापना चाहते हैं, कुछ कॉलेज तोड़ देने के पक्षपाती हैं और कुछ सज्जन कॉलेज के नाम और अवशिष्ट चिह्नों की रक्षा करना चाहते हैं। किन्तु इनमें से किसी मत से हमारे उद्देश्य की पूर्ति नहीं होती। तीसरा उपाय अच्छा है। इसी के संशोधित रूप में कॉलेज बनाए रखना अच्छा होगा। कॉलेज की पुनर्स्थापना करना अनावश्यक, अनुचित और लॉर्ड वेलेजली की विद्वत्ता में सन्देह प्रकट करना होगा। जिस समय कॉलेज स्थापित किया गया था, उस समय पन्द्रह या सत्रह वर्ष के युवक विद्यार्थी भारतवर्ष आते थे। उस समय उन पर अंकुश रखा जा सकता था। इंग्लैंड में उनकी शिक्षा का कोई प्रबन्ध नहीं था। किन्तु अब दूसरी परिस्थिति है। इस समय 20 से 22 वर्ष तक के विद्यार्थी भारतवर्ष आते हैं। हर्टफोर्ड कॉलेज में वे कुछ शिक्षा भी प्राप्त कर लेते हैं। वे न तो स्कूल के बच्चे रहते हैं और न विश्वविद्यालय के वयस्क विद्यार्थी। स्वभावतः वे फिर स्कूल जाना पसन्द न करेंगे। ये सब बातें कॉलेज की पुनर्स्थापना के विरोध में हैं।...कॉलेज की वर्तमान व्यवस्था एक धोखा और परिहास मात्र है। उससे किसी उद्देश्य की पूर्ति होने की बजाय हँसी और भ्रम फैलने का डर है। इस समय वास्तविक रूप में कोई कॉलेज नहीं है, पहले की भाँति विद्यार्थियों के लिए कमरे नहीं हैं, कोई प्रोवोस्ट नहीं है, कोई प्रोफेसर नहीं है और न कोई लेक्चरर है। कॉलेज में कुछ पंडित और मुंशी हैं। सरकार उन्हें वेतन देती है किन्तु उनसे कोई कार्य नहीं लेती। कॉलेज का अस्तित्व न होने पर भी कॉलेज का एक मंत्री है। ऐसे जीवित अस्थि-पंजर से किसी प्रकार का लाभ होना असम्भव है। लोगों की दृष्टि से यह जितना जल्दी हटा दिया जाए उतना ही अच्छा है।'[25]

डलहौजी के इस मिनट के कुछ दिनों बाद ही 1854 में बंगाल सरकार ने कॉलेज बन्द करने की आज्ञा दे दी और एक बोर्ड ऑफ एक्जामिनर्स का गठन कर दिया गया।

मजेदार बात तो यह है कि कॉलेज को बन्द कर देने के पीछे सबसे महत्त्वपूर्ण कारण छात्रों की अनुशासनहीनता और कर्ज लेने की प्रवृत्ति को ठहराया जाता रहा। कोर्ट ने इन्हीं दो कारणों का हवाला देते हुए गवर्नर जनरल लॉर्ड विलियम बैंटिक से पूछा था कि कॉलेज बन्द क्यों न कर दिया जाए? यह बात मजेदार इसलिए है क्योंकि किसी भी संस्थान में अनुशासन और नैतिकता का उच्च स्तर कायम करने के लिए जरूरी होता है कि संस्थान में उपयुक्त नियम लागू किये जाएँ, उत्कृष्ट आचार्यों की नियुक्ति कर नैतिकता और आचरण के उचित स्तर कायम किये जाएँ, विद्यार्थियों की परेशानियों और आपसी मतभेदों को सुलझाने के लिए प्रोवोस्ट जैसे पद बनवाए जाएँ, विभिन्न माध्यमों से छात्रों में अध्ययन के प्रति जागरूकता और प्रतिस्पर्धा की भावना बढ़ाई जाए। कॉलेज में इन सारी बातों का ह्रास होने के पीछे सिर्फ एक ही कारण था—कोर्ट ऑफ डायरेक्टर्स की 'मियर मर्कंटाइल यूटिलिटी' की मानसिकता, जिसका पर्याप्त उदाहरण हम पीछे देख चुके हैं, और वही कोर्ट छात्रों की अनुशासनहीनता को लेकर चिन्तित भी था।

कम्पनी के कोर्ट ऑफ डायरेक्टर्स के प्रयासों से ही 1806 में हर्टफोर्ड कॉलेज की इंग्लैंड में स्थापना हुई जिसे बाद में हैलीबरी ले जाया गया। इस कॉलेज की स्थापना से जैसे कोर्ट ऑफ डायरेक्टर्स को एक राहत मिली और अपनी नीतियों को लागू करने का एक अधिकार भी। इसी कॉलेज के बहाने फोर्ट विलियम कॉलेज को प्राच्य भाषाओं तक सीमित कर दिया गया। हैलीबरी कॉलेज के प्रति कोर्ट ऑफ डायरेक्टर्स का रवैया प्रारम्भ से ही अपनत्वपूरित रहा और जिसे सही ठहराने के लिए उनके पास पर्याप्त व्यापारिक तर्क भी था। 17 दिसम्बर, 1805 की तारीख में सर जेम्स मैकिनटोश को चार्ल्स ग्रांट का लिखा यह पत्र देखने लायक है :

'अपने संस्थान की इस रूपरेखा से हमारा उद्देश्य कलकत्ता कॉलेज को दबाना नहीं था। इसका गूढ़ उद्देश्य ही इसका वास्तविक उद्देश्य था और वह यह है कि भारत जानेवाले नवयुवक इस देश में ही बेहतरीन शिक्षा का लाभ उठा सकें। लेकिन संयोगवश इस संस्थान के प्रभाव में कलकत्ता कॉलेज को प्राच्य विषयों के अध्ययन तक सीमित किया जा सकता है।'[26]

मेरा खास जोर 'अपने' पर है—द लीडिंग इंस्टीट्यूशन ऑफ आवर्स। इस अपनत्व की भावना ने फोर्ट विलियम कॉलेज की बहुत क्षति की। बाद में जाकर, जैसा चार्ल्स ग्रांट ने अपने पत्र में लिखा था, वैसे ही हुआ। कोर्ट ऑफ डायरेक्टर्स ने यह तय किया कि भारत भेजे जानेवाले युवकों को इंग्लैंड में खोले जा रहे ईस्ट इंडिया कम्पनी कॉलेज में शिक्षा दी जाएगी और यहाँ की प्रक्रिया से गुजरने के बाद भी छात्रों की जानकारी

में जो अभाव रह जाते हैं, उन्हें फोर्ट विलियम कॉलेज में सुधारा जाएगा।

शुरुआती दिनों में गवर्नर जनरल बार्लो ने विद्यार्थियों से कहा कि हर्टफोर्ड में कॉलेज की स्थापना से फोर्ट विलियम कॉलेज का विकास ही होगा। अगर विद्यार्थी वहीं से कुछ ज्ञान अर्जित करके आते हैं तो फोर्ट विलियम कॉलेज के माध्यम से उनकी विद्वत्ता और सक्षमता में और भी अभिवृद्धि की जा सकेगी। 25 जुलाई, 1815 को हुए कॉलेज के पब्लिक डिस्प्यूटेशंस में नील बेंजामिन एडमॉन्सटन ने भी कहा कि तमाम सुविधाओं के बावजूद छात्र भाषाओं का जो ज्ञान ईस्ट इंडिया कॉलेज से प्राप्त करते हैं, वह फोर्ट विलियम कॉलेज में मिलनेवाली विशिष्ट और सार्थक शिक्षा की पूर्व तैयारी मात्र है।[27] लेकिन ऐसा न होकर हुआ यह कि फोर्ट विलियम कॉलेज पर पूरक के रूप में ही कार्य करने का दबाव बढ़ता रहा।

हिन्दुस्तान से ज्यादा खर्च पर अध्यापक इंग्लैंड रवाना किये गए। 10 फरवरी, 1808 के मिनट्स के अनुसार मिर्जा ख़लील को हिन्दुस्तानी पढ़ाने के लिए ईस्ट इंडिया कम्पनी कॉलेज भेजा गया।[28] ईस्ट इंडिया कम्पनी कॉलेज के लिए फोर्ट विलियम कॉलेज से विभिन्न अध्ययन सामग्री, जैसे कि पुस्तकें, पांडुलिपियाँ, नागरी लिपि की रचनाएँ आदि मँगाई जाने लगीं।[29] वेलेजली के जीवनी लेखक रॉबर्ट आर. पीयर्स लिखते हैं कि वेलेजली ने जिन उद्देश्यों के साथ इस संस्थान की नींव रखी थी, जो चेतना उन्होंने फोर्ट विलियम कॉलेज में फूँकनी चाही थी, वह हर्टफोर्डशायर में स्थित ईस्ट इंडिया कॉलेज में प्रवास कर गई। अब उन्हीं विचारों का गम्भीर प्रभाव पूरे आंग्ल-भारतीय साम्राज्य पर देखा जा सकता है।[30] स्पष्ट है कि ईस्ट इंडिया कम्पनी कॉलेज सफलतापूर्वक कार्य करता रहा और फोर्ट विलियम कॉलेज दिनों-दिन कमजोर होता रहा। कोर्ट और कम्पनी से ईस्ट इंडिया कम्पनी कॉलेज की नजदीकी का ही फल था कि फोर्ट विलियम कॉलेज के 1854 में बन्द हो जाने के चार साल बाद ही जाकर यह कॉलेज बन्द हुआ।

कोर्ट ऑफ डायरेक्टर्स ने तो यह भी प्रयास किया था कि कॉलेज के पुस्तकालय के अधिकार में मौजूद टीपू सुल्तान के पुस्तकालय से आई हुई सामग्री और अन्य कई महत्त्वपूर्ण पांडुलिपियों को इंग्लैंड लाया जा सके[31] लेकिन कॉलेज काउंसिल और अन्य प्रोफेसरों के प्रयासों से कॉलेज की पुस्तकालय में उपलब्ध सामग्री न सिर्फ बचा ली गई बल्कि वह और भी समृद्ध होती गई।

इन विपरीत परिस्थितियों में भी कॉलेज काउंसिल, प्राच्यविदों और अन्य अध्यापकों तथा मुंशियों के प्रयासों से कुछ सकारात्मक कार्य भी होते रहे (हिन्दी-हिन्दुस्तानी विभाग के सन्दर्भ में इसकी चर्चा आगे होगी)। लेकिन तीस के दशक में प्रवेश करने तक कॉलेज की उत्पादकता क्षीण हो चुकी थी। यही देखते हुए चार्ल्स मेटकॉफ ने भी कॉलेज बन्द कर देने की सलाह दी थी। 28 दिसम्बर, 1828 को लिये गए मिनट्स में मेटकॉफ ने कहा कि संस्थान को भंग कर देने की इच्छा उनकी

कतई नहीं है लेकिन दो कारणों से उन्हें यह करना पड़ रहा है—एक तो संस्थान का अनुपयोगी (यूजलेस) हो चुका ढाँचा और दूसरा, अनिष्टकारी (मिसचीवियस) तत्त्वों की अभिवृद्धि :

'यह मेरी दृष्टि में अनुपयोगी इसलिए है क्योंकि संस्थान में जो भी सिखाया जा रहा है, उससे कहीं बेहतर ज्ञान देश में किसी भी स्थान पर प्रशासनिक सेवा के माध्यम से अर्जित किया जा सकता है।

मुझे यह अनिष्टकारी इस कारण प्रतीत होता है क्योंकि यह युवाओं को एक जगह एकत्रित कर या तो देखादेखी में या फिर भर्त्सना होने के भय से फिजूलखर्ची की आदतों को बढ़ावा देता है जिससे बहुत सारे लोग बच सकते हैं अगर उनका स्वाभाविक विकास हो या वे अपने विवेक का उपयोग कर सकें। इस विषाक्त प्रभाव से दूर रहकर ही उनमें समझदारी का विकास हो सकता है।

इस संस्थान में मैं उस योजना से कुछ भी साम्यता नहीं देख पा रहा हूँ जो कि फोर्ट विलियम कॉलेज के महान संस्थापक द्वारा रखी गई थी और जिसमें यह विश्वास व्यक्त किया गया था कि यह संस्थान अध्ययन के उन महत्त्वपूर्ण केन्द्रों में गिना जाएगा जो कि संसार को शिक्षित और सुशोभित कर रहे हैं।'[32]

इन्हीं परिस्थितियों में 1829 में कोर्ट ऑफ डायरेक्टर्स ने कॉलेज में अनुशासनहीनता और फिजूलखर्जी की प्रवृत्ति बढ़ते हुए देखकर बैंटिक से कॉलेज को बन्द कर देने के बारे में राय माँगी थी। 2 जून, 1829 को लिये गए बैंटिक के मिनट से पता चलता है कि कॉलेज की अनुशासनहीनता की बात से सहमत होते हुए भी बैंटिक कॉलेज बन्द कर देने के पक्ष में नहीं था। वह कॉलेज की व्यवस्था में कुछ सुधार करने के पक्ष में था ताकि अनुशासनहीनता दूर की जा सके। बैंटिक का कहना था कि प्रशासनिक शिक्षा के क्षेत्र में फोर्ट विलियम कॉलेज जिस तरह की भूमिका निभाता आया है, उसका सही विकल्प अभी उपलब्ध नहीं है। 2 जून, 1829 को ही यह प्रस्ताव पास किया गया कि कॉलेज पर कॉलेज काउंसिल के सेक्रेटरी और विजिटर का और भी सीधा नियंत्रण स्थापित किया जाए।[33] अनुशासन के और भी कड़े नियम लागू किये गए। तीस के दशक में कॉलेज की स्थिति वैसे ही खराब हो चुकी थी, प्राच्यविदों के प्रभाव का दौर लगभग खत्म हो चुका था, कम्पनी पैसा बनाने का कोई मौका चूक नहीं रही थी कि थॉमस बैबिंगटन मैकाले 1833 में भारत की सुप्रीम काउंसिल का सदस्य बन गया। इस परिवर्तन के साथ ही अंग्रेजी माध्यम की शिक्षा के हिमायती और आंग्लीयता के पैरोकार लोग भारतीय प्रशासन में हावी होने लगे। 10 जून, 1834 को मैकाले भारत आया और कमिटी ऑफ पब्लिक इन्सट्रक्शंस का अध्यक्ष भी बन गया। अंग्रेजी सभ्यता संस्कृति का अन्धभक्त मैकाले मानता था कि संस्कृत-अरबी भाषाओं की पुस्तकों में जो भी ऐतिहासिक जानकारी है, वह इंग्लैंड के प्राथमिक विद्यालयों में उपलब्ध जानकारी से भी कम महत्त्वपूर्ण है।[34] खास बात तो यह है कि मैकाले को स्वयं अरबी-

संस्कृत भाषाओं की थोड़ी भी जानकारी न थी। यह उसने अपने 2 फरवरी, 1835 के प्रसिद्ध 'मिनट्स ऑन इंडियन एजूकेशन' में स्वीकार भी किया है। इस मिनट में मैकाले ने गम्भीर आपत्तिजनक बातें कहीं—ऐसी बातें, जो फोर्ट विलियम कॉलेज जैसे संस्थानों की उपयोगिता ही खारिज करनेवाली थीं। इसी मिनट में उसने लिखा कि संस्कृत और अरबी भाषा की पढ़ाई पर पैसे खर्च करने की कोई जरूरत नहीं है। इन भाषाओं पर किया गया खर्च 'डेड लॉस टू दी कॉज ऑफ टुथ' माना जाना चाहिए। भारतीय ज्ञान को 'एब्सर्ड' बताते हुए मैकाले ने कहा कि अगर सरकार उसे भारतीय मामलों में कदम उठाने का अधिकार देती है तो वह तुरन्त ही संस्कृत-अरबी भाषा में पुस्तकों की छपाई बन्द कर देगा।[35]

7 मार्च, 1835 को लॉर्ड विलियम बैंटिक ने थॉमस बैबिंगटन मैकाले के 'मिनट्स ऑन इंडियन एजूकेशन' पर अपनी सहमति दे दी। बैंटिक ने भी स्वीकार किया कि भारत में ब्रिटिश सरकार का उद्देश्य यूरोपीय साहित्य और ज्ञान-विज्ञान को बढ़ावा देना ही होना चाहिए।

एक तरफ कम्पनी की व्यापारिक प्रवृत्तियों के फलस्वरूप भारतीय ज्ञान-विज्ञान की क्षति हो ही रही थी कि मैकाले के प्रभाव ने अनेक ऐसे अंग्रेज पैदा किये जो श्रेष्ठता की मनोग्रन्थि लिये प्राच्य भाषाओं में शिक्षा देने का कड़ा विरोध करने लगे। काउंसिल और कमिटी ऑफ पब्लिक इंस्ट्रक्शन में भी उसने काफी समर्थन बटोर लिया था। इसी प्रभाव के कारण प्राच्य ज्ञान-विज्ञान की ओर झुके संस्थानों का ह्रास होने लगा और ऐसे संस्थान जो अंग्रेजी माध्यम की शिक्षा के समर्थक थे, ऐसा भारतीय भद्र वर्ग जो अंग्रेजीदाँ शिक्षा को ही भारतीय जागरण की प्राथमिक कड़ी मानता था, उभरकर सामने आने लगे। कलकत्ता में अब फोर्ट विलियम कॉलेज का दौर खत्म हो गया था और हिन्दू कॉलेज का शुरू।

इस पूरे दौर की ज्ञान-मीमांसा में उपनिवेशवाद, ईसाई मत, श्रेष्ठता-बोध और सभ्यता विमर्श के स्वरूप का बदलाव बाध्य करता है कि सत्ता और ज्ञान के सम्बन्धों की द्वन्द्वात्मकता को और बेहतर ढंग से पहचाना जाए। रामविलास जी ने विलियम जोंस और मैकाले की दृष्टि के अन्तर के कारकों की पड़ताल करने की पेशकश की थी। कम्पनी ने फोर्ट विलियम कॉलेज को जिस विकट स्थिति में पहुँचा दिया और विलियम जोंस की मान्यताएँ जिस तरह से मैकाले के समय तक पहुँचते-पहुँचते पृष्ठभूमि में चली गईं, वह साम्राज्यवाद के अध्ययन में रह जानेवाली फाँक को समझने के लिए महत्त्वपूर्ण है।

हिन्दुस्तानी विभाग का ब्यौरा

राष्ट्रीय अभिलेखागार में उपलब्ध 'प्रोसीडिंग्स ऑफ दी कॉलेज ऑफ फोर्ट विलियम' के दस्तावेजों के आधार पर ही डॉ. लक्ष्मीसागर वार्ष्णेय ने अपनी पुस्तक 'फोर्ट विलियम

कॉलेज' (1800–1854 ई.) की रचना की थी। वार्ष्णेय जी का प्रयास था कि 'विषय केवल हिन्दी (आधुनिक अर्थों में) और हिन्दुस्तानी के विवेचन तक ही सीमित' (भूमिका से) रखा जाए। उन्होंने 'प्रोसीडिंग्स' का हर एक पन्ना उलटा और हिन्दुस्तानी विभाग के सन्दर्भ में जो भी सामग्री हाथ लगी, उसे इस पुस्तक में क्रमवार सजाकर प्रस्तुत किया। राष्ट्रीय अभिलेखागार में प्रोसीडिंग्स के दस्तावेज देखते हुए मुझे लगा कि वार्ष्णेयजी ने उक्त शीर्षक के (हिन्दुस्तानी विभाग का ब्यौरा) के अन्तर्गत रखने लायक लगभग सारी सामग्री एकत्रित कर ली है। इससे मुझे विषय के विश्लेषण में और अपने मत की स्थापना में बड़ी सहायता मिली। हिन्दुस्तानी विभाग के इस क्रमवार विकास को समझने में वार्ष्णेय जी की पुस्तक 'फोर्ट विलियम कॉलेज' और 'प्रोसीडिंग्स ऑफ द कॉलेज ऑफ फोर्ट विलियम' के अतिरिक्त मुझे कुछ मदद 'एनाल्स ऑफ दी कॉलेज ऑफ फोर्ट विलियम' से भी मिली है। हिन्दुस्तानी विभाग के विकास-क्रम को देखते हुए भी यह सहज ही समझा जा सकता है कि औद्योगिक पूँजीवाद के दबाव के क्रम में 'मर्कंटाइल यूटिलिटी' की मानसिकता से संचालित कम्पनी ने सत्ता और ज्ञान के कैसे द्वन्द्वात्मक सम्बन्ध पैदा किये। प्राच्य भाषा और संस्कृति के प्रति कम्पनी का रवैया पूँजीवाद के अन्तर्विरोधों को प्रत्यक्ष करता है।

शुरुआत करते हैं जॉन बॉर्थविक गिलक्रिस्ट से जिन्हें हिन्दुस्तानी विभाग का दायित्व सबसे पहले दिया गया। कॉलेज में नियुक्ति से पूर्व गिलक्रिस्ट 'ओरिएंटल सेमिनरी' में अध्यापन कर रहे थे। गिलक्रिस्ट इस सेमिनरी में हिन्दुस्तानी और फारसी पढ़ाते, परीक्षाएँ लेते और सरकार को प्रगति की सूचना देते रहते थे। इस सेमिनरी में गिलक्रिस्ट के गम्भीर योगदान से गवर्नर जनरल की काउंसिल पूर्णत: सन्तुष्ट थी। हिन्दुस्तानी के क्षेत्र में गिलक्रिस्ट सबसे बड़े नाम के रूप में उभर चुके थे। ऐसे में, जब फोर्ट विलियम कॉलेज की स्थापना हुई तो हिन्दुस्तानी विभाग का कार्यभार जॉन बॉर्थविक गिलक्रिस्ट को ही सौंपा गया। हिन्दुस्तानी भाषा का पहला व्याख्यान बुधवार, 26 नवम्बर, 1800 ई. को दिया गया। प्रारम्भ में यह तय किया गया कि हिन्दुस्तानी के व्याख्यान बुधवार और शुक्रवार को सुबह 9 बजे से दिये जाएँगे।[36] हिन्दुस्तानी विभाग में मुंशियों के रूप में जिन लोगों की नियुक्ति हुई, उनका विवरण इस प्रकार है :

प्रधान मुंशी—मीर बहादुर अली—**मासिक वेतन 200 सिक्का रुपये**

सहायक मुंशी—तारिणी चरण मित्र—**मासिक वेतन 100 सिक्का रुपये**

मुंशी—मुर्तजा खाँ, गुलाम अकबर ,नसरुल्लाह, मीर अम्मन, गुलाम अशरफ, हिलालुद्दीन, मुहम्मद सादिक, रहमतुल्लाह खाँ, गुलाम गौस, कुन्दन लाल, काशीराज, मीर हैदरबख्श—**मासिक वेतन 40 सिक्का रुपये**

लेकिन जल्दी ही (1801) मुहम्मद सादिक, रहमतुल्लाह खाँ, काशीराज और

गुलाम गौस की जगह पर सैयद जाफर, मुहम्मद तक़ी, मुबारक मुहीउद्दीन और असद अली खाँ नामक अध्यापकों की नियुक्ति हो गई।[37] कुछ ही समय बाद, 19 फरवरी, 1802 की काउंसिल की बैठक में भाखा-मुंशी की माँग स्वीकार कर ली गई। इस पद पर लल्लूलाल नियुक्त हुए।[38] ये मुंशी न सिर्फ विद्यार्थियों की मदद करते बल्कि किताबें तैयार करवाने में भी महत्त्वपूर्ण योगदान देते। इन मुंशियों के ही परिश्रम का फल था कि गिलक्रिस्ट कॉलेज में पाँच वर्ष की अल्पावधि में भी अनेक ग्रन्थों का प्रणयन करा सके। 'ओरिएंटल फैब्यूलिस्ट' जैसी कृति जिसकी गिनती गिलक्रिस्ट के ग्रन्थों में होती है और जिसमें छोटी-छोटी कहानियों को हिन्दुस्तानी, संस्कृत, फारसी, भाखा, बांग्ला भाषाओं में अनुवाद किया गया है, मूलतः इन्हीं मुंशियों (मीर बहादुर अली, तारिणी चरण मित्र, लल्लूलाल आदि) द्वारा अनूदित है।

1800 से 1805 ई. के बीच में पुस्तकों के प्रकाशन के सन्दर्भ में जितने पत्र गिलक्रिस्ट के मिलते हैं उतने किसी और विभाग के प्रोफेसर के नहीं मिलते। गिलक्रिस्ट यह चाहते थे कि कम-से-कम तीन वर्ष के लिए हिन्दुस्तानी विभाग की पुस्तकों का प्रकाशन प्रबन्धन उनके हाथ में सौंप दिया जाए।[39] गिलक्रिस्ट ने इस सन्दर्भ में कॉलेज काउंसिल के सामने कुछ माँगें भी रखी थीं। इन माँगों में उन्होंने लिखा कि 'ग्रन्थकर्ता और प्रकाशक के रूप में मुझे प्रोत्साहन देने के लिए सरकार मेरे प्रत्येक ग्रन्थ की सौ प्रतियाँ बाजार भाव पर लेगी, हिन्दुस्तानी कक्षा में आवश्यक ग्रन्थों की एक-एक प्रति प्रत्येक विद्यार्थी को बाजार भाव पर खरीदनी होगी। रचना, अनुवाद और प्रतिलिपि का पूरा खर्च मैं इस शर्त पर दूँगा जब कि सरकार मीर शेर अली को अपने खर्च पर हिन्दुस्तानी साहित्य के संशोधक के उनके वर्तमान पद पर मेरी अध्यक्षता में बनाए रखेगी और उनके पद-त्याग करने या उनकी मृत्यु हो जाने पर एक दूसरा सुयोग्य व्यक्ति रखेगी जिसका वेतन वही रहेगा जो अब है अर्थात् दो सौ रुपये मासिक। चूँकि अनेक ग्रन्थ, जो इस समय छप रहे हैं, भिन्न परिस्थिति में दिये गए हैं, इसलिए उनका ठीक-ठीक हर्जाना भी दिया जाए, आदि।'[40] कम्पनी के अधिकारियों की मनोवृत्ति देखते हुए यह कहना न होगा कि गिलक्रिस्ट की माँग बहुत ज्यादा थी। काउंसिल ने गिलक्रिस्ट की ज्यादातर शर्तों को मानने से इनकार कर दिया। बावजूद इसके, गिलक्रिस्ट को ग्रन्थ-निर्माण के लिए जितनी राशि मिली, वह तुलनात्मक रूप से बहुत ज्यादा थी। फिर भी, गिलक्रिस्ट कभी सन्तुष्ट न हो सके। गिलक्रिस्ट की भाषा-नीति पर चर्चा करते हुए आगे हम यह देखेंगे कि भविष्य में भी, यानी कि लन्दन लौटकर भी ईस्ट इंडिया कम्पनी कॉलेज और ओरिएंटल इंस्टीट्यूशन में नौकरी करते हुए भी, उनकी यह असन्तुष्टि बरकरार रही। वार्ष्णेयजी ने आशंका व्यक्त की है कि तबीयत खराब होने के साथ-साथ आर्थिक सहयोग के मसले पर कॉलेज कउंसिल की अस्वीकृतियों से उत्पन्न निराशा के कारण भी गिलक्रिस्ट ने फरवरी, 1804 में त्यागपत्र देकर कॉलेज से लौट जाने पर विचार किया होगा।[41]

जिन महत्त्वपूर्ण रचनाओं का श्रेय गिलक्रिस्ट को जाता है, वे निम्नलिखित हैं :

डिक्शनरी : इंग्लिश एंड हिन्दुस्तानी
अ ग्रामर ऑफ दी हिन्दुस्तानी लैंग्वेज
दी ओरिएंटल लिंग्विस्ट
दी हिन्दी स्टोरी टेलर
दी एंटी जार्गोनिस्ट
दी स्ट्रेंजर्स इनफैलिएवल ईस्ट इंडिया गाइड
दी हिन्दी मोरल प्रिसेप्टर
दी ओरिएंटल फैब्यूलिस्ट
अ कलेक्शन ऑफ डायलॉग्स, इंग्लिश एंड हिन्दुस्तानी
दी हिन्दी रोमन ऑर्थोएपिग्राफिकल अल्टिमम

गिलक्रिस्ट के चरित्र-चित्रण के लिए 1815 ई. की उनकी एक रचना का अत्यधिक महत्त्व है :

'पार्लियामेंटरी रिफॉर्म ऑन कॉन्स्टीट्यूशनल प्रिंसिपल्स, ऑर ब्रिटिश लॉयल्टी अगेन्स्ट कॉण्टिनेंटल रॉयल्टी'

गिलक्रिस्ट की अध्यक्षता में हिन्दुस्तानी विभाग के अन्य मुंशियों ने जो प्रमुख ग्रन्थ तैयार किये, वे इस प्रकार हैं :

चार दरवेश से बाग़ोबहार	—मीर अम्मन
मसनवी मीर हसन (नस्त्र-ए-बेनजीर)	—मीर बहादुर अली
गुलिस्ताँ या बाग़-ए-उर्दू	—मीर शेर अली अफसोस
तोता कहानी	—मुंशी हैदर बख्स
सिंहासन बत्तीसी	—मिर्जा काजिम अली जवाँ
प्रेमसागर	—लल्लूलाल
बैताल पच्चीसी	—मजहर अली खाँ
माधवानल	—मजहर अली खाँ
हफ्तःगुलशन	—मजहर अली खाँ
शकुन्तला नाटक	—मिर्जा काजिम अली जवाँ, मिसकीन कृत मर्सिया
अयार दानिश से खिर्द अफ़रोज	—शेख हफीजुद्दीन अहमद
हातिमताई	—हैदरबख्स
सौदा की कुल रचनाएँ	
वली की कुल रचनाएँ	
श्री भागवत	
बारहमासा	—मिर्जा काजिम अली जवाँ

हिन्दुस्तानी बोस्ताँ	—हाजी मिर्जा मुगल
हिन्दुस्तानी कुरान	—मीर बहादुर अली, मिर्जा काजिम अली आदि
अख़लाक-ए-हिन्दी (हितोपदेश)	—मीर बहादुर अली
गुल-ए-बकावली	—नीहालचन्द
राजनीति	—लल्लूलाल
कलाकाम	—कुन्दनलाल
गुल-ओ-हुर्मुज	—गुलाम हैदर
अलिफ लैला	—शाकिर अली
फीरोजशाह	—मुहम्मद बख्श
लतायफ़-ए-हिन्दी	—लल्लूलाल
सर्फ-ए-उर्दू	—अमानतुल्लाह
चन्द्रावती	—सदल मिश्र

[**नोट :** ये सभी नाम गिलक्रिस्ट द्वारा कॉलेज काउंसिल को भेजे गए विभिन्न विवरणों से लिये गए हैं।][42]

इसके अलावा भी अनेक ग्रन्थों का निर्माण किया गया। ज्यादातर ग्रन्थ अनूदित थे। जिन ग्रन्थों के निर्माण में थोड़ी-बहुत जैसी भी लल्लूलाल की भूमिका रही है, वे इस प्रकार हैं—सिंहासन बत्तीसी, बैताल पच्चीसी, शकुन्तला नाटक, माधोनल, माधव विलास, सभाविलास, प्रेमसागर, राजनीति, भाषा कायदा, लतायफ-ए-हिन्दी, लालचन्द्रिका।

फारसी की पुरानी प्रतिष्ठा और सरकारी महकमों में उसके महत्त्व के कारण कॉलेज में उसे ज्यादा महत्त्व दिया जाता था। उच्च वर्ग के लोगों के बीच हिन्दुस्तानी का प्रचलन भी अत्यधिक था। गिलक्रिस्ट ने हिन्दुस्तानी विभाग में रहते हुए जमकर यह प्रयास किया कि अन्य प्राच्य भाषाओं पर हिन्दुस्तानी का महत्त्व प्रतिपादित हो जाए। फोर्ट विलियम कॉलेज में फारसी विभाग को खास दर्जा प्राप्त था। गिलक्रिस्ट ने अपनी कड़ी मेहनत से हिन्दुस्तानी विभाग में ऐसी स्थिति बना दी कि वह फारसी विभाग को टक्कर देने लगा। हिन्दुस्तानी विभाग में विद्यार्थियों की संख्या बढ़ने लगी। हिन्दुस्तानी विभाग में अनेक विद्यार्थी सफलतापूर्वक वाद-विवाद में भाग लेते थे। इन वाद-विवादों का जिक्र तीसरे अध्याय में किया जाएगा। गिलक्रिस्ट का प्रभाव ही था कि कॉलेज में रोमर, चैपलिन और बेली आदि ने महत्त्वपूर्ण प्राच्य विषयों पर संक्षिप्त शोधलेख प्रस्तुत किया।

हमें यह ध्यान रखना चाहिए कि गिलक्रिस्ट का समय साम्राज्यवाद के अभूतपूर्व विस्तार का समय है, विस्तारवादी वेलेजली की महत्त्वाकांक्षी अभियानों का समय है, औद्योगिक पूँजीवाद के दबाव का समय है किन्तु इन सबके साथ व्यापारिक

पूँजीवाद के सबसे निकट का समय भी है। यह वह समय है जब व्यापारिक पूँजीवाद की कोख से पनपनेवाली सांस्कृतिक परिवेश की छाप लिये हुए सक्रिय प्राच्यविदों की बौद्धिक चेतना का संस्कार अभी खत्म न हुआ था और एशियाटिक सोसाइटी का व्यापक प्रभाव विद्यमान था। 1800 से 1805 ई. के दौर में फोर्ट विलियम कॉलेज के हिन्दुस्तानी विभाग में जो गतिविधियाँ हुईं, उसे इस कोण से भी देखना चाहिए। गिलक्रिस्ट की दृष्टि पर वेलेजली के चिन्तन का अत्यधिक प्रभाव है जिसने उसके कार्यों के अकादमिक स्तर को कमजोर भी बनाया किन्तु उसके कार्यों का परिमाण बताता है कि पिछली सांस्कृतिक चेतना का संस्कार अभी बाकी है। यही कारण है कि जितने बड़े पैमाने पर विद्वान इस दौर में अकादमिक कार्यों को सम्पन्न करने में समर्थ हो सके उतना भविष्य में कभी न हो सके। इस दौर में जितने बड़े पैमाने पर हिन्दुस्तानी विभाग में लोग सक्रिय थे, भविष्य में वह संख्या कभी प्राप्त न की जा सकी। इस काल में जिन पुस्तकों का प्रणयन हुआ, बाद में ज्यादातर उन्हीं के नये-नये संस्करण प्रकाशित होते रहे। यही सब देखते हुए इस दौर को मैंने फोर्ट विलियम कॉलेज का स्वर्णयुग कहा है। यह सम्भव इसलिए हुआ कि अभी भी प्राच्यवाद से उत्पन्न ज्ञान के प्रभाव ने सत्ता के साथ मौजूद सम्बन्धों में फाँक की गुंजाइश को बनाए रखा था—मैकाले का समय अभी दूर था।

गिलक्रिस्ट के बाद हिन्दुस्तानी विभाग के अध्यक्ष का पद जेम्स मोअट (जनवरी, 1806 से फरवरी, 1808) को मिला। इसके पहले कैप्टन मोअट गिलक्रिस्ट के प्रथम सहायक के तौर पर कार्यरत थे। मोअट गिलक्रिस्ट की भाषा-नीति के प्रबल समर्थक थे। हिन्दुवी को 'गँवारू' मानने के बावजूद गिलक्रिस्ट ने लल्लूलाल और सदल मिश्र को अपने विभाग में स्थान दिया था, रचनाएँ करवाई थीं, ब्रज के व्याकरण के महत्त्व को प्रतिपादित किया था लेकिन मोअट ने इसकी भी कोई आवश्यकता नहीं समझी। गिलक्रिस्ट के जाने के कुछ दिनों बाद ही जेम्स मोअट ने (जो कि अभी तक विभागाध्यक्ष पद पर नियुक्त नहीं हुए थे) 9 मई, 1804 को कॉलेज काउंसिल को एक पत्र लिखकर लल्लूलाल और सदल मिश्र को विभाग से अलग कर देने की सिफारिश की।[43] दोनों ही मुंशियों को कॉलेज से अलग कर दिया गया लेकिन तीन-साढ़े तीन महीने के भीतर ही उनकी जरूरत समझकर उन्हें फिर से विभाग में रख लिया गया और पिछला वेतन भी दिया गया।

जेम्स मोअट के कार्यकाल में ही कम्पनी ने कॉलेज में पहली भारी कटौती की थी। प्रोफेसरों और मुंशियों की संख्या में कटौती की गई, वेतन में कमी की गई, कॉलेज के ऊपर हो रहे खर्चे में कटौती की गई और कॉलेज को कुछ खास विषयों तक सीमित कर दिया गया। जाहिर है कि हिन्दुस्तानी विभाग पर इसका प्रभाव पड़ा होगा। देखिए :

7 जून, 1802 को हिन्दुस्तानी विभाग की स्थिति[44]

अनुवादक—मीर शेर अली	—200 रु. मा.
काजिम अली खाँ	—80 रु. मा.
मजहर अली खाँ	—80 रु. मा.
प्रधान मुंशी—मीर बहादुर अली	—200 रु. मा.
तारिणीचरण मित्र	—100 रु. मा.
स्थायी मुंशी (20)	—800 रु.मा. (40 गुणा 20)
सर्टिफिकेट मुंशी (20)	—600 रु.मा. (30 गुणा 20)
भाखा मुंशी	—50 रु. मा.
किस्सा खाँ	—40 रु. मा.
नागरी सुलेखक	—50 रु. मा.
	कुल—2200 रु. मा.

1 जनवरी, 1807 से हिन्दुस्तानी विभाग की व्यवस्था[45]

प्रधान मुंशी	—200 रु. मा.
द्वितीय मुंशी	—100 रु. मा.
1 मुंशी	—80 रु. मा.
1 मुंशी	—60 रु. मा.
12 मुंशी	—480 रु.मा. (40 गुणा 12)
2 अनुवादक	—160 रु.मा. (80 गुणा 2)
1 भाखा मुंशी	—50 रु. मा.
1 नागरी सुलेखक	—50 रु. मा.
	कुल—1180 रु. मा.

हिन्दुस्तानी विभाग के अध्यक्ष के रूप में मोअट का कार्यकाल बहुत सीमित (लगभग 2 वर्ष) था। इस दौरान मोअट का अपना कोई विशिष्ट योगदान नहीं दिखाई देता। उनके नाम से नया कोई ग्रन्थ भी नहीं मिलता है। गिलक्रिस्ट के प्रस्थान के बाद हिन्दुस्तानी विभाग में जो महत्त्वपूर्ण परिवर्तन हुए या साहित्यिक योगदान किये गए, वे निम्नलिखित हैं :

1. 19 नवम्बर, 1804 को कॉलेज काउंसिल ने मीर शेर अली को प्रधान मुंशी और मीर बहादुर अली को हिन्दुस्तानी अनुवादक के रूप में नियुक्त किया।[46] एनसाइन मैकडूगल प्रथम सहायक का कार्यभार सँभालने लगे।[47]
2. विलियम हंटर ने कॉलेज काउंसिल के समक्ष अपनी हिन्दुस्तानी-इंग्लिश डिक्शनरी की आयोजना रखी।[48]

3. कई महत्त्वपूर्ण ग्रन्थों के अनुवाद पूरे हो गए जिनके लिए मुंशियों को पुरस्कृत किया गया, जैसे—ईसाई सुसमाचार, अखलाक-ए-जलाली, बहार दानिश, किस्सा-ए-रज्वाँ, इंतखाब-ए-सुलतानी, आदि।[49]
4. बैताल पच्चीसी को पाठ्य-पुस्तक के रूप में स्वीकार किया गया।[50]
5. सदल मिश्र को 'अध्यात्म रामायण' के अनुवाद के लिए 300 रु. पुरस्कार-स्वरूप दिया गया।[51]

फरवरी, 1808 में जेम्स मोअट के त्याग-पत्र देने के कुछ दिनों बाद ही हिन्दुस्तानी विभाग का कार्यभार कैप्टन जॉन विलियम टेलर के हाथों में आ गया। टेलर सबसे लम्बे समय (1808-23) तक हिन्दुस्तानी विभाग के प्रधान अध्यापक रहे। टेलर पहले से ही हिन्दुस्तानी भाषा के क्षेत्र में महत्त्वपूर्ण कार्य कर रहे थे। काउंसिल को इसी वजह से निर्णय लेने में किसी किस्म की परेशानी नहीं हुई। हालाँकि टेलर भी गिलक्रिस्ट जैसी क्षमता नहीं रखते थे लेकिन टॉमस रोएबक, विलियम प्राइस और तारिणीचरण मित्र जैसे विद्वानों का साथ मिलने के कारण, कोर्ट ऑफ डायरेक्टर्स की गलत नीतियों के दबाव में भी, हिन्दुस्तानी विभाग का सफलतापूर्वक संचालन करते रहे।

गिलक्रिस्ट की भाषा-नीति के प्रभाव में कॉलेज में फारसीनिष्ठ खड़ी बोली के अनेक ग्रन्थ तैयार हुए थे। लेकिन साम्राज्य बढ़ने के साथ-साथ कम्पनी को यह समझ में आने लगा था कि आम जनता की भाषा इतनी फारसीनिष्ठ नहीं है। कोर्ट ऑफ डायरेक्टर्स ने हिन्दुवी और नागरी पर ध्यान देने की बात सामने रखी। हर्टफोर्ड कॉलेज के लिए भी इस शैली की सामग्री माँगी जा चुकी थी। मोअट से अलग जाकर जॉन विलियम टेलर ने यह समझा कि हिन्दुस्तानी का महत्त्व अधिक होने पर भी 'हिन्दी' का अध्ययन जरूरी है। कॉलेज में हिन्दुस्तानी से अलग 'हिन्दी' का आधुनिक अर्थों में प्रयोग की शुरुआत यहीं से दिखाई देती है।[52] टेलर और रोएबक दोनों ही हिन्दुस्तानी शैली के समर्थक थे लेकिन कॉलेज में 'हिन्दी' की खराब हालत में सुधार के लिए प्रयासरत थे। टेलर ने काउंसिल को एक बार लिखा :

'मैंने इस भाषा (हिन्दी) के ज्ञान के प्रचार का कॉलेज में भरसक प्रयत्न किया, किन्तु अन्त में इस प्रयत्न के कारण मेरा स्वास्थ्य नष्ट हो गया। मैंने बड़ी-बड़ी दिक्कतों और रुकावटों का सामना भी किया। आखिर मैंने इस बात का अनुभव किया कि मुझे अपने सीमित साधनों और कक्षा में विद्यार्थियों की संख्या अधिक होने से केवल हिन्दुस्तानी के पठन-पाठन तक ही रहना चाहिए। हिन्दी और हिन्दुस्तानी में से हिन्दुस्तानी का ही महत्त्व अधिक है, इस दृष्टि से शिक्षा का ह्रास अवश्य हुआ है।'[53]

टेलर के कार्यकाल में हिन्दी-हिन्दुस्तानी के कुछ नये ग्रन्थ तैयार हुए, अनुवाद हुए, पुराने ग्रन्थों के नये और बेहतर संस्करण प्रकाशित हुए, ग्रन्थकर्ताओं को पुरस्कृत भी किया गया। इन ग्रन्थों में प्रेमसागर, राजनीति, रामायण, लतायफ-ए-हिन्दी, गुलबकावली, हफ्त पैकर, अकबरनामा, बहार-ए-इश्क, दी ग्रामाटिकल प्रिंसिपल्स

ऑफ ब्रज भाखा, मिताक्षरा, तारीख नादिरी, सभाविलास, पुरुष परीक्षा आदि प्रमुख हैं।

इस बीच टॉमस रोएबक भी ग्रन्थ-निर्माण में लगे हुए थे। उन्होंने कुछ वर्षों के लिए गिलक्रिस्ट से भी सहायता ली थी। टॉमस रोएबक हिन्दुस्तानी के सहायक प्रोफेसर के रूप में अध्यापन भी कर रहे थे। 1819 ई. में अपने देहान्त से पहले रोएबक कई महत्त्वपूर्ण योगदान दे गए थे :

1. ब्रिटिश इंडियन मॉनीटर
2. हिन्दुस्तानी एंड इंग्लिश डायलॉग्स
3. ऐन इंग्लिश एंड हिन्दुस्तानी डिक्शनरी विद अ ग्रामर प्रीफिक्स्ड
4. एनाल्स ऑफ दी कॉलेज ऑफ फोर्ट विलियम
5. इंग्लिश एंड हिन्दुस्तानी नैवल डिक्शनरी ऑफ टेक्निकल वर्ड्स एंड फ्रेजेज

इसके अलावा वे कई ग्रन्थों के निर्माण में सहयोग भी कर रहे थे। रोएबक ने यह भी प्रयास किया कि हंटर के अपूर्ण कोश को पूरा किया जाए, लेकिन काउंसिल का सहयोग उन्हें नहीं मिल पाया।

विलियम प्राइस भी ब्रज भाखा और पूर्वी भाषा के अध्यापन में संलग्न थे। प्राइस का प्रयास था कि 'हिन्दी' की पुस्तकें कॉलेज में उपलब्ध कराई जाएँ। प्राइस की सहायता के लिए ब्रज और 'हिन्दी' में समर्थ मुंशियों की कॉलेज में नियुक्ति की गई।

तारिणीचरण मित्र बहुत ही काबिल मुंशी थे और गिलक्रिस्ट से लेकर विलियम प्राइस तक, सभी के द्वारा प्रशंसा पा चुके थे। मिश्र जी ने इस बीच न सिर्फ रोएबक का कोश तैयार करने में मदद दी बल्कि संस्कृत-ग्रन्थ पुरुष परीक्षा का हिन्दुस्तानी अनुवाद भी प्रस्तुत किया। साथ ही उन्होंने हिन्दुस्तानी के दो संग्रह ग्रन्थ तैयार करने का भी प्रयास किया।[54]

टेलर के कार्यकाल में हिन्दुस्तानी विभाग में हुए अन्य महत्त्वपूर्ण परिवर्तन इस प्रकार हैं :

1. मीर शेर अली की मृत्यु के पश्चात 21 दिसम्बर, 1809 को तारिणीचरण मित्र मीर मुंशी नियुक्त हुए।[55]
2. 1816 में मजहर अली खाँ और काजिम अली खाँ की भी मृत्यु हो गई।[56]
3. 1819 में टॉमस रोएबक की मृत्यु के बाद 25 जनवरी, 1820 को डी. रडैल हिन्दुस्तानी के सहायक प्रोफेसर नियुक्त हुए।[57]
4. 23 सितम्बर, 1823 को गंगाप्रसाद शुक्ल की कॉलेज में भाखा पंडित के रूप में नियुक्ति हुई।[58]
5. लल्लूलाल का आखिरी उल्लेख 1 मई, 1823 को मिलता है।[59]
6. 12 मार्च, 1821 से छुट्टी पर गए नरसिंह पंडित छुट्टी की अवधि समाप्त होने पर भी लौटकर नहीं आए। काउंसिल ने उन्हें कॉलेज से अलग कर दिया।[60]

1823 ई. में विलियम टेलर लेफ्टिनेंट कर्नल हो गए। कार्यभार बढ़ जाने से हिन्दुस्तानी विभाग का दायित्व सँभालने में वे असमर्थ थे। यह देखते हुए उनके स्थान पर गवर्नर जनरल की काउंसिल ने कैप्टन विलियम प्राइस को हिन्दुस्तानी विभाग का दायित्व सौंप दिया। 20 नवम्बर, 1823 से प्राइस ने प्रधानाध्यापक का पद-भार सँभाला।[61]

प्राइस के पुराने पद पर लेफ्टिनेंट आउजले को नियुक्त कर दिया गया। प्राइस कॉलेज के पहले और आखिरी प्रोफेसर थे जो 'हिन्दी' को हिन्दुस्तानी पर तवज्जो देते थे और 'हिन्दी' के लिए देवनागरी लिपि उपयुक्त मानते थे। (प्राइस की भाषा-नीति को समझने के लिए देखें—अध्याय : 'कम्पनी और कॉलेज की भाषा-नीति का फर्क'।) वे खुद को हिन्दी प्रोफेसर ही कहते थे। प्राइस हिन्दी को हिन्दू जनता के साथ जोड़कर देखते थे।

प्राइस के कार्यकाल के दौरान कम्पनी पर आंग्लवादियों का दबाव बढ़ता गया। यहाँ तक आते-आते साम्राज्यवाद का एक दूसरा ही चेहरा प्रकट हो चुका था। कई आंग्लवादियों का स्पष्ट मानना था कि प्राच्यविदों ने साम्राज्य का काफी नुकसान किया है। कम्पनी की व्यापारवादी मानसिकता के प्रतिनिधि कोर्ट ऑफ डायरेक्टर्स के साथ तो कॉलेज का सम्बन्ध शुरू से ही खराब था किन्तु तीसरे दशक तक उन्होंने स्थिति ऐसी बना ली थी कि उनके पास अपने पक्ष की प्रतिष्ठा के लिए मजबूत तर्क थे। प्राइस के कार्यकाल तक एक तो कॉलेज की आर्थिक सहायता बहुत कम कर दी गई थी, दूसरे उस पर अनुशासनहीनता का आरोप लगाया जा रहा था। बताया जा चुका है कि 1829 में कोर्ट ऑफ डायरेक्टर्स ने गवर्नर जनरल बैंटिक के सामने प्रस्ताव रखा था कि कॉलेज तोड़ क्यों न दिया जाए?

28 अगस्त, 1829 के दस्तावेजों के अनुसार हिन्दुस्तानी विभाग के अध्यापकों की स्थिति पहले की तुलना में और भी बदतर हो गई थी[62] :

तारिणीचरण मित्र	—200 रु.मा.
मीर बख्शीश अली	—100 रु.मा.
मुर्तजा खाँ	—80 रु.मा.
मौला बख्श	—40 रु.मा.
दलालुद्दीन	—40 रु.मा.
मीर तसद्दुक हुसैन	—40 रु.मा.
मुहम्मद वसी	—40 रु.मा.
वाजिबुद्दीन	—40 रु.मा.
फखरुज्जमान	—40 रु.मा.
गंगानारायण	—50 रु.मा.
ख्यालीराम	—50 रु.मा.

समर्थ होने के बावजूद आर्थिक सहायता के अभाव में प्राइस नये ग्रन्थ तैयार कराने में असमर्थ रहे। फिर भी पिछले ग्रन्थों की सहायता से और अनुवादों से वे अपनी भाषा-नीति का दबाव बनाने में सफल हो गए। पाठ्य-पुस्तकों के रूप में उन्होंने बैताल पच्चीसी, सिंहासन बत्तीसी, प्रेमसागर और हितोपदेश को महत्त्वपूर्ण माना।[63] प्राइस का महत्त्वपूर्ण योगदान था—प्रेमसागर की शब्दावली तैयार करना। प्राइस के कार्यकाल में ही गंगा प्रसाद शुक्ल ने हिन्दी-इंग्लिश डिक्शनरी का सम्पादन किया। राजनीति और सभाविलास का भी एक नया संस्करण तैयार किया गया। प्राइस के निरीक्षण में तारिणीचरण मित्र ने हिन्दी-हिन्दुस्तानी सेलेक्शंस ग्रन्थ तैयार किया। हिन्दी-हिन्दुस्तानी सेलेक्शंस के पहले खंड की प्रतियाँ मुझे राष्ट्रीय पुस्तकालय, कोलकाता और राष्ट्रीय अभिलेखागार, नई दिल्ली में देखने को मिलीं। यह ग्रन्थ हिन्दी-हिन्दुस्तानी के रूपों से परिचित कराने में पूर्णत: समर्थ है और उस वक्त के भाषायी परिदृश्य को समझने का आदर्श माध्यम। इस ग्रन्थ को देखने के बाद कोई भी यह कहेगा कि विलियम प्राइस और 1801 ई. से कॉलेज में कार्यरत रहे तारिणीचरण मित्र का हिन्दी साहित्य के इतिहास में यथेष्ट मूल्यांकन नहीं हुआ है।

प्राइस के कार्यकाल में हिन्दुस्तानी विभाग में कई महत्त्वपूर्ण परिवर्तन हुए :

1. 1825 में हिन्दी पढ़ाने के लिए सीताराम पंडित की नियुक्ति की गई।[64]
2. भाखा पंडित गंगाप्रसाद की मृत्यु 15 जनवरी, 1817 को हो गई। उनके स्थान पर ख्यालीराम पंडित की नियुक्ति हुई लेकिन बहुत जल्दी ही उन्हें कॉलेज से अलग भी कर दिया गया।[65]
3. ख्यालीराम पंडित के बाद उनके स्थान पर ब्रह्म सच्चिदानन्द की नियुक्ति हुई।[66]
4. कॉलेज के पतन की दिशा में जो सबसे निन्दनीय कदम उठाया गया, वह था 1830 में तीनों प्रोफेसर-पद तोड़ देने की आज्ञा। कैप्टन प्राइस, लेफ्टिनेंट आउजले और लेफ्टिनेंट टॉड को परीक्षक बना दिया गया और कई अध्यापकों को अलग कर उनके लिए पेंशन की व्यवस्था कर दी गई।[67]

दिसम्बर, 1831 में विलियम प्राइस ने कॉलेज से अवकाश ले लिया और बाद में यूरोप चले गए। 30 दिसम्बर, 1831 को उन्हें उनके योगदानों के सन्दर्भ में प्रमाण-पत्र दे दिया गया।[68]

विलियम प्राइस के जाने के बाद कॉलेज में और हिन्दुस्तानी विभाग में कुछ भी महत्त्वपूर्ण नहीं घटित हुआ। कॉलेज के भीतर न तो अपनी कोई आन्तरिक शक्ति बची थी, न कोई उसके भीतर ऐसी शक्ति फूँकनेवाला। कॉलेज अब राम भरोसे चल रहा था। दो-चार मुंशी थे जिनसे कॉलेज के अस्तित्व का पता चलता था। हिन्दुस्तानी विभाग में गुलाम हैदर, गंगा नारायण, तफज्जुल हुसैन, दीनबन्धु शेष शास्त्री और योगाध्यान मिश्र का नाम मिलता है। ईश्वरचन्द विद्यासागर कॉलेज में नियुक्त तो हुए

किन्तु उन्होंने पद-भार ग्रहण किया या नहीं, इसका पता नहीं चलता।[69]

विदित है कि सरकारी आज्ञापत्र से फरवरी, 1854 में कॉलेज बन्द कर दिया गया। इसके पश्चात बोर्ड ऑफ इक्जामिनर्स का गठन कर विद्यार्थियों की परीक्षा सम्बन्धी व्यवस्था की गई जिसमें हिन्दी और उर्दू की पाठ्य-सामग्री नियत कर दी गई और दोनों की अलग-अलग परीक्षाओं की व्यवस्था की गई।

इस तरह कहा जा सकता है कि कॉलेज के इस विकास-क्रम को सिर्फ कम्पनी या सिर्फ साम्राज्य की दृष्टि से देखने से बहुत सी बारीक बातों से हमारा ध्यान हटता चला जाता है। कॉलेज का प्रारम्भिक ढाँचा और अधिनियम साम्राज्यवाद के हित में होने के बाद भी अगर इतनी कठिनाइयों में रूपाकार लेते हैं तो निश्चय ही सत्ता की सीधी सोच और प्राच्यवाद से प्रभावित सोच का इस परिवेश में अलग-अलग विवेचन जरूरी है। पूँजी का दबाव और प्रभाव ज्ञान के दबाव और प्रभाव से अलग होता ही है। सहयोग के अगर अनेक तत्त्व हैं तो फाँक के भी चिह्न हैं। ढूँढ़ने की प्रक्रिया अपनी अस्मिता के कैद से बाहर जाकर शुरू होती है। कॉलेज को हम हमेशा जिस ईस्ट इंडिया कम्पनी की मशीनरी के रूप में याद करते हैं, उस कम्पनी को अपनी अर्थ-नीति में कॉलेज हमेशा एक बाधा ही लगता रहा। कॉलेज को विभिन्न दुर्नीतियों और फिर उनकी मनमानी व्याख्याओं से गर्त में पहुँचाने की सारी जिम्मेदारी सिर्फ और सिर्फ कम्पनी पर ही है। प्राच्यवाद के जिस अतिरिक्त प्रभाव को अपने स्वर्णयुग में कॉलेज ने अपना रखा था, उसी ने सत्ता के साथ उसके सम्बन्ध खराब किये। प्राच्यवाद का भी एक खास किस्म का ही स्वरूप सत्ता को स्वीकार था। अतिरिक्त भार तो आय के लिए बाधा का काम करता है। जो प्राच्यवाद फायदा न पहुँचाए, उसे सीमाओं में कैद कर दिया जाना ही बेहतर है, और जो प्राच्यवाद फायदा पहुँचाए, उसे आर्थिक सहायता देकर आगे बढ़ाना। यह दूसरी बात है कि यह इतना आगे बढ़ जाता है कि यह प्राच्यवाद न रहकर आंग्लवाद हो जाता है। ऐसा नहीं है कि फोर्ट विलियम कॉलेज ने एशियाटिक सोसाइटी जैसा कुछ परिवर्तनकारी काम किया, किन्तु उसकी हल्की-सी परछाईं मात्र जो फोर्ट विलियम कॉलेज पर पड़ी हुई थी, वह सत्ताधारियों को बाधास्वरूप जान पड़ रही थी। हिन्दुस्तानी विभाग की विकास प्रक्रिया को देखने से कम्पनी की सीमित दृष्टि और पूँजीवाद का अमानवीय चेहरा और साफ उभरकर आता है। गिलक्रिस्ट से प्राइस तक का समय बताता है कि कम्पनी का मुख्य प्रभाव आर्थिक क्षेत्र में था और उसने हिन्दुस्तानी विभाग को गर्त में ढकेला और प्राच्यवाद का मुख्य प्रभाव बौद्धिक क्षेत्र में था और उसने विलियम प्राइस को सीमाओं में बँधी ही सही किन्तु सोचने-समझने की क्षमता भी दी। फोर्ट विलियम कॉलेज का अध्ययन साम्राज्यवाद के पक्ष में करना बहुत ही सहज है। कॉलेज के तमाम प्रोफेसरों ने साम्राज्यवादी मानसिकता से ग्रस्त लेखन बहुत ज्यादा किया है। मेरा निवेदन बस इतना है कि इस परिवेश के चरित्र का एक और भी पहलू

है जो हमारी नजर से छूटना नहीं चाहिए। वह चरित्र-चित्रण उचित नहीं जिसमें समस्त छवियाँ ठीक से उभरकर न आएँ। अधूरा ज्ञान भी चेतना के विकास में बाधक ही होता है।

सन्दर्भ

1. मॉण्टगॉमरी मार्टिन (सम्पादक), डिस्पैचेज, मिनट्स ऑफ दी मार्क्विस वेलेजली, के.जी., ड्यूरिंग हिज एडमिनिस्ट्रेशन इन इंडिया, भाग-2, डब्ल्यू.एच. एलेन एंड कम्पनी, लन्दन, प्रथम संस्करण—1836, पुनर्मुद्रण—1945 (इंटर इंडिया पब्लिकेशंस, नई दिल्ली) देखें—द गवर्नर जनरल्स नोट्स विद रेसपेक्ट टू दी फाउंडेशन ऑफ अ कॉलेज ऐट फोर्ट विलियम, पृ. 346
2. वही, पृ. 329, हिन्दी अनुवाद उद्धृत—लक्ष्मीसागर वार्ष्णेय, फोर्ट विलियम कॉलेज (1800-1954), इलाहाबाद विश्वविद्यालय प्रकाशन, इलाहाबाद, 1947, परिशिष्ट से, पृ. 180
3. मॉण्टगॉमरी मार्टिन, वही, पृ. 356
4. वही, पृ. 359, अनुवाद उद्धृत—लक्ष्मीसागर वार्ष्णेय, वही, पृ. 14
5. स्टैच्यूट्स के लिए देखें—मॉण्टगॉमरी मार्टिन, वही, पृ. 732
6. लक्ष्मीसागर वार्ष्णेय, फोर्ट विलियम कॉलेज (1800-54), पृ. 30-31
7. मॉण्टगॉमरी मार्टिन, वही, पृ. 639, देखें—Extract from the proceedings of his Excellency the most noble and the Governer General in Council in Secret Department under the date 5th august, 1802 (Read a minute from the Governer-General)
8. वही, पृ. 640
9. लक्ष्मीसागर वार्ष्णेय, वही, पृ. 17
10. मॉण्टगॉमरी मार्टिन, वही, पृ. 650
11. लक्ष्मीसागर वार्ष्णेय, वही, परिशिष्ट से, पृ. 176
12. हेनरी मॉरिस, द लाइफ ऑफ चार्ल्स ग्रांट, समटाइम मेम्बर ऑफ पार्लियामेंट ऑफ इनकवनेस शायर एंड डायरेक्टर ऑफ दी ईस्ट इंडिया कम्पनी, जॉन मुरे, लन्दन, 1904, पृ. 242 (देखें—चार्ल्स ग्रांट द्वारा रेवरेंड डी. ब्राउन को लिखा पत्र)
13. प्रोसीडिंग्स ऑफ दी कॉलेज ऑफ फोर्ट विलियम (1801-54), 19 भागों में, देखें—होम डिपार्टमेंट, मिसेलेनियस रेकॉर्ड्स, भाग 559
14. मॉण्टगॉमरी मार्टिन, वही, पृ. 735
15. प्रिमिटिया ओरिएंटल्स, वही, पृ. xvii
16. वही,
17. आर.के. पेर्ती, कैटेलॉग ऑफ मैनुस्क्रिप्ट्स ऑफ दी फोर्ट विलियम कॉलेज कलेक्शन इन दी नेशनल आर्काइब्स ऑफ इंडिया लाइब्रेरी, राष्ट्रीय अभिलेखागार, नई दिल्ली, 1989, पृ. ii
18. आर.के. पेर्ती, कैटेलॉग ऑफ बुक्स ऑफ दी फोर्ट विलियम कॉलेज कलेक्शन इन दी नेशनल आर्काइब्स ऑफ इंडिया लाइब्रेरी, राष्ट्रीय अभिलेखागार, नई दिल्ली, 1984, पृ. ii

19. प्रोसीडिंग्स ऑफ दी कॉलेज ऑफ फोर्ट विलियम (1801–54), 19 भागों में, देखें होम डिपार्टमेंट, मिसलेनियस रेकॉड्र्स, भाग 559
20. वही, भाग 560
21. वही, भाग 564
22. वही, भाग 564
23. वही, भाग 566
24. सी.एच. फिलिप्स (सं), द करेस्पॉण्डेंस ऑफ दी लॉर्ड विलियम कैवेंडिश बैंटिक, भाग–1 (1828–31), ऑक्सफोर्ड यूनिवर्सिटी प्रेस, 1977, पृ. 124 (देखें—Sir Charles Metcalfe's minute on the Fort William College)
25. लक्ष्मीसागर वार्ष्णेय, फोर्ट विलियम कॉलेज (1800–54), पृ. 154
26. हेनरी मॉरिस, द लाइफ ऑफ चार्ल्स ग्रांट, जॉन मुरे, लन्दन, 1904, पृ. 245
27. टॉमस रोएबक, एनाल्स ऑफ दी कॉलेज ऑफ फोर्ट विलियम, हिन्दुस्तानी प्रेस, कलकत्ता, 1819, पृ. 5
28. प्रोसीडिंग्स ऑफ दी कॉलेज ऑफ फोर्ट विलियम (1801–54), भाग 560
29. वही,
30. आर.आर. पीयर्स, मेमॉयर्स एंड करेस्पॉण्डेंस ऑफ दी मोस्ट नॉबल रिचर्ड मार्क्विस वेलेजली (3 भागों में), भाग 2, रिचर्ड बेंटली, लन्दन, 1846, पृ. 186
31. आर.के. पेर्ती, कैटेलॉग ऑफ बुक्स..., वही, पृ. 4
32. सी.एच. फिलिप्स, वही, पृ. 124
33. वही, पृ. 222
34. देखें—Minute on Indian education by the hon'ble T.B. Macaulay, dated 2nd Feb 1835, स्रोत—www.mrsu.edu/projectsouthasia/history/primarydocs/education/macaulay001.htm.
35. वही
36. लक्ष्मीसागर वार्ष्णेय, फोर्ट विलियम कॉलेज (1800–54), वही, पृ. 19
37. लक्ष्मीसागर वार्ष्णेय, वही, पृ. 22
38. प्रोसीडिंग्स ऑफ दी कॉलेज ऑफ फोर्ट विलियम, भाग 559
39. लक्ष्मीसागर वार्ष्णेय, फोर्ट विलियम कॉलेज (1800–54), वही, पृ. 46
40. लक्ष्मीसागर वार्ष्णेय, वही, पृ. 45
41. वही, पृ. 61
42. वही, परिशिष्ट से
43. प्रोसीडिंग्स ऑफ दी कॉलेज ऑफ फोर्ट विलियम, भाग 559
44. लक्ष्मीसागर वार्ष्णेय, वही, पृ. 52
45. वही, पृ. 73
46. वही, पृ. 65
47. वही, पृ. 67
48. वही, पृ. 74
49. वही, पृ. 74

50. वही, पृ. 74
51. वही, पृ. 75
52. वही, पृ. 86
53. वही, पृ. 86
54. वही, पृ. 101
55. वही, पृ. 84
56. वही, पृ. 89, 93
57. वही, पृ. 94
58. वही, पृ. 97
59. वही, पृ. 97
60. वही, पृ. 96
61. वही, पृ. 112
62. वही, पृ. 131
63. वही, पृ. 120
64. वही, पृ. 122
65. वही, पृ. 131
66. वही, पृ. 137
67. वही, पृ. 135
68. वही, पृ. 144
69. वही, पृ. 149

नोट—फोर्ट विलियम कॉलेज की प्रोसीडिंग्स सिर्फ राष्ट्रीय अभिलेखागार, नई दिल्ली में उपलब्ध है। वार्ष्णेयजी ने अपनी पुस्तक 'फोर्ट विलियम कॉलेज' में जो क्रमवार ब्यौरा रखा है उन सभी ब्यौरों का सन्दर्भ नीचे दे रखा है। अभिलेखागार में जाकर इन सन्दर्भों की व्यवस्थित जाँच करने के बाद भी मैंने सन्दर्भ की सुविधा को ध्यान में रखते हुए उद्धरण वार्ष्णेयजी की पुस्तक से साभार लेना उचित समझा। अभिलेखागार ने इन दस्तावेजों को उन्नीस अलग-अलग खंडों में संकलित कर रखा है इसलिए वार्ष्णेयजी से उद्धरण लेने के बावजूद यह आसानी से चिह्नित किया जा सकता है कि सामग्री किस खंड में मौजूद है :

खंड	*तिथि*	*खंड*	*तिथि*
559	(24/4/1801-4/9/1805)	560	(27/5/1805-27/1/1809)
561	(25/3/1809-10/7/1811)	562	(24/9/1811-12/1/1814)
563	(13/6/1814-12/2/1816)	564	(27/2/1816-22/4/1818)
565	(4/5/1818-6/12/1819)	566	(13/12/1819-6/5/1822)
567	(17/6/1822-15/12/1824)	568	(15/1/1825-26/12/1826)
569	(30/6/1827-3/9/1828)	570	(7/8/1828-23/2/1830)
571	(18/2/1830-29/10/1831)	572	(26/10/1831-19/8/1833)
573	(18/11/1833-30/10/1841)	574	(1/3/1841-17/5/1844)
575	(7/1/1847-11/6/1850)	576	(8/1/1850-5/9/1851)
577	(8/9/1851-27/1/1854)		

कम्पनी और कॉलेज की भाषा-नीति का फर्क

हमने देखा कि संक्रमण के दौर में पूँजी के खेल के एकोन्मुखी विश्लेषण के कारण ही इतिहास-ग्रन्थों में कम्पनी और कॉलेज के सम्बन्धों का वास्तविक स्वरूप और उसमें विद्यमान अन्तर्विरोध उभरकर सामने नहीं आ पाता। कम्पनी और कॉलेज को एक-दूसरे से ऐसे जोड़कर देखा जाता है, जैसेकि इनके आपसी सम्बन्धों में कोई और प्रभावी कारक हो ही नहीं सकता और औपनिवेशिक लक्ष्यों के लिए स्थापित कॉलेज को और किसी दृष्टि से देखने की आवश्यकता भी नहीं है। प्रस्थान बिन्दु में निहित इस सीमाग्रस्तता का प्रभाव बहुत ही दूरगामी था। इस दौर में पल्लवित हो रही भाषा-नीतियों, प्राच्यविद्या के क्षेत्र में हो रहे कार्य, फोर्ट विलियम कॉलेज द्वारा उत्पादित साहित्य आदि के बारे में जब विद्वानों ने इसी प्रस्थान बिन्दु के साथ विश्लेषण शुरू किया तो उसमें एकपक्षीय व्याख्याओं का होना ही लाजिमी था। यह विवेचन का विषय ही नहीं बन पाया कि ईस्ट इंडिया कम्पनी और फोर्ट विलियम कॉलेज की भाषा-नीति में कोई फर्क भी हो सकता है या कॉलेज के भीतर ही अलग-अलग भाषा-नीतियों का विकास हो सकता है। गिलक्रिस्ट की भाषा-नीति का अध्ययन कम्पनी की साम्राज्यवादी-नीति के अधीन रखकर ही किया जाता रहा है। अपने इस अध्ययन के दौरान मैंने यह महसूस किया कि यह कितनी बड़ी भूल थी जिसने समय की हमारी समझदारी को और भी उलझनों से भर दिया।

जॉन बॉर्थविक गिलक्रिस्ट की भाषा-नीति

जॉर्ज बर्नार्ड शॉ ने अंग्रेजी में एक निबन्ध लिखा था : 'स्पोकेन इंग्लिश ब्रोकेन इंग्लिश'। शॉ ने इस निबन्ध में बताया है कि अंग्रेजी इस कारण फलती-फूलती गई, इतने बड़े प्रदेश में फैल गई, इतने लोगों द्वारा अपना ली गई क्योंकि हमने उसका टूटा-फूटा रूप ही स्वीकार किया। शॉ समझाते हैं कि इंग्लैंड में अगर आपको किसी से रास्ता पूछना हो तो कभी गलती से भी यह न पूछिएगा कि 'श्रीमान! क्या आप मुझे यह बताने का कष्ट करेंगे कि चेयरिंग क्रॉस किस दिशा में है?' शॉ लिखते हैं कि ऐसा हो सकता है कि सुननेवाला समझ ही न पाए और आप पर हँसे। काम सिर्फ इतना पूछने से भी चल सकता है कि 'चेयरिंग क्रॉस! किस तरफ?' दुनिया भर में

अंग्रेजी के उच्चारण, उसके व्याकरण, शब्द-रूप, वाक्य संरचना आदि में पर्याप्त लचीलापन है। अंग्रेजी को अपनानेवाली जातियों और उनके भौगोलिक परिवेश और साहित्य में भी पर्याप्त भिन्नता देखी जा सकती है। जहाँ भाषा का यह लचीलापन छूटा, उसका दायरा सीमित होने लगता है। खैर! अंग्रेजी के फलने-फूलने के पीछे तो सत्ता, साम्राज्य और पूँजी का भी हाथ है। गिलक्रिस्ट की भाषा-नीति के साथ समस्या यह थी कि उन्होंने हिन्दी-हिन्दवी-हिन्दुस्तानी-उर्दू-रेख्ता के इसी लचीलेपन के साथ छेड़खानी की। दुर्भाग्य से उनके पास भी सत्ता, पूँजी और साम्राज्य का समर्थन था। गिलक्रिस्ट हिन्दुस्तानियों के लिए जो कि 'अंग्रेज जाति की तरह सभ्य नहीं हुए थे', एक 'ग्रैंड', 'पॉपुलर', 'मिलिटरी टंग', 'एक्सिलेंट टंग', 'करेक्ट स्टाइल', 'एसेंशिअल', 'जेन्युइन' भाषा तैयार करना चाह रहे थे। यहीं पर आकर भाषा का लचीलापन छूटा। एक ओर खड़ी बोली 'हिन्दुस्तानी' के व्याकरण तैयार हो रहे थे और दूसरी ओर खड़ी बोली 'हिन्दी-हिन्दुस्तानी' का दायरा संकुचित हो रहा था। गिलक्रिस्ट की यह भाषा-नीति तत्युगीन ऐतिहासिक, राजनीतिक, सामाजिक और अकादमिक परिवेश की निर्मिति थी। जाहिर है कि ऐसी परिस्थिति में गिलक्रिस्ट की चिन्ताधारा से सहमति रखनेवालों की संख्या कम नहीं थी।

आगे मेरा जोर इस बात पर होगा कि गिलक्रिस्ट की भाषा-नीति को आज के दौर की साम्प्रदायिकता और ब्रिटिश हुकूमत की 'बाँटो और राज करो' की मानसिकता के सरल फ्रेम में डालकर देखना उसे एक तरह से सीमित करना ही है। गिलक्रिस्ट की भाषा-नीति को कई दृष्टियों और प्रभावों के आलोक में देखना चाहिए।

इस बात को लेकर कोई विवाद नहीं है कि गिलक्रिस्ट हिन्दुस्तानी के तीन भेद मानते थे और किस शैली की ओर उनका झुकाव था :

1. फारसी या दरबारी शैली—सिर्फ दरबार से नजदीकी होने के कारण गिलक्रिस्ट इसे महत्त्व नहीं देते थे।
2. 'हिन्दुस्तानी' शैली—यही गिलक्रिस्ट की 'जेन्युइन' और 'दी ग्रैंड पॉपुलर स्पीच' है। इसमें अरबी-फारसी के शब्द प्रयुक्त होते थे। गिलक्रिस्ट इसके लिए नागरी की तुलना में फारसी लिपि को महत्त्व देते थे। व्यापक परिप्रेक्ष्य में यह भाषा 'उर्दू' ही थी। वैसे उन्हें सबसे अधिक प्रिय रोमन लिपि थी जिसे वह भारतीय भाषाओं पर लागू करना चाहते थे।
3. हिन्दवी शैली—गिलक्रिस्ट इस शैली को सिर्फ हिन्दुओं में प्रचलित मानते थे और इसे 'गँवारू' बुलाते थे।

गिलक्रिस्ट जिसे 'दी ग्रैंड पॉपुलर स्पीच ऑफ हिन्दोस्तान' कहते हैं, उसके लिए 'हिन्दुस्तानी' नाम प्रचलित करने का श्रेय उन्हीं को है। इसके पहले इस जबान के लिए किसी एक नाम का प्रचलन नहीं था और 'उर्दू' नाम भी अभी जनसामान्य में स्वीकृत नहीं हुआ था। हिन्दुवी-हिन्दी कहने से उन्हें सिर्फ हिन्दुओं की भाषा जैसा

बोध होता था लेकिन 'हिन्दुस्तानी' कहने से मुसलमानों के योगदान का भी आभास मिल जाता था जिनकी इस जबान के निर्माण में महत्त्वपूर्ण भूमिका थी। इस नाम का प्रचलन एक-दो जगह पहले भी (ग्रामाटिका हिन्दोस्तानिका) मिल जाता है पर इस ग्रैंड पॉपुलर स्पीच का यह नाम गिलक्रिस्ट ने ही लोकप्रिय बनाया। यह लचीली जबान गिलक्रिस्ट से पहले भी और बाद में भी खड़ी बोली के ही व्याकरण पर खड़ी थी। हालाँकि गिलक्रिस्ट ने खड़ी बोली की इस शैली को अलग से एक अस्मिता, नाम और परिचय दे दिया। अब यह खड़ी बोली के बाकी 'शेड्स' से अलग बहुत आराम से पहचानी जा सकती थी। खड़ी बोली के कई शेड्स हिन्दुस्तान में प्रचलित थे, लेकिन तब तक उसके अलगावबोध को लेकर लोग इतने सचेत नहीं हुए थे। गिलक्रिस्ट स्वयं भी यह मानते थे कि उनकी 'हिन्दुस्तानी' का बहुत थोड़ा-सा अध्ययन करके यह समझा जा सकता है कि इसका आधार पुरानी हिन्दुवी या ब्रज भाखा है जिसमें अरबी-फारसी शब्दों का सम्मिश्रण होते जाने की वजह से एक नई भाषा हिन्दुस्तानी तैयार हुई। अपने पीएच.डी. शोध में क्रिस्टोफर आर. किंग नें सन्देह व्यक्त किया है कि गिलक्रिस्ट को खड़ी बोली और ब्रज के अन्तर का स्पष्ट ज्ञान नहीं था।[2] लेकिन 'ओरिएंटल फैब्यूलिस्ट' की भूमिका देखकर ऐसा लगता है कि उन्हें इस अन्तर का पता था। खड़ी बोली और ब्रज का प्रयोग उन्होंने साथ-साथ दो भिन्न अर्थों में किया है। भ्रम इस बात से उत्पन्न होता है कि वह हिन्दुस्तानी को ब्रजभाषा व्याकरण के आधार पर अवस्थित मानते हैं। 1803 ई. के संस्करण में खड़ी बोली को 'इटैलिक्स' में लिखा गया है। खड़ी बोली के बारे में गिलक्रिस्ट का कहना था कि 'वास्तविक खड़ी बोली को हिन्दुस्तानी व्याकरण को सामान्यत: स्वीकार कर और अरबी-फारसी के शब्दों को लगभग पूरा ही छाँटकर चिह्नित किया जा सकता है।'[3] इसके उदाहरण के रूप में उन्होंने निम्न कहानी का जिक्र किया है :

'दसवीं कहानी पहाड़ की, जिसको जनने की पीर उठी थी।

एक समय किसी नगर में चर्चा फैली कि उसके पड़ोस के पहाड़ को प्रसूत की पीर हुई : और कहते हैं कि अति आह कर कराहने का शब्द उससे सुना जाता था; और सबका ध्यान उसी पर थी कि कुछ अनूठी वस्तु छिन एक में प्रसिद्ध होगी। अधिक चाव से लोगों की भीड़ उस नये कौतुक को देखने को इकट्ठी थी : एक तो ताक रहा था कि कोई दैयत जनमेगा; दूसरा, इस बात पर कि कोई अद्‌भुत राच्छस होगा; परन्तु सब इसी आस में थे कि कुछ अनूठी अचरज दिखाई देगा; निदान अति बाट देखते और अधिक अस्थिरता के पीछे क्या देखते हैं कि एक चूही भई;

सार, अनहोनी आस रखावनी होनहार पर हँसावना है।' (रोमन)

ब्रज भाषा से खड़ी बोली के अन्तर को पाठक स्पष्ट समझ सके, इसके लिए उन्होंने कहानी संख्या साठ का संकेत दिया है। गिलक्रिस्ट यह भी कहते हैं कि खड़ी बोली के और भी नमूने देखने के लिए स्टोरी टेलर, पृ. 24 की सहायता लें।[4]

ब्रजभाषा में इस कहानी का अनुवाद लल्लूलाल ने किया था, जिसे गिलक्रिस्ट उदाहरण के रूप में रखते हैं :

'दसवीं कहानी परबत की, जाही जनवे की पीर भई ही

एक समै काहू नगर माहिं यों चर्चा चली, कि वाके निकट के गिर कौं प्रसूति की पीर उठी, और कहतु हैं कि अति आह करि कराहि वे कौ सब्द वा सों सुन्यो जातु हो। अरु सिगरें की वही पै दृष्टि ही, कि कछु अनुपम वस्तु छन एक में प्रसिद्ध ह्वैहै। अधिक चाव सों लोगनि की भीर वा नवीन कुतूहल को देखवे कौं इकट्ठी ही, एक तो ताकि रह्यो हो कि कोऊ दैयत उपजेगो, दूजो या बात पै कि कोऊ अद्‌भुत राक्षस होएगो, परन्तु सब यही आस माही ही कि कछु अनूठो आश्चर्य दीठ परेगो।...'

'ओरिएंटल फैब्यूलिस्ट' में ही तारिणीचरण मित्र द्वारा किया गया इसी कहानी का हिन्दुस्तानी अनुवाद कुछ इस तरह है। यह उदाहरण रोमन लिपि में ही दिया जा रहा है ताकि उसका ठीक-ठीक स्वरूप दिखाया जा सके :

Duſween nuql puhar kee jiſ ko durdi zih hoo,a t,ha. Ek bar kiſee suhur men yoon ſhoohrut hoo,ee, ki ooſke nuzdeek ke puhar ko junne ka durd oot,ha: uor kuhte hyn, ki buhoot ah o nale kee awaz oos ſe ſonee jatee t,hee; uor ſub kee iſee pur nuzur t,hee ki kooch,h unoot, hee cheez unqureeb zahir hogee. Bure ſhuq ſe admi,yon kee b,heer oos uja,ib tumaſha dek,hne ko jum-u t,hee: ek to moontuzir t,ha ki ko,ee de,o pyda hoge; dooſra is bat pur ki ko,ee unu,ok,ha rakus hoga; ghuruz ſab iſee intizaree men t,he ki kooch,h uja,ib uor uchuruj dek,ha,ee dega. Nidan buree intizaree uor buhoot bekulee ke peech'he kya dek,the hyn! Jo ek choohee pyda hoo,ee.

Haſil, unhonee as bud,hanee, hote hooe kajon pur haſwana hy.'

जाहिर है कि सारा खेल कुछ शब्दों का है। गिलक्रिस्ट खेद व्यक्त करते हैं कि खड़ी बोली की अरबी-फारसी मुक्त शैली का फैब्यूलिस्ट में उदाहरण न दिया जा सका जबकि हिन्दुस्तानी के विद्यार्थियों के लिए वह बहुत उपयोगी सिद्ध होता।

हिन्दी-हिन्दुस्तानी को लेकर गिलक्रिस्ट की इस अवधारणा और इस भेद की वजह उनकी यह मान्यता थी कि मुसलमानों की चढ़ाई और यहाँ पर बस जाने से पूर्व हिन्दवी या हिन्दुई हिन्दुस्तान के लिए वही मायने रखती थी जो कि आज 'हिन्दुस्तानी' रखती है। मुसलमानों के लगातार सफल आक्रमणों का फल यह हुआ कि यह हिन्दवी अरबी, फारसी शब्दों से आप्लावित हो गई और हिन्दुस्तानी भाषा अस्तित्व में आई।[5] खड़ी बोली और ब्रज को उन्होंने संस्कृत और हिन्दू से जोड़कर देखा और हिन्दुस्तानी को अरबी-फारसी और मुसलमानों से। हिन्दुस्तानी को वे सिर्फ मुसलमानों की भाषा नहीं मानते थे। उसका प्रचलन वे व्यापक प्रदेश में और व्यापक जनसमुदाय के बीच देखते थे।

अब कुछ मूल सवाल :

1. क्या आम जनता में हिन्दी–हिन्दुस्तानी के वही 'शेड्स' प्रचलित थे जिनका रूप गिलक्रिस्ट ने दिया है और जिसका उदाहरण हम ऊपर देख सकते हैं? क्या ऐसे रूप प्रचलित नहीं थे जिनमें शब्दों को लेकर इतने कठोर नियम नहीं थे? मतलब कि 'हिन्दवी' बोलते वक्त कोई भी पीर की जगह दर्द, प्रसूति की जगह जनना, नगर की जगह शहर, अति की जगह बहुत, शब्द की जगह आवाज, ध्यान की जगह नजर, कौतुक की जगह तमाशा, इकट्ठा की जगह जमा, दैयत की जगह राक्षस, आस की जगह इन्तजार, अनूठा की जगह अजीब, बाद की जगह पीछे और भई की जगह पैदा हुई का प्रयोग नहीं करता था? गिलक्रिस्ट की पसन्दीदा उपर्युक्त कहानियों को देखने से पहले मैं राक्षस को हिन्दी का शब्द समझता था! (अभी भी समझता हूँ) साथ ही शत–प्रतिशत मैं दूसरे प्रकार के शब्दों को ही अपनी हिन्दी में तवज्जो देता आया था।
2. गिलक्रिस्ट बार–बार इस बात पर जोर क्यों देते हैं कि 'हिन्दुस्तानी' ही हिन्दुस्तान की 'दी ग्रैंड पॉपुलर स्पीच' है?
3. क्या वास्तव में गिलक्रिस्ट की 'हिन्दुस्तानी' इतनी 'आम फहम' थी या उसके प्रति गिलक्रिस्ट के मन में एक अतिरिक्त आग्रह है और अगर यह आग्रह है तो उसकी वजह क्या है?
4. भारत में धर्म का इस दौर के बुद्धिजीवियों पर अत्यधिक प्रभाव रहा है। धर्म और ईसाइयत के आईने में गिलक्रिस्ट की भाषा–नीति कहाँ ठहरती है? उदाहरण के लिए—गिलक्रिस्ट का रोमन लिपि के प्रति जो आग्रह है, वह सिर्फ 'हिन्दुस्तानी' का ज्ञान प्राप्त करना चाहनेवाले अंग्रेज विद्यार्थियों के लिए है या फिर उसके पीछे ईसाई मत के प्रति और अंग्रेज जाति के प्रति अतिरिक्त प्रेम भी एक कारण है?
5. प्राच्यविदों की ज्ञान–परम्परा का गिलक्रिस्ट से गहरा सम्बन्ध था। क्या उनकी संस्कृत–सम्बन्धी दृष्टि का गिलक्रिस्ट की भाषा–नीति पर कुछ प्रभाव है?
6. अंग्रेज जाति के अलगावबोध और श्रेष्ठता की मानसिकता ने हिन्दी–हिन्दुस्तानी को कितना प्रभावित किया?

जवाब—गिलक्रिस्ट ने जिस दौर में लिखना शुरू किया था, वह भारत में ब्रिटिश प्राच्यविदों के प्रभाव का दौर था। पीछे यह चर्चा की जा चुकी है कि एशियाटिक सोसाइटी से गिलक्रिस्ट का कितना गहरा सम्बन्ध था और वेलेजली के ही कारण उनका ओरिएंटल सेमिनरी और कॉलेज ऑफ फोर्ट विलियम से सम्बन्ध हुआ था। प्राच्यविदों का सबसे रुचिकर विषय था—भारत के अतीत, उसके भूगोल,

दर्शन, धर्म, साहित्य, भाषा, ज्योतिष, प्रकृति की छानबीन करना। इसके लिए आवश्यक था कि प्राचीन भारतीय भाषाओं पर मजबूत पकड़ बनाई जाए। भारत के अतीत का सर्वाधिक ज्ञान इन बुद्धिजीवियों को संस्कृत के माध्यम से उपलब्ध हुआ। साथ ही, हिन्दू धर्म के अत्यधिक प्राचीन दस्तावेज इसी संस्कृत भाषा में उपलब्ध थे। विलियम जोंस, कोलब्रूक और बाद में जाकर कई प्राच्यविदों ने संस्कृत भाषा में उपलब्ध हिन्दू धर्म की अथाह सामग्री की छानबीन की। जोंस भारतीय धर्म-दर्शन से गहरे प्रभावित थे और इसको विषय बनाकर साहित्य-सृजन भी कर रहे थे। कोलब्रूक ने संस्कृत में उपलब्ध हिन्दू धर्मग्रन्थों की पड़ताल की थी जिसे 'मिसेलेनियस एसेज' में देखा जा सकता है। उन्होंने वेद-पुराण और कात्यायन, पाणिनि, पतंजलि और भर्तृहरि, जयादित्य और रामचन्द्र पर शोधपरक निबन्ध लिखे थे। एक तरह से इन्होंने संस्कृत भाषा और हिन्दू धर्म के विभिन्न तत्त्वों और उनके प्रगाढ़ सम्बन्ध की खोज कर उसे स्थापित किया। गिलक्रिस्ट क्या, किसी भी प्राच्यविद् पर इस चिन्तन का गहरा प्रभाव था। इसी का असर था कि गिलक्रिस्ट ब्रज और हिन्दवी को संस्कृत की ही परम्परा में देखते हैं लेकिन यह स्वीकार करते हैं (1803 ई. में) कि उनके पास पर्याप्त प्रमाण नहीं है। हालाँकि वे यह भी लिखते हैं कि साधारण दृष्टिपात से भी यह समझा जा सकता है कि ये संस्कृत की ही दूषित व्युत्पत्ति (करप्ट डेरिवेटिव डायलेक्ट्स) हैं।[6] वस्तुतः परम्परा में ही धर्म, साम्राज्य और ज्ञान का गूढ़ सम्बन्ध निर्मित हो चुका था। संस्कृत का हिन्दू परम्परा और अरबी का इस्लाम के साथ जो अनिवार्य सम्बन्ध स्थापित किया गया, उसका प्रभाव हिन्दी प्रदेश की भाषाओं और बोलियों पर भी पड़ना ही था। गिलक्रिस्ट लिखते हैं कि कोई भी व्यक्ति जो प्राचीन भारत के धार्मिक और नागरिक इतिहास से परिचय पाना चाहता है, उसे संस्कृत में दक्षता प्राप्त करना अनिवार्य है क्योंकि इसी भाषा में हिन्दू कला और विज्ञान संचित है और मुहम्मद और उनके अनुयायियों से सम्बन्धित जानकारी के लिए अरबी भी उतनी ही महत्त्वपूर्ण है।[7] इस दौर में धर्म की पकड़ इतनी मजबूत थी कि धर्म और भाषा का भी अनिवार्य सम्बन्ध देखना बुद्धिजीवियों के कॉमन सेंस का हिस्सा बन चुका था। इसमें कोई सन्देह नहीं कि हिन्दू धर्म का ज्ञान संस्कृत में और इस्लाम का अरबी में बहुतायत में उपलब्ध था, लेकिन इस प्रभाव को आधुनिक भाषाओं से अनिवार्यतः जोड़ देना, जैसे कि धर्म ही उनके निर्माण का और उनके भेद का मूल कारण हो, काफी क्षतिकर साबित हुआ। एंग्लीसिस्ट हो या ओरिएंटलिस्ट, प्रोफेसर हों या मुंशी, कोर्ट ऑफ डायरेक्टर्स के पाले के हों या वेलेजली के हितैषी, मिशनरियों से जुड़े हों या स्कूल बुक सोसाइटियों से—धर्म हर मानस से चिपका होता था। प्राच्यविदों में ज्यादातर ईसाई मत में गहरी आस्था रखते थे और जो विद्वान भारतीय धर्म-दर्शन को सम्मान की दृष्टि से देखते थे और उसके अध्ययन में संलग्न थे, वे भी ईसाई मत के मोह से मुक्त नहीं थे। उदाहरणार्थ—जोंस, कैरे, कोलब्रूक। गिलक्रिस्ट

उन प्राच्यविदों में से थे जो ईसाई मत का प्रचार जीवन का महत्त्वपूर्ण लक्ष्य मानते थे। भाषा को धर्म से गहरे जोड़कर देखने के पीछे यह भी एक बड़ी वजह थी। धर्म कई विद्वानों की चेतना पर आवरण डालकर उनकी तार्किकता को सीमित और आस्था को प्रबल बनाने का काम कर रहा था। गिलक्रिस्ट ने ऐसे में अगर सीधे-सीधे 'हिन्दुवी' और 'हिन्दुस्तानी' का भेद कर दिया तो भी उन्हें ज्यादा दोष नहीं दिया जा सकता। इस दौर में शायद ही कोई ऐसा विद्वान हो जो धर्म के प्रभुत्व और अनिवार्यता को नकारकर भाषा के लचीलेपन को खारिज करनेवाले इस धार्मिक भेद को खंडित करता हो। जो विद्वान हिन्दी (आधुनिक अर्थों में) के समर्थन में खड़े थे, वे भी इस सीमित चिन्तन से बाहर नहीं थे। प्राच्यविदों के विस्तृत अध्ययन का यह गैर-तार्किक पहलू गिलक्रिस्ट की भाषा-नीति की निर्मिति और हिन्दी-हिन्दुस्तानी-रेख्ता के सम्बन्धों और उनके लचीलेपन के लिए बहुत घातक रहा।

अरबी-फारसी के शब्दों को खड़ी बोली के साथ जोड़ने की गिलक्रिस्ट की अवधारणा गलत नहीं थी। समस्या इस दृष्टि में थी कि भविष्य में हिन्दू हिन्दवी की ओर ज्यादा झुकेंगे, जबकि मुसलमानों की पक्षधरता अरबी-फारसी के साथ ज्यादा होगी।[8] समस्या इसी सोच के साथ एक लचीली भाषा के व्याकरण और रूप को स्थापित करने के प्रयास में थी। गिलक्रिस्ट की यह दृष्टि खड़ी बोली के लिए घातक नहीं होती अगर इसका प्रभाव व्यापक नहीं पड़ता, क्योंकि जन-भाषा अपना रास्ता निकाल ही लेती है। किन्तु गिलक्रिस्ट के समय, जैसाकि मैंने ऊपर चिह्नित किया है, धर्म का आवरण बहुत ज्यादा था और दूसरी ओर गिलक्रिस्ट की टक्कर का कोई और प्राच्यविद् या ऐसा कोई देशी विद्वान भी मौजूद नहीं था जिसके विचार, प्रभाव और स्वार्थ कुछ अलग हों।

'हिन्दुस्तानी' के लिए गिलक्रिस्ट के मन में एक किस्म का अतिरिक्त आग्रह था, नहीं तो इतने अधिक सम्मानसूचक विशेषणों से उसे नवाजने की जरूरत नहीं आन पड़ती। यह ठीक है कि अरबी-फारसी के शब्द हिन्दुस्तान में प्रचलित हो रहे थे और भाषा के रूप में परिवर्तन हो रहा था। वह चाहे हिन्दू हो या मुसलमान, जो भी विभिन्न शब्दों से परिचय पा रहा था, उसे अपना रहा था। तो फिर भूल कैसे और कहाँ हुई? गिलक्रिस्ट की दृष्टि में अतिरिक्त आग्रह और अरबी-फारसी शब्दों के लिए ज्यादा मोह कैसे पैदा हो गया?

इस सन्दर्भ में ओरिएंटल फैब्यूलिस्ट की कहानियों पर शोध होना चाहिए कि हिन्दुस्तानी की कहानियों के लिए जो शब्द चुने गए, क्या वे हिन्दवी के लिए वर्जित थे और हिन्दवी में जो शब्द मौजूद थे, क्या वे हिन्दुस्तानी के लिए वर्जित? साहित्य का ऐसा 'रिजिड' स्वरूप क्यों तैयार हुआ? धर्म के सन्दर्भ में इसका आकलन हम कर चुके हैं। अब कुछ और तर्क :

कहना न होगा कि फारसी इस दौर में प्रशासन की भाषा थी, दरबारों की भाषा

थी, फलस्वरूप उच्च वर्ग की भाषा थी। फारसी जानना सम्मान की बात थी। लेकिन बड़ी इमारतों की यह भाषा जनसामान्य की भाषा नहीं थी और स्वभावतया इसका क्षय हो रहा था। फारसी न तो जनसामान्य के लिए सुलभ थी और न ही आसान और न ही उसके स्वरूप-निर्माण, लिपि, संरचना आदि के विकास का भारतीय भौगोलिक परिवेश से कोई सम्बन्ध था। ऐसे में फारसी प्रभावित होना एलीट वर्ग का मानदंड बन गया। आज यह दर्जा इंग्लिश और हिंग्लिश को मिला हुआ है। फारसी प्रभावित खड़ी बोली का प्रचलन इन ऊँचे महकमों और शहरी उच्च वर्ग में ज्यादा था। जनसामान्य की भाषा का स्वरूप भी इस भाषा से कुछ भिन्न था, जिस तरह से राजभाषा हिन्दी का स्वरूप जनसामान्य की हिन्दी से भिन्न है। जनसामान्य में भी अरबी-फारसी या संस्कृत शब्दों का प्रचलन था लेकिन उन्हीं का जिनको भाषा स्वभावतया पचा सकती थी। प्रशासन से जुड़े विभागों में अरबी-फारसी के शब्द परिस्थितिवश थोड़े अधिक प्रचलित थे। अंग्रेज इस भाषा की ओर आकर्षित हुए क्योंकि प्रशासन के संचालन में इससे आसानी से सहयोग लिया जा सकता था।

गिलक्रिस्ट ने इस जबान के सन्दर्भ में लेफ्टिनेंट टॉमस रोएबक, जो कि वेल्लोर के ऐक्टिंग टाउन मेजर थे, के निम्न विचारों से अपनी सहमति व्यक्त की है :

1. अर्काट के नवाब की भाषा हिन्दुस्तानी है।
2. सामान्य उपयोग में हिन्दुस्तानी के बाद फारसी का ही स्थान है।
3. देशी न्यायालयों की सामान्य भाषा हिन्दुस्तानी है, कई अवसरों पर फारसी का भी प्रयोग होता है।
4. सभी महत्त्वपूर्ण राजनीतिक मसले हिन्दुस्तानी में ही सुलझाए जाते हैं।
5. कर-सम्बन्धी कार्यवाहियाँ हिन्दुस्तानी में ही सम्पन्न होती हैं।
6. सेना में भी हिन्दुस्तानी प्रमुख भाषा है और सेना के ऑफिसर अपनी ड्यूटी इस भाषा के सही ज्ञान के बगैर नहीं निभा सकते।
7. यही भाषा ब्रिटिश सरकार के लाभार्थ सबसे उपयुक्त है। इसी 'ग्रैंड पॉपुलर' भाषा में ब्रिटिश अधिकारियों को शिक्षित किया जाना चाहिए।[9]

हिन्दुस्तानी के प्रति गिलक्रिस्ट में जो आकर्षण था, उसकी एक वजह निश्चय ही उसका प्रशासनिक दृष्टिकोण से इतना प्रचलित, उपयोगी और सम्मानदायक होना था। गिलक्रिस्ट चाहते थे कि प्रशासनिक पदों पर जानेवाला कोई भी व्यक्ति मिलिटरी भाषा हिन्दुस्तानी में बातचीत करने में समर्थ होना चाहिए।[10] कोई शक नहीं कि इस आकर्षण और उपयोगिता ने धार्मिक अतार्किकता से उपजी सोच में इजाफा किया। गिलक्रिस्ट अरबी-फारसी शब्दों को लेकर और भी 'रिजिड' हो गए। हिन्दवी के शब्दों का उपयोग इन महकमों के माहौल के अनुकूल न था। अंग्रेज ऑफिसर इन शब्दों को जानकर क्या करते!

गिलक्रिस्ट द्वारा हिन्दवी-हिन्दुस्तानी के लचीले रूप को महत्त्व न देने का एक

और प्रमुख कारण है—अंग्रेजों का जातीय अलगावबोध, श्रेष्ठता की भावना और सांस्कृतिक धरातल पर उपनिवेशों को सभ्य बनाने की इच्छा। मैकाले के समय यह भावना अपनी कुरूपताओं के साथ उपस्थित हो चुकी थी, लेकिन प्राच्यविदों के समय यह ज्ञान के आवरण में क्रियाशील थी। प्राच्यविदों ने भरसक ही भारत के सुन्दर अतीत की खोज की, लेकिन यह सामान्यत: उनके मानस में था कि अब उस दौर के जैसी परिस्थितियाँ नहीं रह गई हैं और इन्हें पुन: सभ्यता के उचित नैतिक मूल्यों के साथ आगे बढ़ाने की जरूरत है। (निश्चय ही इसका स्रोत अंग्रेज जाति और ईसाइयत को माना जा रहा था।) कुछ में यह भावना ज्यादा थी, कुछ में कम।

यही कारण था कि गिलक्रिस्ट एक ऐसी भाषा में कम्पनी के ऑफिसरों को पारंगत करना चाह रहे थे जो कि उन्हें देशी सिपाहियों और कर्मचारियों के बीच जेंटलमैन का दर्जा दिला सके। निश्चय ही 'हिन्दुस्तानी' को यह रुतबा प्राप्त था। प्रशासन में भी उसका प्रभाव था और दरबारों में भी। खड़ी बोली का ज्यादातर और कला की दृष्टि से सुगठित साहित्य इसी शेड में प्रचलित था। फारसी की समृद्ध साहित्यिक परम्परा और दरबार से नजदीकी ने इस साहित्य को और भी सुन्दर बनाया था। उर्दू शायरी में 'हुस्न' और 'इश्क' के हावी होने के पीछे इसे ही मूल कारण माना जाता है। गिलक्रिस्ट को खड़ी बोली की हिन्दवी शैली अगर गँवारू लगी तो यह स्वीकार करने में हर्ज नहीं है। यह शैली न तो हिन्दुस्तानी की तरह परिनिष्ठित थी और न ही इसमें शिल्प की दृष्टि से मँजे हुए उस टक्कर के शायर थे और न ही उस टक्कर की रचनाएँ। गिलक्रिस्ट अंग्रेज ऑफिसरों को इसी परिनिष्ठित जबान में सुयोग्य बनाना चाहते थे—इतना सुयोग्य कि वे इसमें देशी लोगों से बेहतर हो जाएँ। इस श्रेष्ठता की मनोग्रन्थि ने फारसीपन में बढ़ोतरी की। जो ऑफिसर जितनी ही बढ़िया हिन्दुस्तानी (फारसी की ओर झुकी हुई) बोलेगा, वह उतना ही सुयोग्य और सम्माननीय होगा। गिलक्रिस्ट लिखते हैं : '...उस प्रदेश में प्रत्येक सैनिक अधिकारी के लिए कैम्प और हिन्दुस्तानी की सामान्य भाषा की अत्यधिक जरूरत है क्योंकि वहाँ अनेक लोगों से सम्पर्क स्थापित होता है और सिपाहियों को तुरन्त निर्देश देने की आवश्यकता पड़ती है। उन लोगों में से निश्चय ही सभी लोग उस व्यक्ति को पर्याप्त सम्मान की दृष्टि से देखेंगे जो उनके बीच ही उनकी जबान को कम-बेसी एक 'जेंटलमैन' की तरह बोल रहा हो।[11] इसी उद्धरण में वे आगे स्वीकार करते हैं कि कैवेलरी में कुछ भारतीय उच्च कुलोद्भव और सुसभ्य तौर-तरीके वाले हैं, इसी कारण उनकी भाषा 'कोर्ट और करेक्ट स्टाइल' की हिन्दुस्तानी है। गिलक्रिस्ट इसी हिन्दुस्तानी के फेर में पड़कर जैसे भूल बैठे कि जनसामान्य में नये प्रचलित शब्दों का अर्थ यह कदापि नहीं हो सकता कि जनता उन पुराने शब्दों को भुला बैठी हो जो कि सदियों से ठुकती-पिटती हुई स्थिर हुई हो। खैर! यह आकर्षण तो सामान्य-जन में प्रचलित अरबी-फारसी शब्दों या अन्य देशी

बोलियों के शब्दों का नहीं था। इसे अतिरिक्त आग्रह के रूप में देखने की बात मैंने की है। इससे पता चलता है कि गिलक्रिस्ट ने अपनी 'जनरल कोलोकियल लैंग्वेज' को उतना जनरल रहने नहीं दिया जितना कि उनका जोर है और 'दी ग्रैंड पॉपुलर स्पीच' के एक खास स्वरूप के फेर में पड़कर उससे चिपक बैठे। ऐसा न होता, अगर यह चिन्ता उनके भीतर विकसित न होती कि अंग्रेज अफसरों को इतना बढ़िया हिन्दुस्तानी सिखाएँगे कि वे देशी लोगों से आगे निकल जाएँ।[12] गिलक्रिस्ट की इस सोच ने इस शैली को जनसामान्य और 'गँवारू' जबान से दूर करने का काम किया। आज भी यह प्रक्रिया जारी है। 'हंस' (मार्च, 1987) के एक लेख में नामवर जी लिखते हैं : 'राजभाषा होकर हिन्दी जिस तरह आम जनता से कटते हुए अपनी सर्जनात्मकता खो रही है, इससे उर्दू को सबक लेना चाहिए। उर्दू तो पहले ही से एक परजीवी सांस्कृतिक समुदाय की छाया में लम्बे काल तक रहने के कारण अपनी सहज जीवनीशक्ति काफी कुछ खो चुकी है, इस नई होड़ में तो उसके अस्तित्व पर ही बन आएगी।'[13] नामवरजी ने यह वाक्य फारसीदाँ सांस्कृतिक समुदाय के बारे में कहा है, लेकिन अंग्रेजीदाँ लोगों की भूमिका भी कुछ कम नहीं रही इस प्रक्रिया में।

श्रेष्ठ कहलाने की भावना और सभ्यता का पाठ पढ़ाने की इस इच्छा को उच्चारण और लिपि पर थोपा गया। अंग्रेज अधिकारियों का उच्चारण सुधारने के लिए गिलक्रिस्ट ने एक किताब ही लिख डाली। हिन्दुस्तान में जहाँ 'चार कोस पर बानी' बदल जाती हो, ऐसा प्रयास घातक ही होना था। गिलक्रिस्ट ऑफिसरों के उच्चारण में 'अटमोस्ट प्रेसिशन एंड इफेक्ट' चाहते थे।[14] इसी तरह रोमन लिपि सम्बन्धी उनकी दृष्टि में भी एक श्रेष्ठता का बोध और ईसाइयत के प्रचार में सुगमता की भावना देखी जा सकती है। उनका मानना था कि हिन्दुस्तानी के लिए जिस रोमन लिपि का चुनाव उन्होंने किया है, वह प्राच्य ध्वनियों को अभिव्यक्त करने की पूर्ण क्षमता रखती है। (उनकी इस लिपि के स्वरूप के लिए देखें—परिशिष्ट 1)[15]

गिलक्रिस्ट अपनी इस लिपि को लेकर बहुत ज्यादा उत्साहित थे। बार-बार उनका जोर इस बात पर रहता था कि ब्रिटिश अधिकारियों को हिन्दुस्तानी सिखाने के लिए रोमन का प्रयोग कर कई समस्याओं से बचा जा सकता है और लिपि तो बाद में भी सीखी जा सकती है। इसके जवाब में सदीकुर्रहमान किदवई ने ठीक लिखा है कि देशी लोगों को अंग्रेजी सिखाने के लिए भी गिलक्रिस्ट उनकी अपनी लिपि को स्वीकृति दे देते क्या?[16] इसीलिए यह बहुत आसानी से स्वीकार नहीं किया जा सकता कि गिलक्रिस्ट हिन्दुस्तानी लिपि का विकल्प नहीं देना चाह रहे थे और वह यह प्रयोग सिर्फ ब्रिटिश अधिकारियों की आसानी के लिए कर रहे थे। गिलक्रिस्ट अपनी लिपि को बुद्धिजीवियों के बीच अकादमिक रूप में ही ज्यादा रखते हैं। टी. रोएबक ने उनकी लिपि को विलियम जोंस से भी बेहतर ठहराया है। लेकिन कई स्थानों पर उनकी प्रच्छन्न मनोकांक्षाएँ भी सामने आई हैं। सदीकुर्रहमान

किदवई इस मसले पर गिलक्रिस्ट से थोड़ी सहानुभूति रखते हैं और यह मानते हैं कि गिलक्रिस्ट प्राच्यलिपि के लिए कभी विकल्प नहीं ढूँढ़ रहे थे। डॉ. किदवई का यह उद्धरण मूल अंग्रेजी में दिया जा रहा है ताकि कोई भ्रम न हो :

'Keeping in view the various orthographical schemes of Gilchrist the criticism on him generally, seems to be valid. But at the same time, one must not ignore the scope of the scheme, set by Gilchrist himself. Gilchrist never wanted to provide a substitute for the oriental script. His system was complex, because it was designed to depict the complexities of a new script in order to facilitate primarily the learning of Hindustani, and then of its script at the second stage. Therefore most of the criticism on Gilchrist orthography was based on a lack of understanding of its relevance and relationship to the objectives which Gilchrist had set for himself.'[17]

डॉ. किदवई की इस धारणा को गिलक्रिस्ट के इस कथन से प्रश्नांकित किया जा सकता है जिसमें वे ईसाई मत के प्रति अपनी जिम्मेदारी महसूस करते हुए अंग्रेजी भाषा व रोमन लिपि को हिन्दुस्तान ही नहीं, पूरी दुनिया में प्रचारित करने की इच्छा जाहिर करते हैं :

'Let the Americans and British missionaries of the gospel try their hands on the Lancasterian device of speedily conveying devine truth all over the globe, by teaching the rising generations of natives everywhere to read and speak English, as the last vehicle for the saving grace of useful knowledge, which will certainly terminate in our own language becoming universal, especially if they all start fairly with a uniform roman alphabet...'[18]

जाहिर है कि गिलक्रिस्ट की यह अभिव्यक्ति ईसाई मत के प्रति अतीव श्रद्धा की उपज है। फिर भी गिलक्रिस्ट रोमन लिपि को लागू करने के प्रति कड़ा रुख अख्तियार नहीं कर सके क्योंकि एक तो अंग्रेजों में ही इसको लेकर आम सहमति नहीं थी और दूसरे यह कि सरकारी अफसरों के लिए यह प्रयोग ठीक है लेकिन देशी निवासियों में इसका प्रचलन कम-से-कम उस दौर में तो असम्भव ही था।

जनसाधारण की 'हिन्दुस्तानी' को नकार, अरबी-फारसी बाहुल्य शब्दावली को अपनाने के पीछे गिलक्रिस्ट की ट्रेनिंग का भी हाथ है। गिलक्रिस्ट ने यह स्वीकार किया है कि जब वे हिन्दुस्तान आए तो उन्हें 'हिन्दुस्तानी' का न तो उचित व्याकरण ही मिला और न उचित गद्य। कैप्टन रैट्रे ने उन्हें सबसे पहले सौदा की कविताएँ पढ़ने को दीं ताकि उन्हें इस भाषा के उचित स्वरूप का ज्ञान हो सके।[19] मिस्कीन की मर्सिया पढ़कर भी उनकी रुचि निर्मित हुई।[20] हिन्दी के रीतिकाल का प्रचुर साहित्य सामन्ती परिवेश में ही फला-फूला था। ठीक उसी तरह खड़ी बोली का भी प्रचुर

साहित्य दरबारों में ही फल-फूल रहा था। इसके अलावा खड़ी बोली का काफी साहित्य बड़े शहरों में फल-फूल रहा था। फारसी शब्दों का प्रयोग शहरी इलाके में ज्यादा था। ऐसे में खड़ी बोली की जो परिष्कृत और सुन्दर कविता निर्मित हो रही थी, वह फारसी प्रभावित निर्मित हो रही थी। ऐसा भी साहित्य रचा जा रहा था जो फारसी से उतना प्रभावित न था और खड़ी बोली के अन्य शेड्स में था या फिर लोक-बोलियों में था, लेकिन सम्पर्क और संरक्षण के अभाव में इनका स्वरूप न तो फारसी प्रभावित खड़ी बोली की तरह विकसित हो सका और न ही चर्चित। गद्य के नाम पर न के बराबर साहित्य था और कविता 'उर्दू' की थी। गिलक्रिस्ट के सामने रुसवा, सौदा, वली, दर्द, मजहर, सोज की शायरी थी। स्वाभाविक है कि एक बौद्धिक का रुझान ऐसी भाषा और साहित्य की ओर हो। गिलक्रिस्ट ने अपने हिन्दुस्तानी व्याकरण के लिए जितने भी उदाहरण उठाए, वे इन्हीं शायरों की रचनाओं से हैं। इनमें से ज्यादातर शायर दिल्ली, आगरा, दकन, अकबराबाद और पटना जैसे इलाकों से हैं। यहाँ अरबी-फारसी शब्दावली का प्रयोग और जगहों की तुलना में अधिक था। यही भाषा गिलक्रिस्ट के आदर्श का मानदंड बनी और ब्रिटिश कर्मचारियों को सिखाने के लिए उपयुक्त। गिलक्रिस्ट को हिन्दवी के और भी कवियों की जानकारी थी लेकिन 'जेंटलमैन कैडेट' के लिए वह जबान उपयुक्त न थी। उनके लिए तो सोज और दर्द की जबान चाहिए थी। हिन्दवी के लिए गिलक्रिस्ट लिखते हैं कि इस जबान में बहुत सारे श्रेष्ठ कवि, कविताएँ और गीत हैं जिन्हें प्राच्य साहित्य के विद्यार्थी अपने लाभार्थ प्रयोग कर सकते हैं। इसके लिए जिन कवियों का नाम उन्होंने गिनाया है उनमें गंग, तुलसी, बाबरी, गिरधर, लालच, सूरदास, कबीर, नानक, जायसी, अहमद वहाब, मुहम्मद अफजल और अमीर खान प्रमुख हैं।[21]

जाहिर है कि इन श्रेष्ठ कवियों में खड़ी बोली का 'परिष्कृत' रूप उपलब्ध नहीं था। इनकी भाषा को गिलक्रिस्ट सिर्फ आधार के रूप में ही लेते हैं।

गिलक्रिस्ट की भाषा-नीति के मूल्यांकन के सन्दर्भ में एक और परिकल्पना रखना जरूरी लगता है जिसका मूल्यांकन आवश्यक है। उपर्युक्त तर्कों के आधार पर यह साबित होता है कि 'हिन्दुस्तानी' का आर्थिक महत्त्व बहुत अधिक था। सम्भावना है कि गिलक्रिस्ट 'हिन्दुस्तानी' की फारसीनिष्ठ और परिष्कृत शैली की ओर इसलिए भी झुक गए क्योंकि प्रतिष्ठा के साथ आय का यह एक अच्छा माध्यम हो सकता था। डेविड कॉफ ने गिलक्रिस्ट को इस दृष्टि से परखा और पाया कि 1787 में उन्होंने बनारस में अवैधानिक तरीके से नील की खेती के लिए जमीन खरीदी। 1793 में उन्होंने दूसरे यूरोपियों, जो उसी इलाके में नील की खेती करना चाह रहे थे, से भिड़ने के लिए एक सेना ही तैयार कर ली।[22] वार्ष्णेयजी की पुस्तक 'फोर्ट विलियम कॉलेज' से ज्ञात होता है कि वे अफीम की खेती भी करते थे। कॉफ सन्देह व्यक्त करते हैं कि एक साल बाद जब वे कलकत्ता गए होंगे तो पाया होगा

कि 'हिन्दुस्तानी' जाननेवाले के पास आय का अच्छा अवसर है। गिलक्रिस्ट पुस्तकों की रचना में लग गए। निश्चय ही सरल हिन्दी-हिन्दुस्तानी प्रशासन के लिए उतनी उपयोगी नहीं थी। यह भाषा गिलक्रिस्ट द्वारा अछूती रह गई। फोर्ट विलियम कॉलेज की प्रोसीडिंग्स में उनके ज्यादातर पत्र आर्थिक मसलों से सम्बन्धित हैं। हिन्दुस्तान से जाने के बाद भी वे कॉलेज को अपनी पुस्तकों से होनेवाली आय के बारे में पत्र लिखते रहते हैं। हालाँकि इन पत्रों के आधार पर उनकी आर्थिक स्थिति के सम्बन्ध में स्पष्ट कुछ नहीं कहा जा सकता, फिर भी इस दृष्टि से गिलक्रिस्ट की भाषा-नीति का मूल्यांकन करना लाभप्रद हो सकता है।

वार्ष्णेयजी ने अपनी किताब फोर्ट विलियम कॉलेज के परिशिष्ट में लन्दन लौटने के बाद के गिलक्रिस्ट के जीवन और कम्पनी से उनके सम्बन्धों का कुछ चित्रण किया है। 1820 के दौर के गम्भीर परिदृश्य को समझने और कॉलेज की भाषा-नीति के निर्धारण में इससे सहायता ली जा सकती है :

'दो वर्ष बाद (1818) ईस्ट इंडिया कम्पनी ने अपने कर्मचारियों, विशेष रूप से चिकित्सक ऑफिसरों को भारत आने से पूर्व हिन्दुस्तानी के प्राथमिक सिद्धान्तों की शिक्षा देने का निश्चय किया। इस कार्य के लिए उन्होंने गिलक्रिस्ट को 200/- वार्षिक पर लाइसेस्टर स्क्वायर में स्थापित ओरिएंटल इंस्टीट्यूशन में प्रोफेसर नियुक्त किया। वेतन के अतिरिक्त उन्हें 150/- अधिक और इस शर्त पर दिये जाते थे कि फिर वे प्रत्येक विद्यार्थी से तीन गिनी से अधिक नहीं लेंगे। किन्तु गिलक्रिस्ट ने यह स्वीकार न किया और अपनी ओर से यह नियम बना दिया कि विद्यार्थियों का उनकी क्लास में तभी दाखिला होगा जब वे उनके प्रकाशकों से इस बात की रसीद लावेंगे कि उन्होंने उनकी काफी रचनाएँ खरीद ली हैं। उनकी रचनाओं का मूल्य 10/- से 15/- तक होता था। इस प्रकार मुफ्त पढ़ाने के बहाने वे अधिकारियों द्वारा निश्चित धन से चौगुना या पँचगुना धन विद्यार्थियों से ले लेना चाहते थे। उनके पढ़ाने के अव्यवस्थित ढंग की भी कड़ी आलोचना की गई। 1825 ई. में कम्पनी ने उन्हें सहायता देना बन्द कर दिया। वे कम्पनी के अत्याचार, लोभ और उसकी कृतघ्नता की पहले ही शिकायत कर चुके थे। वे चाहते थे कि कम्पनी न केवल चिकित्सकों को वरन् सभी कर्मचारियों को शिक्षा के लिए उनके पास भेजे ताकि उनकी आमदनी और भी बढ़े। उन्होंने अपने समस्त ग्रन्थों का संकलन 'दि ओरिएंटल, ऑक्सिडेंटल ट्यूशनरी पायोनियर...' के नाम से एक ही जिल्द में कर दिया और कम्पनी के पदाधिकारियों तथा उन सभी को जो पूर्वी ज्ञान के प्रचार में संलग्न थे, भला-बुरा कहा।'[23]

गिलक्रिस्ट की भाषा-नीति का मुंशियों पर क्या प्रभाव पड़ा और जो साहित्य रचा गया, उसका स्वरूप कैसा था, इसे आगे देखेंगे।

ईस्ट इंडिया कम्पनी की भाषा-नीति

अठारहवीं सदी के उत्तरार्द्ध में ईस्ट इंडिया कम्पनी भारत में स्थायित्व और विस्तार चाह रही थी। प्रशासनिक और राजनीतिक दृष्टि से कम्पनी ऐसा कोई कदम नहीं उठा सकती थी जिससे कि अधिकृत प्रदेशों से होनेवाली आय को कोई बाधा पहुँचे। इसलिए कम्पनी भारत के कई मामलों में निष्क्रिय रहती, 'लोक-प्रशासन' पर ध्यान देने और 'जन-कल्याणकारी' होने का दिखावा भी करती। यह दौर गम्भीर भाषा-नीति तैयार करने का नहीं था, यह दौर राजनीतिक और व्यापारिक दाँव-पेंच तैयार करने का था। ऐसे में, भाषा में कम्पनी की रुचि जितनी भी थी, प्रशासनिक कारणों से थी। भारत में स्थायित्व और विस्तार के साथ कम्पनी का बचा-खुचा भय भी जाता रहा और साथ ही इस विषय के प्रति गम्भीरता भी। आश्चर्य नहीं है कि फारसी 1837 ई. तक अदालत और कचहरी की भाषा बनी रही जिससे कि व्यापक जनता का कोई लेना-देना ही नहीं था। लेकिन इस दौर में कम्पनी की जरूरत और मजबूरी यह भी थी कि ब्रिटिश संसद से और गद्दी से मधुर सम्बन्ध बनाये रखे और प्राच्यविदों के ज्ञान की अवहेलना न करे। मतलब यह कि कम्पनी की जो भाषा-नीति तैयार हो रही थी, वह कोर्ट के डायरेक्टर्स की किसी 'जनकल्याण' की आकांक्षा के कारण नहीं बल्कि विभिन्न राजनीतिक-सामाजिक और प्रशासनिक दबावों से तय हो रही थी। जैसेकि प्रशासन चलाने के लिए बड़ी मात्रा में कर्मचारियों की जरूरत से, ब्रिटिश प्राच्यवाद से उपजे ज्ञान की समृद्ध परम्परा और प्राच्य भाषाओं के महत्त्व से या फिर ब्रिटिश सरकार और ईसाई मत के नाम के प्रचार-प्रसार से।

ईस्ट इंडिया कम्पनी की भाषा-नीति की भंगिमाओं का मूल्यांकन ब्रिटिश प्राच्यवाद से उसके सम्बन्धों के समीकरण को समझे बगैर नहीं किया जा सकता, फोर्ट विलियम कॉलेज के सन्दर्भ में तो कतई नहीं। अगर फोर्ट विलियम कॉलेज के पुस्तकालय की मुहर में बांग्ला, देवनागरी और फारसी लिपियों को महत्त्व दिया गया, अंग्रेजी भाषा या रोमन लिपि को वह महत्त्व नहीं मिला (परिशिष्ट 2),[24] साथ ही कम्पनी फारसी को इतने सालों तक अपनाए रही तो इसे प्राच्यवाद का प्रभाव भी समझा जाना चाहिए। प्राच्यविदों के परिश्रम और हेस्टिंग्स और वेलेजली के प्रयासों के फलस्वरूप प्राच्यवाद इतना समृद्ध हो चुका था, प्राच्य भाषाओं के क्षेत्र में उनकी भूमिका इतनी अधिक स्वीकृत हो चुकी थी कि ईस्ट इंडिया कम्पनी को अपनी भाषा-नीति तैयार करने के लिए, कर्मचारियों को प्रशिक्षित करने के लिए इन्हीं की ओर रुख करना पड़ता था। हालाँकि कम्पनी प्राच्यवाद के लगातार विस्तृत हो रहे स्वरूप और प्रभाव को पचा नहीं पा रही थी। प्राच्यवाद की महत्त्वाकांक्षा एशियाटिक सोसाइटी और फोर्ट विलियम कॉलेज जैसे संस्थान खड़े करने की थी लेकिन कम्पनी की महत्त्वाकांक्षा कभी भी ज्ञान की परम्परा के साथ नहीं रही। कम्पनी की इच्छा राजस्व वसूली और आय के अक्षय स्रोत खोल देने से ज्यादा कभी नहीं रही।

फिर भी इस दौर में कम्पनी प्राच्यविदों के साथ कुछ हद तक सहयोगपूर्ण रवैया अपनाए रही। इसके कई कारण थे। पहला, प्राच्यविदों का हिन्दुस्तान में कोई विकल्प तैयार न हो सका था; दूसरा, वास्तव में इनका भाषायी ज्ञान अचम्भित कर देनेवाला था; तीसरा, कम्पनी को प्रशासनिक स्थिरता की जरूरत थी; चौथा, प्राच्यविदों के साथ हेस्टिंग्स और वेलेजली जैसे प्रभावशाली व्यक्तित्व थे; पाँचवाँ, ये सभी प्राच्यविद् यूरोपीय ही थे; छठा, इनमें से ज्यादातर कम्पनी के वफादार मुलाज़िमों में से थे; सातवाँ और सबसे महत्त्वपूर्ण यह कि अन्ततः ये ब्रिटिश साम्राज्य और ईसाई मत के हितैषी थे। फिर भी, जहाँ भी कम्पनी को यह मौका मिला कि प्राच्यवाद के इस अतिरिक्त उत्साह को सीमित किया जाए, उसने ऐसा करने की हर सम्भव कोशिश की। पीछे यह देखा जा चुका है कि फोर्ट विलियम कॉलेज में किन-किन तरीकों से छँटाई की गई। बाद में जाकर एशियाटिक सोसाइटी का भी वह ऐश्वर्य न रहा। 1800 से 1830 ई. का भारत इस बात का साक्षात् प्रमाण है कि साम्राज्यवादी फ्रेम में शासित देश की ज्ञान-परम्परा किस कदर अनुकूलित कर ली जाती है या फिर शासकों की ज्ञान-परम्परा द्वारा दबा दी जाती है। वेलेजली के दौर में जब साम्राज्य की सीमाएँ बढ़ीं और कम्पनी कुछ स्थिर हुई तो प्राच्यविदों की ज्ञान-परम्परा, जिसकी ब्रिटिश शासन से नजदीकी भी थी, का क्षरण होने लगा। आंग्लीयता के पैरोकार खुलकर सामने आने लगे। हालाँकि इसका अर्थ यह नहीं लगाया जाना चाहिए कि सत्ता के दबाव में शासितों का साहित्य पूर्णतः दब जाता है। समर्थ जनता अपनी संवेदनाओं और भावनाओं की अभिव्यक्ति का रास्ता निकाल ही लेती है। साम्राज्यवादियों ने अपनी परम्परा और रुचि भारतीय जनता पर थोपनी चाही, लेकिन प्रतिरोध के साहित्य को 1857 ई. में पनपने से नहीं रोक सकी। हाल के शोधों से 1857 ई. के साहित्य की समृद्धि का खुलासा हुआ है।

आज के दौर में भाषायी मुक्ति का सवाल इसलिए महत्त्वपूर्ण होता जा रहा है क्योंकि इतिहास से यह अनुभव किया जा चुका है कि सामन्तों और शासकों की भाषा को ढोना ही पड़ता है चाहे वह अव्यावहारिक ही क्यों न हो। सबसे पहले भारतीय जनता को कई सौ सालों तक फारसी को ढोना पड़ा। अंग्रेजों ने अपनी व्यापारिक और राजनीतिक गतिविधियों को ध्यान में रखते हुए फारसी को तब तक चलने दिया जब तक परिवर्तन का दबाव बहुत ज्यादा नहीं बढ़ गया। एक तरफ तो फारसी दरबारों की भाषा और विशिष्ट वर्ग की चहेती थी ही, प्राच्यविदों के गहन अध्ययन का फायदा भी इसको मिला। फोर्ट विलियम कॉलेज में फारसी विभाग को काफी महत्त्व दिया गया। हालाँकि 'हिन्दुस्तानी' का महत्त्व समझा जाने लगा था और वेलेजली ने गिलक्रिस्ट की ओरिएंटल सेमिनरी को काफी प्रोत्साहन भी दिया था लेकिन उन्नीसवीं सदी के पहले दशक में जब कम्पनी साम्राज्य की भौगोलिक सीमा और भी बड़ी हो गई और विशाल भारतीय जनसंख्या का उत्तरदायित्व चाहे-

अनचाहे कन्धे पर आ ही गया तो परिवर्तन होना लाजिमी था। हिन्दुस्तानी और गिलक्रिस्ट की प्रभावशाली भाषा-नीति ने एक बड़े क्षेत्र के लिए विकल्प पेश किया। गिलक्रिस्ट के साथ भी प्राच्यवाद का पर्याप्त समर्थन था। हिन्दुस्तानी का प्रचलन भी अत्यधिक बढ़ चुका था। समस्या बस इतनी थी कि अनुकूल ऐतिहासिक परिस्थितियों की निर्मिति नहीं हो पाई थी।

गिलक्रिस्ट के भाषा-सम्बन्धी अध्ययन और उनके व्यक्तित्व के प्रभाव से हिन्दुस्तानी के पक्ष में परिस्थितियाँ निर्मित होने लगीं। भारत में रहते हुए गिलक्रिस्ट का प्रभाव सिर्फ प्राच्यविदों पर ही नहीं बल्कि वेलेजली और कोर्ट ऑफ डायरेक्टर्स पर भी था। फोर्ट विलियम कॉलेज में आनेवाले विद्यार्थी फारसी के साथ हिन्दुस्तानी को चुनते थे क्योंकि इससे पढ़ाई का दबाव कम हो जाता था। इसके पहले ओरिएंटल सेमिनरी की कार्यप्रणाली से वेलेजली और कम्पनी के कोर्ट ऑफ डायरेक्टर्स, दोनों ही सन्तुष्ट थे। गिलक्रिस्ट की भाषा-नीति से यह फायदा था कि देशी न्यायालयों, महत्त्वपूर्ण राजनीतिक मसलों, सेना, कर-सम्बन्धी कार्यवाहियों आदि के क्षेत्र में अंग्रेजों को तुरन्त ही सुविधा होने लगी। ओरिएंटल सेमिनरी की कार्यवाही से, गिलक्रिस्ट द्वारा तैयार किये गए व्याकरण से गवर्नर जनरल की काउंसिल बहुत ज्यादा उत्साहित थी और फोर्ट विलियम कॉलेज को लेकर भी बहुत आश्वस्त थी। ओरिएंटल सेमिनरी में गिलक्रिस्ट विद्यार्थियों का फारसी ज्ञान भी देखते थे।

गिलक्रिस्ट के योगदान और प्रभाव के सन्दर्भ में गवर्नर जनरल की काउंसिल ने 2 सितम्बर, 1800 ई. को बहुत ही प्रशंसात्मक रिपोर्ट तैयार की थी।[25] जब गिलक्रिस्ट फोर्ट विलियम कॉलेज के हिन्दुस्तानी विभाग के अध्यक्ष बन गए तो अपनी भाषा-नीति के प्रचार-प्रसार और हिन्दुस्तानी ग्रन्थों को तैयार कराने का आर्थिक आधार भी उन्हें मिल गया।

वही गिलक्रिस्ट जो ओरिएंटल सेमिनरी में फारसी भाषा का अध्यापन भी करते थे, कॉलेज में हिन्दुस्तानी के बजाय अरबी-फारसी का प्रभुत्व होने से कुपित थे। गिलक्रिस्ट को इस बात का खेद था कि अरबी विभाग के प्रोफेसर को हिन्दुस्तानी विभाग के प्रोफेसर की तुलना में ज्यादा वेतन क्यों मिलता है :

'...यदि मैं अब भी पूर्वीय भाषाशास्त्र का एकमात्र प्रोफेसर रहता, जैसा कि मैं पहले था तो जितना वेतन मुझे उस समय मिलता था और जिसे कॉलेज संस्था ने किसी प्रकार नहीं बढ़ाया, मैं उसी में सन्तुष्ट रहता और सरकार को इस विषय में कष्ट देना कभी न्यायोचित न समझता। उस समय कुछ ऐसी ही हालत में इसी कॉलेज के कुछ बहुत छोटे पूर्व विद्याविदों को चाहे जितना वेतन मिलता। मुझे मालूम हुआ है कि अरबी भाषा के प्रोफेसर की हैसियत से मिलनेवाले सोलह सौ मासिक वेतन के अतिरिक्त श्रीयुत बेली को अरबी अनुवादक की हैसियत से एक हजार रुपया और मिला करेगा—वह भी, जब से कॉलेज स्थापित हुआ है तब से मिलेगा

और भविष्य में भी निश्चित वेतन के रूप में मिलता रहेगा। तो क्या मेरा ऐसा ही कुछ सानुपातिक संरक्षण माँगना निन्दनीय ठहराया जाएगा? वह भी एक ऐसे विभाग के लिए जो, मेरे द्वारा शिक्षितों की गणना करने पर, अरबी की अपेक्षा भारतवर्ष के लिए दस गुना अधिक लाभदायक है, विशेष रूप से तब जब कि हिन्दुस्तानी प्रोफेसर को दी गई आर्थिक सहायता का घनिष्ठ सम्बन्ध सिविल सर्विस के कर्मचारियों को देशी जनता में मजिस्ट्रेट, व्यापारी, अफसर, माल इत्यादि की हैसियत से भली-भाँति कार्य करने योग्य बनानेवाले कॉलेज के महान सरकारी ध्येय से है। मैं तो यूरोप जाने वाला था। श्रीमान ने कॉलेज में निश्चित समय के बाद तक मेरी उपस्थिति अनिवार्य समझकर मुझे सम्मानित किया है। सरकारी इच्छा तुरन्त स्वीकार कर लेने के फलस्वरूप मुझे आशा है कि जब तक मैं इस देश में हूँ, कॉलेज काउंसिल किसी अवसर पर मुझे मेरे सरकारी प्रोफेसर के बराबर वेतन देकर मेरी प्रतिष्ठा बढ़ाएगी। यदि श्रीमान गवर्नर जनरल ने कॉलेज की स्थापना के समय फारसी में नाम पैदा कर लेने पर भी मुझसे वह विभाग ले लेने की ओर ध्यान दिया होता, यदि मेरी अध्यक्षता में फारसी की प्राथमिक शिक्षा हिन्दुस्तानी के ही साथ जुड़ी होती और फारसी-अरबी साहित्य के लिए बिल्कुल दूसरा ही प्रोफेसर रखा जाता तो सम्भव था कि आज मैं कॉलेज की निगाहों में इतना नीचा ठहरता और मुझे इतना कम वेतन मिलता होता कि मुझे अपनी स्थिति कम-से-कम अरबी प्रोफेसर के बराबर बनाने के लिए श्रीमान या कॉलेज काउंसिल को कष्ट देने पर मजबूर होना पड़ता...।' (गिलक्रिस्ट द्वारा कॉलेज काउंसिल को लिखा गया 15 जून, 1803 के पत्र का अंश)[26]

गिलक्रिस्ट के ऐसे ही प्रयासों से हिन्दुस्तानी का महत्त्व दिनोंदिन बढ़ता गया। ईस्ट इंडिया कम्पनी पर भी गिलक्रिस्ट की भाषा-नीति का असर पड़ने लगा। 1802 ई. में जब कोर्ट ऑफ डायरेक्टर्स ने गवर्नर जनरल को कॉलेज बन्द कर देने के लिए कहा, तब यह भी लिखा कि गिलक्रिस्ट की ओरिएंटल सेमिनरी की पुनर्स्थापना की जाए।[27] कम्पनी की जरूरतें उससे पूरी हो सकती हैं। अरबी पर कॉलेज का इतना खर्च कम्पनी की जरूरतों को उतना रेखांकित नहीं करता जितना प्राच्यवाद के सांस्कृतिक प्रभाव को। जवाबी पत्र में वेलेजली को गिलक्रिस्ट के ऊपर 16-17 पैराग्राफ लिखने पड़े, सिर्फ यह साबित करने के लिए कि कॉलेज का मकसद कहीं अधिक बड़ा है।

गिलक्रिस्ट की भाषा-नीति से खड़ी बोली के लचीलेपन को जितनी भी क्षति पहुँची हो, फारसी के प्रभाव को कम करने में, खड़ी बोली को प्रचलित करने में उनकी भूमिका महत्त्वपूर्ण है। ईस्ट इंडिया कम्पनी के लिए गिलक्रिस्ट की भाषा-नीति का हाथ थामने से बेहतर कुछ नहीं था। लेकिन इससे यह नहीं समझना चाहिए कि गिलक्रिस्ट की भाषा-नीति को कम्पनी के कोर्ट ऑफ डायरेक्टर्स ने इसलिए अपना लिया था क्योंकि कॉलेज और कम्पनी की भाषा-नीति एक थी, जैसाकि

हिन्दी साहित्य के इतिहास-ग्रन्थों में लिखा जाता है, बावजूद इसके कि कम-से-कम प्रारम्भिक 5-7 वर्षों तक यानी कि गिलक्रिस्ट के कॉलेज छोड़ने तक तो कोर्ट ऑफ डायरेक्टर्स कॉलेज से बहुत चिढ़े हुए थे। कॉलेज के बचे रहने का सिर्फ एक कारण था—वेलेजली का जुझारूपन। कम्पनी कॉलेज की भाषा-नीति और गिलक्रिस्ट की हिन्दी भाषा-नीति का पल्ला इसलिए पकड़े हुए थी क्योंकि यह अनिवार्य ऐतिहासिक जरूरत थी। कॉलेज से मधुर सम्बन्ध न होने पर भी कम्पनी के कोर्ट ऑफ डायरेक्टर्स कुछ और नहीं कर सकते थे। अन्यथा व्यापारिक मानसिकता से संचालित कम्पनी के कोर्ट ऑफ डायरेक्टर्स तो गिलक्रिस्ट पर भी भरोसा नहीं कर पाते थे। 'पार्लियामेंटरी रिफॉर्म, ऑन कॉन्स्टीट्यूशनल प्रिंसिपल्स, ऑर ब्रिटिश लॉयल्टी अगेन्स्ट कॉण्टिनेंटल रॉयल्टी' में जॉन गिलक्रिस्ट एक संस्मरण लिखते हैं जिसमें उन्होंने बताया कि लन्दन पहुँचने के बाद जब उन्होंने हर्टफोर्ड कॉलेज में नौकरी पाने का प्रयास किया तो कोर्ट ऑफ डायरेक्टर्स को शक हुआ कि वह गवर्नर जनरल वेलेजली के एजेंट बनकर और हर्टफोर्ड कॉलेज को क्षति पहुँचाने की मंशा से इंग्लैंड वापस आए हैं। जब गिलक्रिस्ट कोर्ट ऑफ डायरेक्टर्स को यह समझाने में सक्षम हो गए कि उनकी ऐसी कोई मंशा नहीं है तभी उन्हें हर्टफोर्ड कॉलेज में नौकरी मिल सकी, जिसे उन्होंने जल्दी ही छोड़ भी दी।[28]

उपर्युक्त तथ्य के बाद इस बात को लेकर कोई विवाद नहीं रह जाता कि कम्पनी की भाषा-नीति किन कारकों से तय होती थी और कॉलेज की भाषा-नीति को वह किन परिस्थितियों में अपनाए हुए थी।

अपेक्षित प्रोत्साहन के अभाव में उन्नीसवीं सदी में प्राच्यविदों का प्रभाव कम होने लगा। हेस्टिंग्स के दौर में जो थोड़ी-बहुत 'इंडियनाइजेशन' की प्रक्रिया शुरू हुई थी, वह खत्म ही नहीं हो गई बल्कि अंग्रेजी साम्राज्य का कुरूप साम्राज्यवादी रूप भी प्रत्यक्ष हो गया। जोंस और कोलब्रूक ने संस्कृत के साथ, लम्सडेन ने फारसी के साथ, विलियम कैरे ने बांग्ला के साथ जो सम्बन्ध विकसित किया था, वह तीस के दशक तक पहुँचते-पहुँचते विरोधियों की राजनीति और कम्पनी के व्यापारिक चरित्र का शिकार हो गया। 1800 से 1815 ई. के बीच में फोर्ट विलियम कॉलेज में हुए वार्षिक वाद-विवाद को देखकर समझा जा सकता है कि किस तरह हिन्दुस्तानी भाषा अपने पैर फैला रही थी, फारसी भाषा आत्म-रक्षात्मक होती जा रही थी और सबसे बढ़कर यह कि अंग्रेजी भाषा, साम्राज्य और जाति के प्रति अपना प्रेम दिखाते हुए भी किस तरह प्राच्यविद् आंग्लवादियों के खिलाफ कम्पनी द्वारा प्रोत्साहन के अभाव में डटकर खड़े थे। ये वाद-विवाद बहुत महत्त्व के होते थे और इनके विषय बहुत ही सोचकर तय किये जाते थे, क्योंकि इस समारोह में गवर्नर जनरल स्वयं उपस्थित रहते थे।[29] देखिए :

1. फारसी भाषा में हुए वाद-विवादों को देखकर लगता है कि अपनी स्थिति

को अन्य प्राच्य भाषाओं से बेहतर और भारतीय प्रशासन के लिए जरूरी साबित करने का प्रयास किया जा रहा है :

क. 9 फरवरी, 1805—द पर्शियन लैंग्वेज इज ऑफ मोर यूटिलिटी इन द जनरल ऐडमिनिस्ट्रेशन ऑफ दी ब्रिटिश एम्पायर दैन दी हिन्दुस्तानी

ख. 3 मार्च, 1806—द पर्शियन लैंग्वेज इज नॉट टू बी स्टडीड सो मच फॉर एनी नॉलेज टू बी एक्वायर्ड बाई इट ऑफ ओरिएंटल लिटरेचर, एज टू फर्निश अ मीडियम ऑफ कम्यूनिकेशन विथ दी नेटिव्स ऑफ दी ब्रिटिश टेरिटोरीज इन इंडिया

ग. 27 फरवरी, 1808—द पर्शियन लैंग्वेज मेरिट्स अटेंशन, नॉट ओनली ऑन एकाउंट ऑफ इट्स यूटिलिटी, बट ऑलसो फ्रॉम दी ब्यूटीज ऑफ दी कम्पोजीशन इन दैट लैंग्वेज

घ. 15 सितम्बर, 1810—इंडिपेंडेंट ऑफ इट्स यूटिलिटी, देयर इज सफीशिएंट इंडक्टमेंट टू द स्टडी ऑफ द पर्शियन लैंग्वेज विद अ व्यू टू एशियाटिक लिटरेचर

ङ. 7 अगस्त, 1811—द डिफिकल्टीज ऑफ ट्रांसलेशन बिटवीन द इंग्लिश एंड पर्शियन लैंग्वेज आर फॉर ग्रेटर दैन बिटवीन द फॉर्मर एंड एनी ऑफ दी अदर लैंग्वेज ऑफ यूरोप

2. कम्पनी की गलत नीतियों का लगातार शिकार रहा कॉलेज प्राच्यवाद और प्राच्य भाषाओं के भविष्य को लेकर चिन्तित था। कॉलेज में हुए वाद-विवादों में प्राच्य भाषाओं की जरूरत को प्रकाशित करने का प्रयास देखा जा सकता है। हालाँकि इन वाद-विवादों में अंग्रेजी साम्राज्य और जाति के मोह से उपजा द्वन्द्व भी प्रत्यक्ष है :

क. 6 फरवरी, 1802 (बांग्ला)—दी एशियाटिक्स आर कैपेबल ऑफ एज हाई ए डिग्री ऑफ सिविलाइजेशन, एज दी यूरोपियंस

ख. 20 सितम्बर, 1804 (बांग्ला)—दी ट्रांसलेशन ऑफ दी बेस्ट वर्क्स एक्सटैंट इन दी संस्कृत इन टू दी पॉपुलर लैंग्वेज ऑफ इंडिया, वुड प्रमोट दी एक्सटेंशन ऑफ साइंस एंड सिविलाइजेशन

ग. 9 फरवरी, 1805 (हिन्दुस्तानी)—द ओरिएंटल लैंग्वेजेज आर स्टडीड विथ मोर सक्सेस इन इंडिया दैन इन इंग्लैंड, एंड विद दी ग्रेटर एडवांटेज टू दी पब्लिक सर्विस

घ. 3 मार्च, 1806 (हिन्दुस्तानी)—द नॉलेज ऑफ दी एशियाटिक लैंग्वेजेज इज ऑफ ग्रेटर एडवांटेज टू दी पब्लिक सर्विस इन इंडिया, दैन एनी अदर ब्रांच ऑफ लर्निंग

ङ. 2 मार्च, 1807 (हिन्दुस्तानी)—इन दी स्टडी ऑफ दी एशियाटिक

लैंग्वेज दी प्राइमरी ऑब्जेक्ट सुड बी, नॉट दी एक्वायरिंग ऑफ वर्ड्स ओनली, बट ए थॉरो नॉलेज ऑफ इट्स पेक्यूलियरिटीज इन कॉन्सट्रक्शन, इडियम एंड यूजेज

च. 2 मार्च, 1807 (बांग्ला)—अ नॉलेज ऑफ बेंगाली लैंग्वेज इज ऑफ ग्रेटर इम्पॉर्टेंस फॉर दी ट्रांजैक्शन ऑफ पब्लिक बिजनेस इन बंगाल

छ. 15 सितम्बर, 1807 (हिन्दुस्तानी)—द इंटरेस्ट ऑफ जनरल नॉलेज वुड बी प्रमोटेड बाई इनकरेजिंग मेन ऑफ एजूकेशन एंड लर्निंग इन यूरोप एंड इंडिया, टू स्टडी दी वर्क्स ऑफ साइंस एंड लिटरेचर, विच बोथ कंट्रीज हैव प्रोड्यूस्ड

3. लेकिन वही प्राच्यविद् जो कभी यहाँ तक कह देने की हिम्मत रखते थे कि 'सभ्यता का जन्म हिन्दुस्तान में हुआ' (कोलब्रूक) और भारतीय देवी-देवताओं की स्तुति में भी रचनाएँ कर लेते थे (जोंस), कॉलेज के दूसरे दशक में उनकी स्थिति पहले की तुलना में कमजोर पड़ने लगी। 18 फरवरी, 1809 को हिन्दुस्तानी में हुआ यह वाद-विवाद देखिए—'द डाइवर्सिटी ऑफ क्लाइमेट, नॉट ओनली डिफरेंस इन दी ओरिजिनल कंट्रीब्यूशन ऑफ दी ह्यूमन अंडरस्टैंडिंग इज दी कॉज ऑफ डिस्सिमिलरिटी बिटवीन द प्रोडक्शन ऑफ यूरोपियन एंड ओरिएंटल जीनियस।' वाद-विवाद का ऐसा विषय देखकर एक ही सवाल मन में उठता है कि जब सभ्यता का विकास हो रहा था (कोलब्रूक) तब क्या जलवायु भारत के अनुकूल थी?

4. हिन्दुस्तानी भाषा को फारसी की तरह बार-बार अपनी 'यूटिलिटी' साबित करने का प्रयास नहीं करना पड़ रहा था क्योंकि कोई भी 'शेड' हो, खड़ी बोली अंग्रेजी के लिए व्यापक उपयोग की साबित हो ही रही थी। लेकिन 6 फरवरी, 1802 के वाद-विवाद में विलियम बेली ने हिन्दुस्तानी भाषा के महत्त्व के सन्दर्भ में जो थीसिस पढ़ी, उसका कुछ अंश यहाँ उद्धृत करना जरूरी है। (इससे भी समझा जा सकता है कि हिन्दुस्तानी का कैसा रूप गिलक्रिस्ट पसन्द करते थे क्योंकि वही इसके मॉडरेटर थे।) इस निबन्ध से यह समझा जा सकता है कि हिन्दुस्तानी के प्रति अंग्रेजों की क्या समझदारी बन रही थी और ईस्ट इंडिया कम्पनी को इस भाषा को अपनाने से क्या फायदा हो सकता था :

> 'हिन्दुस्तान में कार्रवाई के लिए हिन्दी जबान और जबानों से जीआद: दरकार है; हिन्दुस्तानी जवान, जिसका जिक्र मेरे दावे में है, उसको हिन्दी-उर्दू और रेख्त: भी कहते हैं और यिह मुरक्कव अरबी और फारसी ओ संस्कृत या भाषा से है और यिह पिछले अगले जमाने में तमाम हिंद में राऐज थी।

अरब के सौदागरों की आमद-ओ-रफ़्त से और मुसलमानों की अक़्सर यूरिश और हुकूमति क़ेआमी के वाइस ? अलफ़ाजी अरवी और फारसी उसी पुरानी बोली में बहुत मिल गए और ऐक जवान नई बन गई जैसे कि बुनियादी कदीम पर तामीरि नौ होवे।

गरज रफ्त: रफ्त: इस जवानि जदीद ने यिह सूरत पकड़ी और दिहली के अहलि दरवार ने चाहा कि यिही बोली हमारे उन कामों में जो जवान से तआल्लुक़ रखते हैं वसील: हो तब यिह वतदरीज हर तरफ फैली चुनाँचि नतीज: उसका यिह हुआ कि हर ऐक मुसलमानी दरबार छोटे और बड़े में भी ऐक मुद्दत में यिह नई जवान जारी हुई आख़िरल अमर यिह बोली हिन्दूस्तान सबको अजीज और प्यारी हुई ओ अकसर मुतबतिनों ने इसी मुरक्कव जवान पर राग़िव होकर इसकी अखज कीआ कि अपने ऐसे मुआमतात जिनका इस्तिहकाम मौक़ूफ तहरीर पर न हो उनमें रसी से क़लाम करें।

जो इख़्तिलात मुसलमानों को हिन्दुओं के साथ कई सवव और वजह से कवही कसरत से हूआ और कवही क़िल्लत से—वस इसी वास्ते हिन्दी जवान में अजनवी अलफ़ाजों की आमेजिश कवही कसर कवही क़लील हुई।

यह इख़्तिलाफ़ जवान का तीन वजह से वाहर नहीं याने मुहावरऐ क़दीम या दिहाती अमुमी या शहरी-दरबारी या इल्मी—जो कोई चाहे इन तीनों का इमतियाज बखूबी करे कि हर ऐक का मक़ाम जुदा-जुदा और फाऐद: हिन्दुस्तान की हर ऐक कौम ओ कवाइल में अलाहिद: अलाहिद: पैहले मुहावरे में अजनवी अलफाज कम दखील हूए हैं इसी वास्ते वुह अपन जगह की देसी भाषा से अक्सर जीआद: निसवत रखता है और सद्दे में तख़मीनन अजजाऐ मख़लूती जुजि असली के मुतसावी हैं, तीसरे में अरबी और फारसी अलफाज की जीआदती कमाल है...(मॉडरेटर—गिलक्रिस्ट) (नागरी लिपि)''[30]

स्पष्ट है कि बेली के इस हिन्दुस्तानी का स्वरूप काफी व्यापक है लेकिन समस्या तब पैदा हुई जब गिलक्रिस्ट ने एक खास किस्म की हिन्दुस्तानी पर जोर देकर श्रेणीबद्धता, एक मानक और एक खास शब्दावली के विकास पर जोर दिया। (यह समझने की जरूरत थी कि जातीय भाषा के रूप में जो भाषा विकसित होती है, उसका सम्बन्ध बाद में जाकर देसी भाषाओं से अधिक होगा बनिस्बत विदेशी बोली के।) यह जोर बेली की इस थीसिस में भी देखा जा सकता है। गिलक्रिस्ट की भाषा-नीति के सन्दर्भ में यह देखा जा चुका है कि कैसे इन प्रयासों से हिन्दी-हिन्दुस्तानी-उर्दू-रेख्त: के लचीलेपन (स्वयं बेली ऊपर बता रहे हैं कि कोई भी नाम

लोग प्रयोग में लाते हैं) को ठेस पहुँचा और एक अस्थिर और विकसित हो रही भाषा की छवि कैसे खेमों में बँटती गई। यह खास 'हिन्दुस्तानी' कम्पनी के काम की थी इसलिए प्राच्यवाद और कॉलेज का ह्रास होते रहने पर भी कम्पनी 'हिन्दुस्तानी' को अपनाए रही। 1813 के चार्टर ऐक्ट का दबाव भी कम्पनी पर कायम था। दूसरी ओर हिन्दुस्तानी के 'देहाती' रूप की यानी कि 'हिन्दुवी' की जरूरत भी साम्राज्य विस्तार के साथ कम्पनी को महसूस हो रही थी। गिलक्रिस्ट ने इस शैली की रचनाएँ तो करवाई ही थीं, उधर हर्टफोर्ड में भी नागरी लिपि और हिन्दुवी की सामग्री मँगाई जा रही थी।

1813 के चार्टर के अनुसार भारत में शिक्षा-व्यवस्था के लिए जो पूँजी स्वीकार की गई थी, उसे मूलतः प्राच्य भाषाओं के लिए खर्च किया गया था। इस दौर में फोर्ट विलियम कॉलेज की स्थिति भले ही अपने शुरुआती दिनों जैसी नहीं रह गई थी, लेकिन फिर भी ठीक कही जा सकती थी। प्राच्यविद्या के क्षेत्र में फोर्ट विलियम कॉलेज का नाम स्थापित हो चुका था। पूरब से जुड़े किसी भी किस्म की जानकारी के लिए कम्पनी को या तो एशियाटिक सोसाइटी की ओर मुँह करना पड़ता या फिर कॉलेज की ओर।

15 जुलाई, 1816 के पब्लिक डिस्प्यूटेशन में विजिटर लॉर्ड मोइरा ने कहा कि इस देश की साहित्यिक चेतना, जो कि खत्म होने के कगार पर थी, ज्ञान-विज्ञान के प्रसार से पुनः जाग्रत् हो गई। सरकार द्वारा इस क्षेत्र में किये गए विभिन्न प्रयासों में, इस कॉलेज की स्थापना को निश्चय ही पहले स्थान पर रखा जा सकता है।[31] मतलब यह कि उन्नीसवीं सदी के दूसरे दशक में पहले की तुलना में कमजोर पड़ने के बावजूद प्राच्यविदों और फोर्ट विलियम कॉलेज की स्थिति महत्त्वपूर्ण बनी हुई थी। हालाँकि आंग्लवादियों का प्रभाव भी बढ़ता जा रहा था। इनमें से कुछ ऐसे थे जो मानते थे कि अंग्रेजी शिक्षा से भारतवासियों के ज्ञान-विज्ञान का स्तर ऊँचा उठाया जा सकता है और कुछ ऐसे थे जो कि अंग्रेजी सभ्यता और ईसाई मत को श्रेष्ठ मानते हुए भारतवासियों पर थोप देना चाहते थे और कुछ तो ऐसे थे जो 'दुभाषियों' की कौम तैयार करना चाहते थे ताकि प्रशासन में थोड़ी आसानी हो जाए। इन सबके बीच कम्पनी के कोर्ट ऑफ डायरेक्टर्स अपनी रणनीति ऐसे बना रहे थे कि ब्रिटिश साम्राज्य के प्रति उनकी वफादारी पर कोई शक न करे, विशाल भारतीय प्रदेश पर उनका आधिपत्य बना रहे और साथ ही प्रशासनिक ढाँचा ऐसा बना रहे जिससे कि धन उगाहने में मुश्किल न आए। यह जो नया अंग्रेजीदाँ वर्ग तैयार हो रहा था, उनमें खुद को 'अलग' करके देखने की क्षमता कहीं अधिक थी। प्राच्यविदों ने भारतीय भाषाओं में गम्भीर शोध किया था, टाइप तैयार करवाए थे, प्रेस स्थापित किये थे लेकिन इस नये तैयार वर्ग से भारतीय भाषाओं की प्रगति को गहरा धक्का लगा। विलियम बैंटिक के गवर्नर जनरल बनने के बाद यह वर्ग प्राच्यविदों पर हावी हो

गया। लेकिन बैंटिक के आगमन से पहले ही 'हिन्दू कॉलेज' की स्थापना हो चुकी थी और स्कूल बुक सोसाइटी और जनरल कमिटी ऑफ पब्लिक इंस्ट्रक्शन पश्चिमी ज्ञान-विज्ञान को भारत में बढ़ावा देने का कार्य प्रारम्भ कर चुके थे। बंगाल में ऐसा बौद्धिक वर्ग भी तैयार हो रहा था, जो अंग्रेजी माध्यम की शिक्षा का हिमायती था। कई तो सरकार की शिक्षा-नीति में भागीदारी भी कर रहे थे। 1820 के दशक के इसी द्वन्द्व ने भविष्य में उस विवाद को जन्म दिया जिसे भारत में ब्रिटिश हुकूमत के इतिहास में 'ओरिएंटलिस्ट-ऐंग्लिसिस्ट कंट्रोवर्सी' के नाम से जाना जाता है।

1829 ई. में कॉलेज की दुरवस्था को इसी बात से समझा जा सकता है कि कोर्ट ऑफ डायरेक्टर्स इसे बन्द कर देने के इच्छुक थे और उस वक्त इसे टूटने से बचानेवाला और कोई नहीं बल्कि अंग्रेजी माध्यम की शिक्षा का समर्थक लॉर्ड विलियम बैंटिक था। डेविड कॉफ ने लिखा है कि 1829 से 1835 ई. के बीच में बैंटिक के दर्शन के प्रभाव के कारण ही प्राच्यविद्या में दो पीढ़ियों के सांस्थानिक विकास की चेतना को गहरी क्षति पहुँची। उसी के प्रशासन के दौरान फोर्ट विलियम कॉलेज विघटित कर दिया गया, एशियाटिक सोसाइटी को गम्भीर आर्थिक कठिनाइयों का सामना करना पड़ा, कलकत्ता मदरसा और संस्कृत कॉलेज बन्द होने की कगार पर पहुँच गए, सेरामपुर कॉलेज की प्रणाली अंग्रेजीदाँ और भारतीयों के लिए अनाकर्षक हो गई और ब्राह्मसमाज जैसे धार्मिक-सामाजिक सुधार आन्दोलन की शुरुआत हुई जिससे सांस्कृतिक राष्ट्रवाद को गति मिली।[32] लॉर्ड विलियम बैंटिक की नीतियों से आंग्लवादियों की स्थिति अत्यधिक मजबूत हो गई थी। बैंटिक मैकाले और ट्रैवेलियन का समर्थक था। बैंटिक की वजह से ही चार्ल्स ट्रैवेलियन को 'जनरल कमिटी ऑफ पब्लिक इंस्ट्रक्शन' में जगह मिली थी।[33] डेविड कॉफ ने इन्हीं चार्ल्स ट्रैवेलियन के उस लेख से 'ओरिएंटलिस्ट-ऐंग्लिसिस्ट कंट्रोवर्सी' की शुरुआत मानी है, जिसमें फोर्ट विलियम कॉलेज को बन्द कर देने की माँग रखी गई है।[34] ट्रैवेलियन वेलेजली की शिक्षा-नीतियों का विरोधी था और मानता था कि फोर्ट विलियम कॉलेज को सही सीमाओं में न बाँधकर वेलेजली ने बहुत अधिक नुकसान किया।[35] इन्हीं ट्रैवेलियन महोदय ने प्राच्यविद्या के संस्थानों को 'स्लीपी' और 'स्लगिश' बुलाया था, देशी भाषाओं के लिए रोमन लिपि लागू करने की नीति तैयार की थी। ट्रैवेलियन भारत के लिए 'अपनी भाषा (अंग्रेजी), अपना अध्ययन और अन्तत: अपना धर्म' लागू करना चाहता था।[36] ट्रैवेलियन उसी जनरल कमिटी ऑफ पब्लिक इंस्ट्रक्शन का सदस्य था जिसका अध्यक्ष थॉमस बैबिंगटन मैकाले को चुना गया था। थॉमस बैबिंगटन मैकाले के सन्दर्भ में कुछ चर्चा पीछे की जा चुकी है। 2 फरवरी, 1835 को लिया गया मैकाले का बहुचर्चित 'मिनट ऑन इंडियन एजूकेशन' बैंटिक द्वारा पोषित नीतियों के लिए मजबूत स्तम्भ साबित हुआ। कॉलेज जैसे संस्थान कोर्ट की नीतियों का फल पहले ही भुगत रहे थे कि मैकाले ने जोर-

शोर से संस्कृत-अरबी भाषाओं की खिलाफत की। मैकाले का कहना था कि ये भाषाएँ अब अनुपयोगी साबित हो चुकी हैं। अरबी और संस्कृत भाषाओं का जो अनुवाद मैंने पढ़ा है, उसके बूते पर यह कह सकता हूँ कि किसी भी अच्छे यूरोपीय पुस्तकालय की एकमात्र अलमारी भारत और अरब के सम्पूर्ण देशी साहित्य से बेहतर है। इसी मिनट में वह आगे लिखता है कि भारत में शासक वर्ग की भाषा अंग्रेजी है और सरकार में उच्च पदों पर अवस्थित देशी भी इसका प्रयोग करते हैं और पूर्व में धीरे-धीरे यही व्यापार की भाषा भी बन पाएगी। समृद्ध अंग्रेजी साहित्य का प्रयोग देशी लोगों के लिए कहीं अधिक उपयोगी साबित होगा। यह दुखद है कि हम संस्कृत और अरबी जैसी भाषाओं पर पूँजी लगा रहे हैं और उन लोगों से पैसे ले रहे हैं जो अंग्रेजी के अध्ययन में संलग्न हैं। संस्कृत और अरबी भाषाओं में लाख रुपये की पुस्तकें छपती हैं जिनकी बिक्री नहीं होती और तीन साल बीत जाने पर भी इन पुस्तकों से हजार रुपये भी वसूल नहीं होते, दूसरी ओर स्कूल बुक सोसाइटी अंग्रेजी की पुस्तकें बेचकर बीस प्रतिशत मुनाफा भी कमा रही है।[37] मैकाले की समझदारी थी कि ऐसा 'एब्सर्ड' इतिहास पढ़ाने से अच्छा है कि पन्ना सादा ही रहने दिया जाए। मदरसा और संस्कृत कॉलेज को बन्द कर वह आगरा और फोर्ट विलियम प्रेसीडेंसी में इंग्लिश स्कूलों की स्थापना चाह रहा था। गौरतलब है कि वह एक ऐसे वर्ग का निर्माण करना चाह रहा था जो अंग्रेजों और तमाम शासितों के बीच दुभाषिए का काम कर सके।[38] मैकाले के इस मिनट की खास बात यह है कि अंग्रेजी माध्यम को बढ़ावा देने के लिए जितना भी प्रहार किया गया, वह संस्कृत और अरबी भाषा पर किया गया, देशी भाषाओं और हिन्दी-उर्दू के सम्बन्ध में कोई चर्चा नहीं की गई। अरबी की तुलना में अंग्रेजी को माध्यम के रूप में रखना आसान था लेकिन देशी भाषाओं की तुलना में नहीं। देशी भाषाओं को प्रशासन में और शिक्षा में महत्त्व देने की माँग भी बढ़ रही थी। इस माँग के समर्थक कई आंग्लवादी भी थे जिनका मानना था कि अंग्रेजी भाषा और सभ्यता का रास्ता देशी भाषाओं से होकर ही जा सकता है। संस्कृत, अरबी, फारसी के विकल्प के रूप में देशी भाषाएँ (वर्नाक्यूलर्स) भी अपना दावा पेश कर रही थीं।

1835-36 ई. में सरकार ने न्यायिक अधिकारियों से यह पूछताछ की कि फारसी को अदालतों से हटाया जाए या नहीं? और अगर हटाया जाए तो किसे वह स्थान मिले?[39] इसके जवाब में कई लोगों ने देशी भाषाओं (वर्नाक्यूलर्स) का समर्थन किया। निश्चय ही अंग्रेजी की स्थिति ऐसी नहीं हो सकी थी कि उसमें भारतीय जनता का न्याय सुनाया जाए। इस सन्दर्भ में फ्रेडरिक जॉन शोर, जो सागर और नेरबुदा क्षेत्रों के कमिश्नर थे, ने देशी भाषाओं के समर्थन में जबर्दस्त वक्तव्य दिया। शोर अपने क्षेत्र में देवनागरी और खड़ी बोली हिन्दी को लागू करवाने में सफल भी हो गए थे। शोर ने लिखा था :

'यदि फारसी जनसाधारण की समझ में नहीं आती तो अंग्रेजी ही उनकी समझ में कब आती है, उनके लिए दोनों ही विदेशी भाषाएँ हैं और दोनों को वे समझ नहीं पाते। जो अंग्रेज अपनी सहूलियत के खयाल से अंग्रेजी प्रचलित करना चाहते हैं, उनसे मेरा कहना है कि यह बात न केवल उलटी है, वरन् बिल्कुल अन्यायपूर्ण है। दरिद्र और पीड़ित जनता को एक विदेशी भाषा सीखने के लिए बाध्य करना समझ का फेर है। उसमें सफलता प्राप्त होने की कोई आशा नहीं है। रही सरकारी विभागों में से बुराइयाँ दूर करने की बात, तो उससे न तो शासकों और शासितों के बीच की खाई पट पाएगी, न बुराइयाँ दूर हो सकेंगी और न न्याय ही बरता जा सकेगा।...अंग्रेजी के अदालती भाषा हो जाने से सबसे बुरा असर हाकिमों और जनसाधारण के बीच के सम्बन्ध पर पड़ेगा। उन दोनों के बीच जबर्दस्त खाई बन जाएगी।...वे स्वयं धनोपार्जन के लोभ से यहाँ आए हैं। उस पर भी वे यह चाहते हैं कि उनकी आसानी के लिए करोड़ों आदमियों पर एक व्यर्थ का बोझ लाद दिया जाए। ये सब बातें कभी न्यायसंगत नहीं मानी जा सकतीं। वास्तव में हम भारतवासियों को जंगली और जाहिल समझते हैं। परन्तु ऐसा समझना या उन पर एक विदेशी भाषा लाद देना हम जैसे सभ्य जाति के लोगों को शोभा नहीं देता।'[40]

एच.टी. प्रिंसेप ने भी मैकालेवादियों का विरोध किया लेकिन मैकाले काफी हद तक कामयाब हो गया। प्रिंसेप ने 15 फरवरी, 1835 को अपनी डायरी में लिखा कि काउंसिल में एक प्रस्ताव पारित कर महत्त्वपूर्ण प्राच्यविद्या के संस्थानों को बन्द होने से बचा लिया गया लेकिन इसी शर्त पर कि इनमें देशी साहित्य के साथ अंग्रेजी का भी अध्ययन होगा और अंग्रेजी की पढ़ाई अनिवार्य होगी। कुछ समर्थन देशी भाषाओं से जुड़े विषयों (वर्नाक्यूलर स्टडीज) को भी मिला। लेकिन काउंसिल में यह भी पारित किया गया कि भविष्य में सरकारी सहयोग अंग्रेजी माध्यम से यूरोपीय विज्ञान के विकास के लिए ही दिया जाएगा।[41]

इस पूरे प्रसंग में कम्पनी के कोर्ट ऑफ डायरेक्टर्स की भूमिका की बारीकियों का रेखांकन जरूरी है। कम्पनी की भाषा-नीति के सन्दर्भ में कई बार सीधे यही कह दिया जाता है कि कम्पनी अंग्रेजी को राजभाषा बनाना चाहती थी। सरसरी निगाह से देखने पर ऐसा लगता भी है। लेकिन कम्पनी के कोर्ट ऑफ डायरेक्टर्स ने इस दौर में आंग्लवादियों के दबाव के बावजूद काफी सोच-समझकर निर्णय लिया। 29 सितम्बर, 1830 के एक दस्तावेज को किंग अपने शोध में उद्धृत करते हैं जिसमें कोर्ट ऑफ डायरेक्टर्स ने सरकार के द्वारा इस सवाल पर कि फारसी के स्थान पर अंग्रेजी को लागू किया जा सकता है या नहीं, अपना मत देशी भाषाओं के पक्ष में दिया। कोर्ट ऑफ डायरेक्टर्स ने लिखा कि यह जरूरी है कि न्याय एक ऐसी भाषा में दिया जाए जिससे जज परिचित हो, लेकिन यह भी कम जरूरी नहीं कि न्याय एक ऐसी भाषा में दिया जाए जिससे वादी, उनके वकील (भारतीय वकील) और जनसामान्य परिचित

हों, सामान्य जनता जज की भाषा सीखे इससे आसान यह होगा कि जज ही सामान्य जनता की भाषा सीखें।[42] कोर्ट की नीतियों की इन बारीकियों की चर्चा किये बिना ही हिन्दी साहित्य के इतिहास में इस धारणा को स्वीकार कर लिया जाता है कि फोर्ट विलियम कॉलेज और कम्पनी की भाषा-नीति एक ही थी। पर यह बात इतनी सीधी नहीं है जितनी दिखाई देती है। इस सन्दर्भ में कुछ चर्चा बाद में।

स्टीफन इवॉन्स ने अपने एक शोधपरक लेख 'मैकालेज मिनट रीविजिटेड : कॉलोनियल लैंग्वेज पॉलिसी इन नाइंटीन्थ सेंचुरी इंडिया' में यह धारणा रखी है कि बैंटिक ने सप्रयास जनरल कमिटी ऑफ पब्लिक इंस्ट्रक्शन की मीटिंग में मैकाले की स्कीम पर बहस नहीं होने दी और शिक्षा से जुड़े प्रश्नों पर कोई भी कदम अपने कार्यकाल में लगभग अन्त तक यह सोचकर नहीं उठाया कि उसकी उग्र नीतियों का कोर्ट ऑफ डायरेक्टर्स कड़ा विरोध करेंगे। नई नीति से जुड़े दस्तावेज कम्पनी के लन्दन स्थित कार्यालय में 1836 की जनवरी में पहुँचे जबकि इससे जुड़ी कार्यवाही शुरू की जा चुकी थी।[43] कोर्ट ऑफ डायरेक्टर्स पिछली भाषा-नीति में अचानक हुए इस उग्र परिवर्तन से नाखुश थे। समझदारी का परिचय देते हुए उन्होंने बंगाल में पाँच अंग्रेजी स्कूल खोलने की अनुमति जरूर दे दी। लेकिन प्राच्य भाषाओं की छात्रवृत्ति को बन्द करने की बात पर वे असहमत थे।[44] परन्तु बोर्ड ऑफ कंट्रोल के अध्यक्ष श्रीमान हॉबहाउस के दबाव में, जो कि मैकाले की नीतियों के समर्थक थे, उन्होंने अपनी नीतियों में परिवर्तन स्वीकार कर लिया। कोर्ट ऑफ डायरेक्टर्स ने बैंटिक को लिखा कि यूरोपीय ज्ञान का भारतीयों में प्रचार-प्रसार या तो देशी भाषाओं में अनुवाद के माध्यम से या फिर अंग्रेजी भाषा के माध्यम से किया जा सकता है। कोर्ट ने यह भी लिखा कि लॉर्ड ऑकलैंड की योजना के अनुसार देशी भाषाओं में कक्षा-पुस्तकों की रचना भी कराई जानी चाहिए।[45] स्पष्ट है कि 'सिर्फ अंग्रेजी' माध्यम की शिक्षा को लागू न होने देने में कोर्ट ऑफ डायरेक्टर्स की भी भूमिका रही है हालाँकि उसकी नीतियाँ प्रशासनिक कारकों से ही तय हो रही थीं। उसमें प्राच्यवाद के लिए कोई सहानुभूति नहीं थी अन्यथा फोर्ट विलियम कॉलेज की वह दुर्दशा नहीं होती जो हुई।

इन सबके बीच देशी भाषाओं की स्थिति मजबूत होती रही। 1836 में जनरल कमिटी ऑफ पब्लिक इंस्ट्रक्शन ने बंगाल के सन्दर्भ में जो रिपोर्ट प्रस्तुत की, उससे पता चलता है कि अंग्रेजी की स्थिति में सुधार तो हुआ ही था, देशी भाषाओं की स्थिति भी ठीक हुई थी। (इसे औपनिवेशिक सन्दर्भ में ही समझें) विदित हो कि इस कमिटी में प्रिंसेप और मैकाले दोनों के ही दलों के लोग थे।[46] फारसी के हटने के बाद अदालतों में देशी भाषाओं को स्थान मिला। 1854 में कॉलेज के बन्द होने से पहले तक वर्नाक्यूलर एजूकेशन की स्थिति बेहतर हो चुकी थी। 1851-52 के दौर में कोर्ट ऑफ डायरेक्टर्स की स्वीकृति के बाद बंगाल प्रान्त के लोवर प्रोविंसेज

के आठ जिलों में देशी भाषा शिक्षा पर विशेष ध्यान दिया गया था जिससे विद्यार्थियों की संख्या 17000 से 30000 तक जा पहुँची थी। 'सेलेक्शंस फ्रॉम द रेकॉर्ड्स ऑफ दी बंगाल गवर्नमेंट, कलकत्ता गजट' में इस दौर की देशी भाषाओं में रचित पुस्तकों की सूची संकलित है जिससे देशी भाषाओं की प्रगति का पता चलता है।[47] 25 अक्टूबर, 1853 को लॉर्ड डलहौजी ने 'वर्नाक्यूलर एजूकेशन इन इंडिया' पर जो मिनट लिये थे उसमें उन्होंने पिछले तीन साल में देशी भाषाओं में शिक्षा का सुधार देखकर कोर्ट ऑफ डायरेक्टर्स से यह निवेदन किया कि इस प्रणाली को पश्चिमोत्तर प्रान्त के सभी जिलों में लागू किया जाए और पूरा सहयोग भी दिया जाए।[48]

लेकिन अदालतों के लिए फारसी के स्थान पर और अन्य देशी भाषाओं के साथ हिन्दुस्तानी को लागू करने का मामला कम्पनी के लिए थोड़ा मुश्किल साबित हुआ। गिलक्रिस्ट की नीतियों से खड़ी बोली के लचीलेपन को जो क्षति हुई थी और प्रशासनिक कार्यालयों में फारसी के अलावा जिस फारसीनिष्ठ हिन्दुस्तानी का प्रचलन हो चला था, 1835 तक उसकी जड़ें मजबूत हो गई थीं। शैक्षणिक नीतियों में अब हिन्दी-उर्दू का व्यवस्थित भेद कर विभिन्न स्कूलों/कॉलेजों में अध्ययन-अध्यापन शुरू हो चुका था। कम्पनी की भाषायी समझदारी अब हिन्दू-मुस्लिम धार्मिक अस्मिता के सवाल को बल देने लगी थी। 1820 में मुस्लिम अस्मिता को लेकर वहाबी आन्दोलन की शुरुआत भी हो चुकी थी। 1836 में बंगाल के बारे में जो रिपोर्ट जनरल कमिटी ऑफ पब्लिक इंस्ट्रक्शन ने तैयार की थी, उसमें स्कूलों-कॉलेजों में हिन्दी-उर्दू का अलग-अलग ब्यौरा उपलब्ध है। प्राथमिक शिक्षा में ही खड़ी बोली की इन दोनों शैलियों के भेद पर और धार्मिक झुकाव पर जोर दिया जाने लगा था। रिपोर्ट के पहले पन्ने पर उन तीस सेमिनरियों की सूची है जिन पर यह रिपोर्ट तैयार की गई थी। दूसरे ही पृष्ठ पर यह लिखा है कि अंग्रेजी के साथ-साथ देशी भाषाओं की शिक्षा का भी ध्यान रखा गया है। हुगली में बांग्ला के दस अध्यापकों की नियुक्ति हुई और अजमेर में हिन्दी के दो और उर्दू के एक[49] क्योंकि वहाँ हिन्दू-मुसलमानों दोनों की खासी संख्या है और राजपूतों का झुकाव जहाँ हिन्दवी के लिए है, वहीं मुसलमानों का उर्दू के लिए।

कम्पनी ने फारसी लिपि के स्थान पर देवनागरी लिपि लागू कर दिया लेकिन प्रशासन में प्रचलित फारसीनिष्ठ हिन्दुस्तानी (उर्दू) को चलने दिया। इसके पीछे कई कारण हो सकते हैं। पहला यह कि कम्पनी हमेशा ही अपनी भाषा-नीति राजनीतिक परिस्थितियों के हिसाब से तय कर रही थी। फारसी का 1837 तक चलते रहने देना, तब तक, जब तक कि विरोध की स्थिति न पैदा हो जाए, इसका प्रमाण है। इसी तरह जब प्राच्यविदों का पलड़ा हल्का हुआ तो कम्पनी आंग्लवादियों के साथ होने लगी। और जब देशी भाषाओं के समर्थन में कई अंग्रेज विद्वान उठ खड़े हुए तो कम्पनी ने कहा कि अंग्रेजी के साथ देशी भाषा को भी बढ़ावा दिया जाना चाहिए।

प्रशासनिक और राजनीतिक दोनों ही स्तरों पर हिन्दुस्तानी को अदालत की भाषा बने रहने देना कम्पनी के लिए हितकर था। प्रशासनिक कार्यालयों में हिन्दुस्तानी का प्रचलन बहुत अधिक था। परिवर्तन न करने से स्थिति वैसी ही बनी रहती। निश्चय ही कम्पनी ऐसा कोई परिवर्तन नहीं चाह रही थी जिससे यह समुदाय क्षुब्ध हो, नहीं तो जो कम्पनी शुरू से देशी भाषा के रूप में गँवारू हिन्दवी को देख रही थी, स्कूलों में हिन्दी को महत्त्व दे रही थी, फोर्ट विलियम की बदलती भाषा-नीति को स्वीकार कर रही थी, नागरी को फारसी पर तवज्जो दे रही थी, वह देशी भाषाओं को लागू करने के नियम से सहमत होकर भी हिन्दुस्तानी के समर्थन में क्यों खड़ी थी? (यहाँ देशी भाषा से यह नहीं समझना चाहिए कि हिन्दुस्तानी देशी भाषा नहीं थी। यहाँ कहने का तात्पर्य सिर्फ इतना है कि खड़ी बोली की एक शैली में फारसी शब्दों का प्रचलन बढ़ गया था। इस शैली का उर्दू के रूप में विकास होता है। यह शैली शहरों, दरबारों, फारसी प्रभावित सरकारी कार्यालयों में ज्यादा प्रचलित थी। आम जनता में जो भाषा प्रचलित थी, वह इतनी फारसीनिष्ठ नहीं थी जितनी कि सरकारी महकमों में प्रचलित हिन्दुस्तानी।)

ऐसा नहीं है कि कम्पनी को इस सवाल का भान नहीं था। इसे लेकर सर्वेक्षण कराया जा चुका था। लेकिन अगर कोर्ट ऑफ डायरेक्टर्स ने यह सोचा कि उन्नीसवीं सदी में फारसी को प्रशासनिक कार्यालयों में इस देश की जनता ने सैंतीस साल तक स्वीकार किया है तो फारसीनिष्ठ हिन्दुस्तानी को तो अभी करती ही रहेगी, तो कुछ गलत नहीं सोचा। यह हुआ भी। अदालत और आम आदमी की जबान में वह फासला बना ही रहा, भले ही उसकी दूरी कुछ कम ही क्यों न हुई हो। हिन्दुस्तानी को चलते रहने देने से कोई विरोध की सम्भावना नहीं थी और विरोध तो अक्सर वहीं हुआ करते हैं जब अपनी अस्मिता, धर्म और आर्थिक एवं सामाजिक जरूरतों पर बन आए। स्थिति तो बिल्कुल उलटी थी। हास्यास्पद है कि 1839 ई. में ढाका में लगभग 500 नागरिकों ने, जिनमें लगभग 200 हिन्दू थे, सरकार को यह अर्जी दी कि बांग्ला के स्थान पर फारसी को ही लागू किया जाए।[50] इसके पीछे कई तर्क दिये गए, जैसे कि, बांग्ला में पुराने दस्तावेज नहीं हैं, लिपि फारसी की लिपि से ज्यादा स्थान लेती है, लिखने का तरीका अटपटा है, इत्यादि। हिन्दी-हिन्दुस्तानी के साथ भी कुछ यही स्थिति हुई। सरकारी कार्यालयों में काम कर रहे फारसीदाँ हिन्दू-मुस्लिम सिर्फ लिपि के ही परिवर्तन से असन्तुष्ट हो गए थे। अन्ततः असन्तुष्ट लोगों ने 1839-40 ई. तक फारसी लिपि को सरकारी कार्यालयों में नागरी के स्थान पर पुनः लागू करा लिया। 1839 ई. में बिहार में नागरी लिपि के खिलाफ 106 लोगों द्वारा एक अर्जी दी गई जिसमें यह लिखा था कि कम्पनी सरकार इस्लाम और फारसी पर कृपा बनाए रखे। इसी तरीके की एक अर्जी और दी गई थी जिस पर 150 लोगों ने हस्ताक्षर किये थे।[51] इस अर्जी में नागरी और हिन्दी के खिलाफ कई तर्क दिये

गए। इसके पश्चात् सरकार ने पश्चिमोत्तर प्रान्त के कई जजों से बातचीत कर अपनी नीति तय की। फ़ारसी लिपि के समर्थक हावी हो चुके थे। फलतः नागरी लिपि का सरकारी दफ्तरों में उपयोग फिर से बन्द होने लगा।

कॉलेज की हिन्दी भाषा-नीति

> *विदेशी शब्दों के अत्यधिक प्रभाव ने हिन्दी का ऐसा रूप-परिवर्तन कर दिया है कि उसकी कुछ बोलियाँ बिल्कुल ही उससे भिन्न प्रतीत होती हैं। उर्दू के बड़े-बड़े विद्वान ब्रजभाषा का एक वाक्य भी नहीं पढ़ सकते। प्राचीन और परिवर्तनशील प्रान्तीय विशेषताओं और विभिन्न अंशों में पंडित या मुंशी, मुसलमान शहजादा या हिन्दू जमींदार की बोलियों के पारस्परिक सम्मिश्रण ने ये परिवर्तन और बढ़ा दिये हैं। इससे हिन्दी भाषा के अनेक रूप हो गए हैं। किन्तु इन विभिन्न रूपों का व्याकरण अपरिवर्तित रहा है। वह अब भी प्रधानतः एक ही है।*[52]
>
> —विलियम प्राइस

इसमें कोई सन्देह नहीं है कि गिलक्रिस्ट के पास प्रभावशाली व्यक्तित्व और कड़ी मेहनत करने की क्षमता थी। जब तक वे हिन्दुस्तान में रहे, हिन्दी-हिन्दुस्तानी के क्षेत्र में उन्हें चुनौती दे सके—ऐसा सामर्थ्य किसी प्राच्यविद् में नहीं था। बंगाल सेमिनरी और फोर्ट विलियम कॉलेज से जुड़ने से बहुत पहले से ही गिलक्रिस्ट हिन्दुस्तानी का अध्ययन करना शुरू कर चुके थे। हम देख चुके हैं कि न सिर्फ वेलेजली बल्कि कोर्ट ऑफ डायरेक्टर्स और कॉलेज के विभिन्न प्रोफेसर और विद्यार्थी भी उनके प्रभाव में थे। उनका प्रभाव इतना अधिक था कि 1805 ई. में उनके हिन्दुस्तान छोड़कर चले जाने के बाद भी हिन्दुस्तानी विभाग और उससे जुड़े लोग कई वर्षों तक उन्हीं की नीतियों के अनुसार कार्य करते रहे। गिलक्रिस्ट हिन्दुस्तानी का अध्ययन कॉलेज से जुड़ने से कई वर्ष पहले शुरू कर चुके थे इसलिए इसमें कोई सन्देह नहीं कि हिन्दुस्तानी सम्बन्धी उनका जो भी चिन्तन था, वह उनकी निजी आकांक्षाओं और जरूरतों से उपजा हुआ था। उसका विकास ईस्ट इंडिया कम्पनी या अंग्रेजी सरकार की भाषा-नीति के निर्देशन में नहीं हुआ था। हालाँकि उन्हें अपनी भाषा-नीति का निर्धारण करते वक्त कम्पनी के प्रशासन का ध्यान जरूर था। कम्पनी ने जब हिन्दुस्तानी की जरूरत महसूस की तो गिलक्रिस्ट के सिवा इस क्षेत्र में कोई और नाम ही नहीं था। हिन्दुस्तानी का मैदान भी उन्हीं का तैयार किया हुआ था और खेलनेवाले भी वह अकेले ही थे। जिस दौर में गिलक्रिस्ट फोर्ट विलियम कॉलेज से जुड़े थे, उस दौर में कॉलेज और कम्पनी के 'कोर्ट ऑफ डायरेक्टर्स' के सम्बन्ध बहुत खराब थे। कॉलेज प्राच्यविदों और वेलेजली की नीतियों के प्रभावानुसार ज्यादा कार्यरत था। स्पष्ट है कि गिलक्रिस्ट ने एक स्वतंत्र

भाषा-नीति तैयार की जिसे कम्पनी ने अपने हित में और प्रशासन के लिए सुविधाजनक पाया और अपना लिया। प्रशासनिक सुविधा और आर्थिक सहायता मिलने के बाद गिलक्रिस्ट ने अपने अकादमिक कार्यों का जबर्दस्त विस्तार किया, जितना भविष्य में हिन्दी-हिन्दुस्तानी विभाग का कोई आचार्य न कर सका। निश्चय ही इसमें उनके पैट्रॉन वेलेजली की महत्त्वपूर्ण भूमिका रही। गिलक्रिस्ट लिखते भी हैं कि नॉबल मॉर्क्विस वेलेजली मेरे एकमात्र ऐसे संरक्षक थे जिनका योगदान मैं कभी भूल नहीं सकता। उन्होंने मेरे सहकर्मियों से भरी सभा में यह घोषणा की कि हिन्दुस्तानी कक्षा अपने प्रोफेसर से अत्यधिक लाभार्जन कर रही है, मुझे अत्यधिक सम्मान दिया है।[53] गिलक्रिस्ट के हिन्दुस्तान से जाने के बाद भी जेम्स मोअट (1806-8) के समय पूर्णतया और जॉन विलियम टेलर (1808-23) के समय काफी हद तक गिलक्रिस्ट की भाषा-नीति का प्रभाव रहा। हिन्दुस्तानी में कॉलेज में जो भी ग्रन्थ तैयार हुए, गिलक्रिस्ट के प्रयास से ही हुए। हिन्दुस्तानी की पाठ्य-पुस्तकों के रूप में कॉलेज के बन्द होने तक इनका उपयोग होता रहा। हिन्दी (आधुनिक अर्थों में) के नजदीक जिन दो महत्त्वपूर्ण मुंशियों (लल्लूलाल और सदल मिश्र) की चर्चा होती है, वे दोनों गिलक्रिस्ट के निर्देशन में ही कार्यरत थे। उनकी रचनाओं पर गिलक्रिस्ट की ही हिन्दवी सम्बन्धी अवधारणा का असर था। 1837 ई. में अदालत की भाषा के रूप में इसी हिन्दुस्तानी को स्वीकार किया गया था। धर्म से भाषा का सम्बन्ध जोड़ने का जो काम प्राच्यविदों के अध्ययन से शुरू हुआ था, गिलक्रिस्ट ने ही उसे अकादमिक साँचे में इतना अधिक ढाल दिया कि उस दौर के ज्यादातर अंग्रेज अध्येता उससे उबर नहीं पाए। गिलक्रिस्ट के इसी प्रभाव का असर है कि हिन्दी साहित्य में यह साधारणतया स्वीकार कर लिया जाता है कि गिलक्रिस्ट की भाषा-नीति जैसे अन्त तक कॉलेज पर हावी रही। साथ ही यह भी कहा जाता है कि कम्पनी और कॉलेज की भाषा-नीति में भेद नहीं करना चाहिए, दोनों की भाषा-नीति मूलतः एक ही है :

1. डॉ. शिवमंगल राय ने 'ईस्ट इंडिया कम्पनी की हिन्दी नीति' में लिखा है कि :

   'ज्ञातव्य है कि इन शिक्षण संस्थानों (ओरिएंटल इंस्टीट्यूट, यूनिवर्सिटी कॉलेज) में अध्ययन-अध्यापन करनेवालों का भी हिन्दुस्तान की सम्पर्क-भाषा हिन्दुस्तानी के प्रति वही दृष्टिकोण बना रहा जो दृष्टिकोण फोर्ट विलियम कॉलेज और ईस्ट इंडिया कॉलेज में अध्ययन करनेवालों का था। क्योंकि सबके मूल में गिलक्रिस्ट की नीति और उनकी ही प्रेरणा और निर्देशन में लिखी गई पुस्तकें ही हिन्दुस्तानी का अध्ययन करनेवालों के दृष्टिकोण को स्वरूप देने का आधार थीं। विलियम प्राइस की 1824-25 की इस अभिव्यक्ति का, कि हिन्दुस्तान की सम्पर्क भाषा अरबी-फारसी शब्दों के प्रयोग से मुक्त खड़ी बोली हिन्दी अर्थात् आधुनिक हिन्दी की

ओर उन्मुख खड़ी बोली या आधुनिक हिन्दी है, उर्दू की ओर उन्मुख खड़ी बोली हिन्दी नहीं, किसी भी उपर्युक्त संस्थान के शिक्षार्थियों के दृष्टिकोण पर कोई भी क्रियात्मक प्रभाव नहीं पड़ा क्योंकि उक्त भाषा में अपेक्षित पाठ्य-पुस्तकों की रचना विलियम प्राइस स्वयं न कर सके और न किसी अन्य से ही करा सके। इसी की प्रतिक्रिया में गिलक्रिस्ट की ही नीति कम्पनी के शासनकाल के अन्त (1858) तक क्रियात्मक रूप से अस्तित्वमान बनी रही। स्पष्ट है कि ईस्ट इंडिया कम्पनी के कार्यकाल के अन्त तक यद्यपि अंग्रेजों ने आधुनिक हिन्दी की ओर उन्मुख खड़ी बोली का अध्ययन किया, किन्तु केवल इतना ही मानकर कि वह हिन्दुस्तान की सम्पर्क भाषा उर्दू की ओर उन्मुख खड़ी बोली हिन्दी अर्थात् (उन्हीं के शब्दों में) 'हिन्दुस्तानी' की एक शैली और केवल हिन्दुओं की भाषा है। आधुनिक हिन्दी की ओर उन्मुख खड़ी बोली का अध्ययन उन्होंने हिन्दुस्तान की सम्पर्क भाषा समझकर कभी नहीं किया।'[54]

2. डॉ. लक्ष्मीसागर वार्ष्णेय विलियम प्राइस के योगदान से परिचित थे और यह मानते थे कि विलियम प्राइस ने गिलक्रिस्ट की भाषा-नीति को अस्वीकार कर हिन्दुस्तानी विभाग को हिन्दी विभाग के रूप में स्थापित किया। इसके बावजूद उन्होंने लिखा :

   'यह तो ठीक है कि कॉलेज के तत्त्वावधान में हिन्दुस्तानी या उर्दू को प्रधानता दी गई। परन्तु यह कहना कि कम्पनी लोकभाषा को अपना रही थी, ठीक नहीं। लिपि के सम्बन्ध में यह अवश्य कहा जा सकता है। 1837 ई. के बाद लिपि-सम्बन्धी व्यवस्था भी न रही। वास्तव में ईस्ट इंडिया कम्पनी और कॉलेज की दो अलग-अलग भाषा-नीतियाँ मानना ठीक न होगा। कम्पनी की भाषा-नीति का स्रोत कॉलेज ही था। कॉलेज की स्थापना से पहले मुंशी लोग भाषा को रंग देनेवाले थे। ये मुंशी कम्पनी के अफसरों को प्राइवेट तरीके से फारसी और हिन्दुस्तानी पढ़ाया करते थे। कॉलेज में विद्यार्थी जीवन समाप्त कर सिविलियन अफसर कॉलेज और गिलक्रिस्ट की भाषा-नीति लेकर बाहर निकलते थे। जब कभी दुभाषिए या अनुवादक की जरूरत पड़ती थी तो उसकी पूर्ति कॉलेज से ही की जाती थी। इसलिए कम्पनी और कॉलेज की दो अलग-अलग भाषा-नीतियाँ मानना संगत नहीं है।''[55]

इन उद्धरणों से जो महत्त्वपूर्ण बातें उभरकर आती हैं और जिनके प्रति और भी आलोचनात्मक दृष्टि की दरकार है, वे निम्नलिखित हैं :

1. विलियम प्राइस कोई भी नया गद्य-ग्रन्थ तैयार करवाने में अक्षम क्यों थे?
2. क्या वास्तव में प्राइस की भाषा-नीति का कोई क्रियात्मक प्रभाव नहीं पड़ा?

3. क्या यह माना जा सकता है कि प्राइस की भाषा-नीति के क्रियात्मक प्रभाव के अभाव में गिलक्रिस्ट की भाषा-नीति ही क्रियात्मक रूप में अस्तित्वमान रही?
4. अगर यह कहना ठीक नहीं है कि कम्पनी देशी भाषा अपना रही थी तो लिपि के सम्बन्ध में ही सही, कम्पनी ने प्रारम्भ में नागरी के समर्थन में कदम क्यों उठाया?
5. अगर कम्पनी की भाषा-नीति का स्रोत कॉलेज ही था तो कम्पनी कॉलेज को बन्द कर देने के लिए (1802, 1829) इतनी आतुर क्यों थी?
6. अगर कम्पनी का भाषा-नीति का स्रोत कॉलेज रहा भी तो कब तक?
7. क्या मात्र इसी तर्क के आधार पर कि 'कॉलेज में विद्यार्थी जीवन समाप्त कर सिविलियन अफसर कॉलेज और गिलक्रिस्ट की भाषा-नीति लेकर बाहर निकलते थे और दुभाषिए या अनुवादक की जरूरत पड़ने पर उसकी पूर्ति कॉलेज से ही होती थी', कॉलेज और कम्पनी की भाषा-नीति को एक ठहराया जा सकता है?
8. कॉलेज और कम्पनी की भाषा-नीति को सिर्फ हिन्दी-हिन्दुस्तानी से बाहर निकलकर व्यापक परिप्रेक्ष्य में (जैसेकि प्राच्यविदों और आंग्लवादियों का विवाद) देखा जाए तो दोनों का सम्बन्ध कैसा दिखाई देता है?
9. गिलक्रिस्ट कॉलेज में सिर्फ चार-पाँच साल रहे। कई सालों तक कॉलेज पर उनकी भाषा-नीति का प्रभाव भी रहा। विलियम प्राइस के प्रोफेसर बनने के बाद गिलक्रिस्ट की भाषा-नीति पृष्ठभूमि में चली गई। ऐसे में जब गिलक्रिस्ट की भाषा-नीति कॉलेज में ही पिछड़ गई तो फिर कम्पनी के 'हिन्दुस्तानी' की ओर झुकाव को अन्य राजनीतिक कारणों से ज्यादा जोड़कर क्यों न देखा जाए?
10. 1837 में कम्पनी ने जब 'हिन्दुस्तानी' को तवज्जो दिया, उसके पहले कॉलेज 'हिन्दी' (आधुनिक अर्थों में) की ओर झुक चुका था और 1829-30 के बाद कॉलेज इतना प्रभावशाली भी नहीं रह गया था कि कम्पनी की भाषा-नीति को प्रभावित करे। ऐसे में दोनों की भाषा-नीति को एक मानना कहाँ तक उचित है?

अब इतिहास के उस चरित्र पर विचार करें जिसकी न तो शिवप्रसाद सितारेहिन्द की तरह खलनायक की ही छवि बन पाई और न ही भारतेन्दु की तरह नायक की। इस चरित्र की छवि गिलक्रिस्ट के आवरण में इतनी अधिक ढँक गई कि चर्चा के लायक ही नहीं समझी गई। यह चरित्र है विलियम प्राइस, वह पहला व्यक्ति जिसने गिलक्रिस्ट की भाषा-नीति के विरोध में खड़े होने का सामर्थ्य दिखाया।

हिन्दुस्तानी विभाग के प्रोफेसर के रूप में विलियम प्राइस की नियुक्ति

20 नवम्बर, 1823 को हुई थी। जिस तरह गिलक्रिस्ट की रुचि फारसी में थी, उसी तरह प्राइस की रुचि संस्कृत और ब्रज में। प्रोफेसर बनने के बाद कॉलेज में उन्होंने अपनी भाषा-नीति को लागू करवाने के प्रयास शुरू किये। प्राइस की भाषा-नीति को समझने के दो सबसे महत्त्वपूर्ण स्रोत हैं—'हिन्दी एंड हिन्दुस्तानी सेलेक्शंस, भाग 1' की भूमिका और 'करेसपॉण्डेंसेज ऑफ दी कॉलेज ऑफ फोर्ट विलियम' में संकलित यह पत्र :

'कॉलेज में उर्दू के स्थान पर हिन्दी का अध्ययन जारी करने के कई कारण हैं। यह विषय कदाचित् ठीक-ठीक समझा नहीं गया। इसलिए आपके पत्र के उत्तर में मैं कुछ विस्तार से अपना मत प्रकट करना चाहता हूँ।

उत्तरी प्रान्त (अपर प्रोविंसेज) की भाषाओं को हिन्दुस्तानी और आपस में एक-दूसरे से भिन्न तथा एक मूल रूप में विभिन्न रूप न समझी जाने के कारण उनके सम्बन्ध में बड़ी उलझन पैदा हो गई है। उन सबका निर्माण तो एक-सा है, चाहे शब्दावली भले ही भिन्न हो।

गंगा की घाटी के हिन्दुस्तान की बोलचाल की भाषा कभी संस्कृत रही थी या नहीं, यदि इस सम्बन्ध में सोच-विचार करने का समय नहीं रहा तो यह विचारणीय है कि देशी भाषाओं का निजी व्याकरण किस समय बना। यह एक तथ्य है जिसके कारण संस्कृत और हिन्दी के विभिन्न रूपों में लाक्षणिक अन्तर है। यद्यपि कुछ शब्दों का सन्तोषजनक संस्कृत रूप मालूम नहीं किया जा सकता, तो भी ऐसे शब्दों की संख्या बहुत कम है। यदि गवेषणा की जाए तो उनकी संख्या और भी कम रह जाएगी, यह निस्सन्देह है। इतने पर भी सहायक क्रिया 'होना' की व्युत्पत्ति संस्कृत धातु 'भू' से सोचना कठिन है।

साथ ही यदि क्रिया संस्कृत है तो क्रिया के सामान्य रूपों को छोड़कर विभक्ति चिह्न संस्कृत में नहीं मिलते। क्रियाओं के रूपों और कालों का अन्त भी सामान्यतः बिल्कुल अजीब है। वर्तमान काल और भूत कृदन्तों के साथ सहायक क्रिया का प्रयोग और प्रत्यय लगाकर संज्ञाओं के कारक बनाना संस्कृत भाषा की प्रकृति के सर्वथा विपरीत है। अस्तु, मूल रूप चाहे जो कुछ रहा हो, अब एक हिन्दी व्याकरण है जिसका स्वतंत्र रूप से निर्माण हुआ है। यह एक ओर तो पूर्ण वस्तु के मूल स्रोत से भिन्न है और दूसरी ओर उन भाषाओं से भिन्न है जो संस्कृत से निकली बताई जाती हैं, जैसे—मराठी और बांग्ला। इसलिए वह भाषा स्वतंत्र समझे जाने योग्य है जिसे हम 'हिन्दी' नाम से सरलतापूर्वक अभिहित कर सकते हैं—यद्यपि 'हिन्दुई' अपभ्रंश 'हिन्दुवी' अधिक उपयुक्त शब्द होता।

विदेशी शब्दों के प्रभाव ने हिन्दी का ऐसा रूप-परिवर्तन कर दिया है कि उसकी कुछ बोलियाँ बिल्कुल ही उससे भिन्न प्रतीत होती हैं। उर्दू के बड़े-बड़े विद्वान ब्रजभाषा का एक वाक्य भी नहीं पढ़ सकते। प्राचीन और परिवर्तनशील

प्रान्तीय विशेषताओं और विभिन्न अंशों में पंडित या मुंशी, मुसलमान शहजादा या हिन्दू जमींदार की बोलियों के पारस्परिक सम्मिश्रण ने ये परिवर्तन और बढ़ा दिये हैं। इससे हिन्दी भाषा के अनेक रूप हो गए हैं। किन्तु इन विभिन्न रूपों का व्याकरण अपरिवर्तित रहा है। वह अब भी प्रधानतः एक ही है। कठिन से कठिन उर्दू और सरल से सरल भाषा में एक ही अथवा लगभग एक ही रचना-पद्धति, योगात्मक और पदान्तक शब्दों का प्रयोग होता है। 'का', 'के', 'की' और 'कौ', 'के', 'की' क्रमशः उर्दू और भाषा के सम्बन्धकारक चिह्नों में कोई बहुत अधिक अन्तर नहीं है। भाषा का 'मैं मारयो जातु हूँ' उर्दू के 'मैं मारा जाता हूँ' के लगभग समान है।

ब्रजभाषा और उर्दू का थोड़ा सा अन्तर, जो अभी दिखाया जा चुका है, प्रादेशिकता मात्र है। अन्य स्थलों पर ऐसी भी प्रादेशिकताएँ हो सकती हैं, किन्तु वे कम स्थिर और महत्त्वपूर्ण हैं, क्योंकि इन अन्य बोलियों का प्रयोग कम होता है। अत्यधिक प्रचलित होने के कारण हिन्दी का ही रूप अधिक अपेक्षित है, जैसा कि हिन्दुस्तानी कही जानेवाली भाषा के सम्बन्ध से ज्ञात होता है। खड़ी बोली के विषय में भी यही कहा जा सकता है, खड़ी बोली ही अब तक हिन्दुस्तानी और उसके व्याकरण का आधार है, न कि ब्रजभाषा, यद्यपि गिलक्रिस्ट ने ब्रजभाषा को ही उसका आधार माना है।

तो प्रादेशिकताओं को छोड़कर, जिनकी ओर तुलनात्मक दृष्टि से विद्यार्थियों का ध्यान आकृष्ट किया जा सकता है, उन भाषाओं के व्याकरण में, जो कॉलेज में पढ़ाई जाती हैं, परिवर्तन करने योग्य कोई बात नहीं है। किन्तु एक दूसरी दृष्टि से कुछ परिवर्तन आवश्यक हैं।

हिन्दी और हिन्दुस्तानी में सबसे बड़ा अन्तर शब्दों का है। हिन्दी के लगभग सभी शब्द संस्कृत के हैं और हिन्दुस्तानी के अधिकांश शब्द अरबी और फारसी के। गिलक्रिस्ट के 'पॉलीग्लॉट फैब्यूलिस्ट' से एक साधारण उदाहरण देकर हम सन्तोष कर सकते हैं :

हिन्दुस्तानी : एक बार, किसी शहर में, यूँ शुहरत हुई कि उसके नजदीक के पहाड़ को जनने का दर्द उठा।

हिन्दी : एक समय, किसी नगर में, चर्चा फैली, कि उसके पड़ोस के पहाड़ को प्रसूत की पीर हुई।

दोनों के शब्द कहाँ से लिये गए हैं, इस सम्बन्ध में कुछ कहने की आवश्यकता नहीं। दोनों में से एक के भी रूप की विशेषता नष्ट किये बिना अन्तर और भी अधिक हो सकता था।

हिन्दी की विशेषता के लिए एक और महत्त्वपूर्ण अन्तर यह है कि वह नागरी अक्षरों में लिखी जानी चाहिए। संस्कृतप्रधान रचना जब फारसी लिपि में लिखी

जाती है तो ऐसे शब्द बनते हैं जो समझ में नहीं आते। कॉलेज के पुस्तकालय में 'पद्मावत' नामक हिन्दी काव्य की दो प्रतियाँ हैं। उसके पढ़ने में मेरा और भाषा मुंशी का सतत परिश्रम व्यर्थ सिद्ध हुआ है।'[56]

असल में, गिलक्रिस्ट की भाषा-नीति के व्यापक प्रभाव के फलस्वरूप हिन्दुवी-हिन्दुस्तानी के अलगाववादी बिन्दुओं पर अध्येताओं का ध्यान ज्यादा लगा रहा। कॉलेज में तो दोनों ही शैलियों के शुद्धतम स्वरूप को स्थापित करनेवाली अनेक रचनाएँ हो ही चुकी थीं। गिलक्रिस्ट के बाद संस्थान में ऐसे कई फारसीदाँ मुंशी हुए जो सरल हिन्दुस्तानी का फारसीकरण करने में लगे हुए थे। कई बार तो यह फारसीकरण इतना अधिक होता कि गिलक्रिस्ट भी इससे नाखुश हो जाते।[57] निश्चय ही शहरों में, सरकारी महकमों में ऐसे लोग थे जिनकी भाषा इतनी फारसीनिष्ठ हुआ करती थी लेकिन आम जनता हमेशा ही उन्हीं शब्दों को स्वीकार करती है जिन्हें दैनिक जीवन में पचाया जा सके। धार्मिक अलगाववादी आधारों पर ज्यादा अवस्थित गिलक्रिस्ट की भाषा-नीति के दबाव में ब्रिटिश अध्येताओं का ध्यान हिन्दी-हिन्दुस्तानी के लचीलेपन, उसकी व्याकरणिक समानताओं और ऐसे किसी 'शेड' जिसमें शब्दों को लेकर इतने कड़े नियम न हों, की ओर न जाकर उन्हीं बिन्दुओं पर जाता जिनसे भिन्नताएँ और भी स्थापित होतीं। उपर्युक्त उद्धरण से समझा जा सकता है कि प्राइस भी यह मानते थे कि हिन्दी के कई रूप प्रचलित हैं परन्तु उनका व्याकरण एक समान है। प्राइस यह भी मानते थे कि हिन्दी का स्वरूप अभी अस्थिर है, इसके बावजूद उनका ध्यान भी उन्हीं अलगाववादी बिन्दुओं पर ज्यादा गया जिनकी ओर बाकी का। फिर भी प्राइस का योगदान इस दृष्टि से महत्त्वपूर्ण है कि उन्होंने अंग्रेजों का ध्यान प्रशासन और उच्च वर्ग की हिन्दुस्तानी से हटाकर जनसामान्य की भाषा की ओर मोड़ा। ये प्रशासनिक कार्यालय जनसामान्य की भाषा में ही जनसामान्य का सहयोग कर सकते थे।

विलियम प्राइस ने हिन्दी-हिन्दुस्तानी के सम्बन्ध में वैज्ञानिक विवेचन करने का काफी प्रयास किया, जैसे :

- उन्होंने हिन्दी-हिन्दुस्तानी व्याकरण का आधार ब्रज भाषा को न मानकर खड़ी बोली को माना।
- विलियम प्राइस ने इसका मूल्यांकन किया कि गिलक्रिस्ट की 'हिन्दुस्तानी' कहाँ तक हिन्दुस्तान की 'दी ग्रैंड पॉपुलर स्पीच' है और यह स्थापित करने का प्रयास किया कि यह हिन्दुस्तानी उच्च वर्ग और प्रशासन के ज्यादा नजदीक है और देशी लोगों से सही सम्पर्क साधने में असमर्थ है।
- हिन्दी को उन्होंने इस प्रकार की हिन्दुस्तानी से अलग माना।
- संस्कृत और हिन्दी व्याकरण के अलगाव की ओर भी उनका ध्यान गया। संस्कृत का महत्त्व उन्होंने शब्दों की दृष्टि से माना।

- हिन्दी-हिन्दुस्तानी का मूल भेद उन्होंने लिपि और शब्दों के आधार पर माना।
- उन्होंने यह पहचाना कि कठिन से कठिन उर्दू और सरल से सरल भाषा में एक ही अथवा लगभग एक ही रचना-पद्धति, योगात्मक और पदान्तक शब्दों का प्रयोग होता है।

विलियम प्राइस गिलक्रिस्ट की भाषा-नीति की कमियों को पहचानने में और उसे कुछ हद तक सुधारने में सक्षम तो हो गए लेकिन विभिन्न राजनीतिक जरूरतों और गिलक्रिस्ट के प्रभावस्वरूप निर्मित भाषायी अलगाव की चेतना उनके भीतर भी बनी रही। उनकी भाषा गिलक्रिस्ट की तुलना में आम आदमी के लिए थोड़ी 'सुगम' जरूर साबित हुई लेकिन चली आ रही विभाजक रेखा को और गाढ़ा ही कर गई। विलियम प्राइस की भाषा-नीति की सबसे बड़ी कमजोरी थी—हिन्दू जनता की ओर अलग से ध्यान जाना। प्राइस के समक्ष हिन्दुस्तानी के तमाम मुसलमान कवि भी थे और धर्म एवं भाषा को जोड़कर देखनेवाला प्राच्यविदों का पुराना साँचा भी। गिलक्रिस्ट ने अपनी हिन्दुस्तानी की साहित्यिक परम्परा जिन लोगों से जोड़ी थी, उनमें से ज्यादातर मुसलमान और शहरों के साहित्यकार थे। खड़ी बोली को हिन्दी-हिन्दुस्तानी के व्याकरण का आधार मानकर भी उन्होंने अपनी 'हिन्दी' की साहित्यिक परम्परा को एकदम ही अलग धरातल पर रख दिया। लेकिन विलियम प्राइस को इस भूल के लिए बहुत ज्यादा दोष इसलिए नहीं दिया जा सकता क्योंकि गिलक्रिस्ट और अन्य फारसीदाँ साहित्यकारों ने पहले ही हिन्दुस्तानी की साहित्यिक परम्परा को एकदम अलग स्थापित कर पर्याप्त मजबूती प्रदान कर दी थी।

'हिन्दी एंड हिन्दुस्तानी सेलेक्शंस, भाग 1' की भूमिका से हिन्दी की साहित्यिक परम्परा के सन्दर्भ में प्राइस के विचारों का पता चलता है। महत्त्वपूर्ण बिन्दुओं का रेखांकन यहाँ जरूरी है[58] :

- प्राइस का मानना है कि हिन्दुस्तानी की उत्पत्ति हालाँकि हिन्दी से हुई है लेकिन अत्यधिक अरबी-फारसी शब्दों के प्रयोग के कारण यह देश की अधिकांश हिन्दू जनता के लिए बोधगम्य नहीं रह गई है। हिन्दुस्तानी मुसलमानों, खासकर उन लोगों की जो कि ऊँचे ओहदों पर हैं और शब्दों की नजाकत का खयाल रखते हैं, की भाषा है।
- हिन्दी की सबसे पुरानी प्राप्य रचना के रूप में प्राइस पृथ्वीराज के दरबारी कवि चन्द की रचना का नाम लेते हैं।
- हिन्दी के दूसरे प्रारम्भिक रचनाकारों में प्राइस कबीर का नाम लेते हैं। प्राइस ने कबीर को एक कवि और सुधारक के रूप में याद किया है और लिखा है कि कबीर के नाम से इतनी अधिक रचनाएँ प्रचलित हैं कि सभी को उनकी रचना नहीं माना जा सकता। कबीर का समय उन्होंने सोलहवीं

सदी का आरम्भ माना है।

- हिन्दुस्तानी से पहले के हिन्दी कवियों की जानकारी के लिए 'भक्तमाल' को प्राइस ने उपयोगी माना है।
- प्राइस तुलसीदास के रामायण का भी जिक्र करते हैं लेकिन इसकी बोली को उन्होंने कबीर और भक्तमाल की बोली से भिन्न माना है।
- बिहारी की सतसई के दोहों को भी उन्होंने हिन्दी नाम से बुलाया है।
- इसके अलावा केशव, सूर और गंग का भी हिन्दी कवि के रूप में जिक्र किया है।

(यह ध्यान देने लायक है कि हिन्दी को उन्होंने ब्रज के कवियों की परम्परा से ज्यादा जोड़ा है।)

फिर भी उपर्युक्त सम्पादित ग्रन्थ में प्राइस का प्रयास यह रहा कि कॉलेज के छात्रों को हिन्दी और हिन्दुस्तानी का सामान्य परिचय मिल जाए। इसलिए जॉन शेक्सपियर के व्याकरण को थोड़ा सुधारकर यह प्रयास किया कि ये दोनों ही शैलियों पर लागू की जा सके। यह व्याकरण ग्रन्थ की शुरुआत में ही जोड़ा गया।[59]

स्पष्ट है कि विलियम प्राइस ने गिलक्रिस्ट के प्रभाव में हिन्दी-हिन्दुस्तानी भेद को धार्मिक आधार पर स्वीकार तो कर लिया लेकिन उस शैली को हिन्दुस्तान की श्रेष्ठ भाषा, 'दी ग्रैंड पॉपुलर स्पीच' और 'जनरल कोलोकियल लैंग्वेज' मानने से इनकार कर दिया, जिसे गिलक्रिस्ट प्रचलित करना चाहते थे। एक स्तर पर गिलक्रिस्ट का प्रभाव बहुत गहरा रहा क्योंकि कम्पनी के लिए प्रारम्भ में उसकी ओर झुकाव सहज और लाभप्रद था और हिन्दुस्तानी का महत्त्व स्वीकार कर लिया गया था, हिन्दी-उर्दू का भेद हमेशा के लिए स्थापित हो चुका था। लेकिन दूसरे स्तर पर गिलक्रिस्ट की भाषा-नीति का प्राइस द्वारा अस्वीकार स्वाभाविक था क्योंकि साम्राज्य के विस्तार के साथ अब जरूरतें और उत्तरदायित्व भी बदल रहे थे।

विलियम प्राइस ने हिन्दी का महत्त्व हिन्दुस्तानी से ज्यादा मानने पर भी हिन्दुस्तानी को उस तरह हेय दृष्टि से नहीं देखा, जैसे गिलक्रिस्ट ने हिन्दुवी को। गिलक्रिस्ट ने भले ही हिन्दुवी में रचनाएँ करवाईं लेकिन तत्कालीन हिन्दुस्तानी विभाग की हैसियत को देखते हुए यह स्पष्ट दिखता है कि हिन्दुवी की स्थिति बहुत ही नीचे थी। एक बार लल्लूलाल और सदल मिश्र को विभाग से अलग भी कर दिया गया था। प्राइस के विवेचन में 'अनावश्यक उत्साह' या 'अतिरिक्त मोह' जैसी चीज नहीं दिखती। उन्होंने पुराने मुंशियों के महत्त्व को समझा और उन्हें कॉलेज से जोड़े रखने का प्रयास किया।[60]

फिर भी, हिन्दी-हिन्दुस्तानी के भेद को और पुख्ता कर देने में उनकी भी भूमिका महत्त्वपूर्ण रही है।

विलियम प्राइस के प्रयासों से कॉलेज का हिन्दुस्तानी विभाग हिन्दी विभाग के रूप में जाना जाने लगा। कॉलेज में हिन्दी के समर्थन में माहौल तैयार हो गया। विलियम प्राइस की भाषा-नीति से न सिर्फ कॉलेज काउंसिल बल्कि गवर्नर जनरल की काउंसिल भी सहमत थी। इस सन्दर्भ में दो पत्र बहुत महत्त्वपूर्ण हैं—कॉलेज के मंत्री रडेल और गवर्नर जनरल लॉर्ड एम्हर्स्ट के पत्र। वार्ष्णेयजी ने इन्हें अपनी पुस्तक फोर्ट विलियम कॉलेज में उद्धृत किया है :

रडेल (24 सितम्बर, 1824)

'हिन्दुस्तानी, जिस रूप में यह कॉलेज में पढ़ाई जाती है और जिसे उर्दू, दिल्ली जबान आदि या दिल्ली दरबार की भाषा के नाम से भी पुकारा जाता है, समस्त भारतवर्ष के उच्च श्रेणी के लोगों और विशेष रूप से मुसलमानों में, बोलचाल के लिए काम में लाई जाती है। किन्तु क्योंकि इसे मुगलों ने चलाया था और अरबी-फारसी तथा अन्य उत्तर-पश्चिमी भाषाएँ इसका मूल स्रोत हैं, इसलिए अधिकांश में अब भी यह एक विदेशी भाषा समझी जाती है।

फारसी और अरबी से घनिष्ठ सम्बन्ध होने के कारण यह स्पष्ट है कि प्रत्येक विद्यार्थी कॉलेज में रहने की अवधि अधिक से अधिक कम करने की दृष्टि से फारसी और हिन्दुस्तानी की ओर झुकते हैं, क्योंकि फारसी के साधारण ज्ञान से वे हिन्दुस्तानी में आवश्यक योग्यता प्राप्त करने योग्य हो जाते हैं। किन्तु इन दोनों भाषाओं में आवश्यक योग्यता प्राप्त कर लेने पर भी भारत की कम-से-कम तीन-चौथाई जनसंख्या के लिए इसकी अरबी-फारसी शब्दावली दुरूह सिद्ध होती है—उतनी ही दुरूह जितनी स्वयं उसके (विद्यार्थी के) लिए संस्कृत से सम्बन्ध रखनेवाले मुहावरे या भाषा और जो हिन्दुओं में प्रचलित समस्त बोलियों की जननी है।'[61]

लॉर्ड एम्हर्स्ट (जुलाई, 1825)

'नये विधान के स्वीकृत होने से गत वर्ष कॉलेज के पाठ्यक्रम में एक परिवर्तन हुआ है जिसके अन्तर्गत प्रत्येक विद्यार्थी को सरकारी नौकरी पाने के लिए फारसी के अतिरिक्त हिन्दी या बांग्ला भाषा का ज्ञान प्राप्त करना आवश्यक है।

हिन्दी और बांग्ला भाषाओं की अब तक उपेक्षा होती रही थी। प्रत्येक वार्षिक अधिवेशन के अवसर पर इस आसन से उनके अध्ययन की ओर ध्यान आकृष्ट किया जाता था, किन्तु उसका कोई प्रभाव न हुआ। अब नये विधान के अनुसार उनका अध्ययन कॉलेज के पाठ्यक्रम का अनिवार्य अंग बन गया है। 'हिन्दी' शब्द के सामान्य अर्थ के अन्तर्गत वे बोलियाँ आती हैं जो थोड़े से स्थानीय भेदों और परिवर्तनों के साथ बनारस और बिहार तथा समर्पित और विजित प्रान्तों के अधिकांश हिन्दू जनसमूह द्वारा व्यवहृत होती है।

इस विषय के विशेषज्ञों द्वारा मुझे इस सम्बन्ध में जो कुछ भी ज्ञात हुआ है,

उसके आधार पर मैं बड़े जोरों से आपका इन भाषाओं की ओर, जिन्हें मैं इस देश की भाषाएँ कहता हूँ, ध्यान आकृष्ट करना चाहता हूँ।

पिछले समय में जब अल्पसंख्यक अंग्रेजों को नागरिक शासन की सब बातों के संचालक उच्च श्रेणी के या प्रभावशाली देशी व्यक्तियों से सम्पर्क स्थापित करना पड़ता था तो सरकारी कागजों की भाषा फारसी और उच्च वर्ग के पारस्परिक व्यवहार की भाषा हिन्दुस्तानी का ज्ञान उस कार्य के करने में यथेष्ट रूप से सहायक सिद्ध हो सकता था जिसे मामूली तौर से कम्पनी के कर्मचारी किया करते थे।

किन्तु वह परिस्थिति अब नहीं है। अब आपको लगातार छोटे से छोटे व्यक्ति के साथ न्याय करना पड़ता है और नीची से नीची श्रेणी के व्यक्तियों के अधिकारों, हितों और उनकी संस्थाओं की रक्षा करनी पड़ती है। ये लोग वास्तव में वे हैं जो अत्याचार से पीड़ित होने पर आपका ध्यान विशेष रूप से आकृष्ट करेंगे। उनको सुखी बनाना आपके देश के लिए सबसे अधिक गौरव की बात होगी और वही भारतीय साम्राज्य की पक्की जड़ होगी। हम जिस दुर्ग में एक किसान की झोंपड़ी की रक्षा करते हैं, वह किसी हाल में उस दुर्ग से कमजोर नहीं है जो सर्वोच्च और अति घनिष्ठ वर्ग की सम्पदा की रक्षा करता है और यदि उनके छोटे होने से हम उनके तुच्छ किन्तु अत्यन्त मूल्यवादी अधिकारों की अवहेलना करें, तो क्या सबसे अधिक संरक्षण चाहनेवालों की साधारण से अधिक रूप में सहायता करने के हृदय के भार की उपेक्षा आप भी कर सकते हैं। तो भी उनके वर्ग की संख्या और महत्ता—वास्तव में वे इस देश के किसान हैं—हमें यथेष्ट रूप से उनके अधिकारों के प्रति जागरूक बनाने योग्य हैं।

किन्तु यदि आप उनकी भाषा नहीं बोल सकते—फारसी और उर्दू उनके लिए उतनी ही विदेशी है जितनी अंग्रेजी—तो अच्छे से अच्छा सरकारी कानून एक मजाक ही रहेगा, आपके बड़े से बड़े उदारतापूर्ण निश्चयों का अन्त निराशा में होगा, जनता का वास्तविक गँवारपना और अज्ञान और भी बढ़ेगा, लोग आपको मूर्ख मालूम होंगे क्योंकि वे आपको अपनी बात नहीं समझा सकेंगे, आप चाहे जितनी अच्छी नीयत से कोई काम करें तो भी वे आपको अत्याचारी नहीं तो सनकी अवश्य समझेंगे क्योंकि आप अपने कार्यों का प्रभाव जानने में असमर्थ होंगे। संक्षेप में, आप जनता के लिए और जनता आपके लिए अजनबी बनी रहेगी।'[62]

'ईस्ट इंडिया कम्पनी के व्यापारिक चरित्र' के बारे में पहले चर्चा करते वक्त यह देखा जा चुका है कि किस तरह प्राच्यविदों के प्रभाव के कम होते जाने के बाद कॉलेज दुरवस्था का शिकार होता गया। प्रारम्भ में वेलेजली के प्रभाव से कॉलेज बच तो गया था लेकिन बाद में कम्पनी लगातार कॉलेज की अर्थव्यवस्था में कटौती करती रही थी।

विलियम प्राइस जिस दौर में हिन्दी विभाग के प्रधानाध्यापक थे, वह दौर

कॉलेज के पतन का दौर था। कॉलेज आंग्लवादियों, मैकालेवादी बैंटिक और 'मियर मर्कंटाइल यूटिलिटी' की मानसिकता से ग्रस्त कम्पनी के कोर्ट ऑफ डायरेक्टर्स के एहसान पर निर्भर हो चुका था। ज्ञान की प्राच्यविदों की परम्परा क्षीण हो चुकी थी। कॉलेज की आन्तरिक शक्ति मन्द पड़ गई थी। 1829 ई. में कोर्ट ऑफ डायरेक्टर्स कॉलेज को पूर्णतया बन्द कर देना चाह रहे थे। इन विपरीत परिस्थितियों में भी विलियम प्राइस संघर्ष करते रहे। प्राइस पर यह आरोप लगाया जाता है कि वे नये ग्रन्थों का निर्माण नहीं करा सके। प्राइस के कार्यकाल की परिस्थितियों को देखते हुए ऐसा आरोप तर्कसंगत नहीं लगता। प्राइस के पास न तो वेलेजली जैसे पैट्रॉन का समर्थन था और न ही कोई आर्थिक सहायता। प्राइस की आय (800 रु.मा.) भी इतनी नहीं थी कि वह उसे व्यक्तिगत प्रयासों में लगा पाते। प्राइस ने अपनी आय बढ़वाने का प्रयास भी किया लेकिन असमर्थ रहे। ऐसे में प्राइस जितना भी कर सके, वह सराहनीय है। प्राइस के समय में ही नागरी सुलेखक महानन्द पंडित, गंगा नारायण और ख्यालीराम पंडित की नियुक्ति हुई थी। उन्हीं की भाषा-नीति का प्रभाव था कि उनके जाने के बाद (1830) भी ब्रह्म सच्चिदानन्द की नियुक्ति हुई। हिन्दुस्तानी के ऊपर हिन्दी का प्राधान्य हो जाने के बाद भी उन्होंने जहाँ तक हो सका, समर्थ मुंशियों को बचाए रखने का प्रयास किया। वहीं दूसरी ओर कोर्ट ऑफ डायरेक्टर्स न तो कोई अध्यापक नियुक्त करना चाह रहे थे, न मुंशी। उनका कहना था कि हिन्दुस्तानी और बांग्ला के अध्यापकों से ही यह काम निकलवा लिया जाए। प्राइस जो थोड़ी-बहुत पुस्तकों का सम्पादन करा पाए, उसका विवरण पीछे दिया गया है। 'हिन्दी एंड हिन्दुस्तानी सेलेक्शंस' का हिन्दी-हिन्दुस्तानी के क्षेत्र में अत्यधिक महत्त्व है। अन्तत: यह मानने में कोई संकोच नहीं होना चाहिए कि कॉलेज में गिलक्रिस्ट की 'दी ग्रैंड पॉपुलर स्पीच' विलियम प्राइस के समय में उनकी हिन्दी की तुलना में दो फर्लांग पीछे जा चुकी थी और विलियम प्राइस अपनी भाषा-नीति के पक्ष में पर्याप्त समर्थन एकत्रित कर चुके थे।

प्राइस की भाषा-नीति के मूल्यांकन के सन्दर्भ में 'हिन्दी एंड हिन्दुस्तानी सेलेक्शंस, भाग 1' में 'सुगम बोली' में संकलित कहानियों का जिक्र जरूरी है। इस संग्रह का संकलन विलियम प्राइस की निगरानी में तारिणीचरण मित्र ने किया था। इस संकलन से प्राइस की 'सुगम बोली' का तात्पर्य समझा जा सकता है। ये कहानियाँ 'द न्यू साइक्लोपीडिया हिन्दुस्तानिका ऑफ विट' यानी कि 'लतायफ़-ए-हिन्दी' से अनूदित हैं। लल्लूलाल की लतायफ़-ए-हिन्दी की कहानियाँ हिन्दुस्तानी की 'इजी एंड फेमिलियर स्टाइल'[63] में थीं और आसानी से समझी जा सकती थीं। प्राइस की 'सुगम बोली' की भाषा 'प्रेमसागर' की तुलना में बेहतरीन ठहरती है लेकिन इस अनुवाद में पैमाना उन्होंने गिलक्रिस्ट की तरह का ही उठाया और अरबी-फारसी के शब्दों को अलग कर दिया। इस तरह प्राइस की भाषा-नीति

(हिन्दी आधुनिक अर्थों में) के बहुत नजदीक जा पहुँची, खड़ी बोली व्याकरण को पहचान सकी लेकिन धार्मिक आधारों पर भाषायी अलगाववाद को पुख्ता करने में उसकी भूमिका भी गिलक्रिस्ट के जैसी ही हो गई। इन रचनाओं की भाषा का अन्तर समझने के लिए निम्नलिखित उदाहरणों को देखा जा सकता है :

1. **प्रेमसागर** (लल्लूलाल)

   'अथ कथा आरम्भ—महाभारत के अन्त में जब श्रीकृष्ण अन्तरधान हुए तब पांडव तो महादुखी हो हस्तिनापुर का राज परीक्षित को दे हिमालय गलने गए और राजा परीक्षित सब देश जीत धर्मराज करने लगे।

   कितने एक दिन पीछे एक दिन राजा परीक्षित आखेट को गए तो वहाँ देखा कि एक गाय और बैल दौड़े चले आते हैं, तिनके पीछे मूसल हाथ लिये, एक शूद्र मारता आता है। जब वे पास पहुँचे तो राजा ने शूद्र को बुलाय दुख पाय झुँझलायकर कहा—अरे, तू कौन है, अपना बखान कर, जो मारता है गाय औ बैल को जानकर। क्या अर्जुन को तैने दूर गया जाता तिससे उसका धर्म नहीं पहचाना। सुन, पंडु के कुल में ऐसा किसी को न पावेगा कि जिसके सोहीं कोई दीन को सतावेगा। इतना कह राजा ने खडग हाथ में लिया। वह देख डरकर खड़ा हुआ, फिर नरपति ने गाय और बैल को भी निकट बुला के पूछा कि तुम कौन हो, मुझे बुझाकर कहो, देवता हौ कै ब्राह्मण और किसलिए भागे जाते हो, यह निधड़क कहो। मेरे रहते किसी की इतनी समर्थ नहीं जो तुम्हें दुख दे।'[64]

2. **लतायफ़-ए-हिन्दी** (लल्लूलाल)

   'कोई राजपूत बहुत अफीम खाता था, इत्तिफाकन उसे सफर दरपेश हुआ और किसी मनज्जि में आकर उतरा वहाँ के लोगों ने आकर इससे कहा कि ठाकुर साहिब यहाँ चोरी बहुत होती है आप चौकसी से रहियेगा। यिह बात सुनकर रात तो उसने जागकर काटी पर यिह बात जी में रखी कि चोरी बहुत होती है। फ़जर होते ही घोड़े की पीठ लगा—एक शहर के बीच चला जाता था कि ऐकाऐकी पीनक से चौंककर पुकारा, अरे रमचेरा, अरे रमचेरा, घोड़ा कहाँ—वुह बोला महाराज घोड़े पे तो बैठेही जाते हो और घोड़ा कैसा। कहा बेटा इस बात का कुछ मुजायक़: नहीं लेकिन हुशयार रहना खूब है।'[65]

3. **हिन्दी एंड हिन्दुस्तानी सेलेक्शंस** : भाग-1 (सम्पादक विलियम प्राइस)

   'कोई राजपूत बहुत अफीम खाता था, दैवी उसे विदेश जाना पड़ा और किसी अड्डे में जाकर उतरा, वहाँ के लोगों ने आकर इससे कहा कि ठाकुर साहिब! यहाँ चोरी बहुत होती है, आप चौकसी से रहिएगा। यह बात सुनकर रात तो उसने जागकर काटी पर यह बात जी में रखी कि चोरी

बहुत होती है। भोर होते ही घोड़े की पीठ लगा, एक नगर के बीच चला जाता था कि एकाएकी पीनक से चौंककर पुकारा—अरे रमचेरा! अरे रमचेरा! घोड़ा कहाँ? वह बोला, महाराज! घोड़े पे तो बैठे ही जाते हो, और घोड़ा कैसा! कहा—बेटा! इस बात की कुछ चिन्ता नहीं, पर सावधान रहना अच्छा है।'[66]

द्रष्टव्य है कि लल्लूलाल और प्राइस की 'इजी स्टाइल ऑफ हिन्दुस्तानी' और 'सुगम बोली' का भेद बहुत मामूली था। प्राइस की सुगम बोली की भाषा हिन्दी (आधुनिक अर्थों में) के बहुत नजदीक ठहरती है। प्राच्यविदों, जॉन बॉर्थविक गिलक्रिस्ट, ईस्ट इंडिया कम्पनी के कोर्ट ऑफ डायरेक्टर्स, ब्रिटिश हुकूमत और विलियम प्राइस की भाषा-नीतियों के सूक्ष्म विश्लेषण के बाद निष्कर्षत: यह कहा जा सकता है कि कम्पनी और कॉलेज की भाषा-नीतियों को एक ही मान लेना भ्रामक होगा। वार्ष्णेयजी यह ठीक लिखते हैं कि कम्पनी के कर्मचारियों की भाषायी समझ कॉलेज में ही विकसित होती थी और जब कभी दुभाषिए, अनुवादकों या अन्य किसी अकादमिक कार्यवाही की जरूरत होती थी, तो उसकी पूर्ति कॉलेज से ही होती थी। इस सन्दर्भ में कॉलेज और कम्पनी की भाषा-नीतियों को पूरक के रूप में देखा जा सकता है। लेकिन दोनों की भाषा-नीतियों को एक मान लेने से पहले कुछ बारीकियों पर ध्यान देना आवश्यक है।

जब कॉलेज तैयार हुआ था तब इसके ऊपर प्राच्यविदों का पूरा प्रभाव था। महत्त्वाकांक्षी वेलेजली ने बिना कोर्ट ऑफ डायरेक्टर्स को सूचित किये कॉलेज की नींव डाल दी थी। 'मियर मर्कंटाइल यूटिलिटी' की मानसिकता से संचालित कोर्ट ऑफ डायरेक्टर्स इस प्रकार कॉलेज की स्थापना और अत्यधिक खर्च से कुपित थे। कॉलेज और कम्पनी के कोर्ट ऑफ डायरेक्टर्स के सम्बन्धों की बुनियाद ही खराब पड़ी थी। लेकिन प्रशासनिक दृष्टि से भाषायी जरूरतों के लिए कम्पनी के पास कॉलेज और अन्य प्राच्यविदों की सहायता लेने के सिवा कोई रास्ता नहीं था। धर्म और भाषा को जोड़कर देखने की दृष्टि इन्हीं प्राच्यविदों की प्रारम्भ की हुई थी जिसका और भी विकास जॉन बॉर्थविक गिलक्रिस्ट की भाषा-नीतियों में मिलता है। गिलक्रिस्ट की अस्मिताई सीमाओं से ग्रस्त अलगाववादी भाषा-नीति का व्यापक प्रभाव पड़ा और हिन्दवी-हिन्दुस्तानी के भेद को शास्त्रीय रूप मिल गया। धार्मिक आधारों पर अवस्थित होने के कारण यह भेद पुख्ता होता चला गया। प्राच्यविदों का प्रभाव कॉलेज में उन्नीसवीं सदी के दूसरे दशक तक बना रहा। कम्पनी के कोर्ट ऑफ डायरेक्टर्स अलग से किसी भाषा-नीति की तैयारी इस बीच नहीं कर रहे थे क्योंकि एक तो यह उनके लिए कोई गम्भीर मसला नहीं था और दूसरे यह कि उनका काम चल जा रहा था और कोई दबाव भी निर्मित नहीं हुआ था।

प्रशासनिक कार्यालयों, दरबारों और अदालतों में फारसी के बाद फारसी शब्दों

से आप्लावित खड़ी बोली का प्रचलन था। गिलक्रिस्ट की भाषा-नीति के बदौलत कम्पनी की यह जरूरतें भी पूरी हो जा रही थीं। कम्पनी की कोशिश रहती कि कम-से-कम खर्च में अधिक से अधिक वसूल लिया जाए। यही कारण है कि फारसी 1837 ई. तक अदालतों में प्रचलित रही। लेकिन दूसरे दशक के बाद परिस्थितियाँ बदलने लगीं। प्राच्यविदों की पकड़ कमजोर पड़ने लगी। भारतीय साम्राज्य के विस्तार और स्थायित्व के साथ अंग्रेजी हुकूमत की प्रकृति में बदलाव आने लगा। ईसाई मत और पश्चिमी ज्ञान-विज्ञान का भारत में प्रचार-प्रसार करने की इच्छा अब और भी मुखर होने लगी थी और उसके समर्थन में खड़े अंग्रेजों की संख्या में जमकर इजाफा होने लगा। इन आंग्लवादियों की ब्रिटिश राजनीति में मजबूत पकड़ थी। इन आंग्लवादियों का दबाव बढ़ने के साथ-साथ संस्कृत, अरबी, फारसी आदि भाषाओं को गहरी ठेस पहुँची। कम्पनी की भाषा-नीति पर इन आंग्लवादियों की पकड़ मजबूत हो गई थी। इन्हीं के दबाव में आकर कम्पनी को हिन्दुस्तान में शिक्षा के माध्यम के रूप में अंग्रेजी को महत्त्व देना पड़ा। लेकिन प्रशासनिक कार्यवाहियों और शिक्षा का प्रचार-प्रसार अंग्रेजी के माध्यम से सहज न था। कम्पनी के कोर्ट ऑफ डायरेक्टर्स ने इस बात को समझा और अंग्रेजी के साथ वर्नाक्यूलर्स (देशी भाषाएँ) को भी बनाए रखा। कम्पनी की भाषा-नीति के बदलाव के कारण कॉलेज का महत्त्व घटता चला गया। कम्पनी कॉलेज के ऊपर हो रहे खर्चे में जमकर कटौती करने लगी और कॉलेज को बन्द कर देने का प्रस्ताव भी लाने लगी। दूसरी ओर, लन्दन में 1825 ई. में कम्पनी ने गिलक्रिस्ट को सहायता देना बन्द कर दिया था। इसके बाद गिलक्रिस्ट और कम्पनी के सम्बन्ध खराब होते चले गए। कॉलेज का हिन्दुस्तानी विभाग भी विलियम प्राइस के प्रभाव में हिन्दी विभाग में तब्दील हो गया। निश्चय ही इस बदलाव में भी कम्पनी की कोई भूमिका नहीं थी। गिलक्रिस्ट द्वारा स्थापित हिन्दुवी-हिन्दुस्तानी भेद का प्रभाव तो व्यापक था लेकिन कम्पनी और कॉलेज से जुड़े कई अंग्रेज विद्वानों को यह समझ में आने लगा कि जनसामान्य की भाषा इतनी फारसीनिष्ठ नहीं है। कोर्ट के निदेशकों का झुकाव भी देशी भाषाओं की ओर हो चुका था। अगर कॉलेज और कम्पनी की भाषा-नीतियों में इतनी समानता होती तो नियमतः इन अनुकूल परिस्थितियों में अदालतों में फारसी के बाद हिन्दी और नागरी को पूर्णतया लागू हो जाना चाहिए था लेकिन ऐसा नहीं हुआ। इसकी वजह यह थी कि प्राच्यविदों के प्रभाव के कम होते जाने के साथ कम्पनी की भाषा-नीति अन्य कई कारकों से संचालित होने लगी थी, जैसेकि ब्रिटिश संसद और गद्दी की इच्छा, आंग्लवादियों की नीति, प्रशासनिक जरूरतें और राजनीतिक-सामाजिक परिस्थितियाँ। देशी भाषाओं के महत्त्व को स्वीकारने, देशी भाषाओं और अंग्रेजी में स्कूलों-कॉलेजों को प्रोत्साहन देने और फोर्ट विलियम कॉलेज में हिन्दी का प्राधान्य होने

के बाद भी कम्पनी अदालतों में अन्य देशी भाषाओं को तो लागू कर गई लेकिन हिन्दी को नहीं। नागरी को अदालतों में लागू करने का आदेश देना यह प्रमाणित करता है कि कम्पनी देशी भाषाओं के पक्ष में आ रही थी लेकिन कम्पनी ने यह देखा कि हिन्दुस्तानी प्रशासनिक कार्यालयों में फारसी के बाद सर्वत्र प्रचलित है। हिन्दुस्तानी के रहने से भी कम्पनी का काम चल जा रहा था और कम्पनी की हमेशा से ही नीति रही थी—विवादास्पद मुद्दों पर बहुत सोच-समझकर कदम बढ़ाना अन्यथा स्वस्थ दूरी बनाए रखना। हिन्दुस्तानी के हटने से काफी लोग नाराज हो सकते थे। कम्पनी ने यह देखते हुए हिन्दुस्तानी को वैसे ही जारी रखना उचित समझा, जैसे फारसी को जारी रखा गया था। सिर्फ नागरी लागू होने की वजह से कम्पनी के पास कई अर्जियाँ पहुँची थीं। फारसी और हिन्दुस्तानी से जिनकी रोजी-रोटी जुड़ी थी, उनकी समस्या बढ़ गई थी। दबाव बनाकर ये लोग फारसी लिपि का पुनः प्रचलन करवाने में सक्षम हो गए। स्पष्ट है कि इस बदलाव में न तो गिलक्रिस्ट के क्रियात्मक प्रभाव की कोई भूमिका थी और न ही कॉलेज की भाषा-नीति की। बदलाव होना ही था क्योंकि अदालतों में हमेशा से ही फारसी के बाद फारसीनिष्ठ हिन्दुस्तानी का प्रचलन था। इस वर्ग के लिए गिलक्रिस्ट या प्राइस की भाषा-नीति नहीं बल्कि अपने कार्यों में आसानी और रोजी-रोटी महत्त्वपूर्ण थी। कुछ के लिए यह धार्मिक अस्मिता का मसला बन चुका था। 1837 ई. में कम्पनी ने जब हिन्दुस्तानी को अपनाया तब उसका कारण यह नहीं था कि हिन्दुस्तानी हिन्दुस्तान की ग्रैंड पॉपुलर स्पीच है, इस बार हिन्दुस्तानी को प्रशासनिक और राजनीतिक दबाव के तहत अपनाया गया था। एक बात और। जब तक प्राच्यविदों की भाषा-नीति हावी थी तब तक हिन्दी-हिन्दुस्तानी के सन्दर्भ में यह जरूर कहा जा सकता है कि उनके प्रभाव में ही हिन्दी-हिन्दुस्तानी धार्मिक अस्मिताओं के साथ ज्यादा जुड़ गईं लेकिन 'बाँटो और राज करो' जैसी कोई इच्छा इनके भीतर नहीं दिखती। गिलक्रिस्ट और प्राइस दोनों की मूलभूत समझदारी ही हिन्दी-हिन्दुस्तानी को धर्म के आधार पर अलग करके देखने की थी। प्राइस के चिन्तन में भी किसी प्रकार का छुपा एजेंडा नहीं दिखाई देता। हालाँकि धार्मिक अलगाववाद का राजनीतिक इस्तेमाल शुरू हो चुका था। 'सियोनेल स्मिथ ने सन् 1831 ई. में सरकार को चेतावनी दी थी कि शिक्षा का परिणाम यह होगा कि वे सब साम्प्रदायिक और धार्मिक पक्षपात जिनके द्वारा हमने अभी तक मुल्क को वश में रखा है और हिन्दू-मुसलमानों को एक-दूसरे से लड़ाए रखा इत्यादि दूर हो जाएँगे और उन्हें अपनी विशाल शक्ति का पता चल जाएगा।'[67] लेकिन कॉलेज के हिन्दी-हिन्दुस्तानी विभाग ने इस तरीके की राजनीति के अनुसार अपनी भाषा-नीति तय नहीं की थी। ऐसे प्रयासों के बीज आंग्लवादियों और कम्पनी की भाषा-नीति के हावी हो जाने के बाद ही पड़े।

सन्दर्भ

1. जॉन बॉर्थविक गिलक्रिस्ट, दी ओरिएंटल फैब्यूलिस्ट ऑर दी पॉलीग्लॉट ट्रांसलेशंस ऑफ ईसप एंड अदर ऐंशिएंट फैबल्स फ्रॉम दी इंग्लिश लैंग्वेज इनटू हिन्दुस्तानी, पर्शियन, अरबिक, ब्रज भाखा, बांग्ला एंड संस्कृत इन दी रोमन कैरेक्टर्स अंडर दी डाइरेक्शन एंड सुपरिंटेंडेंस ऑफ जॉन गिलक्रिस्ट, फॉर दी यूज ऑफ कॉलेज ऑफ फोर्ट विलियम, कलकत्ता, हरकारू ऑफिस, 1803, पृ. iii
2. क्रिस्टोफर आर. किंग, नागरी प्रचारिणी सभा ऑफ बनारस, 1893–94, अ स्टडी इन दी सोशल एंड पॉलिटिकल हिस्ट्री ऑफ दी हिन्दी लैंग्वेज (शोध—पीएच.डी., यूनिवर्सिटी ऑफ विस्कॉन्सिन, थीसिस, 1974), नेहरू मेमोरियल पुस्तकालय, नई दिल्ली में उपलब्ध (लाइब–1020 माइक्रोफिल्म)
3. गिलक्रिस्ट, ओरिएंटल फैब्यूलिस्ट, वही, पृ. v
4. गिलक्रिस्ट, ओरिएंटल फैब्यूलिस्ट, वही, पृ. v
5. गिलक्रिस्ट, दी ओरिएंटल लिंग्विस्ट, फेरिस एंड ग्रीनवे, कलकत्ता, 1798, पृ. iv
6. गिलक्रिस्ट, ओरिएंटल फैब्यूलिस्ट, वही, पृ. v
7. गिलक्रिस्ट, ओरिएंटल फैब्यूलिस्ट, वही, पृ. xvi
8. सदीकुर्रहमान किदवई, गिलक्रिस्ट एंड दी लैंग्वेज ऑफ हिन्दुस्तान, रचना प्रकाशन, नई दिल्ली, पृ. 90
9. जॉन बॉर्थविक गिलक्रिस्ट, दी हिन्दी रोमन ऑर्थोएपिग्राफिकल अल्टिमम ऑर ए सिस्टेमैटिक, डिस्क्रिमिनेटिव व्यू ऑर ओरिएंटल एंड ऑक्सिडेंटल विजिबल साउंड्स ऑन फिक्स्ड एंड प्रैक्टिकल प्रिंसिपल्स फॉर स्पीडिली एक्वायरिंग द मोस्ट एक्यूरेट प्रोनन्सिएसन ऑफ मेनी ओरिएंटल लैंग्वेज एक्जेम्पलीफायड इन वन हंड्रेड पॉपुलर एनेकडोट्स, टेल्स, जेस्ट्स, मैक्सिम्स एंड प्रोवर्ब्स ऑफ ती हिन्दुस्तानी स्टोरी टेलर, किंग्सबरी पालबरी एंड एलेन, लन्दन, 1820, पृ. c xv
10. जॉन बॉर्थविक गिलक्रिस्ट, दी हिन्दी रोमन ऑर्थोएपिग्राफिकल अल्टिमम, वही, पृ. vii
11. जॉन बॉर्थविक गिलक्रिस्ट, दी हिन्दी रोमन ऑर्थोएपिग्राफिकल अल्टिमम, वही, पृ. vii
12. जॉन बॉर्थविक गिलक्रिस्ट, अ ग्रामर ऑफ दी हिन्दुस्तानी लैंग्वेज ऑर पार्ट थर्ड ऑफ वॉल्यूम फर्स्ट ऑफ ए सिस्टम ऑफ हिन्दुस्तानी फिलोलॉजी, क्रॉनिकल प्रेस, कलकत्ता, 1796, पृ. 11
13. डॉ. अमरनाथ (सम्पादक), हिन्दी भाषा का समाजशास्त्र, लेख—बासी भात में खुदा का साझा—प्रो.नामवर सिंह, आनन्द प्रकाशन, कलकत्ता, 2006, पृ. 220
14. गिलक्रिस्ट, दी हिन्दी रोमन..., वही, पृ. xxi
15. गिलक्रिस्ट, दी हिन्दी रोमन..., वही, पृ. cxiii
16. डॉ. सदीकुर्रहमान किदवई, पृ. 118
17. डॉ. सदीकुर्रहमान किदवई, पृ. 120
18. गिलक्रिस्ट, दी हिन्दी रोमन..., वही, पृ. xci
19. डॉ. सदीकुर्रहमान किदवई, पृ. 68
20. डॉ. सदीकुर्रहमान किदवई, पृ. 93
21. जॉन बॉर्थविक गिलक्रिस्ट, अ ग्रामर ऑफ दी हिन्दुस्तानी लैंग्वेज, पृ. 335

22. डेविड कॉफ, पृ. 31
23. लक्ष्मीसागर वार्ष्णेय, फोर्ट विलियम कॉलेज, हिन्दी परिषद प्रकाशन, हिन्दी विभाग, इलाहाबाद विश्वविद्यालय, इलाहाबाद, 1947, परिशिष्ट से, पृ. 205
24. देखिए—परिशिष्ट में दिया गया फोर्ट विलियम कॉलेज की पुस्तकालय के मुहर का चित्र
25. के.डी. भार्गव (प्रमुख सम्पादक), इंडियन रेकॉर्ड्र्स सीरीज, पी.सी. गुप्ता (सम्पादक), फोर्ट विलियम इंडिया हाउस करेस्पॉण्डेंस (पब्लिक सीरीज), भाग xiii (1796-1800) राष्ट्रीय अभिलेखागार, भारत सरकार, दिल्ली, 1959, पृ. 447-48

    2 सितम्बर, 1800 ई. को कोर्ट ऑफ डायरेक्टर्स को यह रिपोर्ट भेजी गई :

    "To,

    Hon'ble the Court of Directors,

    ...The merits of Mr. Gilchrist are entitled to the particular notice of the Governor General in Council. That gentleman has with great labour formed a most valuable grammar and dictionary of the Hindoostanee language, and thereby afforded the means of acquiring that useful language (hitherto spoken very imperfectly by Europeans) with facility and correctness. Mr. Gilchrist is also entitled to the fullest approbation of the Governor General in Council, for the zeal, ability and diligence with which he was discharged the duty committed to him of instructing the junior servants in the knowledge of Hindoostanee and Persian languages...

    ...In this place his lordship will only add that the benefits which have been experienced in so short a period from this limited institution under the superintendence of Mr. Gilchrist will enable your hon'ble court to form some estimate of the great advantages which must result to the interests of the company, from the regular systematic education established under the institution of the college at Fort William, in every branch of knowledge requisite for the discharge of the arduous duties and high and important functions for which your junior civil servants are respectively destined in the administration of the government of the British possessions in India.

    (Signed by Wellesley/Clarke/P.Speare/W.Cowper)

    We have the honor to be,

    Hon'ble Sirs,

    your most faithful and humble servants'

26. उद्धृत, लक्ष्मीसागर वार्ष्णेय, फोर्ट विलियम कॉलेज, पृ. 55-56
27. मॉण्टगॉमरी मार्टिन, डिस्पैचेज, मिनट्स एंड करेस्पॉण्डेंसेज..., भाग 2, पृ. 650 वेलेजली को गिलक्रिस्ट की काबिलीयत को स्वीकार करते हुए भी यह साबित करना था कि जरूरत एक सेमिनरी से बहुत अधिक की है। यहाँ उस अंश को उद्धृत किया गया है जिससे कोर्ट की इच्छा का पता चलता है :

    Extract from the proceedings of his excellency the most Noble the Governor-General in Council in the Secret Department under the Date 5th August, 1802 :

    '(To the chairman of the hounourable court of Directors)

59. *Adverting to these circumstances, I should have found considerable difficulty in forming a just conception of the precise intention of the honourable court in directing me to supersede the establishment of the college of Fort William,.by the re-establishment of "Mr. Gilchrist's seminary," if the honourable court had not been pleased to state in the 6th and 7th paragraphs of the letter of the 27th January, 1802, the particular branches of knowledge deemed by the court sufficient to qualify a civil servant for the administration of affairs in Bengal, and had not thus described the extent and nature of the establishment which it proposed to sanction.*

60. *But no modification or extension of the plan under which Mr. Gilchrist was employed in 1799 and 1800 can embrace the objects proposed to be secured by the collegiate establishment at Fort William.*

61. *It was among the advantages arising from the employment of Mr. Gilchrist, than not only the success of his services was highly beneficial, to the extent which it reached, but that the fundamental defects of the limited plan, furnished rules for my guidance in founding a comprehensive and liberal institution on the grounds of practical experience.'*

28. जॉन बॉर्थविक गिलक्रिस्ट, पार्लियामेंटरी रिफॉर्म ऑन कॉन्स्टीट्यूशनल प्रिंसिपल्स, ऑर ब्रिटिश लॉयल्टी अगेंस्ट कॉण्टीनेंटल रॉयल्टी, द होल हॉस्ट ऑफ सैसेदडोटल इन्क्वीजीटर्स इन यूरोप, एंड एवरी इंक्वीसियस जज, करप्ट रूलर, वेनल कॉरपोरेशन, रॉटेन बोराफ, स्लैविश एडिटर ऑर जैकोबिटिकल टोड इटर विदिन ब्रिटिश एम्पायर, डब्ल्यू लैंग द्वारा मुद्रित, ग्लासगो, 1815, पृ. 174, गिलक्रिस्ट ने कोर्ट के डायरेक्टर्स के बर्ताव पर लिखा कि : *'I brought letters of high recommendation to the ministry, and court of Directors, as a meritorious servant of the Company, from my patron the Marquis of Wellesley. They produced from my lord Castlereagh, a very hospitable dinner; from Lord Sidmouth's secretary, three lines acknowledging the receipt of my communication; and from the immortal William Pitt, the most profound silence. With the Court of Directors, I somehow or other fell under a suspicion of having returned home as an agnet of the Governor General's with hostile intentions against the college at Hertford, as if either Marquis Wellesley would have acted a part so unbecoming his exalted station, or that I even would have stooped low enough for so degrading an errand. This doubt having been cleared up, I believe, to the Court's satisfaction, they gave me a temporary charge of the Hindoostanee Class, at their new college, but there the overbearing temper of a divine Principal, and the undermining intrigues of an ecclesiastical colleague, made me so sick of the situation, that I was fain to leave it, after a trial of two months, especially out of his appointment by the very person for whom he was mainly instrumental in procuring the best berth in the college.'*

29. थॉमस रोएबक, दी एनाल्स ऑफ दी कॉलेज ऑफ फोर्ट विलियम, कॉलेज में हुए वाद-विवादों के विषय इसमें क्रमवार दिये गए हैं।

30. लक्ष्मीसागर वार्ष्णेय, फोर्ट विलियम कॉलेज, परिशिष्ट से
31. थॉमस रोएबक, पृ. 1
32. डेविड कॉफ, पृ. 241
33. स्टीफेन इवांस, मैकालेज मिनट रीविजिटेड, कॉलोनियल लैंग्वेज पॉलिसी इन नाइटींथ सेंचुरी इंडिया, इंग्लिश लैंग्वेज सेंटर, हांगकांग पॉलिटेक्निक यूनिवर्सिटी, हांगकांग, जर्नल ऑफ मल्टीलिंगुअल एंड मल्टी कल्चरल डेवेलपमेंट, भाग 23, संख्या 4, 2002, पृ. 267
34. डेविड कॉफ, पृ. 241
35. डेविड कॉफ, पृ. 242
36. स्टीफेन इवांस, पृ. 267
37. मैकाले, मिनट ऑन इंडियन एजूकेशन
38. मैकाले, मिनट ऑन इंडियन एजूकेशन
39. क्रिस्टोफर आर.किंग, पृ. 56
40. लक्ष्मीसागर वार्ष्णेय, आधुनिक हिन्दी साहित्य की भूमिका, पृ. 289
41. एम.एल. थिरुमलाई, लॉर्ड मैकाले द मैन हू स्टार्टेड इट ऑल एंड हिज मिनट, लैंग्वेज इन इंडिया, भाग 3,4, अप्रैल 2003
42. क्रिस्टोफर आर.किंग, पृ. 55
43. स्टीफेन इवान्स, पृ. 274
44. स्टीफेन इवान्स, पृ. 274
45. स्टीफेन इवान्स, पृ. 275
46. रिपोर्ट ऑफ दी जनरल कमिटी ऑफ पब्लिक इंस्ट्रक्शन ऑफ दी प्रेसीडेंसी ऑफ फोर्ट विलियम इन बंगाल फॉर दी ईयर 1836, कलकत्ता बैप्टिस्ट मिशन प्रेस, 1837
47. सेलेक्शंस फ्रॉम दी रेकॉर्ड्स ऑफ दी बंगाल गवर्नमेंट, करेस्पॉण्डेंस रिलेटिंग टू वर्नाक्यूलर एजूकेशन इन द लोवर प्रोविंसेज ऑफ बंगाल, टॉमस जोंस, कलकत्ता गजट ऑफिस, कलकत्ता, 1855, पृ. 16
48. सेलेक्शंस फ्रॉम दी रेकॉर्ड्स ऑफ दी बंगाल गवर्नमेंट, वही, पृ. 22
49. रिपोर्ट ऑफ दी जनरल कमिटी ऑफ पब्लिक इंस्ट्रक्शन..., 1835, पृ. 2
50. क्रिस्टोफर आर. किंग, पृ. 62
51. क्रिस्टोफर आर. किंग, पृ. 63-65
52. उद्धृत, लक्ष्मीसागर वार्ष्णेय, फोर्ट विलियम कॉलेज, पृ. 118
53. गिलक्रिस्ट, पार्लियामेंटरी रिफॉर्म्स, पृ. 174

    'Whatever opinion I may have of the Noble Marquis' politics as a statesman, my heart never shall forget its obligation to him, as the only efficient patron I had the good fortune to meet with in Bengal; nor will it soon be insensible to the greatest favour he ever confer©red upon me, by declaring, in a full assembly of my colleagues, in the college, that as he was sure of learning the naked truth about the progress of the Hindoostanee class from its Professor, he heartily rejoiced to find my report, on that particular occasion, so very favourable.'

54. शिवमंगल राय, ईस्ट इंडिया कम्पनी की हिन्दी नीति, हिन्दी प्रचारक संस्थान, वाराणसी, 1985, पृ. 99
55. लक्ष्मीसागर वार्ष्णेय, आधुनिक हिन्दी साहित्य की भूमिका, पृ. 299
56. उद्धृत, लक्ष्मीसागर वार्ष्णेय, फोर्ट विलियम कॉलेज, पृ. 77
57. गिलक्रिस्ट, पार्लियामेंटरी रिफॉर्म्स, पृ. 174-175
58. विलियम प्राइस (सम्पादक), हिन्दी एंड हिन्दुस्तानी सेलेक्शंस, टू विच आर प्रीफिक्स्ड दी रूडीमेंट्स ऑफ हिन्दुस्तानी एंड ब्रज भाखा ग्रामर, कम्पाइल्ड फॉर दी यूज ऑफ द इंटरप्रेटर्स टू द नैटिव कॉर्प्स ऑफ दी बंगाल आर्मी (दो भागों में), भाग 1, हिन्दुस्तानी प्रेस, कलकत्ता, 1827, भूमिका से।
59. विलियम प्राइस (सम्पादक), हिन्दी एंड हिन्दुस्तानी सेलेक्शंस, भूमिका से।
60. लक्ष्मीसागर वार्ष्णेय, फोर्ट विलियम कॉलेज, पृ. 132
61. लक्ष्मीसागर वार्ष्णेय, फोर्ट विलियम कॉलेज, पृ. 115
62. लक्ष्मीसागर वार्ष्णेय, फोर्ट विलियम कॉलेज, पृ. 125
63. लल्लूलाल कवि, द न्यू साइक्लोपीडिया हिन्दुस्तानिका ऑफ विट, कंटेनिंग अ च्वायस कलेक्शन ऑफ ह्यूमरस स्टोरीज इन द पर्शियन एंड नागरी कैरेक्टर्स (लतायफ-ए-हिन्दी), इंडिया गजट प्रेस, कलकत्ता, 1810, भूमिका से
64. लल्लूलाल, प्रेमसागर, सम्पादक—ब्रजरत्नदास, काशी नागरी प्रचारिणी सभा, काशी, 1953, पृ. 43
65. लल्लूलाल कवि, द न्यू साइक्लोपीडिया हिन्दुस्तानिका ऑफ विट, पृ. 3
66. विलियम प्राइस (सम्पादक), हिन्दी एंड हिन्दुस्तानी सेलेक्शंस, पृ. 194
67. शिवमंगल राय, ईस्ट इंडिया कम्पनी की हिन्दी नीति, हिन्दी प्रचारक संस्थान, वाराणसी, 1985, पृ. 112

हिन्दी-उर्दू एक बार फिर

ईस्ट इंडिया कम्पनी और फोर्ट विलियम कॉलेज की भाषा-नीति के इस फर्क के तार हिन्दी-उर्दू विवाद से भी जुड़ते हैं, इसलिए एक बार फिर हिन्दी-उर्दू।

रामविलास जी ने इस विषय पर बहुत गहराई से विचार किया है। वास्तविकता यह है कि जिस समय की कहानी यह पुस्तक कह रही है, उस समय के साहित्य का अगर सचमुच किसी ने वैज्ञानिक विश्लेषण करने का प्रयास किया है तो रामविलास जी ने। उनकी दो पुस्तकें इस दृष्टि से बहुत महत्त्वपूर्ण हैं—'भाषा और समाज' तथा 'भारतेन्दु युग और हिन्दी भाषा की विकास परम्परा'। हिन्दी-उर्दू के बारे में जो हवाई बातें उड़ती रहती हैं, उन्हीं के माध्यम से प्रारम्भ में मेरी भी हिन्दी-उर्दू सम्बन्धी दृष्टि निर्मित हुई थी। रामविलास जी की इन पुस्तकों के अध्ययन के बाद बहुत ही सहज रूप में मुझे अपनी दृष्टि की कमियाँ समझ में आ गईं। बस, उनकी कुछ एक बातें जो फोर्ट विलियम कॉलेज के बरक्स औपनिवेशिक सत्ता और प्राच्य ज्ञान के सम्बन्धों की बारीकियों के बारे में इस पुस्तक में रखे गए मत के अनुरूप मुझे नहीं जान पड़ीं, उन पर नजर डालते हैं।

उक्त पुस्तकों में रामविलास जी की मान्यताओं का सार यह है कि मुसलमानों के भारत आने और हिन्दुओं से उनके मिलन से उर्दू (फारसी से लदी हुई) तैयार नहीं हुई। अंग्रेजों से पहले जो भी विदेशी भारत आए, वे यहाँ की जातीयता का हिस्सा बनते गए और यहाँ की भाषा को भी उन्होंने अपनाया। यही कारण है कि प्रारम्भ में हिन्दी और उर्दू का भेद नहीं दिखाई देता। तमाम ऐसे मुसलमान कवि मिल जाएँगे जो विभिन्न भारतीय भाषाओं और हिन्दी की जनपदीय बोलियों में भी कविता रच रहे थे। अठारहवीं सदी तक भी दिल्ली के कवि अपनी भाषा को हिन्दी बुलाते पाए जाते हैं। दकनी का जो स्वरूप निर्मित हुआ, वह इस बात का प्रमाण है कि हिन्दी-उर्दू का सामासिक रूप विद्यमान था और वास्तविक भेद अठारहवीं सदी में ज्यादा तैयार हुआ। फारसी के छह सौ साल तक रायज रहने पर भी उर्दू के अतिफारसीकरण की प्रक्रिया मतरूकात का सिद्धान्त अपनाए जाने के बाद ही शुरू हुई यानी कि जिसे हम हिन्दी कहते हैं, उसके अनेक किस्म के रूप जनपदीय और क्षेत्रीय प्रभावों से प्रचलित रहे हैं। किन्तु वह प्रभाव उर्दू के मामले में कुछ अलग ही दिशा में बढ़ जाता

है जब संकुचित सामन्ती परिवेश के बीच उर्दू की एक ऐसी शक्ल तैयार होने लगती है जिसका देश की जनपदीय बोलियों से सम्बन्ध विच्छेद होने लगता है और फारसी का आवरण उस पर हावी होने लगता है। कविगण सप्रयास भाषा में ऐसे शब्द और लहजा लाने लगते हैं जिनका सम्बन्ध हिन्दुस्तान की संस्कृति, हिन्दी की परम्परा और जनपदीय बोलियों से नहीं बल्कि फारसी के परिवेश से था। यह प्रक्रिया संस्कृत के माध्यम से हिन्दी के साथ भी बाद में घटित होती है किन्तु उतने बड़े पैमाने पर नहीं जितना कि उर्दू के साथ। इस तरह हिन्दी-उर्दू का एक भेद अंग्रेजों के भारतीय राजनीति में दबदबा कायम होने तक तैयार हो चुका था। अंग्रेजों ने अवसर का लाभ उठाया और अपनी कूटनीति से इस भेद को गहरा धार्मिक रंग दे दिया। अंग्रेजों ने अपनी शिक्षा-नीति और भाषा-नीति ऐसे तैयार की कि हिन्दी-उर्दू का भेद पुख्ता होता चला गया; इतना पुख्ता कि आज भी उत्तर भारत के हिन्दू-मुसलमान यह नहीं समझ पाते कि उनका धर्म भले ही अलग हो, उनकी जाति एक है।

रामविलास जी अपनी व्यवस्थित तर्क-प्रणाली से उक्त मतों के सन्दर्भ में असहमति का अवकाश नहीं लेने देते। किन्तु उन्नीसवीं सदी के प्रारम्भिक दो दशकों के भाषायी परिदृश्य और उस दौरान ब्रिटिश राजसत्ता की भाषा-नीति का जो विश्लेषण वे प्रस्तुत करते हैं, उसे पचाना कठिन है। इस बात में किसी को भी सन्देह नहीं है कि ब्रिटिश राजसत्ता ने हिन्दू-मुस्लिम अलगाववाद को पुख्ता करने के लिए उन्नीसवीं सदी में भाषायी मामलों में भी सचेत कूटनीतिक प्रयास किये हैं किन्तु इसके बीज जिस तरह से रामविलास जी फोर्ट विलियम कॉलेज की स्थापना के समय से ही और गिलक्रिस्ट के चिन्तन में खोजने लगते हैं, उससे उनकी तर्क-प्रणाली थोड़ी कमजोर हो जाती है और वे कुछ अतार्किक निष्कर्षों का प्रतिपादन करते दिखाई देते हैं। बाद के भी कई आलोचकों ने अपनी दृष्टि इसी 'उपनिवेशवाद के खेल' पर ही केन्द्रित कर ली है।

पिछले तीन अध्यायों में मैंने यह दिखाने का प्रयास किया है कि अठारहवीं सदी के अन्त के संक्रमण के दौर में औपनिवेशिक सत्ता के विकास को हम वैसे ही नहीं समझ सकते जैसे कि 1850 के आस-पास के समय को। हमें उन प्रभावों को निरन्तर ध्यान में रखना होगा जो व्यापारिक पूँजी के माध्यम से तैयार हुए हैं या जिनका सम्बन्ध सामन्तवाद के समय से है। रामविलास जी ने भी आर्थिक-सामाजिक मसलों पर निरन्तर इन बातों का ध्यान रखा है। व्यापारिक पूँजीवाद से औद्योगिक पूँजीवाद के विकास का प्रश्न उनकी विभिन्न पुस्तकों में बिखरा पड़ा है। रजनी पामदत्त की पुस्तक 'आज का भारत' का अनुवाद भी उन्होंने ही किया है। विलियम जोंस का उनका अध्ययन यह बताता है कि संक्रमण के दौर के सामाजिक-सांस्कृतिक परिदृश्य को किसी सीमित साम्राज्यवादी प्रभाव में न देखकर अन्य महत्त्वपूर्ण प्रभावों का रेखांकन उन्होंने बेहतरीन ढंग से किया है। किन्तु भाषा के प्रश्न पर उन्होंने 1800 ई. के समय के बारे में यह काम उसी तार्किकता से नहीं किया, जैसाकि अन्य प्रश्नों पर।

मेरी समझ में ऐसा इसलिए हुआ क्योंकि ब्रिटिश कूटनीतिज्ञों ने हिन्दी जाति को बाँटने के लिए जो प्रयास किये थे, रामविलास जी बहुत ही तत्परता के साथ उन्हें उद्घाटित करना चाह रहे थे। और यह चाह इतनी बढ़ जाती है कि वे भाषा के मसले में भी यह कूटनीति 1800 ई. में ही लोकेट करने लगते हैं। अंग्रेजी राज ने भारतीय सभ्यता और संस्कृति को बहुत क्षति पहुँचाई है, मनमानी व्याख्याएँ की हैं, पिछड़ा हुआ ठहराया है। मेरी समझ से रामविलास जी की आलोचना की सबसे प्रमुख विशेषताओं में से एक है—भारतीय इतिहास को इन दुर्व्याख्याओं से बाहर निकालकर उसे उसके उचित सम्मान के साथ स्थापित करने का प्रयास। इस प्रयास के क्रम में ही फोर्ट विलियम कॉलेज, गिलक्रिस्ट, विलियम प्राइस, तारिणीचरण मित्र एकपक्षीय व्याख्याओं के शिकार हो जाते हैं। इन व्याख्याओं में काफी कुछ तो दुरुस्त है पर काफी कुछ नहीं भी।

वस्तुत: फोर्ट विलियम कॉलेज को जातीय चेतना के निर्माण में एक बाधा के रूप में स्थापित करना उन्हें इतना आवश्यक लगने लगता है कि वे इस तर्क में जाते ही नहीं कि अगर भाषायी माध्यमों से जातीय चेतना को ध्वस्त करना अंग्रेजों के चिन्तन में 1800 ई. में ही इतने प्रबल रूप में विद्यमान था तो उसी फोर्ट विलियम कॉलेज को निरन्तर दुर्दशा में अंग्रेज क्यों ढकेलते रहे? अगर फोर्ट विलियम कॉलेज की मशीनरी हिन्दी-उर्दू के अलगाववाद के लिए ही तैयार की गई थी तो उस मशीनरी का विस्तार करना चाहिए था, उसे निरन्तर आर्थिक दुरवस्था में क्यों झोंक दिया गया? पीछे मैंने यह स्थापित करने का प्रयास किया है कि किस तरह फोर्ट विलियम कॉलेज को बचाये रखने के लिए वेलेजली को अपना सब कुछ दाँव पर लगाना पड़ रहा था। कम्पनी के कोर्ट ऑफ डायरेक्टर्स ने फोर्ट विलियम कॉलेज को ध्वस्त कर देने में कोई कसर नहीं छोड़ी थी। कम्पनी तो एक छोटी-सी सेमिनरी से ही खुश थी। उसे ऐसी किसी विराट परियोजना की जरूरत न 1800 ई. में थी, न ही परवर्ती 10-20 सालों तक। रामविलास जी का ध्यान इस ओर भी नहीं गया कि जिस गिलक्रिस्ट को इस कूटनीति के केन्द्र में उन्होंने रखा है, वह फोर्ट विलियम कॉलेज में अध्यापक बनने से पहले ही अपनी कई भाषा-सम्बन्धी मान्यताएँ रख चुका था। ये मान्यताएँ किसी सांस्थानिक प्रयास की नहीं बल्कि गिलक्रिस्ट के अपने चिन्तन की उपज थीं। ये वही गिलक्रिस्ट हैं जिन्हें वेलेजली का पिट्ठू मानकर कम्पनी के कोर्ट ऑफ डायरेक्टर्स ने हमेशा सन्देह की नजर से देखा। इंग्लैंड में स्थापित कॉलेज में उन्हें नौकरी मिलने में इस कारण दिक्कत भी पेश आई। रामविलास जी को इस प्रश्न से भी जूझना चाहिए था कि अगर फोर्ट विलियम कॉलेज के माध्यम से हिन्दी-उर्दू के अलगाववाद को सप्रयास साम्राज्यवादी उद्देश्यों के तहत तैयार करवाया जा रहा था तो फिर फारसी को फोर्ट विलियम कॉलेज में इतना ज्यादा महत्त्व क्यों दिया गया और 1837 तक राजभाषा के पद पर बने क्यों रहने दिया

गया? फारसी को भी तो काफी पहले ही अपने स्थान से हटा दिया जाना चाहिए था? मजेदार तथ्य तो यह है कि जिन लल्लूलाल और सदल मिश्र के माध्यम से इस भेद को पुख्ता किया जा रहा था, उन्हें बीच में जरूरत न होने के कारण नौकरी से निकाल दिया गया था। (बाद में उन्हें पुनः बहाल कर दिया गया।)

इन प्रश्नों से न जूझकर रामविलास जी अपनी पुस्तक 'भारतेन्दु युग और हिन्दी भाषा की विकास परम्परा' में फोर्ट विलियम कॉलेज की नकारात्मक भूमिका की जमकर आलोचना करने में लगे रहते हैं। ब्रिटिश कूटनीति का तर्क उन्होंने सहजता से अपना लिया है क्योंकि उसके चिह्न तो कुछ वर्षों बाद दिखाई ही देने लगते हैं। उन्होंने लिखा है : 'लल्लूजी हिन्दू, मजहर अली मुसलमान—दोनों के परस्पर सहयोग से हिन्दी-उर्दू की दो धाराएँ अलग-अलग बहाने में सफल होना—यह ब्रिटिश कूटनीति का चमत्कार है!'[1]

हिन्दी-उर्दू के अलग-अलग स्वरूप को और स्थायित्व देने में फोर्ट विलियम कॉलेज की नकारात्मक भूमिका की आलोचना प्रस्तुत पुस्तक में भी कम नहीं है। यह आलोचना जरूरी है। फोर्ट विलियम कॉलेज ने हिन्दी के लचीलेपन को शास्त्रीय रूप देकर विभाजित कर देने में बहुत ही अग्रणी भूमिका अदा की है। समस्या बस यह पहचानने में है कि इस अलगाववादी स्वरूप को बढ़ावा देने के पीछे ब्रिटिश कूटनीति थी या उस दौर में इस विषय पर सोच रहे विद्वानों में तार्किक समझदारी की कमी। विवेच्य समय क्या आस्थाओं और अस्मिताओं के प्रबल प्रभाव का समय नहीं है? क्या यह धार्मिक अस्मिताओं और जातीय श्रेष्ठताबोध के प्रभाव का समय नहीं है? अगर है तो हम उन प्रभावों की विवेचना पहले क्यों करें जिनके प्रबल प्रमाण भाषा के सन्दर्भ में कुछ वर्ष बाद ही दिखाई देने शुरू होते हैं? रामविलास जी ने अगर यह माना है कि हिन्दी-उर्दू का एक अलगाव पहले से विद्यमान था तो फोर्ट विलियम कॉलेज के समय अंग्रेजों के मानस में इस अलगाव-बोध के क्या कूटनीति के अलावा और कोई कारण नहीं हो सकते? यहाँ पर संक्रमण के दौर की परिस्थितियों को और प्राच्यवाद के प्रभाव को छोड़कर सीधे उन नीतियों की ओर क्यों प्रस्थान किया जाए जिनके स्पष्ट प्रमाण कम-से-कम भाषा के मसले में 1820 ई. के बाद ही दिखाई देने शुरू होते हैं? जिस ओरिएंटलिस्ट-ऐंग्लिसिस्ट कंट्रोवर्सी की ओर रामविलास जी ने अपनी पुस्तक में ध्यान दिया है, वह कंट्रोवर्सी भी तो 1800 ई. में तैयार होती नहीं दिखती, फिर भाषा के प्रश्न पर कूटनीति को इतनी जल्दी क्यों ढूँढ़ना?

हिन्दी-उर्दू के सम्बन्ध में या तो साधारणतया यह मान लिया जाता है कि ये दोनों अलग-अलग भाषाएँ हैं या यह कहा जाता है कि कम्पनी ने 'बाँटो और राज करो' की नीति के तहत यह भेद पैदा कर दिया। कॉलेज के सन्दर्भ में यह फॉर्मूला स्वाभाविकतया मस्तिष्क में आ जाता है कि कॉलेज कम्पनी के नियंत्रण में था, कम्पनी 'बाँटो और राज करो' की नीति के तहत कार्य करती थी इसीलिए कॉलेज

में भी बाँटो और राज करो की नीति रही होगी और हिन्दी-उर्दू का भेद पैदा कर दिया गया होगा। गिलक्रिस्ट और कॉलेज की भाषा-नीति पर चर्चा करते वक्त हम यह देख चुके हैं कि कम्पनी और कॉलेज की व्यवस्था और भाषा-नीति को इस तरीके से हमेशा एक करके देखना कितना भ्रामक है। गिलक्रिस्ट की भाषा-नीति से हमें कुछ ऐसे बिन्दु मिलते हैं जो इस अलगाववाद की व्यापक स्वीकारोक्ति के कारणों की ओर ध्यान ले जाते हैं। इन बिन्दुओं पर अलग से चर्चा जरूरी है। प्रस्तुत विषय पर रामविलास जी के विवेचन में इस प्रस्थान बिन्दु का अभाव है।

गिलक्रिस्ट की भाषा-नीति का विवेचन करते हुए यह देखा गया कि हिन्दी-हिन्दुस्तानी के क्षेत्र में गिलक्रिस्ट जो कह रहे थे, वह उन्हीं के मानस की उपज थी और कम्पनी का उसमें कोई हस्तक्षेप नहीं था। फोर्ट विलियम से तो वे बाद में जुड़े, लिखना तो उन्होंने पहले ही शुरू कर दिया था। प्रारम्भ में कम्पनी के पास उनके अलावा कोई और ऐसा व्यक्ति भी नहीं था जो हिन्दी-हिन्दुस्तानी के क्षेत्र में उनके स्तर तक सक्रिय हो। गिलक्रिस्ट के समय तक जो प्राच्यविद् हिन्दुस्तान में थे, वे संस्कृत और फारसी जैसी क्लासिकल भाषाओं के अध्ययन में ज्यादा रुचि लेते थे। गिलक्रिस्ट हिन्दी-हिन्दुस्तानी के क्षेत्र में एकमात्र प्रभावशाली व्यक्तित्व थे। इसलिए गिलक्रिस्ट की भाषा-नीति को समझने के लिए पहले उसे कम्पनी की नीतियों से अलग रखकर समझने की जरूरत है। इस प्रस्थान-बिन्दु को स्वीकार करने से यह साफ दिखाई देता है कि गिलक्रिस्ट ने हिन्दी के लचीलेपन के साथ जो छेड़खानी की, वह संक्रमण के दौर के परिवेश की निर्मिति थी। गिलक्रिस्ट सबसे पहले हिन्दुस्तानियों के लिए सभ्यता के मानदंडों के अनुरूप उपयुक्त भाषा का स्वरूप तैयार करना चाह रहे थे। अंग्रेज जाति के अभिजात वर्ग की तरह अगर 'क्वींस इंग्लिश' नहीं बोली गई तो बोलना व्यर्थ है। यह दृष्टि उस दौर में व्यापक स्तर पर स्वीकार की गई तो इसमें क्या आश्चर्य है! क्वींस इंग्लिश भी तभी बोली जा सकती है जब हिन्दी में फारसी का प्रभाव हो, जनपदों की गँवारू बोलियों का नहीं। इस भाषा के लिए हिन्दुस्तानी नाम उन्होंने ही प्रचलित किया। इस नाम में भी उनकी अपनी अस्मिता से उपजा प्रभाव है, अन्यथा हिन्दी नाम में कोई बुराई नहीं है। छोटा है, सुन्दर है, सरल है, समर्थ है, परम्परा से है, भाषा-शास्त्र के अनुरूप है। हाँ, दोष बस इतना है कि अंग्रेजों का तय किया हुआ नहीं है। गिलक्रिस्ट ने अपनी इस भाषा को अलग से अस्मिता, नाम और परिचय दे दिया और यह भी मान लिया कि इसमें धार्मिक आधारों पर भविष्य में अलगाव पैदा होना ही है क्योंकि हिन्दू हिन्दवी की ओर झुकेंगे और मुसलमान फारसी की ओर। गिलक्रिस्ट की दृष्टि के इस आयाम की तरफ रामविलासजी का भी ध्यान गया है। उन्होंने भी यह समझा है कि जातीय श्रेष्ठता या अभिजातपन या धार्मिक अलगाव का प्रभाव भाषा-नीतियों पर पड़ता है किन्तु फोर्ट विलियम कॉलेज के सन्दर्भ में ब्रिटिश उपनिवेशवाद की कमियों को

रेखांकित करने की इच्छा उन पर हावी हो जाती है और वे उपर्युक्त प्रभावों के अतिरिक्त ब्रिटिश कूटनीति के तर्क को भी चस्पाँ कर देते हैं। यह उनकी व्यवस्थित तर्क-प्रणाली में बाधा-स्वरूप बन जाती है।

इस तरह गिलक्रिस्ट ने शुरुआत ही की अंग्रेजी श्रेष्ठता-बोध के साथ, जातीय अलगाव-बोध के साथ, धर्म के अतार्किक आवरण में ईसाई अस्मिता के साथ, प्राच्यविदों के संस्कृत-फारसी सम्बन्धी दृष्टि के साथ। प्राच्यविदों ने परम्परा में ही धर्म और ज्ञान का गूढ़ सम्बन्ध तैयार कर दिया था। इस सम्बन्ध के प्रभाव को फोर्ट विलियम कॉलेज का नाममात्र आने से ही हम भूल क्यों जाते हैं? क्या यह तर्क हमारे विचार में नहीं आना चाहिए कि प्राच्यविदों के अध्ययन के फलस्वरूप संस्कृत का हिन्दू परम्परा और अरबी का इस्लाम के साथ जो सम्बन्ध स्थापित हुआ, उसका प्रभाव हिन्दी प्रदेश की भाषाओं और बोलियों पर भी पड़ना ही था? धर्म अभी भी बहुत ज्यादा प्रभावकारी तत्त्व था। धर्म और भाषा का सम्बन्ध देखना भी कोई आश्चर्य पैदा नहीं करता। रामविलास जी ने विलियम जोंस के बारे में बहुत सी अच्छी बातें कही हैं, पर यह भी कहा है कि ईसाई मत और ब्रिटिश साम्राज्य के मोह से वे भी मुक्त नहीं थे। जोंस जैसा प्रबुद्ध मस्तिष्क अगर धार्मिक आवरण में तार्किकता त्याग सकता है तो गिलक्रिस्ट क्यों नहीं? गिलक्रिस्ट ने अगर धार्मिक आधार पर हिन्दी-हिन्दुस्तानी का भेद किया तो इसमें परम्परा से अर्जित इस दृष्टि का ज्यादा प्रभाव देखना चाहिए, कूटनीति का नहीं।

इसके अतिरिक्त अंग्रेजों का आकर्षण फारसीदाँ हिन्दुस्तानी की ओर इसलिए भी ज्यादा था क्योंकि दरबारों और प्रशासन से जुड़े विभागों में यह भाषा ज्यादा प्रचलित थी। रामविलास जी ने भी तो यही स्थापित किया है कि संकुचित सामन्ती समुदाय ने ही उर्दू के फारसीदाँ रूप को तैयार किया। हिन्दुस्तानी (फारसीदाँ) के प्रति गिलक्रिस्ट में जो आकर्षण था, उसकी एक वजह निश्चय ही उसका प्रशासनिक दृष्टिकोण से इतना प्रचलित, उपयोगी और सम्मानदायक होना था। श्रेष्ठता की मनोग्रन्थि से ग्रस्त गिलक्रिस्ट ने अंग्रेज अफसरों को देशी लोगों से बेहतर बनाने के लिए फारसीपन में बढ़ोतरी की। श्रेष्ठ कहलाने की भावना और सभ्यता का पाठ पढ़ाने की इस इच्छा को उच्चारण और लिपि पर थोपा गया। जनसाधारण की 'हिन्दुस्तानी' को नकार अरबी-फारसी बाहुल्य शब्दावली को अपनाने के पीछे गिलक्रिस्ट की ट्रेनिंग का भी हाथ है। जिन कविताओं को पढ़कर गिलक्रिस्ट की दृष्टि बन रही थी, वे जनपदीय बोलियों के कवि नहीं थे बल्कि उर्दू के कई प्रसिद्ध शायर थे। इन तर्कों के आधार पर यह भी साबित होता है कि 'हिन्दुस्तानी' का आर्थिक महत्त्व बहुत अधिक था। सम्भावना है कि गिलक्रिस्ट 'हिन्दुस्तानी' की फारसीनिष्ठ और परिष्कृत शैली की ओर इसलिए भी झुक गए क्योंकि प्रतिष्ठा के साथ आय का यह एक अच्छा माध्यम हो सकता था। इसके पर्याप्त प्रमाण मैंने पिछले अध्याय में दिये हैं।

अलगाववाद के अनेक कारक हो सकते हैं। वर्तमान समाज तो इसका सबसे बढ़िया उदाहरण है। इसलिए अलगाववाद को सिर्फ साजिश न मानकर अलगाव-बोध से भी जोड़ा जाना चाहिए। 1800 ई. के समय को तो और भी ज्यादा। वस्तुतः गिलक्रिस्ट के भीतर जो अलगाव-बोध दिखाई देता है, वह सिर्फ गिलक्रिस्ट का अलगावबोध नहीं था बल्कि पूरी अंग्रेज जाति का अलगाव-बोध था जिसके पीछे सामाजिक-आर्थिक-भौगोलिक-धार्मिक कारण थे। उन्नीसवीं सदी के प्रारम्भिक दौर में हिन्दी-उर्दू भेद के तार कूटनीतिक गतिविधियों से न जुड़कर इन कारणों से ज्यादा जुड़ते हैं।

ब्रिटिश ईस्ट इंडिया कम्पनी के सन्दर्भ में विश्व के दो बहुचर्चित व्यक्तियों कार्ल मार्क्स और एडम स्मिथ ने गहन विमर्श किया है। ये दोनों ही उस समय जीवित थे जब कम्पनी अपने पैर फैलाए हुए थी। वेल्थ ऑफ नेशंस (1776) में स्मिथ ने नोट किया था : 'राज्य उन्नति कर रहा है या तबाह हो रहा है, उसकी नेकनामी हो रही है या बदनामी हो रही है, इससे उन्हें कोई सरोकार नहीं। पार्लियामेंट की जाँच के फलस्वरूप जो नये कायदे-कानून बने, उनसे यह उदासीनता दूर होने के बदले बढ़ने वाली है।'[2]

स्मिथ का मानना था कि ऐसी कम्पनियाँ हर तरह से उन प्रदेशों के लिए विनाशकारी ही सिद्ध होती हैं जो दुर्भाग्यवश इनके प्रशासन के अन्तर्गत आ जाते हैं।[3] मार्क्स का जोर इस बात पर रहा कि किस तरह ईस्ट इंडिया कम्पनी के शासन की वजह से भारत का आर्थिक ढाँचा चरमरा गया। इसका सबसे अधिक दुष्परिणाम कपास उद्योग और कृषि क्षेत्र में देखा जा सकता है। मार्क्स लिखते हैं कि ब्रिटिश प्रशासन के अन्तर्गत भारत में 'लोक निर्माण' के तहत कदम नहीं उठाए गए।[4] ब्रिटिश प्रशासन के अन्तर्गत भारतीय हैंडलूम और चर्खा तबाह हो गए। तैयार किये गए माल से भारत को लाद दिया जाता और भारतीय व्यापारी बर्बाद होते चले जाते। कम्पनी मुनाफे के लिए हर तरीके के व्यापारिक और प्रशासनिक हथकंडे अपनाती। इन नीतियों के सन्दर्भ में और कम्पनी के व्यापारिक चरित्र के सम्बन्ध में चर्चा की जा चुकी है। भारतीय समाज के प्रति अंग्रेजों के इस रवैये को बस इसलिए दोहरा रहा हूँ ताकि अलगाववाद के आर्थिक कारणों को भाषा के सन्दर्भ में भी देखा जा सके। भारतीय अर्थतंत्र से ब्रिटिशों का वह रिश्ता नहीं था जो कि पहले के आक्रमणकारियों का था। जैसाकि के. दामोदरन का कहना है कि वे भारतीय आर्थिक और सांस्कृतिक ढाँचे का हिस्सा बन ही नहीं सकते थे क्योंकि मुनाफा कमाकर उन्हें विदेश लौट जाना था : 'मुगल भी, जो पहले विजेताओं के रूप में भारत आए थे, यहाँ भारतीयों के रूप में ही रहे और अपना शासन चलाया, न कि विदेशियों के रूप में। किन्तु अंग्रेज इस मामले में उनसे भिन्न थे। पहले के आक्रामकों की भाँति वे कभी भी भारतीय संस्कृति की मुख्यधारा में नहीं घुल-मिल सके। इस अन्तर का क्या कारण था? अंग्रेजों द्वारा भारत की विजय से पहले भारत में जिन

विदेशियों ने आधिपत्य जमाया था—अरब, तुर्क, मुगल तथा अन्य—किसी ऐसी आर्थिक व्यवस्था के न तो प्रतिनिधि थे और न ऐसी व्यवस्था अपने साथ लाए थे जो सामन्तवाद से श्रेष्ठतर हो।...फलतः वे भारतीय समाज के आधारभूत आर्थिक ढाँचे में कोई परिवर्तन करने में असमर्थ थे और उन्हें अपना जीवन स्वयं भारतीय परिस्थितियों के अनुरूप ढालना पड़ा।...किन्तु इसके विपरीत, अंग्रेज उत्पादक क्रियाओं की एक ऐसी व्यवस्था के प्रतिनिधि थे, जो उस समय भारत में प्रचलित सामन्ती अर्थव्यवस्था से अधिक आगे बढ़ी ही थी, अर्थात् वे पूँजीवादी अर्थव्यवस्था के प्रतिनिधि थे।'[5]

अलगाववादी मानसिकता की बुनियाद यहीं पर थी। अंग्रेज यहाँ बसने के लिए कभी नहीं आए इसलिए पूर्ववर्ती शासकों और आक्रमणकारियों की तरह भारत के हो नहीं पाए। अन्ततः उनकी संवेदना इंग्लैंड से ही जुड़ती थी। साम्राज्य के विकास के साथ यह अलगाववाद और भी पुख्ता होता चला गया। श्रेष्ठ होने की भावना और उपनिवेशों को सभ्य बनाने के प्रयास ने इस अलगाववादी सोच में और भी इजाफा किया। निश्चय ही प्राच्यविदों में कई ऐसे थे जिनके भीतर भारतीय संस्कृति और अतीत के प्रति जिज्ञासा की प्रवृत्ति थी, सम्पर्क की प्रवृत्ति थी, लेकिन प्राच्यविदों के भीतर इंग्लैंड के प्रति मोह और दायित्व की भावना जरूर थी। जोंस, कैरे, कोलब्रूक, गिलक्रिस्ट और प्राइस—कोई भी 'भारतीय' हो जाने के मकसद से यहाँ नहीं आया था। अन्ततः उन्हें इंग्लैंड वापस जाना था। कुछ के भीतर यह विभाजक रेखा कमजोर जरूर पड़ी थी लेकिन मौजूद थी। जोंस के अलगाव-बोध में कुछ कोमलता दिखाई पड़ती है लेकिन इंग्लैंड की गद्दी और अंग्रेज जाति के प्रति अपने कर्तव्य का बोध उन्हें भी रहता ही है। यह विभाजक रेखा आंग्लवादियों के आगमन के साथ अत्यधिक चौड़ी हो गई। वॉरेन हेस्टिंग्स का साम्राज्यवाद भारतीयकरण का हल्का पुट लिये हुए था लेकिन बैंटिक का साम्राज्यवाद प्रत्यक्ष और बिना किसी लाग-लपेट के था। अन्ततः आम जनता के साथ अंग्रेज एक सामान्य सम्बन्ध कायम न कर सके। जो सम्बन्ध कायम हुए, उनमें व्यापार-प्रशासन और साम्राज्य का हस्तक्षेप जरूर था। जो कुछ थोड़े-बहुत सम्बन्ध स्थापित हुए, वे एलीट तबके के साथ ही हो सके। ऐसे सम्बन्धों के लिए भारतीय जमींदार और नवाब लालायित हुआ करते थे। सर और राजा की पदवियाँ पाना शान की बात थी। आम जनता, उसकी भाषा, उसकी संस्कृति और उसकी जरूरतों से दूरी ने अंग्रेजों के भीतर जिस चरित्र का विकास किया, वह भारतीय जनसमुदाय से कटा हुआ था। उन्नीसवीं सदी में प्रवेश के साथ सामाजिक जीवन में, आम रहन-सहन में, आचार-व्यवहार में अंग्रेज जाति के घुलने-मिलने की जो थोड़ी-बहुत भी प्रक्रिया थी, वह समाप्त हो गई।

धार्मिक अस्मिता ने इस अलगाववाद को और भी पुख्ता किया। अंग्रेज जाति ने भारत में ईसाई मत का जमकर प्रचार किया। धर्म ने अभी भी मानव मस्तिष्क पर

अपना कब्जा जमा रखा था। प्राच्यविदों में जोंस को भारत से अत्यधिक लगाव था लेकिन जोंस भी यह चाहते थे कि भारत में ईसाई मत का प्रचार हो, रोमन लिपि का प्रचार हो। भारतीय भाषाओं के श्रेष्ठ तत्त्वों को परखने के बाद भी वे अपने मोह से उबर नहीं पाए। इसीलिए जोंस ने ईसाई धर्म-प्रचारकों को सलाह दी कि भारत में ईसाई मत का प्रचार करते वक्त भारतवासियों को यह न बताएँ कि उनका ज्ञान, उनकी सभ्यता कमतर है। मतलब यह कि ईसाई मत फैलाएँ जरूर लेकिन थोड़ा सँभालकर। भारतीय भाषाओं के लिए रोमन लिपि के प्रयोग की रूपरेखा तैयार करना उनकी मोहग्रस्तता को ही प्रकट करता है। यह स्वीकारते हुए भी कि देवनागरी लिपि स्वयं में परिपूर्ण है, वे रोमन लिपि को विशेष चिह्नों के साथ प्रचलित करना चाह रहे थे।[6] गिलक्रिस्ट में अलगाव-बोध, ईसाइयत और अंग्रेजी से प्रेम जोंस की तुलना में अधिक था इसलिए उनका आग्रह जोंस की तुलना में ज्यादा प्रत्यक्ष था। मैकाले के समय तक यह दुराग्रह का रूप ले चुका था। धर्म और भाषा एक-दूसरे की पहचान बनते गए। ईसाई मत—अंग्रेजी, इस्लाम मत—फारसी और हिन्दू मत—संस्कृत का समीकरण तैयार हो गया। भाषा की धार्मिक अस्मिता की पहचान के रूप में विकास की प्रक्रिया प्राच्यविदों के अध्ययन-चिन्तन से अत्यधिक दृढ़ हुई। भारत के स्वर्णिम अतीत की खोज में लगे प्राच्यविद् संस्कृत भाषा की समृद्धि और हिन्दू धर्म से उनके सम्बन्धों को प्रकाशित करने में लगे हुए थे। गिलक्रिस्ट, फोर्ट विलियम कॉलेज के अन्य प्रोफेसरों और कम्पनी के कर्मचारियों की भाषायी चेतना इन्हीं प्राच्यविदों के माध्यम से तैयार हुई थी और धर्म का प्रभाव तो व्यापक था ही। बताया जा चुका है कि जब वेलेजली ने कोर्ट ऑफ डायरेक्टर्स को कॉलेज की स्थापना सम्बन्धी नोट्स भेजा था तो ईसाई धर्म-प्रचार को एक महत्त्वपूर्ण लक्ष्य की तरह पेश किया था। कॉलेज के सम्बन्ध में यह नियम बनाया गया कि प्रोवोस्ट और वाइस-प्रोवोस्ट चर्च के पादरी होंगे। कॉलेज के स्टैच्यूट्स में यह नियम रखा गया कि विद्यार्थियों को ईसाई मत के नियमों के अनुसार अनुशासित बनने की शिक्षा दी जाएगी। कॉलेज के वाइस-प्रोवोस्ट बुकानन कॉलेज में नियुक्त होने से पहले ईसाई मत के प्रचार-प्रसार में ही संलग्न थे। 'मेमॉयर्स ऑफ दी लाइफ एंड राइटिंग्स ऑफ दी रेव.क्लॉडियस बुकानन' के हर पृष्ठ से यह साफ झलकता है कि ईसाई मत और यूरोपीय सभ्यता का भारत में प्रसार ही उनका प्राथमिक उद्देश्य था।[7] कोर्ट ऑफ डायरेक्टर्स के सदस्य चार्ल्स ग्रांट ने भी कॉलेज-स्थापना को ईसाई मत के प्रसार की दृष्टि से उपयोगी समझा। कैरे खुद पादरी थे। ऐसे धार्मिक परिवेश में भाषा का धार्मिक अस्मिता से अनिवार्य सम्बन्ध कायम होना ही था। यहाँ यह ध्यान रखना जरूरी है कि प्राच्यविदों का मानस आंग्लवादियों की तरह संकुचित नहीं था और भारतीय भाषाओं के महत्त्व को प्रतिपादित करनेवाला था। प्रारम्भिक प्राच्यविदों के भीतर साम्राज्यवाद की वह चेतना ढूँढ़ना गलत होगा जो कि आंग्लवादियों के भीतर

दिखाई देता है। प्राच्यविदों के योगदान को आँकने के लिए इस भेद का रेखांकन जरूरी है। फिर भी, इतना तो स्पष्ट है कि जब प्राच्यविदों का मानस ही विभिन्न प्रकार की अस्मिताओं में कैद था तो परवर्ती विद्वानों और कम्पनी के कार्य से भारत में नियुक्त अन्य अंग्रेजों से उन अस्मिताओं से मुक्त होकर सोचने की बात ध्यान में लाने का कोई अर्थ नहीं। और कम्पनी की भाषा-नीति तो व्यापार-नीति से मुक्त हो ही नहीं सकती थी।

आर्थिक-धार्मिक-सामाजिक अलगाव-बोध की ऐसी मानसिकता से ग्रस्त अंग्रेज जाति अगर विभिन्न धर्मों और जातियों को अपने भीतर समेटे हुए भारतीय संस्कृति के सम्पर्क-सूत्रों को तलाशने के बजाय धार्मिक-सामाजिक भेद की तलाश करने लगी तो इसमें कोई आश्चर्य नहीं। निश्चय ही यह अंग्रेज जाति के लिए पचाना आसान नहीं था कि पहले के सभी आक्रमणकारी और अन्य जातियाँ जो भारत आईं, वे भारतीय आर्थिक-तंत्र और संस्कृति का हिस्सा होती चली गईं और उनके मेल-जोल से भारतीय संस्कृति और जातीयता और भी विकसित हुई। हिन्दुओं और मुस्लिमों की साझी संस्कृति के विकास पर, दोनों समुदायों की एक सामान्य भाषा के विकास की सम्भावनाओं पर अंग्रेज अध्येताओं का ध्यान उतना नहीं गया जितना कि अलग से हिन्दू अतीत और धर्मग्रन्थों की खोज पर या फारसी प्रभावित भाषा के मुसलमानों के अधिक करीब होने पर और संस्कृत प्रभावित हिन्दवी के हिन्दुओं के अधिक करीब होने पर। अंग्रेज कैसे खुद को समझा सकते थे कि वे एक जातीय विकास की प्रक्रिया में हस्तक्षेप कर रहे थे। जब आज भी हम अस्मिताओं का इतना प्रभाव समाज पर देखते हैं तो अठारहवीं सदी के आखिर में अंग्रेजों से यह उम्मीद कैसे कर सकते हैं कि अपनी अस्मिता को प्रश्नांकित कर वे चिन्तन का आरम्भ करें। अगर अंग्रेज यह नहीं कर सकते थे तो निश्चय ही उनके तर्क की प्रस्थापना गलत होनेवाली थी और वह गलत हुई। यह तो भविष्य के ही आचार्य बता सकते थे कि हिन्दी-उर्दू के बीच में जो भेद है, वह उनकी आर्थिक-सामाजिक नीतियों के कारण और बढ़नेवाला है। वे ही हैं जो शहरों का क्षरण करनेवाले हैं और एक जातीय समुदाय और एक जातीय भाषा के विकास को इतना ध्वस्त करनेवाले हैं कि उसे सँभलने में काफी लम्बा समय लगेगा। ऐसे हालात में अंग्रेजों ने ज्यादा सहज तर्कों की तलाश की और जिन तर्कों को ढूँढ़ा, उससे बेहतर तर्क उन्हें मिल भी कैसे सकते थे ? उनके चिन्तन की इस कमी को रेखांकित करने के बजाय हमारे विद्वान उसमें ब्रिटिश कूटनीति ज्यादा ढूँढ़ने लगते हैं। रामविलास जी ने विभिन्न पक्षों को पकड़ने का प्रयास तो किया है पर ब्रिटिश कूटनीति के तर्क को भी अन्य पहलुओं की तरह ही महत्त्व देते दिखाई देते हैं, जबकि भाषा के क्षेत्र में ब्रिटिश कूटनीति के सबसे प्रभावकारी तत्त्व के रूप में उभरने में अभी कुछ वर्ष बाकी थे।

गिलक्रिस्ट के भीतर अलगाव-बोध और श्रेष्ठता-ग्रन्थि की प्रवृत्ति कुछ ज्यादा

ही थी और प्राच्यविदों की ज्ञान-परम्परा से उनका गहन सम्पर्क भी था। हिन्दी-उर्दू के भेद के इन महत्त्वपूर्ण कारकों की पहचान गिलक्रिस्ट की मानसिकता और भाषा-नीति से आसानी से की जा सकती है। गिलक्रिस्ट की भाषा-नीति में विद्यमान प्रवृत्तियाँ आंग्लवादियों और मैकालेवादियों के राजनीतिक दबदबे के साथ ज्ञान के दबाव से पूर्णत: मुक्त और प्रत्यक्ष हो गईं। सईद के अध्ययन का महत्त्व प्राच्यविदों की ज्ञान परम्परा की ऐसी बारीक प्रवृत्तियों के रेखांकन में ही है।

अंग्रेज अध्येताओं के भीतर यह अलगाव-बोध इतना पैठ चुका था, धार्मिक और भाषायी अस्मिता की पकड़ इतने गहरे स्थापित थी कि वे इस फ्रेम से बाहर निकल ही न पाए। यही कारण है कि जो गिलक्रिस्ट की भाषा-नीति के समर्थन में नहीं थे, वे भी इस अलगाव-बोध से मुक्त नहीं थे और आंग्लवादियों को तो हिन्दुस्तानी से कोई मतलब ही नहीं था। कुछ एक लोग जो ऐसी परिस्थितियों में भी हिन्दी-उर्दू को एक ही भाषा समझ रहे थे, उन्हें भी प्रबुद्ध अंग्रेज अध्येताओं ने चुप करा दिया। देखिए डब्ल्यू. येट्स का यह कथन :

'It must be observed, that the Hindoostanee or Oordoo differs essentially from the Hindee or Hindooee, the former being derived principally from the Arabic or Persian, and the latter from the Sunscrit. The inflections of both being the same and the strange admixture of them that frequently abstains, where both are spoken in the same city, have led some to the erroneous conclusion that they are the same language : whereas the Ooordoo is peculiar in its application to the Moosulman population in every part of India, while the Hindooee applies only to the Hindoos in the Upper Provincess.'[8]

इस उद्धरण की जो आकर्षक बातें हैं, उन पर ध्यान दें :

- दोनों (हिन्दी-उर्दू) की रूप-संरचना एक है।
- दोनों एक ही शहर में बोली जाती हैं।
- कुछ लोग भूलवश यह समझ लेते हैं कि दोनों एक ही भाषाएँ हैं।

येट्स साहब को इन भाषाओं के भेद का एक ही कारण दिखाई दिया कि उर्दू मुस्लिम जनसमुदाय और हिन्दी हिन्दू जनसमुदाय की भाषा है। इन दोनों को अलग भाषाओं के रूप में स्थापित करने का कोई भाषा वैज्ञानिक कारण उन्हें नहीं सूझा। ईस्ट इंडिया कम्पनी की भाषा-नीति पर विचार करते हुए यह दिखाया जा चुका है कि ब्रिटिश सरकार ने फिर धीरे-धीरे स्कूलों-कॉलेजों में हिन्दी-उर्दू के लिए अलग-अलग व्यवस्था कर दी। दरबारों और सरकारी कार्यालयों में प्रयुक्त उर्दू कम्पनी के लिए महत्त्वपूर्ण थी। यह भेद सरकारी कार्यालयों से फारसी के हटने के बाद दूसरा ही रंग लेने लगा। धार्मिक आधार पर भाषायी अस्मिता को संगठित रूप में भारतीयों द्वारा पेश करने की प्रारम्भिक घटनाएँ यहाँ से मिलने लगती हैं। हालाँकि इनमें वे

लोग थे जिनकी रोजी-रोटी सरकारी कार्यालयों से जुड़ी हुई थी। भारतीय राजनीतिक-अकादमिक परिवेश में आंग्लवादियों के प्रवेश ने अलगाववादी बिन्दुओं को और भी मजबूत करने का काम किया।[9]

1850 ई. में आर. थॉर्नटॉन ने लिखा कि अंग्रेज इस देश को अमेरिका या आयरलैंड की तरह से अपना उपनिवेश नहीं बना सकते। पहले के आक्रमणकारियों की तरह वे देशी लोगों से वैवाहिक सम्बन्ध भी स्थापित नहीं करते। साथ ही यह प्रवृत्ति भी उनके भीतर दिखाई देती है कि कैसे महत्त्वपूर्ण जगहों से देशी लोगों को हटाया जाए।[9]

1860 ई. में फोर्ट विलियम कॉलेज के विद्यार्थियों की उपलब्ध परीक्षा सम्बन्धी रिपोर्ट में हिन्दी-उर्दू की अलग-अलग परीक्षा-प्रणाली का बहुत ही व्यवस्थित रूप दिखाई देता है। 1800 ई. में हिन्दुस्तानी भाषा के अध्ययन के रूप में शुरू हुआ विभाग अन्तत: दो व्यवस्थित खेमों में बँट चुका था। इन परीक्षाओं में हिन्दी-उर्दू की जनरल और हाई प्रोफिसिएंसी का दो स्तरों पर मूल्यांकन होता।[10] हाई प्रोफिसिएंसी का मतलब होता कि आपने कितने अधिक संस्कृत या फारसी के शब्द सीखे। धार्मिक भेद के स्तर पर निर्मित गिलक्रिस्ट की भाषा-नीति को तर्कपूर्ण हस्तक्षेप कर कोई भी न हटा सका।

1800 ई. के पहले दशक में लिपि का सवाल महत्त्वपूर्ण नहीं हुआ था। गिलक्रिस्ट रोमन के बाद फारसी लिपि को महत्त्व देते थे लेकिन हिन्दवी की अनेक रचनाएँ फारसी लिपि में और उर्दू की अनेक रचनाएँ देवनागरी में भी उपलब्ध थीं। लेकिन ब्रिटिश सरकार ने जब हिन्दी-उर्दू की अलग-अलग पढ़ाई की शुरुआत की तो लिपि का सवाल महत्त्वपूर्ण होता गया। जब अदालतों और सरकारी कार्यालयों में नागरी को लागू किया गया तब आर्थिक-राजनीतिक वजहों से यह सवाल गम्भीर हो गया। क्रिस्टोफर आर. किंग ने अपने शोध में दिखाया है कि किस तरह लिपि का सवाल धार्मिक और भाषायी अस्मिता का सवाल बन गया। वह विशाल साहित्य जो दो शैलियों में रहकर भी एक सामासिक संस्कृति का निर्माण कर सकता था, अस्मितायी राजनीति और धार्मिक अलगाववाद का शिकार हो गया। नजीर अकबराबादी जैसे 'जनसाधारण के असाधारण कवियों'—जो कि हिन्दी प्रदेश की 'सामासिक संस्कृति की नींव पुख्ता कर रहे थे और जमाने का यथार्थ रच रहे थे।'[11]—की कविताओं से हिन्दी के पाठक सदा के लिए वंचित कर दिये गए। नजीर की शायरी की 1810 की एक प्रति मुझे राष्ट्रीय पुस्तकालय, कलकत्ता में उपलब्ध हुई जिस पर फोर्ट विलियम कॉलेज के पुस्तकालय की मुहर थी। 'अशआर मियाँ नजीर के' नाम की यह पुस्तक देवनागरी लिपि में थी।

'एक भाषा दो लिखावट' कहें, 'एक भाषा दो अदब' कहें, 'वन लैंग्वेज टू स्क्रिप्ट्स' कहें, 'ए हाउस डिवाइडेड' कहें, 'एक व्याकरण दो शैलियाँ' कहें या फिर

'एक फ्रेम दो तस्वीरें (राही)' कहें, धार्मिक अस्मिता के साथ भाषायी अस्मिता का गठजोड़ इतना मजबूत होता चला गया कि कई बुद्धिजीवियों के प्रयास के बावजूद खड़ी बोली इस अलगाववाद से कभी उबर नहीं पाई। कहना न होगा कि दंगा शुरू तो बहुत आसानी से हो जाता है, पर खत्म...।

फोर्ट विलियम कॉलेज के बाद की परिस्थितियों की चर्चा करते हुए प्रो. वीरभारत तलवार अपनी पुस्तक 'रस्साकशी' में लिखते हैं : 'पश्चिमोत्तर प्रान्त में हिन्दू-मुस्लिम भद्रवर्ग के बीच चले आ रहे शक्ति समीकरण को बदलने के लिहाज से भाषा और लिपि के मुद्दे बहुत महत्त्वपूर्ण थे क्योंकि अदालतों और दफ्तरों में प्रचलित उर्दू भाषा और लिपि को हटाए बिना सरकारी नौकरियों में हिन्दू भद्रवर्ग की हिस्सेदारी बढ़ नहीं सकती थी। लिहाजा ये मुद्दे दोनों समुदायों के भद्रवर्ग के बीच जो ताकत आजमाइश के मुद्दे बन गए और उनकी धार्मिक अस्मिता के प्रतीक भी बन गए। इन्हीं परिस्थितियों में पश्चिमोत्तर प्रान्त में हिन्दू-मुस्लिम साम्प्रदायिक विचारधारा का जन्म और विकास हुआ।'[12]

इस अलगाववादी माहौल में कई धार्मिक और धर्मनिरपेक्ष संस्थाएँ बनने लगीं—कुछ हिन्दी के पक्ष में, कुछ उर्दू के पक्ष में। हिन्दी नागरी और गोरक्षा का सवाल नवजागरण के दौर में अत्यन्त महत्त्वपूर्ण हो गया। नागरी के प्रचार के लिए जो सर्वाधिक महत्त्वपूर्ण संस्था बनी थी, वह है—नागरी प्रचारिणी सभा। वैसे तो नागरी प्रचारिणी सभा एक अकादमिक संस्था थी, मूलतः जिसका ढाँचा धर्मनिरपेक्ष[13] था। किन्तु ऐसे संस्थानों ने अकादमिक स्तर पर हिन्दी की अवस्थिति को मजबूत करने का ही काम किया :

'हिन्दी की समृद्धि के लिए उर्दू को उससे अलग रखना सभा ने भी जरूरी ही समझा। 'हिन्दी छुट और किसी बोली का पुट' न रखने के संकल्प के बिना भी सभा ने अरबी-फारसी के शब्दों के प्रयोग को सीमित किया।'[14]

नागरी प्रचारिणी सभा द्वारा प्रकाशित और ब्रजरत्नदास द्वारा सम्पादित लल्लूलाल की 'प्रेमसागर' की भूमिका का एक अंश यहाँ उद्धृत करना चाहूँगा : 'इस देश के रहनेवालों पर घृणा रखने के कारण मुसलमानों ने बाद को इसका (हिन्दी का) घृणित अर्थ रख लिया।'[15] कहना न होगा कि अलगाववादी भाषा-नीति के निर्माण में प्रेमसागर की भाषा हिन्दी और हिन्दू के लिए अत्यधिक उपयोगी साबित हुई। अपना-अपना पक्ष मजबूत करने की जो अकादमिक और राजनीतिक होड़ चली, वह अभी भी चली जा रही है। कुछ विद्वानों के लिए आज भी स्थिति यह है कि कैसे साबित कर दिया जाए कि उर्दू हिन्दी से निकली है या फिर हिन्दी-उर्दू से।[16]

खैर, अन्ततः उत्तर प्रदेश की दो राजभाषाएँ हो गईं—पहली, हिन्दी और दूसरी, उर्दू।

आइए, अब देखें कि रामविलास जी द्वारा उक्त प्रस्थान-बिन्दु अपनाए जाने से

फोर्ट विलियम कॉलेज से जुड़े कुछ अन्य विद्वानों की छवि कैसी बन पड़ी है!

फोर्ट विलियम कॉलेज में गिलक्रिस्ट के बाद हिन्दी-हिन्दुस्तानी के सन्दर्भ में अगर किसी ने थोड़ा विचार किया है तो विलियम प्राइस ने। इन विलियम प्राइस के बारे में रामविलासजी की राय कुछ इस तरह है :

1. 'भारत के पतनशील सामन्त, अंग्रेजी राज के मुख्य सामाजिक स्तम्भ जब जनसाधारण की भाषा को उपेक्षा के भाव से देखते थे, तब गिलक्रिस्ट सम्प्रदाय उन्हें बढ़ावा देता था। कहता था—साहित्य में गँवारू भाषा का प्रयोग न होना चाहिए, उच्च वर्ग के शिक्षित जनों की सभ्यता और संस्कृति का पता ही इस बात से चलता है कि उनकी भाषा में कितना अरबी फारसी और संस्कृत है।...विलियम प्राइस इस सम्प्रदाय के रत्न थे। वह फोर्ट विलियम कॉलेज में हिन्दी-हिन्दुस्तानी भाषाओं के प्रोफेसर थे। हिन्दी-हिन्दुस्तानी पाठ्य-पुस्तक की भूमिका में उन्होंने लिखा था कि हिन्दुस्तानी भाषा हिन्दी से ही निकली है किन्तु उसमें इतने अरबी और फारसी के शब्द आ गए हैं कि इस देश के प्रायः सभी हिन्दू मतावलम्बी उसे समझ नहीं पाते जब तक कि वे मुस्लिम प्रधान बड़े शहरों में बहुत दिनों तक रहे न हों। किन्तु यह मुसलमानों की भाषा है, खास तौर से उन विशिष्ट और शिक्षित जनों की जो शब्दों का व्यवहार नपा-तुला करते हैं।'[17]
2. 'विलियम प्राइस ने गिलक्रिस्ट का अनुसरण करते हुए हिन्दुओं और मुसलमानों को दो खेमों में बिठाया है। मुस्लिमप्रधान शहरों के हिन्दू अरबी-फारसी गर्भित भाषा समझ लेते हैं, यह उन्होंने लिखा; देहात के मुसलमानों का काम, वहाँ के हिन्दुओं की तरह हिन्दी से चलता है, यह उन्होंने नहीं लिखा। शहर में धुनिये बुनकर कसाई अरबी-फारसी गर्भित भाषा न समझते थे, भले ही वे मुसलमान हों, यह उन्होंने नहीं लिखा।'[18]
3. 'अभिजात वर्ग और जनसाधारण के भाषा-सम्बन्धी भेद को अंग्रेजों ने मुसलमानों और हिन्दुओं का भेद बना दिया। स्वयं दोनों की भाषा और संस्कृति के संरक्षक बने। फोर्ट विलियम कॉलेज ने हिन्दुओं को प्रेमसागर का गद्य दिया, ग्रियर्सन के अनुसार, उर्दू के विकास में फोर्ट विलियम कॉलेज का महत्त्व घोषित किया विलियम प्राइस ने।'[19]

'भारतेन्दु युग और हिन्दी भाषा की विकास परम्परा' में अभिव्यक्त उक्त मतों से विलियम प्राइस के बारे में सिर्फ एक ही छवि मस्तिष्क में आती है—गिलक्रिस्ट के पदचिह्नों पर चलनेवाले की। विलियम प्राइस की छवि एक ऐसे व्यक्ति के रूप में दिखाई देती है जो :

1. गिलक्रिस्टी सम्प्रदाय का रत्न था और जनसाधारण की भाषा को उपेक्षा के भाव से देखता था।

2. जो यह मानता था कि साहित्य में गँवारू भाषा का प्रयोग न होना चाहिए।
3. जो हिन्दी-हिन्दुस्तानी का प्रोफेसर था और उर्दू को कॉलेज में विकसित करने में उसकी महत्त्वपूर्ण भूमिका थी।
4. जिसने धार्मिक आधार पर भाषा का विभाजन किया और माना कि हिन्दी हिन्दुओं की और उर्दू मुसलमानों की भाषा है।
5. जो यह नहीं मानता कि देहात के मुसलमानों का काम हिन्दी से चलता है, इत्यादि।

हिन्दी एंड हिन्दुस्तानी सेलेक्शंस पुस्तक और कॉलेज को लिखे गए पत्रों के आधार पर विलियम प्राइस की जो छवि पिछले अध्याय में दिखाई देती है, वह उक्त छवि से काफी कुछ भिन्न है। रामविलास जी ने भी 'हिन्दी भाषा की विकास परम्परा और भारतेन्दु-युग' लेख में कहीं इस पुस्तक का रेफरेंस दिया है, पर शायद वे इस पुस्तक को मूल रूप में देख नहीं पाए थे। युग की अन्य प्रभावकारी प्रवृत्तियों के साथ भाषा के मसले पर ब्रिटिश कूटनीति का घाल-मेल करने के कारण विलियम प्राइस की उनकी गढ़ी हुई छवि गिलक्रिस्ट की प्रतिच्छाया मात्र दिखाई देती है, जबकि वास्तविकता यह है कि प्राइस की भाषा-नीति गिलक्रिस्ट से कई मुद्दों पर काफी अलग थी, इतनी अलग कि कुछ बिन्दुओं पर रामविलास जी की अपेक्षाओं के अनुकूल दिखाई देती है। उसमें अतार्किक बहुत-कुछ है किन्तु अस्मिताओं में कैद होते हुए भी तार्किकता की ओर बढ़ने का प्रयास भी है।

रामविलास जी ने 'हिन्दी भाषा की विकास-परम्परा और भारतेन्दु-युग' लेख में इस बात पर बहुत जोर दिया है कि उर्दू ने अपने-आपको जनपदीय बोलियों से दूर करके अपना बहुत नुकसान किया है। अगर हिन्दी भी उर्दू की तरह जनपदीय बोलियों और जनसाधारण की भाषा तथा अवधी, ब्रज की विरासत को छोड़ती रहेगी तो इसकी स्थिति भी निरन्तर अवनति की ओर ही बढ़ेगी। हिन्दी-उर्दू की विरासत को बेहतर दिशा देने के लिए रामविलासजी की दृष्टि में मूल समस्या यही है कि 'जिस शब्द-भंडार को सूर, तुलसी, जायसी आदि कवियों ने अपनाया है, जिस शब्द-भंडार की मूल सामग्री जनपदों की बोलियों में सुरक्षित है, उसे उर्दू अपनाती है या नहीं। यदि अपनाती है तो वह हिन्दुस्तानी जाति के बहुसंख्यक भाग—किसानों—को अपनी ओर खींचती है और पुरानी साहित्यिक परम्परा से नाता जोड़कर समूची हिन्दुस्तानी जाति की एकता और सांस्कृतिक विकास का माध्यम बनती है। यदि वह इससे भिन्न नीति अपनाती है, जनपदीय बोलियों के शब्द-भंडार को छोड़ती है, अवधी, ब्रज, मैथिली के सामान्य शब्द-भंडार से दूर रहती है, फारसी शब्दावली का सहारा ज्यादा से ज्यादा लेती है, तो वह जातीय भाषा के बदले एक बोली मात्र रह जाती है।'[20]

विलियम प्राइस के विचारों को देखने से स्पष्ट पता चलता है कि इन जनपदीय

बोलियों के साहित्य को उन्होंने काफी महत्त्व दिया है। रामविलास जी ने बड़ी सहजता से कह दिया है कि जनसाधारण की भाषा को यह सम्प्रदाय (जिसके सबसे प्रमुख सदस्य विलियम प्राइस थे) उपेक्षा के भाव से देखता था और गँवारू भाषा का प्रयोग नहीं करना चाहता था। विलियम प्राइस के बारे में यह धारणा आश्चर्य में डालती है क्योंकि विलियम प्राइस ही वे व्यक्ति हैं जिन्होंने कॉलेज में गिलक्रिस्ट की भाषा-नीति को पूर्णतः बदलकर रख दिया।

रामविलास जी की तरह विलियम प्राइस ने भी यह समझा था कि विभिन्न प्रभावों के कारण हिन्दी के अनेक रूप हो गए हैं किन्तु उनका व्याकरण एक ही है, भले ही शब्दावली भिन्न हो। 1824 ई. में काउंसिल के मंत्री रडेल को लिखे गए पत्र में विलियम प्राइस यह बताते हैं कि उर्दू के कई विद्वानों की स्थिति ऐसी हो गई है कि वे ब्रजभाषा का एक वाक्य नहीं पढ़ सकते। ऊँचे महकमों में विद्यमान परिवेश ने उर्दू के इस अलग स्वरूप को और भी ज्यादा बढ़ा दिया है। गिलक्रिस्ट ने जिस हिन्दुस्तानी का प्रचलन कर दिया था, प्राइस ने उसके प्रचार को कम करने में सबसे महत्त्वपूर्ण भूमिका निभाई। गिलक्रिस्ट की हिन्दुस्तानी के बारे में प्राइस ने साफ लिखा : 'अपना फारसी ज्ञान नये रूप में रखने के सिवाय उनका (फोर्ट विलियम कॉलेज में अध्ययन कर रहे विद्यार्थियों का) हिन्दुस्तानी ज्ञान और कुछ नहीं है। वह उनका परिचय न तो भाषा के साथ और न देशी लोगों के विचारों के साथ ही बढ़ाता है। हिन्दी अध्ययन में भी इससे कोई सहायता नहीं मिलती।'[21] क्या गिलक्रिस्ट की नीतियों के विरोध में कहे गए इस स्पष्ट वाक्य के बाद भी कोई यह कह सकता है कि विलियम प्राइस गिलक्रिस्टी सम्प्रदाय के रत्न थे? क्या कोई यह कह सकता है कि उन्होंने जनसमुदाय की भाषा की उपेक्षा की या उसे गँवारू कहकर नकार दिया? विलियम प्राइस की पुस्तक 'हिन्दी एंड हिन्दुस्तानी सेलेक्शंस की भूमिका' का जो विश्लेषण पीछे प्रस्तुत किया गया है, उससे साफ दृष्टिगोचर होता है कि विलियम प्राइस की दृष्टि में हिन्दी कोई संकुचित भाषा नहीं थी। उसका स्वरूप जनपदीय बोलियों को आत्मसात् करनेवाला स्वरूप है। ठीक वैसा ही आत्मसात् करनेवाला जैसाकि रामविलास जी चाहते हैं। विलियम प्राइस सूर, कबीर, तुलसी, जायसी, केशव—सभी को हिन्दी कवि के रूप में याद करते हैं। चन्द की रचना 'पृथ्वीराज रासो' उनकी दृष्टि में हिन्दी की सबसे पुरानी प्राप्य रचना है। बिहारी के दोहे भी उनके लिए हिन्दी की रचनाएँ हैं। हिन्दी प्राइस की दृष्टि में सिर्फ भोजपुरी, सिर्फ अवधी या सिर्फ ब्रज नहीं थी। वे इसके सम्मिलित रूप को हिन्दी समझते थे। इसीलिए जिन कवियों को उन्होंने हिन्दी कवि के रूप में याद किया है, वे हिन्दी की ही विभिन्न जनपदीय बोलियों के कवि हैं जिन्हें रामविलास जी जातीय चेतना के विकास के लिए अत्यधिक आवश्यक मानते हैं; जिनकी शब्दावली का प्रयोग कर रामविलास जी हिन्दी को समृद्ध करना चाहते हैं। विलियम प्राइस ने नहीं माना कि

गिलक्रिस्ट की हिन्दुस्तानी 'दी ग्रैंड पॉपुलर स्पीच' है। उसका विस्तार वे सिर्फ ऊँचे महकमों में ही देखते हैं। हिन्दी के नाम पर विलियम प्राइस इन बोलियों में कोई फूट नहीं डालते बल्कि रामविलास जी की ही इस मान्यता का प्रतिपादन करते दिखाई देते हैं, 'हिन्दी प्रदेश में लोक-साहित्य का माध्यम जो बोलियाँ हैं, वे संरचना और शब्द-भंडार की दृष्टि से एक-दूसरे से बहुत मिलती-जुलती हैं। इन्हें बोलनेवाले जितनी आसानी से एक-दूसरे की बात समझ लेते हैं, उतनी आसानी से ब्रिटेन, अमरीका या चीन के लोग एक ही भाषा-क्षेत्र की भिन्न बोलियों के माध्यम से एक-दूसरे की बात नहीं समझ पाते।'[22]

हिन्दी के नाम पर प्रचलित विभिन्न रूपों के व्याकरण को अपरिवर्तित मानते हुए ही उन्होंने हिन्दी नाम का प्रयोग करना उचित समझा। खड़ी बोली के व्याकरण को इन सभी का आधार मानते हुए उन्होंने यहाँ तक कहा कि ब्रज और उर्दू का थोड़ा अन्तर प्रादेशिकता मात्र है। चूँकि इनमें परिवर्तन करने योग्य कोई बात नहीं है इसीलिए उन्होंने हिन्दी नाम को सर्वथा उपयुक्त माना और उसे आभिजात्य संकुचित समुदाय से अलग किया। प्राइस ने साफ लिखा : 'प्रादेशिकता को छोड़कर, जिनकी ओर तुलनात्मक दृष्टि से विद्यार्थियों का ध्यान आकृष्ट किया जा सकता है, उन भाषाओं के व्याकरण में, जो कॉलेज में पढ़ाई जाती हैं, परिवर्तन करने योग्य कोई बात नहीं है।'[23] विलियम प्राइस की यह स्थापना ही उन्हें इन विभिन्न जनपदीय बोलियों और खड़ी बोली व्याकरण से इनके सम्बन्ध को देखते हुए एक नाम हिन्दी के प्रति आकर्षित करती है। विलियम प्राइस ने स्वयं को हिन्दुस्तानी प्रोफेसर न कहकर हिन्दी प्रोफेसर कहना शुरू किया। भले ही कॉलेज और सरकारी पत्राचार में उन्हें हिन्दुस्तानी प्रोफेसर के रूप में सम्बोधित किया जाता था, विलियम प्राइस अपना जवाब हिन्दी प्रोफेसर लिखकर ही देते थे। इन प्रमाणों के उपरान्त यह कहने की आवश्यकता नहीं रह जाती कि विलियम प्राइस अपने-आपको जनसामान्य की गँवारू भाषा से दूर नहीं रखना चाहते थे बल्कि उसके करीब जाना चाहते थे।

इन तर्कों से यह भी प्रमाणित होता है कि विलियम प्राइस की दृष्टि में गिलक्रिस्ट की तरह जो भाषा को धर्म से जोड़कर देखने की प्रवृत्ति है, वह अस्मिता और अन्य ऐसी ही सीमाओं (जिनका जिक्र गिलक्रिस्ट के प्रसंग में किया जा चुका है) से उपजी प्रवृत्ति है। वह कूटनीति से उपजी प्रवृत्ति नहीं है अन्यथा गिलक्रिस्ट के विरोध में कॉलेज में ही मत रखना और उसके लिए समर्थन जुटाना किसी भी रूप में व्यावहारिक नहीं कहा जा सकता। रामविलास जी मानते हैं : 'उर्दू के अधिकांश कवि राजदरबारों से सम्बन्धित और उनके आश्रित थे। भारतीय सामन्तवाद अपने जीवन की आखिरी साँसें ले रहा था। उसने अपने चारों ओर एक कृत्रिम संसार बसा लिया था जिसका जन-जीवन से कोई सम्बन्ध न था। नजीर जैसे कवि उर्दू साहित्य की मूलधारा से दूर थे और अपनी रचनाओं से उसे नया मोड़ देने में असमर्थ रहे थे। हिन्दी-उर्दू अलगाव

का मुख्य कारण उर्दू काव्य का यह संकुचित सामन्ती आधार था। इसका यह अर्थ नहीं है कि कवियों ने सरल उर्दू में रचनाएँ नहीं कीं, ऐसी सरल उर्दू में जो हिन्दी से भिन्न नहीं है, जो इतनी अच्छी हिन्दी है कि हिन्दी कवि उससे भाषा लिखना सीख सकते हैं। लेकिन इस सरल उर्दू के कारण हिन्दी-उर्दू का अलगाव नहीं हुआ। अलगाव हुआ फारसी मिश्रित कठिन उर्दू के कारण। यह अलगाव आज के हिन्दी से हो तो चिन्ता की बात नहीं। उसके लिए हिन्दू साम्प्रदायिकता को जिम्मेदार ठहराया जा सकता है। किन्तु यह अलगाव था जायसी और कबीर के शब्द-भंडार से, बन्दानवाज और वजही के शब्द-भंडार की परम्परा से। इसका कारण था मतरूकात का सिद्धान्त, भाषा में हिन्दीपन के बदले फारसीपन का बोलबाला।'[24] अगर ऐसे माहौल में अस्मिताओं में कैद एक मानस, जिसे किसी भी रूप में भाषा-वैज्ञानिक नहीं कहा जा सकता, धर्म को भाषा से जोड़कर देखने लगता है तो यह स्वाभाविक है। उर्दू के कुछ ऐसे रूप तैयार हो गए थे जिनके लिए प्राइस कोई तर्क नहीं ढूँढ़ पा रहे थे, जबकि विभिन्न जनपदीय बोलियों की एकसूत्रता तलाशने में उन्हें कठिनाई नहीं हो रही थी। इस अत्यधिक फारसीकरण के कारण रामविलास जी भी उर्दू को बोली कहने की पेशकश करते हैं। विलियम प्राइस हिन्दी जाति की वास्तविकता न समझ पाने के कारण धर्म, 'बाहरी शब्दों' के प्रभाव और परम्परा से स्थापित संस्कृत से सम्बन्ध के तर्क के आलोक में उसे अलग मान बैठते हैं।

इस उद्धरण में रामविलासजी कहते हैं कि उर्दू की समस्या थी जायसी और कबीर के शब्दों से उनका अलगाव। यह सोचना चाहिए कि जायसी या कबीर की शब्दावली के साथ प्राइस ने क्या किया? प्राइस ने इन मुसलमान कवियों को हिन्दी का कवि माना है। कॉलेज के विवरणों से पता चलता है कि रडैल ने एक बार उनके निरीक्षण के लिए एक हस्तलिखित ग्रन्थ भेजा, जो शायद 'पद्मावत' की प्रति थी। इस प्रति के बारे में विलियम प्राइस की राय देखिए :

'आपकी प्रार्थना के अनुसार मैं कॉलेज काउंसिल के सूचनार्थ हिन्दी के हस्तलिखित ग्रन्थ का विवरण भेज रहा हूँ। यह ग्रन्थ इन्दौर के रेजीडेंट श्री वेलेजली ने डॉ. ऐटिंक्सन द्वारा कॉलेज के पुस्तकालय में सुरक्षित रखने के लिए भेजा है।

कथा में गोरा और बादल नामक दो राजपूत सरदारों की वीरता का वर्णन है। इन्होंने चित्तौण के कुमार (राणा) रत्नसेन को अलाउद्दीन के पंजे से छुड़ाया था। 1305 ई. में अलाउद्दीन दिल्ली में राज्य करता था। हिन्दुस्तानी में विख्यात अनेक घटनाओं गें से यह एक घटना है और जिसका वर्णन विभिन्न रूपों में मिलता है। रत्नसेन की रानी पद्मिनी या पद्मावती अपने सौन्दर्य के लिए जगत्-प्रसिद्ध थी। अलाउद्दीन ने उसे प्राप्त करने की चेष्टा की थी। इसी घटना से कथा का जन्म हुआ है। डाऊ और अबुलफजल कृत आईने अकबरी में इसका उल्लेख मिलता है। इस ग्रन्थ की भाषा हिन्दी है जिसमें अनेक संस्कृत शब्द तथा अन्य अनेक ऐसे शब्द हैं

जो दूसरे प्रदेशों में प्रचलित नहीं हैं। इसीलिए हिन्दी के अनेक रूपों से इसका रूप भिन्न है। हिन्दुस्तानी अनुवाद की भाषा भी उर्दू भाषा से भिन्न है। किन्तु सब बातें सरलतापूर्वक समझ में आ जाती हैं।'[25]

इस तरह विलियम प्राइस मुसलमान कवि जायसी द्वारा अवधी में रचित 'पद्मावत' और गँवारू भाषा में लिखनेवाले कबीर की कविता को हिन्दी की कविता मानते हैं। उनकी यह दृष्टि रामविलास जी की हिन्दी जाति की अवधारणा के लिए बहुत ही लाभकारी थी। रामविलास जी अगर यह समझ पाते कि धर्म और भाषा का गठजोड़ परिस्थितियोंवश ज्यादा था तो वे विलियम प्राइस के साथ भी उतना ही न्याय कर पाते जितना कि उन्होंने विलियम जोंस के साथ किया है। विलियम जोंस की कमियों को रेखांकित करने के बाद भी उन्होंने जोंस के लेखन के पुनर्पाठ की माँग की है, जबकि प्राइस के बारे में सिर्फ हिन्दी-उर्दू के धार्मिक अलगाववादी पहलू पर ही वे केन्द्रित हो गए हैं। प्राइस की इस दृष्टि ने हिन्दी-उर्दू के विकास को निश्चय ही क्षति पहुँचाई है। उर्दू की परम्परा को उन्होंने अलग कर दिया है। किन्तु इसका रेखांकन जरूरी है कि यह तार्किकता तक न पहुँच पाने के कारण ही हुआ है। इसके पीछे अन्य कोई वजह नहीं है। अन्यथा परम्परा के अन्य तत्त्वों को आत्मसात् करने की क्या जरूरत थी ?

रामविलास जी ने जातीय गठन की प्रक्रिया का भाषा-वैज्ञानिक विश्लेषण करते हुए संस्कृत और हिन्दी के बीच में माँ-बेटी जैसे सम्बन्ध को खारिज किया है। हिन्दी की अपनी जातीय प्रकृति को समझाते हुए उन्होंने संस्कृत व्याकरण से उसके अलगाव को रेखांकित किया है। उनका मानना है : 'यह स्वाभाविक है कि भारतीय भाषाएँ अरबी-फारसी अथवा लैटिन-ग्रीक की तुलना में संस्कृत भाषा तत्त्वों से अपने विकास के लिए आवश्यक सामग्री प्राप्त करें किन्तु हिन्दी तथा अन्य भारतीय भाषाएँ केवल उधार लेनेवाली भाषाएँ नहीं हैं। उनमें अपनी सृजनात्मक क्षमता है, संस्कृत से भिन्न स्तर पर ये अपनी इस क्षमता के उपयोग से अपना विकास करती रही हैं। हिन्दी तथा अन्य भारतीय भाषाओं की अपनी जातीय प्रकृति है। इस प्रकृति को न पहचानकर संस्कृत के वास्तविक या कल्पित आधार पर भाषा में अनगढ़ और अपच पारिभाषिक शब्द भर देने से न वह हिन्दी रह जाती है, न संस्कृत।'[26] विलियम प्राइस ने भी इस तार्किक दिशा की ओर प्रस्थान करने का प्रयास किया है। इसमें वे पूर्णत: सफल तो नहीं हुए किन्तु असफल भी नहीं कहे जा सकते। हिन्दी के साथ शब्दों के मामले में वे संस्कृत से बहुत गहरा सम्बन्ध मानते हैं पर व्याकरण के अलगाव को उन्होंने भी रेखांकित किया है। यह माना है कि हिन्दी के व्याकरण का निर्माण स्वतंत्र रूप से हुआ है और संस्कृत एवं हिन्दी के रूपों में लाक्षणिक अन्तर है। 1824 ई. के उनके पत्र के इस हिस्से को पुन: देखें :

'साथ ही यदि क्रिया संस्कृत है तो क्रिया के सामान्य रूपों को छोड़कर विभक्ति

चिह्न संस्कृत में नहीं मिलते। क्रियाओं के रूपों और कालों का अन्त भी सामान्यत: बिल्कुल अजीब है। वर्तमान काल और भूत कृदन्तों के साथ सहायक क्रिया का प्रयोग और प्रत्यय लगाकर संज्ञाओं के कारक बनाना संस्कृत भाषा की प्रकृति के सर्वथा विपरीत है। अस्तु, मूल रूप चाहे जो कुछ रहा हो, अब एक हिन्दी व्याकरण है जिसका स्वतंत्र रूप से निर्माण हुआ है। यह एक ओर तो पूर्ण वस्तु के मूल स्रोत से भिन्न है और दूसरी ओर उन भाषाओं से भिन्न है जो संस्कृत से निकली बताई जाती हैं, जैसे—मराठी और बांग्ला। इसलिए वह भाषा स्वतंत्र समझे जाने योग्य है जिसे हम 'हिन्दी' नाम से सरलतापूर्वक अभिहित कर सकते हैं—यद्यपि 'हिन्दुई' अपभ्रंश 'हिन्दुवी' अधिक उपयुक्त शब्द होता।'[27]

लिपि के मामले में भी उन्होंने देवनागरी को ज्यादा महत्त्व देना उचित समझा। हिन्दी-उर्दू के बीच की दूरी कम करने के लिए रामविलास जी का प्रस्ताव था कि उनकी लिपि एक होनी चाहिए। इसके लिए उन्होंने देवनागरी को ज्यादा महत्त्वपूर्ण माना था क्योंकि बहुसंख्यक जनता इसी लिपि को जानती-समझती है। उर्दू की रचनाएँ जितनी अधिक देवनागरी में प्रकाशित होंगी, उतना ही उर्दू सामान्य जनता के निकट पहुँचेगी और उसका जीवन उतना ही दीर्घकालिक होता जाएगा। जातीय एकता के लिए भाषा का लिपि के आधार पर विभाजन कर देना कतई तर्कपूर्ण नहीं है। विलियम प्राइस इस दृष्टि तक तो नहीं पहुँच सकते थे कि हिन्दी-उर्दू के इस भेद को खत्म करने के लिए लिपि के भेद को मिटा देना जरूरी है, पर इस दृष्टि तक वे जरूर पहुँच गए कि भारत की जनपदीय बोलियों के लिए उसी के अनुरूप लिपि होना ज्यादा संगत है। इस दृष्टि तक वे जरूर पहुँच गए कि बहुसंख्यक जनता का सम्बन्ध देवनागरी लिपि से है। उन्होंने कॉलेज में इस देवनागरी लिपि की रचनाओं को प्रचारित करने का काफी प्रयास किया। कई ग्रन्थ उनके प्रयास से देवनागरी में प्रकाशित हुए। उनके ही प्रयास से तारिणीचरण मित्र ने नागरी लिपि में एक ग्रन्थ तैयार करने की योजना बनाई, जिसमें निम्न खंड थे :

1. एक संक्षिप्त व्यवहारोपयोगी ब्रजभाषा और हिन्दुस्तानी व्याकरण
2. हिन्दुस्तानी गिनती, भिन्नात्मक अंश आदि
3. सप्ताह के दिन
4. हिन्दू और मुस्लिम महीने
5. सिपाहियों द्वारा प्रयुक्त सैनिक शब्दावली
6. विभिन्न सैनिक विषयों पर वार्तालाप
7. बैताल पच्चीसी के चुने हुए अंशों का संग्रह
8. सिंहासन बत्तीसी के चुने हुए हिस्सों का संग्रह
9. माधोनल का एक अंश
10. शकुन्तला नाटक का एक अंश

11. ठेठ हिन्दी कहानियों का संकलन

ये वही तारिणीचरण मित्र हैं जिन्हें रामविलास जी गिलक्रिस्टी सम्प्रदाय का मानकर उनकी आलोचना करते हैं। यह समझने की जरूरत है कि तारिणीचरण मित्र मात्र एक मुंशी थे। उन्हें अपने उच्च अधिकारियों के तहत कार्यरत रहना था। जब मित्र गिलक्रिस्ट के अधीन कार्यरत थे तो उनकी भाषा-दृष्टि के अनुरूप कार्यरत थे किन्तु प्राइस के अधीन उन्होंने अपनी नीति प्राइस के अनुरूप ढाल ली। निश्चय ही प्राइस की नीति को प्रभावित करने की उनमें क्षमता थी किन्तु विवरणों को देखने से पता चलता है कि मित्र और प्राइस में काफी सहमति थी और प्राइस के अधीन उन्हें काम करने की काफी छूट भी थी। मित्र के बारे में रामविलास जी का कथन है कि विलियम बटरवर्थ बेली और तारिणीचरण मित्र—दोनों की भाषा एक ही टकसाल में ढलकर निकली थी।[28] इस भाषा में जितनी फारसी थी, उससे ज्यादा अरबी थी। यह कथन मित्रजी के एक कालविशेष के कार्य को देखकर गढ़ी गई है। वह कालविशेष गिलक्रिस्टी नीति का काल है। बाद में मित्र जी ने ऐसी हिन्दी नहीं लिखी जिसे बटरवर्थ बेली जैसी कही जा सके। बेली मात्र हिन्दुस्तानी के छात्र थे और मित्र जी कम-से-कम 25-30 वर्षों तक कॉलेज से जुड़े रहे और हिन्दी और उसकी विभिन्न बोलियों से किसी-न-किसी रूप में जुड़े रहे। मित्र का मूल्यांकन सिर्फ प्रारम्भिक पाँच वर्षों के कार्यों को देखकर करना उनकी छवि को धूमिल करना ही है।

पिछले अध्याय में प्राइस के सन्दर्भ में यह मत रखा गया है कि उनकी भाषा हिन्दू-मुस्लिम के धार्मिक अलगाव के आधार को लेकर जरूर चलती रही किन्तु हिन्दी को बोलचाल के ज्यादा निकट लाने में जरूर मददगार साबित हुई। बैताल पच्चीसी को देवनागरी में बीस के दशक में रखना यह प्रमाणित करता है कि प्राइस और मित्र बोलचाल के नजदीक दिखनेवाली हिन्दी को देवनागरी में प्रस्तुत करना चाह रहे थे ताकि विद्यार्थी वास्तविक जनता की भाषा को ठीक से समझ सके। रामविलास जी तो कहते भी हैं कि बोलचाल की हिन्दी बैताल पच्चीसी के रूपों में ज्यादा निखरी है और 'बैताल पच्चीसी की भाषा को यदि उर्दू मान लिया जाता, उर्दू प्रेमी विद्वान यदि उसी तरह की भाषा लिखते, उसमें हिन्दी-संस्कृत के सरल शब्द वैसे ही आने देते, जैसे लल्लूजी ने या मजहर अली ने आने दिये थे, तो हिन्दी-उर्दू का अलगाव दूर हो गया होता।'[29] 'हिन्दी एंड हिन्दुस्तानी सेलेक्शंस' में भाषा और धर्म का गठजोड़ साफ दिखाई देता है किन्तु मतरूकात से तैयार हुई भाषा की तुलना में जनता की भाषा के निकट जाने का प्रयास भी दिखाई देता है। प्राइस की भाषा-नीति का ही प्रभाव था कि सरकारी इश्तहारों में सहज सरल हिन्दी का इस्तेमाल भी मिलने लगा। लक्ष्मीसागर वार्ष्णेय ने इसमें से 1825 ई. के देवनागरी लिपि में लिखे एक इश्तहार का उदाहरण अपनी पुस्तक में दिया है :

'इस्तहार दिया जाता है कि जो कोई पोथी छपाने के लिए कालिज कौनसल से

सहाय चाहता हो वुह अपनी दरखास में यह लिखे 1. कि पोथी में केत्ता पत्र और पत्र में कित्ती औ पाँति कित्ती लम्बी 2. कितनी पोथियाँ छापेगा औ कागद कैसा तिस लिए अक्षर औ कागद का नमूना लावेगा 3. औ किस छापेखाने में छापेगा औ सब छप जाने में कित्ता खरच लगेगा 4. तयार हुए पर पोथी कित्ते दाम को बेंचेगा।'[30]

इस भाषा में लिखे जानेवाले इश्तहार बाद में जाकर पुनः बन्द हो गए।

इस पूरी बहस को रखने का लक्ष्य बस, एक ही था—यह दिखाना कि औपनिवेशिक दौर में हिन्दी-उर्दू के सम्बन्ध को एक ही कोण से देखने से हम कई बारीकियों से वंचित हो सकते हैं। जरूरत है कि हिन्दी-उर्दू के सम्बन्ध के जो अनसुलझे पहलू हैं, उन्हें सुलझाकर हिन्दी जाति की चेतना को और सबल तर्कों के आधार पर अवस्थित किया जाए। आज जब ऐसे राजनीतिक प्रयास हो रहे हैं कि हिन्दी की जनपदीय बोलियों को उनसे कितना दूर कर दिया जाए, हमें अपने अतीत से यह ढूँढ़कर लाना होगा कि यह दूरी तो उन अंग्रेजों के मस्तिष्क में भी नहीं थी जो आज से दो सौ वर्ष पहले इस विषय पर सोच रहे थे। जो बाँटो और राज करो के लक्ष्य को लेकर चले, भाषा को उन्होंने भी इतना विभाजित नहीं किया जितना आज के बाँटो और राज करो के प्रतिनिधि करने में लगे हुए हैं। रामविलास जी के महत प्रयासों को और भी प्रामाणिक तर्कों से पुष्ट करने की जरूरत आज के दौर में अत्यधिक गम्भीर बन चुकी है।

सन्दर्भ

1. रामविलास शर्मा, भारतेन्दु-युग और हिन्दी भाषा की विकास-परम्परा, राजकमल प्रकाशन, नई दिल्ली, 1975, पृ. 294
2. रामविलास शर्मा, भारत में अंग्रेजी राज और मार्क्सवाद, खंड 1, राजकमल प्रकाशन, 1982, पृ. 47
3. एडम स्मिथ, वेल्थ ऑफ नेशंस, जे.एम. डेंट एंड संस लिमिटेड, 1933, पृ. 137
4. कार्ल मार्क्स, फ्रेडरिख एंगेल्स, द फर्स्ट इंडियन वार ऑफ इंडिपेंडेंस, प्रोग्रेस पब्लिशर्स, मॉस्को, 1988, पृ. 14
5. के. दामोदरन, भारतीय चिन्तन परम्परा, पी.पी.एच. हाउस प्राइवेट लिमिटेड, नई दिल्ली, 2001, पृ. 342
6. रामविलास शर्मा, भारतीय साहित्य की भूमिका, राजकमल प्रकाशन, नई दिल्ली, 1966, पृ. 237
7. रेवरेंड ह्यू पियर्सन, मेमॉयर्स ऑफ दी लाइफ एंड राइटिंग्स ऑफ दी रेवरेंड क्लॉडियस बुकानन, भाग 1, लन्दन, 1819
8. डब्ल्यू. येट्स, इंट्रोडक्शन टू दी हिन्दुस्तानी लैंग्वेज (तीन भागों में), भूमिका से, बैप्टिस्ट मिशन प्रेस, कलकत्ता, 1827
9. द कलकत्ता रिव्यू, खंड 22 (जनवरी-जून, 1854), सैंडर्स एंड कम्पनी, कलकत्ता, 1854, पृ. 301

10. डब्ल्यू. नस्साउ लीस, अ गाइड टू दी इक्जामिनेशन ऐट दी कॉलेज ऑफ फोर्ट विलियम, विलियम एंड नारगेट, लन्दन, 1860
11. डॉ. अमरनाथ, डॉ. शंभुनाथ (सं), आधुनिक साहित्य—मूल्यांकन के नये परिप्रेक्ष्य, लेख—हिन्दी जातीयता और हिन्दी का जातीय साहित्य (डॉ. अमरनाथ), यू.जी.सी. ए.एस.सी. और हिन्दी विभाग, कलकत्ता विश्वविद्यालय, कोलकाता द्वारा प्रकाशित, 2001, पृ. 137
12. वीर भारत तलवार, रस्साकशी, सारांश प्रकाशन, दिल्ली, 2006, पृ. 340
13. अमिष वर्मा, हिन्दी भाषा के विकास में नागरी प्रचारिणी सभा का योगदान, एम.फिल. उपाधि हेतु प्रस्तुत अप्रकाशित लघु शोध-प्रबन्ध, दिल्ली वि.वि., दिल्ली, 2007, पृ. 110 'धर्मनिरपेक्ष संस्था कहने का मतलब है कि यह आर्यसमाज, प्रयाग हिन्दू समाज की तरह कोई धार्मिक संस्था नहीं थी जिसके लिए हिन्दी का आन्दोलन हिन्दुओं को एकजुट करने का माध्यम मात्र था। अपने सांगठनिक रूप में व्यवहारतः यह एक 'हिन्दू संस्था' ही थी फिर भी सिद्धान्ततः इसका चरित्र धर्मनिरपेक्ष था, इसमें मुसलमानों के प्रति कोई निषेध भाव नहीं था।'
14. अमिष वर्मा, हिन्दी भाषा के विकास में नागरी प्रचारिणी सभा का योगदान, पृ. 110
15. लल्लूलाल, प्रेमसागर, ब्रजरत्नदास (सम्पादक), काशी नागरी प्रचारिणी सभा, काशी, 1953, पृ. 16
16. देखें—शम्सुर्रहमान फारूकी, उर्दू का आरम्भिक युग, राजकमल प्रकाशन, नई दिल्ली, 2007, पृ. 48
17. रामविलास शर्मा, भारतेन्दु-युग और हिन्दी भाषा की विकास-परम्परा, राजकमल प्रकाशन, नई दिल्ली, 1975, पृ. 253
18. वही, पृ. 254
19. वही, पृ. 254
20. रामविलास शर्मा, भाषा और समाज, राजकमल, नई दिल्ली, पाँचवाँ संस्करण, 2002, पृ. 301
21. उद्धृत, लक्ष्मीसागर वार्ष्णेय, फोर्ट विलियम कॉलेज, हिन्दी परिषद् प्रकाशन, इलाहाबाद विश्वविद्यालय, 1947, पृ. 119
22. रामविलास शर्मा, भारतेन्दु-युग और हिन्दी भाषा की विकास-परम्परा, वही, पृ. 141
23. लक्ष्मीसागर वार्ष्णेय, फोर्ट विलियम कॉलेज, वही, पृ. 118
24. रामविलास शर्मा, भाषा और समाज, वही, पृ. 296
25. लक्ष्मीसागर वार्ष्णेय, फोर्ट विलियम कॉलेज, वही, पृ. 113
26. रामविलास शर्मा, भारतेन्दु-युग और हिन्दी भाषा की विकास-परम्परा, वही, पृ. 145
27. लक्ष्मीसागर वार्ष्णेय, फोर्ट विलियम कॉलेज, वही, पृ. 118
28. रामविलास शर्मा, भारतेन्दु युग और हिन्दी भाषा की विकास परम्परा, वही, पृ. 291
29. वही, पृ. 196
30. लक्ष्मीसागर वार्ष्णेय, फोर्ट विलियम कॉलेज, वही, पृ. 122

हिन्दी साहित्य की परम्परा की चिन्ता

'इसके लिए कॉलेज के प्रिंसिपल गिलक्रिस्ट ने अपनी समझ के हिसाब से हिन्दी-हिन्दुस्तानी गद्य में पुस्तकें लिखवाईं।'[1]

—रामस्वरूप चतुर्वेदी, हिन्दी साहित्य और संवेदना का विकास

'गिलक्रिस्ट ने आगे आकर कहा—फोर्ट विलियम कॉलेज में हमने मुंशी सदासुखलाल और मौलवी मीर अम्मन को बुलाकर इनकी सम्मिलित भाषा की रीढ़ तोड़ दी।'[2]

—**कमलेश्वर,** कितने पाकिस्तान

न तो गिलक्रिस्ट फोर्ट विलियम कॉलेज के प्रिंसिपल थे और न ही सदासुखलाल कभी कॉलेज में मुंशी के रूप में नियुक्त हुए थे। हिन्दी-उर्दू के बारे में की गई बहस से मेरी समझ में अब यह निष्कर्ष निकालना भी कठिन नहीं है कि रचनाकारों या इतिहासकारों की दृष्टि में ऐसी भ्रान्तियाँ किन वजहों से पैदा हो गईं।

फोर्ट विलियम कॉलेज के बारे में ऐसी अनेक भ्रान्तियाँ हिन्दी साहित्य के इतिहास-ग्रन्थों में बिखरी पड़ी हैं। जो इतिहासकार इन भ्रान्तियों से बचना चाहते थे, उन्होंने या तो इसकी चर्चा ही नहीं की या थोड़े में ही इसे निपटा दिया। इस स्थिति का सबसे मुख्य कारण है—फोर्ट विलियम कॉलेज से सम्बन्धित ज्यादातर सामग्री की अनुपलब्धता। यद्यपि रामविलास शर्मा ने हिन्दी भाषा की विकास-परम्परा को समझने के लिए, हिन्दी जाति के निर्माण की प्रक्रिया को समझने के लिए फोर्ट विलियम कॉलेज से जुड़ी हुई कुछ सामग्री का गम्भीर भाषा-वैज्ञानिक विश्लेषण प्रस्तुत किया है। उन्हें अगर कॉलेज से सम्बद्ध और भी सामग्री सहजता से उपलब्ध हो गई होती तो निस्सन्देह आधुनिक काल के इतिहास का स्वरूप हमें और भी व्यवस्थित रूप में प्राप्त हो जाता। रामविलास जी ने बराबर इस बात की जरूरत महसूस की है कि सरकारों को अठारहवीं-उन्नीसवीं सदी के कोशकारों, वैयाकरणों और अन्य विद्वानों द्वारा तैयार की गई कृतियों का संकलन करना चाहिए। उनकी यह भी इच्छा थी कि फोर्ट विलियम कॉलेज से सम्बन्धित सामग्री की भी एक ग्रन्थावली शीघ्रातिशीघ्र प्रकाशित हो जाए। उनकी यह इच्छा आज भी पूरी नहीं हो सकी है। इन परिस्थितियों में जो थोड़ी-बहुत सामग्री नागरी प्रचारिणी सभा जैसी संस्थाओं की

बदौलत प्रकाश में आई, वह भी एक खास दृष्टिकोण का प्रतिनिधित्व करनेवाली थी, जैसे कि 'प्रेमसागर'। हिन्दी-हिन्दू के समीकरण के लिए प्रेमसागर की भाषा बहुत फायदेमन्द थी इसलिए उर्दू को अलग-थलग करने के लिए इसे बहुत महत्त्व दिया गया। ऐसे में कई ग्रन्थ और मुद्दे, जो फोर्ट विलियम कॉलेज की एक दूसरी ही छवि की ओर ध्यान ले जाते हैं, चर्चा में ही नहीं आ पाए। फोर्ट विलियम कॉलेज और उसके समय की वास्तविक छवि को उभारने के लिए उन विचारधारात्मक आग्रहों, पक्षधरताओं और अस्मिताओं की पहचान जरूरी है जिसके प्रभाव में प्राच्यविदों, आंग्लवादियों, सरकारी कर्मचारियों, हिन्दू-मुस्लिम धर्म के पुरोधाओं और हिन्दी साहित्य के प्रारम्भिक इतिहासकारों ने कॉलेज के साहित्यिक योगदान की व्याख्या की।

लल्लूलाल ने 'श्रीयुत गुन-गाहक गुनियन-सुखदायक जान गिलकिरस्त महाशय' की आज्ञा से 'यामिनी भाषा छोड़, दिल्ली-आगरे की खड़ी बोली में कह' अपने ग्रन्थ 'प्रेमसागर' की रचना की थी। यामिनी भाषा छोड़ने के लिए लल्लूलाल ने एक सिरे से अरबी-फारसी शब्दों को नकार दिया। हालाँकि इसमें वह पूरी तरह सफल नहीं हो पाए। ब्रजभाषा से अनूदित यह रचना गिलक्रिस्ट की धार्मिक अलगाव-बोध से ग्रस्त मानसिकता की द्योतक है।[3] इसी अलगाववादी मानसिकता से ग्रस्त कुछ इतिहासकारों ने लल्लूलाल की 'प्रेमसागर' को संस्कृतयुक्त-फारसीमुक्त हिन्दी के ज्यादा नजदीक पाकर इतिहास में स्थापित कर दिया। लल्लूलाल को हिन्दी का 'प्रथम प्रौढ़ गद्य लेखक' तो नहीं माना गया क्योंकि फारसीमुक्त हिन्दी की परम्परा स्थापित करने के लिए यह जरूरी था कि लल्लूलाल से पहले की ऐसी गद्य रचनाएँ ढूँढ़ निकाली जाएँ जो संस्कृतयुक्त हों और खड़ी बोली के निकट ठहरती हों, फिर भी 'प्रेमसागर' को इतना महत्त्व दिया गया कि हिन्दी साहित्य में फोर्ट विलियम कॉलेज सिर्फ लल्लूलाल और लल्लूलाल सिर्फ 'प्रेमसागर' की वजह से जाने जाते हैं। कभी-कभार सदल मिश्र का नाम भी ले लिया जाता है। लेकिन लल्लूलाल की 'अपनी भाषा' 'प्रेमसागर' की भाषा नहीं थी। रचनाकार लल्लूलाल की कई शैलियाँ दृष्टिगोचर होती हैं, ठीक वैसे ही, जैसे खड़ी बोली हिन्दी की कई शैलियाँ। रामविलास जी ने भी माना है कि लल्लूलाल ने कई तरह का गद्य लिखा था।[4] वस्तुतः खड़ी बोली के पास अपार शब्द-भंडार था जिसे स्थिर होना था, लेकिन प्रतिकूल परिस्थितियों में जो सम्भव न हुआ। 'गुन-गाहक गुनियन सुखदायक गिलकिरस्त महाशय' और अलगाववादी धार्मिक प्रभावों की वजह से लल्लूलाल की छवि भी 'प्रेमसागर' से बनी अन्यथा लल्लूलाल की भाषा की कई छवियाँ थीं। हाँ, यह जरूर कहा जा सकता है कि चूँकि फोर्ट विलियम कॉलेज में तैयार हो रही कई किताबों में दो-तीन लोग हाथ बँटाते थे, तो कहीं किसी की भाषा हावी है तो कहीं किसी की। लल्लूलाल का नाम जिन पुस्तकों या गद्यांशों से किसी-न-किसी रूप में जुड़ता है, वे इस प्रकार हैं :

1. प्रेमसागर : 'कितने एक दिन बीते राजा फिर एक समै आखेट को गए और खेलते-खेलते प्यासे भये, सिर के मुकुट में तो कलियुग रहता ही था, विसने अपना औसर पा राजा को अज्ञान किया। राजा प्यास के मारे कहाँ आते हैं कि जहाँ लोमस ऋषि आसन माने नैन मूँदे हरि का ध्यान लगाये तप कर रहे थे। विन्हें देख परीक्षित मन में कहने लगा कि यह अपने तप के घमंड से मुझे देख आँख मूँद रहा है। ऐसी कुमति ठानि एक मरा साँप वहाँ पड़ा था सो धनुष से उठा ऋषि के गले में डाल अपने घर आया।'[5]

2. राजनीति : 'श्रीगंगाजू के तीर एक पटना नाम नगर। तहाँ सब गुन निधान महाजान पुन्यवान सुदरसन नाम राजा हो। वा ने एक दिन काहू पंडित तें द्वै श्लोक सुने तिनकौ अर्थ यह है कि अनेक-अनेक प्रकार के सन्देहनि कौं दूरि करै अरु गूढ़ अर्थनि कौ प्रकाशै। तातें सबकी आँखि शास्त्र है। जाहि शास्त्ररूपी नेत्र नाहीं सो आँधरौ है। अरु तरुनापन धन प्रभुता अविवेकता ये चारौं हौंय तहाँ न जानियै कहा होय।'[6]

3. सिंहासन बत्तीसी : 'राजा भोज उज्जैन नगरी का राजा महाबली और बड़ा धनी, यशी और धर्मात्मा था। जितने लोग उसके राज्य में बसते थे, सब चैन करते थे। राजा और प्रजा सुखी थे। किसी को कोई दुख नहीं दे सकता था। यह न्याय उसके राज्य में था कि बाघ-बकरी एक घाट पर पानी पीते थे और सब उसके आसरे जीते थे। खुदा ने जब उसे दुनियाँ के परदे पर उतारा सब बेसहारा का लिया सहारा और रूप उसका देखकर चौदहवीं रात के चाँद को चकाचौंध आती।'[7]

4. आत्मकथा : 'एक दिन साहब ने कहा कि ब्रजभाषा में कोई अच्छी कहानी हो उसे रेखते की बोली में कहो। मैंने कहा, 'बहुत अच्छा, पर इसके लिए कोई फारसी लिखनेवाला दीजे, तो भली-भाँति लिखा जाय'। उन्होंने दो शाइस मेरे तैनाथ किये, मजहर अली खाँ विला और काजिम अली जवाँ। एक बरष में चार पोथी का तरजुमा ब्रजभाषा से रेखते की बोली में किया। सिंहासन बत्तीसी। बैताल पच्चीसी। सकुन्तला नाटक। और माधोनल।'[8]

5. लतायफ़-ए-हिन्दी : 'कोई गुस्सःवर अन्धा कहीं को चला जाता था कि ऐक अन्धे कुऐ में गिर पड़ा और लगा पुकारने कि चलियो दौड़ियो लोगो, मैं कुऐ में गिर पड़ा। लोग रहम खा वहाँ गए और कुऐ के मन घटे पर खड़े हो उसके निकालने का तरद्दुद करन लगे—कुछ देर जो हुई तो वुह भीतर से खफो हो बोला कि जल्दी निकालते हो तो निकालो नहीं तो मैं किधरही को चला जाता हूँ मुझे फिर न पाओगे।'[9]

6. प्रार्थना-पत्र : 'खुदावन्दान-इ-नैमत दामा इकबाल अहुम

नकलियात-ए-हिन्दी तसनीफ-ए-फिदवी बजुबान-ए-रेख्ता मुतजम्मिन अक्सर जरबुल मिसील व दोहा व लतायफ ओ नआत नकलियात-ए-मरकूमुस्सदर बर

अखुर्दा व तर्जुमा करद-ए-जॉन विलियम टेलर व इब्राहिम लॉकेट साहेब बजुबान-ए अँगरेजी हस्बुल हुकुम साहिब-ए-मुदर्रिस जह ते साहबान-ए-मुत्ताल्लमीन मुबतदी मुबतदी मुन्तबह... ।'[10]

बैताल पच्चीसी, माधोनल, शकुन्तला, प्रार्थना-पत्र (फारसी) की भाषा के सम्बन्ध में यह सन्देह व्यक्त किया जा सकता है कि यह लल्लूलाल की भाषा है या नहीं। रामविलास जी ने तो यहाँ तक माना है कि 'सूरति मिश्र की बैताल पच्चीसी की अनेक प्रतिलिपियाँ थीं और इनमें जहाँ-तहाँ पाठभेद था। यह पुस्तक खड़ी बोली में थी और इसकी प्रतिलिपियाँ अठारहवीं सदी में की गई थीं। इन्हीं में कोई प्रतिलिपि लल्लूजीलाल के पास थी जिसका उर्दू रूपान्तर फोर्ट विलियम कॉलेज में किया गया था। यह रूपान्तर लल्लूजी ने किया, इसका कोई प्रमाण नहीं है। तारिणीचरण मित्र के मुकदमे से स्पष्ट है कि रूपान्तर मजहर अली ने किया था, लल्लूजी केवल उनके सहायक थे। यह रूपान्तर ब्रजभाषा की पुस्तक से न किया गया था। सूरति मिश्र ने ब्रजभाषा में बैताल पच्चीसी लिखी, यह बात अभी अप्रमाणित है। लल्लूजी के पास सूरति मिश्र की कई पुस्तकें थीं और उनकी सामग्री से लाभ उठाने में उन्होंने आगा-पीछा न किया था। बैताल पच्चीसी की खड़ी बोली मूलत: सूरति मिश्र की लिखी हुई थी, लल्लूजी की नहीं।'[11] कॉलेज के दस्तावेजों के आधार पर वार्ष्णेय जी ने भी यह साबित किया है कि लल्लूलाल का इन रचनाओं के निर्माण में योगदान तो हो सकता है लेकिन स्वतंत्र रूप से उक्त रचनाएँ लल्लूलाल की नहीं मानी जा सकतीं। फारसी में लिखा प्रार्थना-पत्र भी लल्लूलाल द्वारा लिखित है, इसमें सन्देह है। अम्बिकादत्त व्यास ने माना है कि लल्लूलाल की फारसी में गति नहीं थी। परन्तु सिंहासन बत्तीसी, प्रेमसागर, लतायफ-ए-हिन्दी और आत्मकथा की भाषा लल्लूलाल की ही है। सिंहासन बत्तीसी के सन्दर्भ में यह कहा जा सकता है कि इसके प्रधान रचनाकार लल्लूलाल नहीं भी हो सकते हैं, फिर भी इस बात से इनकार नहीं किया जा सकता कि लल्लूलाल ने इस रचना के निर्माण में कम महत्त्वपूर्ण भूमिका नहीं अदा की होगी। कॉलेज की मुहर लिये हुए लतायफ की जो पुरानी प्रति मुझे मिली, उस पर लल्लूलाल का ही नाम है। सिंहासन बत्तीसी की प्राचीन प्रतियों के साथ भी ऐसा ही है लेकिन बैताल पच्चीसी के साथ ऐसा नहीं है। बैताल पच्चीसी की प्राचीन प्रतियों पर 'विला' का नाम है। इनकी शैलियों में पर्याप्त अन्तर है। ऐसे में उनकी अपनी आत्मकथा और अन्य उपलब्ध शैलियों की भाषा को छोड़कर प्रेमसागर के पीछे दौड़ लगाने की प्रक्रिया को इतिहास में सहज ही स्वीकार लेना उचित न होगा। प्रेमसागर की भाषा में ब्रजभाषा व्याकरण का अत्यधिक प्रभाव है और सरल सहज फारसी के शब्दों को भी दरकिनार कर दिया गया है लेकिन साहित्य-इतिहास की परम्परा में इसे 'सिंहासन बत्तीसी' और 'लतायफ-ए-हिन्दी' से ज्यादा महत्त्व दिया जाता है जबकि ये दोनों रचनाएँ खड़ी बोली के व्याकरण के कहीं ज्यादा नजदीक

हैं। इनकी भाषा आकर्षक है और चन्द शब्दों के अलावा आसानी से समझ में आनेवाली है। कहना न होगा कि गिलक्रिस्ट की भाषा नीति के प्रभावस्वरूप हिन्दी-हिन्दुस्तानी-खड़ी बोली-उर्दू-रेखता के लचीलेपन को ठेस पहुँची और अस्मितावादियों ने उसे अपनी राजनीतिक-सामाजिक आकांक्षाओं के लिए इस्तेमाल किया, वह भी इतना अधिक कि समानता के बिन्दु चर्चा के विषय ही नहीं बन पाए। गिलक्रिस्ट यह अच्छी तरह जानते थे कि इतने अधिक नये शब्दों के आगमन की वजह से खड़ी बोली का स्वरूप अभी स्थिर न हो सका है लेकिन अपने विचारों को खड़ी बोली पर थोपकर और उसे समाज की सबसे कमजोर नस (धर्म) से अनिवार्यत: जोड़कर अलगाववादी ताकतों को खेलने का उन्होंने पूरा मौका दे दिया :

'As the language is still fluctuating and unsteady, it will be found difficult, if not impossible to avoid the extremes to which it is found certainly exposed in a country especially, where pedantry, so for from being decried, is esteemed as the touchstone of learning; and where, on one hand the learned moosulman glories in his Arabic and Persian and, on the other, the Hindoo is no less attached to his Sunskrit and Hinduwee,'[12]

इस आधार पर यह कहा जा सकता है कि गिलक्रिस्ट के आदेश से लल्लूलाल द्वारा तैयार की गई 'प्रेमसागर' की भाषा सिर्फ हिन्दुओं के लिए है। जो लोग खड़ी बोली हिन्दी को सिर्फ हिन्दुओं की भाषा मानते हों, उन्हें छूट है कि 'प्रेमसागर' को महत्त्व दें अन्यथा साहित्य के इतिहास में लल्लूलाल और कॉलेज के अन्य रचनाकारों की उन कृतियों को ज्यादा महत्त्व मिलना चाहिए जिसमें थोड़े-बहुत फारसी के शब्द भी हों और जिनका व्याकरण और वाक्य-संरचना खड़ी बोली के ज्यादा नजदीक हो। जो लोग यह मानकर चलते हैं कि कॉलेज में इन भाषाओं का अलग-अलग अस्तित्व पाकर ही रचनाएँ करवाई गईं, उन्हें विलियम प्राइस के दौर के परवर्ती संस्करणों को भी एक बार अभिलेखागारों में जाकर देखने की जरूरत है क्योंकि उनके समय तक प्रारम्भिक दौर में प्रकाशित पुस्तकों में हिन्दी-उर्दू के शब्दों की मात्रा को लेकर पुन: हस्तक्षेप किया जा रहा था। निश्चय ही इन विद्वानों के लिए यह निर्णय लेना कठिन हो रहा था कि किन शब्दों को किन पुस्तकों में से हटाया जाए और किनमें रखा जाए। विस्तृत हिन्दी प्रदेश की जातीय भाषा के स्वरूप को इतनी सहजता से एक टकसाली रूप दे देना इनके बूते की बात न थी।

हिन्दी साहित्येतिहास लेखन पर आचार्य रामचन्द्र शुक्ल की इतिहास-दृष्टि का गहरा प्रभाव रहा है। आचार्य रामचन्द्र शुक्ल ने भी 'प्रेमसागर' की बनावटी और पक्षपातपूर्ण भाषा को आधार बनाकर यह साबित करने का प्रयास किया है कि साधारण जनता का अरबी-फारसी मिली भाषा से लगाव नहीं था और संस्कृत मिश्रित भाषा ही जनसाधारण की भाषा है। वे लिखते हैं :

'इन अनुवादकों (ईसाई धर्म पुस्तकों के) ने सदासुख और लल्लूलाल की विशुद्ध भाषा को ही आदर्श माना, उर्दूपन को बिल्कुल दूर रखा, इससे यह सूचित होता है कि फारसी-अरबी मिली भाषा से साधारण जनता का लगाव नहीं था जिसके बीच मत का प्रसार करना था।'[13]

विडम्बना तो यह है कि दो पृष्ठ पहले ही शुक्ल जी का यह मानना था :

"लल्लूलाल की काव्य भाषा गद्यभक्तों के काम की ही अधिकतर है, न नित्य व्यवहार के अनुकूल है, न सम्बद्ध विचारधारा के योग्य।"[14]

वस्तुत: हिन्दी साहित्य के इतिहास में शुक्ल जी का यह प्रयास रहा है कि किस तरह उर्दू को 'कृत्रिम' और संस्कृतनिष्ठ हिन्दी को 'असली स्वाभाविक भाषा' के रूप में स्थापित कर दिया जाए। इसलिए 'प्रेमसागर' की भाषा के उबाऊपन की परख होने के बावजूद उसे स्थापित किया गया। इसीलिए उन्होंने सिंहासन बत्तीसी, बैताल पच्चीसी, शकुन्तला नाटक और माधोनल की भाषा को एक ही साँचे में रखकर घोषणा कर दी कि 'चारों पुस्तकें बिल्कुल उर्दू में हैं।'[15] संस्कृतनिष्ठ हिन्दी की एक अलग साहित्यिक परम्परा स्थापित करने के लिए यह जरूरी था कि इन चारों रचनाओं को अलग टोकरी में डाल दिया जाए। वस्तुत: माधोनल की भाषा में फारसी-अरबी के शब्द अधिक हैं और कहा जा सकता है कि वह व्यापक जनसमुदाय की भाषा का प्रतिनिधित्व भी नहीं करती लेकिन सिंहासन बत्तीसी और बैताल पच्चीसी को भी उसी श्रेणी के अन्तर्गत रख देना ठीक नहीं था।

परम्परा को सीमाओं में बाँधकर देखने की ही यह परिणति थी कि शुक्ल जी को भाषा का निखरा हुआ शिष्ट सामान्य रूप भारतेन्दु से ही दिखा। रामविलास जी ने शुक्ल जी की इस बात के लिए गम्भीर आलोचना की है और बताया है कि कई ऐसी प्रवृत्तियाँ हैं जिन्हें शुक्ल जी ने शिष्ट भाषा के अनुकूल नहीं माना है जबकि वे प्रवृत्तियाँ ही मूलत: भाषा को समृद्ध करती हैं। 'बैताल पच्चीसी' की भाषा की स्वाभाविकता और प्रेमसागर की तुलना में उसकी प्रभाव क्षमता का विश्लेषण इसी दृष्टि से उन्होंने 'भारतेन्दु युग और हिन्दी भाषा की विकास-परम्परा' पुस्तक में किया है। उन्होंने ठीक ही यह साबित करने का महत प्रयास किया है कि 'बैताल पच्चीसी' से ही हिन्दी एक अलग चाल में दिखाई देने लगती है। हम बस अपनी अस्मिताओं और दूसरों की कूटनीतियों के प्रभाव में सच्चाई तक पहुँच नहीं पाते। उन्होंने ही अपनी पुस्तक 'भारतेन्दु-युग और हिन्दी भाषा की विकास-परम्परा' में सबसे पहले यह पहचाना कि :

1. बोलचाल की हिन्दी 'बैताल पच्चीसी' के रूपों में ज्यादा निखरी है, वैसे ही 'प्रेमसागर' की भाषा की तुलना में बागोबहार की भाषा बोलचाल की हिन्दी के अनुरूप अधिक है। (पृ. 192)
2. पुरानी हिन्दी-उर्दू, 'प्रेमसागर' की हिन्दी और 'बागोबहार' की उर्दू में कुछ बातें सामान्य हैं जिन पर ध्यान देना आवश्यक है। (पृ. 192)

3. ‘बैताल पच्चीसी’ की तुलना में मीर अम्मन के ‘बागोबहार’ में हिन्दी शब्द कम हैं, फारसी के ज्यादा, फिर भी उनकी भाषा की कुछ विशेषताएँ न केवल ‘बैताल पच्चीसी’ की वरन् ‘प्रेमसागर’ की भाषा की विशेषताओं से मिलती-जुलती हैं। (पृ. 195)
4. ‘बैताल पच्चीसी’ की भाषा को यदि उर्दू मान लिया जाता, उर्दू-प्रेमी विद्वान यदि उसी तरह की भाषा लिखते, उसमें हिन्दी-संस्कृत के सरल शब्द वैसे ही आने देते, जैसे लल्लू जी ने या मजहर अली ने आने दिये थे, तो हिन्दी-उर्दू का अलगाव दूर हो गया होता। (पृ. 196)

वस्तुतः रामविलास जी ने हिन्दी भाषा की विकास-परम्परा के पुनर्विश्लेषण का जो कार्य किया, वह हिन्दी जाति, भाषा और साहित्य की परम्परा को समझने के लिए बहुत ही महत्त्वपूर्ण था। हिन्दी साहित्य की परम्परा के सन्दर्भ में उनकी चिन्ता काफी वाजिब है। इतिहास की व्याख्या के लिए इन प्रश्नों को गैरजरूरी मानकर जो लोग आगे बढ़े हैं, वे मूलतः यह समझ नहीं पाए हैं कि इससे कितनी क्षति सम्भव है। रामविलास जी ने परम्परा से जुड़े इन प्रश्नों के महत्त्व को समझकर ही भाषा की ओर रुख किया। साहित्य के इतिहास की सटीक व्याख्या भाषा के इतिहास को समझकर ही हो सकती है। अभी भी इस क्षेत्र में अनेक शोध-कार्यों की गुंजाइश है। आज भी विश्वविद्यालयों में हिन्दी साहित्य के ज्यादातर पाठ्यक्रम जिस संस्कृतवादी हिन्दी साहित्येतिहास की परम्परा से बँधे हुए हैं, उनसे मुक्ति रामविलासजी की चिन्ताओं से गुजरते हुए ही सम्भव है।

लक्ष्मीसागर वार्ष्णेय पहले इतिहासकार थे जिन्होंने फोर्ट विलियम कॉलेज से जुड़ी सामग्री की जमकर छानबीन की। देश-विदेश के विभिन्न पुस्तकालयों में उपलब्ध कॉलेज सम्बन्धित सामग्री और ‘प्रोसीडिंग्स ऑफ दी कॉलेज ऑफ फोर्ट विलियम’ के दस्तावेजों को जाँचने के बाद ही उन्होंने अपनी पुस्तक ‘फोर्ट विलियम कॉलेज (1800-54) और ‘हिन्दी साहित्य का इतिहास’ की रचना की। विस्तृत अध्ययन से यह साबित किया कि ‘बैताल पच्चीसी’ को लल्लूलाल की रचना नहीं माना जा सकता। कॉलेज द्वारा भाषा, साहित्य और व्याकरण के क्षेत्र में किये गए कई महत्त्वपूर्ण योगदानों का रेखांकन भी इन्होंने किया। वार्ष्णेयजी के ‘हिन्दी साहित्य का इतिहास’ की विशिष्टता है उसके काल-विभाजन में, जिसमें उन्होंने शुक्लजी के काल-विभाजन को अस्वीकार करने का साहस दिखाया है और 1800 ई. के बाद के काल को ब्रिटिश काल नाम से अभिहित किया है। आचार्य रामचन्द्र शुक्ल के इतिहास में 1800 से 1843 का दौर रीतिकाल के अन्तर्गत आता है। फोर्ट विलियम कॉलेज की सक्रियता भी इन्हीं वर्षों के दौरान थी। वार्ष्णेयजी के लिए यह सम्भव न था कि फोर्ट विलियम कॉलेज का कार्यकाल साहित्य के इतिहास में रीतिकाल के अन्तर्गत रखा जाए। उनका तर्क है :

'1800 में आधुनिक ज्ञान-विज्ञान की शिक्षा के प्रतीक फोर्ट विलियम कॉलेज की स्थापना हुई और इसी समय से आधुनिक खड़ी बोली गद्य का क्रमबद्ध इतिहास प्रारम्भ होता है और गद्य हिन्दी साहित्य में आधुनिकता का प्रतीक बनकर आया। उस पर और हिन्दी कविता पर अंग्रेजी भाषा और साहित्य का प्रभाव स्पष्ट है।'[16]

उनकी दृष्टि में यह प्रभाव इतना अधिक था कि 1800 से 1847 ई. तक के दौर को उन्होंने ब्रिटिश-काल नाम दे दिया। उन्नीसवीं-बीसवीं सदी के साहित्य के लिए कौन से नाम उपयुक्त हैं, इस पर इतिहासकारों ने पर्याप्त विचार-विमर्श किया है। यहाँ मेरा उद्देश्य यह दिखाना है कि एक तरफ तो वे पूरे डेढ़ सौ साल के हिन्दी साहित्य के इतिहास को 'ब्रिटिश काल' कहते हैं और दूसरी तरफ फोर्ट विलियम कॉलेज पुस्तक के आखिरी पैराग्राफ में लिखते हैं :

'लल्लूलाल और सदल मिश्र की रचनाओं के नाते हिन्दी साहित्य के इतिहास में फोर्ट विलियम कॉलेज का उल्लेख करना तो आवश्यक है, किन्तु हिन्दी भाषा और गद्य साहित्य के विकास या उन्हें एक कदम आगे बढ़ाने की दृष्टि से उसका कोई महत्त्व नहीं है। कॉलेज से हिन्दुस्तानी या उर्दू गद्य को प्रोत्साहन मिला, न कि हिन्दी गद्य को। जो कार्य कैरे ने बांग्ला के लिए किया, वह कार्य किसी ने हिन्दी के लिए नहीं किया। हाँ, कोश, व्याकरण, टाइप, विराम चिह्न आदि आधुनिक विषयों के सूत्रपात की दृष्टि से कॉलेज आधुनिक भारतीय भाषाओं के इतिहास में चिरस्मरणीय रहेगा।'[17]

फोर्ट विलियम कॉलेज के सन्दर्भ में उनकी इस दृष्टि के पीछे हिन्दी साहित्य की परम्परा की चिन्ता दिखाई देती है। 'बैताल पच्चीसी' को वार्ष्णेयजी लल्लूलाल की रचना नहीं मानते और फोर्ट विलियम कॉलेज का उल्लेख उन्हें सिर्फ लल्लूलाल और सदल मिश्र की रचनाओं की दृष्टि से जरूरी लगता है। ऐसे में हिन्दी साहित्य की परम्परा में वे भी 'बैताल पच्चीसी' का उल्लेख जरूरी नहीं समझते। 'बैताल पच्चीसी' और 'सिंहासन बत्तीसी' की भाषा के बारे में वार्ष्णेयजी लिखते हैं :

'बैताल पच्चीसी और सिंहासन बत्तीसी में से सिंहासन बत्तीसी में और चारों ग्रन्थों में से माधोनल और शकुन्तला नाटक में उर्दूपन सबसे अधिक है, किन्तु उर्दूपन है सबमें। स्वयं लेखक ने चारों ग्रन्थों की रचना रेख्ता में बताई है। फोर्ट विलियम कॉलेज के विवरणों में चारों ग्रन्थ हिन्दुस्तानी भाषा में लिखे बताए गए हैं, न कि प्रेमसागर की भाँति हिन्दवी या ठेठ हिन्दी में। गिलक्रिस्ट ने रेख्ता, हिन्दुस्तानी और उर्दू का एक ही अर्थ में प्रयोग किया है।'[18]

फिर से एक बार प्रेमसागर की ठेठ हिन्दी को आधार बनाकर सिंहासन बत्तीसी और बैताल पच्चीसी को उर्दू के खेमे में डालकर हिन्दी साहित्य से अलग कर दिया गया। निश्चय ही वार्ष्णेय जी की ठेठ हिन्दी भी अरबी-फारसी के शब्दों को पचा सकने में सक्षम नहीं थी।

हिन्दी साहित्य के इतिहास में व्याप्त इस असंगति की पहचान डॉ. बच्चन सिंह ने अपनी पुस्तक 'आधुनिक हिन्दी साहित्य का इतिहास' में की है। बच्चन सिंह का मानना है कि सिंहासन बत्तीसी और बैताल पच्चीसी की भाषा में अरबी-फारसी के शब्द मूलतः बोलचाल के हैं। प्रेमसागर से इन दोनों रचनाओं की भाषा की तुलना करते हुए थोड़ा आक्रामक लहजे में वे कहते हैं :

'स्पष्ट है कि प्रेमसागर की भाषा केवल ब्रजभाषा रंजित ही नहीं है। इसमें शब्द-रूपों की अनिश्चितता भी दिखाई देती है। शैली पर पंडिताऊपन की गहरी छाप है। मुहावरों का वैसा प्रयोग नहीं हुआ है, जैसा बैताल पच्चीसी और सिंहासन बत्तीसी में दिखाई पड़ता है। सच तो यह है कि उन्हें न तो संस्कृत का ज्ञान था, न ब्रजभाषा का। इसलिए न तो वे मूल ग्रन्थों का मर्म समझ सके थे और न अनुवादों की भाषा को ही औचित्यपूर्ण ढंग से प्रयुक्त कर सके।'[19]

बैताल पच्चीसी और सिंहासन बत्तीसी हिन्दी साहित्य की उन चन्द रचनाओं में से हैं जो अलगाववादी भाषा-नीतियों का प्रतिनिधित्व नहीं करतीं और यह प्रमाणित करती हैं कि हिन्दी-उर्दू-हिन्दुस्तानी-रेख्ता में एक लचीलापन था और अगर खड़ी बोली की ऐसी शैलियाँ मौजूद हैं जिनमें कि प्रचुर मात्रा में अरबी-फारसी के शब्द हैं या फिर अरबी-फारसी के शब्दों की मात्रा बहुत कम है तो फिर ऐसी शैलियाँ भी अस्तित्व में हैं जो हिन्दू-मुस्लिम की साझी संस्कृति और एक सन्तुलित शब्दावली-युक्त भाषा का प्रतिनिधित्व करती हैं। आचार्य रामचन्द्र शुक्ल का तर्क है कि हिन्दुस्तानी के समर्थक होने के बावजूद गिलक्रिस्ट को ठेठ हिन्दी में भी रचनाएँ करवानी पड़ीं क्योंकि इस भाषा का उन्होंने स्वतंत्र अस्तित्व पाया। कुछ इसी तर्क के आधार पर यह भी कहा जा सकता है कि बैताल पच्चीसी और सिंहासन बत्तीसी जैसी रचनाएँ कॉलेज में इसलिए करवाई गईं क्योंकि ऐसी भाषा का भी अस्तित्व था। गिलक्रिस्ट के कार्यालय में ऐसी कई रचनाएँ मिलती हैं जिनमें फारसी के शब्द कूट-कूटकर भर दिये गए हैं या छाँट-छाँटकर अलग कर दिये गए हैं। उन रचनाओं की तुलना में बैताल पच्चीसी और सिंहासन बत्तीसी की भाषा आधुनिक भारतीय मानस के ज्यादा नजदीक ठहरती है। इसलिए विश्वविद्यालयों में हिन्दी साहित्य के पाठ्यक्रम में सिंहासन बत्तीसी और बैताल पच्चीसी को प्रेमसागर पर वरीयता दी जानी चाहिए। अगर प्रेमसागर की भाषा को पाठ्यक्रम में शामिल किया जाता है, जिसमें कि अरबी-फारसी के शब्दों को छाँटकर अलग कर दिया गया है, तो ऐसी भाषा का प्रतिनिधित्व करनेवाली रचनाओं को भी शामिल करना चाहिए जो सिक्के का दूसरा पहलू भी पेश कर सकें, जैसे कि माधोनल।

सिंहासन बत्तीसी और बैताल पच्चीसी की भाषा खड़ी बोली व्याकरण के आधार पर खड़ी है। उसमें संस्कृत, अरबी, फारसी, ब्रज आदि भाषाओं के शब्दों का मेल-जोल दिखाई देता है। दोनों ही रचनाओं की भाषा मुहावरेदार और

लच्छेदार है। ठेठ देशज शब्द भी भरे पड़े हैं। देखिए, सिंहासन बत्तीसी की भाषा का उदाहरण :

'दूसरी पुतली चित्ररेखा बोली—राजा तेरे योग्य नहीं है और ऐसी अनीति कोई करता नहीं, जैसी तू करने पर तैयार हुआ है। इस सिंहासन पर वह बैठे जो विक्रम सा राजा हो। तब राजा बोला, विक्रम में क्या गुण थे सो मुझसे कह। तब वह बोली—एक दिन राजा विक्रम कैलास को गए और वहाँ एक यती से मुलाकात हुई। उसने राजा को योग की रीति सब बताई। राजा ने अपने जी में इरादा किया कि योग कमावें। योग करने को तैयार हुआ। राजतिलक भर्तृहरि को दिया। राजपाट पर उसे बिठाया, आप राज-काज, धन-दौलत छोड़ कथा-पुरान में मन लगा, भस्म लगा, संन्यासी बनकर जंगल को निकल गया और उत्तराखंड में जागकर योग साधने लगा। उस शहर के जंगल में एक ब्राह्मण तपस्या करता था। ब्राह्मण की तपस्या देख के देवता खुश हुए, वर उसे देने लगे और उसने न लिया। तब आकाशवाणी हुई कि हम अमृत भेजते हैं सो तू ले। एक आदमी की सूरत में आकर देवता उसे फल दे यह कह गए कि जो तू उसको खावेगा, चिरंजीवी होगा।'[20]

आचार्य रामचन्द्र शुक्ल ने इसी भाषा को बिल्कुल उर्दू की श्रेणी में रखा है। विडम्बना यह है कि उर्दू इतिहास ग्रन्थों में फोर्ट विलियम कॉलेज से सम्बन्धित पुस्तकों में लैला मजनूं, हफ्त पैकर, बागोबहार, गंज-ए-खूबी, तारीख-ए-नादरी, तोता कहानी, अराइश-ए-महफिल, गुल-ए-मगाफिरत आदि की चर्चा तो होती है लेकिन सिंहासन बत्तीसी और बैताल पच्चीसी को उनका उचित महत्त्व नहीं मिला।

बैताल पच्चीसी की भूमिका से साफ पता चलता है कि इसकी रचना एक ऐसी जबान में की गई थी जिसे पढ़े-लिखे, अनपढ़, गुणी-कूढ़, खास और आम सभी समझ सकें, किसी को भी इस भाषा को समझने में परेशानी न हो। इसी भूमिका से यह भी साफ पता चलता है कि बैताल पच्चीसी का जो प्रारम्भिक प्रारूप तैयार हुआ था, उसमें संस्कृत और 'भाषा' के और भी शब्द थे। यह भाषा मजहर अली खान 'विला' की थी, जिसमें लल्लूलाल ने सहायक की भूमिका निभाई थी यानी कि बैताल पच्चीसी के प्रारम्भिक प्रारूप की भाषा बहुत लचीली थी। बाद में तारिणीचरण मित्र ने 'संस्कृत और भाषा के ऐसे अल्फाज, जो देखने के मुहावरे में कम आते हैं', को छाँट दिया। फिर भी भाषा ऐसी रखी गई कि उसका रूप सभी कबूल कर लें :

'इबतिदाय दास्तान यों है, कि मुहम्मदशाह बादशाह के जमाने में राजा जैसिंह सवाई ने, जो मालिक जैनगर का था, सूरत नाम कबीश्वर से कहा कि बैताल पच्चीसी को जो जबानि संस्कृत में है तुम ब्रज भाषा में कहो, तब उसने बमुजिब हुक्म राजा के ब्रज की बोली में कही, सो अब शाहिआलम बादशाह के अहद के बीच, और असर में अमीरुल उमरा जुदए नोईनानि अजीमुश्शान, मुशीरि खासि शाहि

क़ैवा बारगाहि इंगलिस्तान, अशरफुल अशराफ़ मारकुइस वलिजली गवरनर जनरल बहादुर (दाम मुलकहु) के, मजहर अली ख़ानि शाइर ने, जिसका तख़ल्लुस विला है, वास्ते सीखने और समझने साहिबानि आलीशान के, बुमजिब फ़रमाने जनाबि जान गिलक्रिस्ट साहिब (दाम इक़बालहु) के, जबानि सहल में जो ख़ास ओ आम बोलते हैं, और जिसे आलिम ओ जाहिल गुनी कूढ़ सब समझें, और हर एक की तबीअत पर आसान हो, मुशकिल किसी तरह की ज़िहन पर न गुज़रे और ब्रज की बोली अकसर उसमें रहे, श्री लल्लूजीलाल कवि की मदद से बयान किया था।

फिर मुवाफ़िक इरशादि मुदरिसि हिन्दी, खुदाबन्दि निअमत जनाबि कपतान जिमिस मोअट साहिब (दाम इकबालहु) के, तारिनी चरण मित्र ने छापे के वास्ते संस्कृत और भाषा के अलफ़ाज को जो देखने के मुहावरे में कम आते हैं, निकालकर मुरव्वज अलफ़ाज को दाखिल किया, मगर बअजी इस्तिलाह हिन्दुओं की, जिसके निकालने से ख़लल जा, बहाल रखी, उम्मेद है कि हुस्नि कबूल पावे।'[21]

बैताल पच्चीसी की पहली कहानी की भाषा का स्वरूप देखिए :

'एक राजा प्रतापमुकुट नाम बनारस का था, और उसके बेटे का नाम ब्रजमुकुट, जिसकी रानी का नाम महादेवी, एक दिन वुह अपने दीवान के बेटे को साथ ले शिकार को गया, और बहुत दूर जंगल में जा निकला; और उसके बीच एक सुन्दर तालाब देखा कि उसके किनारे हंस, चकवा-चकवी, बगुले, मुर्गाबियाँ सब के सब कलोल में थे, चारों तरफ़ पुख़्तः घाट बने हुए; कँवल तालाब में फूले हुए; किनारों पर तरह-बतरह के दरख़्त लगे हुए कि जिनकी घनी-घनी छाँव में ठंढी-ठंढी हवाएँ आतियाँ थीं, और पंछी-पखेरू दरख्तों पर चह-चहों में थे, और रंग-बरंग के फूल बन में फूल रहे थे, उन पर भौंरों के झुंड के झुंड गूँज रहे, कि ये उस तालाब के किनारे पहुँचे और मुँह-हाथ धोकर ऊपर आए।'[22]

रोचक है कि 1854 में इलाहाबाद के प्रेसबीटेरियन मिशन प्रेस से छपी 'राजनीति' के एक संस्करण में कुछ पुस्तकों की प्रचारार्थ सूची दी गई है जिसमें सिंहासन बत्तीसी और बैताल पच्चीसी को हिन्दुस्तानी की बजाय हिन्दी के खेमे में रखा गया है।[23] यह कोई अचम्भे की बात नहीं है। उर्दू में अतिफारसीकरण की प्रवृत्ति की परिणति थी यह। उक्त पुस्तकों की लचीली जबान को अनपढ़, कूढ़ तक समझ सकते थे, किन्तु उर्दू का जो स्वरूप तैयार किया जा रहा था, उसे एक खास वर्ग ही समझ सकता था।

लल्लूलाल की 'लतायफ़-ए-हिन्दी' की भाषा बहुत सरल और सभी के लिए सुबोध है। इसका मुख्य कारण यह है कि इसकी भाषा हिन्दुस्तानी के ऐसे विद्यार्थियों के लिए तैयार कराई गई थी जिन्होंने हिन्दुस्तानी के अध्ययन की नई-नई शुरुआत की हो। प्राइस ने अपनी भाषा-नीति के हिसाब से पुस्तक तैयार करवाने के लिए लतायफ़-ए-हिन्दी को ही चुना था। (प्राइस की हिन्दी हिन्दुओं की ओर ज्यादा

झुकी हुई थी।) प्राइस की हिन्दी के हिसाब से लतायफ़-ए-हिन्दी की कहानियों को ढालना आसान काम था। तारिणीचरण मित्र ने कुछ अरबी-फारसी शब्दों को छाँटकर यह कार्य सम्पन्न किया। कई कहानियों में उन्हें यह भी करने की जरूरत नहीं पड़ी। दोनों प्रकार की भाषाओं के नमूने देखिए :

लल्लूलाल की 'लतायफ़-ए-हिन्दी'—

'नक़्ल 4

ऐक बनियाँ कहीं गया था दो-तीन दिन बअद वहाँ से आया तो उसने अपने घर का दरवाजा बन्द पाया, पुकारा किवाड़ा खोलियो—भीतर से उसकी जोरू ने जवाब दिया खोलू हूँ बाबा—इसे सुनकर कहा ऐ राँड़ क्या बकती है—वुह बोली मेरी आँख दुखे है—कहा, आँख की तो सच है मैया।'[24]

प्राइस और तारिणीचरण मित्र की 'मनोहर कहानियाँ सुगम बोली में' (हिन्दी एंड हिन्दुस्तानी सेलेक्शंस)—

'कहानी 4

एक बनियाँ कहीं गया था, दो-तीन दिन पीछे वहाँ से आया, तो उसने अपने घर का द्वार बन्द पाया, पुकारा किवाड़ा खोलियो। भीतर से उसकी जोरू ने उत्तर दिया, कि खोलू हूँ बाबा! इसे सुनकर कहा, ऐ राँड़ क्या बकती है? वह बोली, मेरी आँख दुखती है। कहा, आँख की तो सच है मैया।'[25]

गौरतलब है कि जिन शब्दों को तारिणीचरण मित्र ने उपर्युक्त कहानी में बदला (बअद, दरवाजा, जवाब), वे शब्द आज की बोलचाल की भाषा में बहुतायत में इस्तेमाल होते हैं। फारसी के कई शब्दों को 'हिन्दी एंड हिन्दुस्तानी सेलेक्शंस' की कहानियों में जगह मिलती है लेकिन कई ऐसे शब्द छाँट दिये गए हैं जिनको छाँटने की कोई जरूरत नहीं थी—खास तौर पर तब, जब इसकी भाषा को 'सुगम बोली' का नाम दिया जा रहा था। लेकिन व्याकरणिक सुधारों की दृष्टि से 'हिन्दी एंड हिन्दुस्तानी सेलेक्शंस' का महत्त्व कहीं अधिक है।

रामस्वरूप चतुर्वेदी की पुस्तक 'हिन्दी साहित्य और संवेदना का विकास' और 'हिन्दी गद्य : विन्यास और विकास' में फोर्ट विलियम कॉलेज से सम्बन्धित मुद्दों पर कई गम्भीर निष्कर्ष दिये गए हैं और जिन पर और भी विचार की आवश्यकता है। इन दोनों पुस्तकों के प्रथम संस्करण क्रमशः 1986 और 1996 में प्रकाशित हुए थे। लक्ष्मीसागर वार्ष्णेय की पुस्तक 'फोर्ट विलियम कॉलेज' का प्रकाशन 1947 में ही हो चुका था। वार्ष्णेयजी की इतिहास सम्बन्धी अन्य पुस्तकें भी चतुर्वेदीजी की पुस्तकों के प्रकाशन से पहले आ चुकी थीं। ऐसे में हिन्दी साहित्य के विद्यार्थियों के लिए चतुर्वेदी जी का इतिहास महत्त्वपूर्ण हो जाता है। 1986 से 2001 के बीच उनकी पुस्तक 'हिन्दी साहित्य और संवेदना का विकास' के पन्द्रह संस्करण प्रकाशित हो चुके थे। जैसाकि इस अध्याय के आरम्भ में इशारा किया गया है, आश्चर्यजनक है

कि 2001 में प्रकाशित इस पुस्तक के पन्द्रहवें संस्करण में भी गिलक्रिस्ट को फोर्ट विलियम कॉलेज का प्रिंसिपल माना गया है।

चतुर्वेदीजी द्वारा दिये गए निष्कर्षों में सबसे महत्त्वपूर्ण है 'प्रेमसागर' को 'व्यापक प्रभाव' की ऐसी रचना मानना जो उत्तर भारत के जनमानस का प्रतिनिधित्व करती है। उनका मानना है कि 'प्रेमसागर' के प्रकाशन से यह प्रमाणित हो गया कि उत्तर भारत के लोगों की भाषा हिन्दवी है। चतुर्वेदीजी लिखते हैं :

'कृष्णाचार्य ने ठीक लिखा है कि 'प्रेमसागर' के प्रकाशित होने के अनन्तर हिन्दी का जादू फैला और इस पुस्तक के रूप में पहली बार अंग्रेजों ने समझा कि उत्तर भारत में बहुत बड़े समुदाय की भाषा हिन्दुस्तानी के नाम पर उर्दू या रेख्ता नहीं, हिन्दवी या हिन्दी है।...उत्तर भारत के अनेक घरों में राम-कथा के लिए जैसे तुलसीकृत 'रामचरितमानस' का प्रचार था, उससे कम सही, पर लगभग वैसी ही मुद्रा में, कृष्णकथा के रसास्वाद के लिए 'प्रेमसागर' पढ़ा-सुना जाता रहा।'[26]

उन्हें प्रेमसागर की भाषा-शैली और स्वरूप का अवमूल्यन कैसे भी स्वीकार नहीं।[27] लेकिन प्रेमसागर की भाषा के सन्दर्भ में चतुर्वेदी जी का उपर्युक्त उद्धरण उन्हीं निष्कर्षों की पूर्ति करता है जो पिछले पन्नों में दिये गए हैं। जैसे कि 1. प्रेमसागर की भाषा हिन्दू जनमानस की दृष्टि से तैयार करवाई गई थी इसलिए उसका प्रचलन धार्मिक हिन्दू घरों में ही था। 2. धार्मिक अस्मिता और भाषा का सम्बन्ध प्रगाढ़ होता जा रहा था, प्रेमसागर हिन्दू और हिन्दी का प्रतीक बन चुका था, हिन्दुओं की भाषा का प्रतिनिधित्व करनेवाला और कोई गद्य ग्रन्थ तैयार नहीं हुआ था, ऐसे में प्रेमसागर का प्रचार-प्रसार करनेवाले अनेक लोग और संस्थाएँ उभरकर सामने आने लगे।

अपने निष्कर्षों को प्रमाणित करने के लिए चतुर्वेदी जी ने जो तर्क-पद्धति अपनाई, उस पर ध्यान दें। उनकी तर्क-पद्धति से उनकी इतिहास दृष्टि और वैचारिक आग्रह के सूत्र भी मिलते हैं :

1. उन्होंने फोर्ट विलियम कॉलेज पर अपनी पुस्तक 'हिन्दी गद्य : विन्यास और विकास' में सात-आठ पृष्ठों में विचार किया है जिसमें चार-पाँच पृष्ठ सिर्फ यह प्रमाणित करने में जाते हैं कि प्रेमसागर को हिन्दी साहित्य में और भी महत्त्व दिया जाना चाहिए।
2. उनकी पुस्तक के प्रकाशन से पहले फोर्ट विलियम कॉलेज पर एक महत्त्वपूर्ण शोध हो चुका था। बैताल पच्चीसी और सिंहासन बत्तीसी की भाषा के सन्दर्भ में वार्ष्णेय जी अपने विचार दे चुके थे। शुक्लजी के इतिहास में भी इन ग्रन्थों का कम-से-कम जिक्र तो मिल ही जाता है। लेकिन चतुर्वेदी जी की दोनों ही पुस्तकों में इन ग्रन्थों का जिक्र तक नहीं मिलता। 'प्रेमसागर' के लिए पाँच पृष्ठ और इनका नामोल्लेख भी नहीं!

3. प्रेमसागर और नासिकेतोपाख्यान की भाषा का महत्त्व प्रतिपादित करते वक्त क्या यह जरूरी नहीं था कि सिंहासन बत्तीसी और बैताल पच्चीसी या लतायफ-ए-हिन्दी की भाषा से उसकी तुलना की जाए? इन रचनाओं के नमूने देने से क्यों बचा गया?
4. सिर्फ पुस्तकों के शीर्षक के आधार पर ऐसा गम्भीर निष्कर्ष देना तर्कसंगत नहीं कहा जा सकता :

   'हिन्दुस्तानी को वे (गिलक्रिस्ट) बोलचाल के स्तर पर मान्यता देते लगते हैं, 'हिन्दी' को साहित्यिक स्तर पर। उनकी पुस्तकों के शीर्षक से यह अन्तर ध्वनित होता है—'ए डिक्शनरी : इंग्लिश एंड हिन्दुस्तानी', 'ए ग्रामर ऑफ दी हिन्दुस्तानी लैंग्वेज', 'दी हिन्दी स्टोरी टेलर', 'डायलॉग्स इंग्लिश एंड हिन्दुस्तानी', 'दी हिन्दी मैनुअल'।'[28]

   गौरतलब है कि चतुर्वेदी जी यहाँ हिन्दी का जो अर्थ ले रहे हैं, गिलक्रिस्ट का लक्ष्य उसके ठीक विपरीत है।
5. लल्लूलाल की भाषा का आदर्श प्रेमसागर कैसे मान लिया गया? लल्लूलाल की भाषा की और भी छवियाँ थीं फिर किस तर्क के आधार पर प्रेमसागर की भाषा को ही स्वाभाविक माना गया?
6. ऐसा प्रतीत होता है कि प्रेमसागर की भाषा को 'स्वाभाविक' और 'सुगम' दिखाने के लिए ही चतुर्वेदी जी यह स्थापित करने का प्रयास करते हैं कि गिलक्रिस्ट हिन्दी को भी महत्त्व देते थे। इसका प्रमाण ऊपर दिया जा चुका है। चतुर्वेदी जी यह भी स्थापित करने का प्रयास करते हैं कि लल्लूलाल की रचना 'प्रेमसागर' की भाषा उन्हीं की थी जिसमें गिलक्रिस्ट का हस्तक्षेप नहीं था। इस सन्दर्भ में यह उद्धरण महत्त्वपूर्ण है :

   > 'फोर्ट विलियम कॉलेज के अन्तर्गत स्पष्ट ही नीति-निर्धारण और तदनुरूप व्याकरण, कोश आदि बनवाने का दायित्व गिलक्रिस्ट का था, पर प्रशिक्षणार्थियों के लिए वास्तविक रूप में गद्य के पाठ्य-ग्रन्थों का निर्माण तो लल्लूलाल और सदल मिश्र को ही करना था।'[29]

यह तर्क देते वक्त शायद चतुर्वेदी जी को यह ध्यान नहीं था कि सिंहासन बत्तीसी की रचना भी लल्लूलाल ने ही की है, कम-से-कम महत्त्वपूर्ण भूमिका तो निभाई ही है। अध्याय तीन में इसके पर्याप्त प्रमाण दिये जा चुके हैं कि गिलक्रिस्ट की भाषा-नीति किन कारकों से तय होती थी और हिन्दुस्तानी को 'दी ग्रैंड पॉपुलर स्पीच' मानने के बावजूद हिन्दुवी में रचनाएँ क्यों कराई गईं।

हिन्दी साहित्य के विकास में फोर्ट विलियम कॉलेज के सन्दर्भ में और भी कई मुद्दों का रेखांकन जरूरी है।

गद्य-ग्रन्थों के निर्माण में और हिन्दी भाषा को दिशा देने में लल्लूलाल, सदल

मिश्र और जॉन गिलक्रिस्ट के अलावा खाँ और विला, टॉमस रोएबक, विलियम हंटर, विलियम प्राइस और तारिणीचरण मित्र की भूमिका भी महत्त्वपूर्ण रही है। तारिणीचरण मित्र लगभग तीस साल तक कॉलेज में रहकर हिन्दी की सेवा करते रहे। 'पॉलीग्लॉट ट्रांसलेशंस' और 'हिन्दी एंड हिन्दुस्तानी सेलेक्शंस' की भूमिका से पता चलता है कि गिलक्रिस्ट और प्राइस दोनों ही मित्रजी की विद्वत्ता के कायल थे। पॉलीग्लॉट ट्रांसलेशंस के हिन्दुस्तानी भाग का अनुवाद मित्र जी ने ही किया है। बैताल पच्चीसी की भाषा को अन्तिम रूप मित्र जी ने ही दिया था। हिन्दुस्तानी कोश तैयार करने में रोएबक की भी इन्होंने काफी मदद की। संस्कृत की 'पुरुष परीक्षा' को हिन्दुस्तानी में प्रस्तुत करने की योजना भी इन्हीं की थी। 'हिन्दी एंड हिन्दुस्तानी सेलेक्शंस' के प्रारूप से लेकर संकलन और सम्पादन तक सब मित्र जी का ही कठिन परिश्रम था। हिन्दी साहित्य के बहुत कम लोग इस विद्वान की क्षमता और भूमिका से परिचित हैं। विलियम प्राइस के बारे में भी यह बात लागू होती है।

भाषा की दृष्टि से 'कोश, व्याकरण, टाइप, विराम-चिह्न आदि आधुनिक विषयों के सूत्रपात' के सन्दर्भ में कॉलेज की 'चिरस्मरणीय' भूमिका का रेखांकन वार्ष्णेयजी ने किया है। इस पुस्तक में भी और कई दृष्टियों से कॉलेज के महत्त्व का रेखांकन किया गया है। इसके बाद भी कुछ और बिन्दुओं की चर्चा जरूरी है :

आधुनिक विषयों के चुनाव, एक व्यापारिक और पूँजीवादी परिवेश में उपनिवेशों की भाषा और साहित्य का अध्ययन, हिन्दी-हिन्दुस्तानी गद्य के विकास और सुगठन, साहित्य इतिहास की परम्परा के रेखांकन, गद्य-ग्रन्थों के विषयों के चुनाव, रीतिकालीन सामन्ती विषयवस्तुओं से अलग हिन्दी साहित्य का नये विषय-वस्तुओं से सम्पर्क, खड़ी बोली और ब्रजभाषा व्याकरणों के निर्माण, भाषा-साहित्य के क्षेत्र में नये तरीके के प्रयास आदि की दृष्टि से कॉलेज ने हिन्दी साहित्य को समृद्ध किया। ये सारे योगदान मूलत: प्राच्यविदों के प्रभाव की उपज हैं। कहना न होगा कि रीतिकालीन परिवेश में सती-प्रथा जैसे विषय साहित्य के लिए वर्जित थे। प्राच्यविदों के प्रभावस्वरूप साहित्य के विषय बदलने लगे।

29 मार्च, 1803 के वाद-विवाद में विलियम चैपलिन ने सती प्रथा जैसे विषय पर अपनी थीसिस प्रस्तुत की थी :

'सती होने की रीति हिन्दुओं में अपने पति के साथ भलमनसी और मया के चलन से बाहर है क्या ईसवी क्या और अच्छी जातों के लोग किसी पन्थ के होय जाना जाता है कि मेरे वाद के मिटाने को कोई एक प्रमाण भी न ला सकेगा हे महाराजो मेरी बुद्धि से तो यिह रीति प्रसिद्ध साँच ही जानी जाती है और यिह भी निश्चय कर जानता हूँ कि इस कठिन और अनजानी बोली में सकत जैसी चाहिए वैसी नहीं रखता कि इस बात की भली भाँति सेत्योरेसमेत समझाऊँ तिस पर भी मन चलाय बुद्धि दौड़ाता हूँ जो मेरे वचनों को ध्यान देकर सुनों तो आपके मन की दुविधा

जाय सच है जो इस भयानक चाल का सार जिसे अब मैं दोषता हूँ जब धीरज की दृष्टि से देखियेगा तब इसकी अनीति और कठोरी और कुरीति को जानियेगा तो आपकी मति भी मेरी ही मति के समान हो जाएगी।'[30]

कहना न होगा कि फोर्ट विलियम कॉलेज का साहित्य सामन्ती पतनशीलता से मुक्ति का साहित्य है। साथ ही, सामन्तवाद के पतन के साथ भारतीय समाज के बुनियादी ढाँचे में जो तब्दीली आई, साम्राज्यवादी प्रवृत्तियों का जैसा विकास हुआ, श्रेष्ठता-ग्रन्थि से ग्रस्त जो एक नया वर्ग तैयार हुआ, प्राच्य ज्ञान और सत्ता का 'न्यूनतम साझा कार्यक्रम' के तहत जो गठबन्धन कायम हुआ और अन्ततः उनके सम्बन्धों में जो दरार पड़ी उसकी पहचान के लिए कॉलेज का साहित्य सर्वथा उपयुक्त है।

खड़ी बोली हिन्दी-हिन्दुस्तानी के क्षेत्र में कॉलेज की भूमिका भले ही विवादास्पद रही हो लेकिन ब्रजभाषा गद्य, कविता और व्याकरण के क्षेत्र में कॉलेज की भूमिका सर्वस्वीकृत रही है। राजनीति, सभाविलास, माधवविलास और ब्रजभाषा व्याकरण कॉलेज में तैयार की गई महत्त्वपूर्ण रचनाएँ हैं। उसमें सबसे अधिक लोकप्रियता राजनीति को प्राप्त है जो कि हितोपदेश का अनुवाद है। कई वर्षों तक विलियम प्राइस ने कॉलेज में ब्रजभाषा का अध्यापन किया। तारिणीचरण मित्र द्वारा संकलित 'हिन्दी एंड हिन्दुस्तानी सेलेक्शंस' में भी ब्रजभाषा की रचनाएँ शामिल हैं। 'साधारण हिन्दी गान' शीर्षक के अन्तर्गत ब्रज और खड़ी बोली के कई पद इस संग्रह में रखे गए हैं। इनमें कई रचनाएँ आनन्दघन, सूरदास और तुलसीदास की हैं। कुछ पदों की भाषा बहुत आकर्षक बन पड़ी है[31] :

1. परदेसिया रे बालम काहे को नैंना लगाया रे
   नैंना लगाया क्या फल पाया नाहक भरम गँवाया
   परदेसिया रे बालम काहे को नैंना लगाया रे
2. तेरा अहिसान री
   पिया को मिला दे आली तेरो अहिसान री...
3. आज लिह हम मोल री हो गोविन्दा
   कोई कहे सस्ता कोई कहे महँगा
   हमने अपने काँटे प्रेम के लिया धरि तोल री गोविन्दा
   मीरा के प्रभु गिरधर नायक जियरा डाँवाँडोल री मुकुन्दा
   आज लिया हम मोल री गोविन्दा
4. मैं जब जानूँगी चतुर खेलार, होरी खेलन आवोगे
   मैं जब जानूँगी सुघड़ खेलार होरी...
5. तू मेरा उमराव राज लाडिला बना मियाँ
   तू मेरा उमराव राज बना मियाँ

सिर पर तेरे वे सोने दा सिहरा
विराजै गले फूलों दा हार
लाडिला बना मियाँ तू मेरा उमराव राज

6. भूल आई छोड़ आई डाल आई कंगना
जो मेरे कंगने की खबर ले आवे पाँच मोहर दूँ मैं दक्षिना
कंगना पहन के मैं नहाने को गई थी
बहियाँ मलते गिरा कंगना
नद्दी नाले में भूल आई कंगना
भूल आई छोड़ आई डाल आई कंगना

हिन्दी भाषा और साहित्य की ऐसी अमूल्य निधियों को एक उपनिवेशवादी परिवेश में एक साथ संकलित, सम्पादित और प्रकाशित कर आनेवाले कई सौ सालों तक के लिए बचा लिया गया। विलियम प्राइस और तारिणीचरण मित्र के इस योगदान का अद्वितीय महत्त्व हिन्दी साहित्य के इतिहास में हमेशा बना रहेगा।

हिन्दी अनुवाद के क्षेत्र में फोर्ट विलियम कॉलेज की भूमिका के मूल्यांकन के सन्दर्भ में कोई महत्त्वपूर्ण कार्य हाल तक प्रकाशित नहीं हुआ था। इधर जवाहरलाल नेहरू विश्वविद्यालय में इसकी भूमिका के सन्दर्भ में एक शोध-कार्य जमा किया गया है। फोर्ट विलियम कॉलेज में न सिर्फ हिन्दी और ब्रज में ग्रन्थों का अनुवाद हुआ बल्कि हिन्दी और ब्रज से अन्य भाषाओं में भी ग्रन्थों का अनुवाद हुआ। लल्लूलाल, सदल मिश्र आदि ग्रन्थकारों की ज्यादातर रचनाएँ मौलिक न होकर अनूदित ही हैं। अनुवाद की दृष्टि से एक अत्यन्त आकर्षक रचना है 'पॉलीग्लॉट ट्रांसलेशंस'। इस रचना में ईसप की एक-एक कहानी का छह भाषाओं में अनुवाद किया गया है। गिलक्रिस्ट ने यह भी प्रयास किया है कि अनुवादकों की शैली की मौलिकता बनी रहने दी जाए। इसके अलावा कॉलेज के ग्रन्थों का महत्त्व इतना अधिक था कि वह अंग्रेजों के भी आकर्षण का केन्द्र था। हिन्दवी-हिन्दुस्तानी और ब्रज की अनेक रचनाएँ अंग्रेजी में भी अनूदित हुईं। हालाँकि इन अनुवादों में कॉलेज के बाहर के विद्वानों की भूमिका अधिक रही है। कुछ महत्त्वपूर्ण अनुवाद इस प्रकार हैं :

1. राजनीति ऑर टेल्स एक्जीबीटिंग द मोरल डॉक्ट्रीन्स एंड द सिविल एंड मिलिटरी पॉलिसीज ऑफ हिन्दूज, ट्रांसलेटेड लिटरली फ्रॉम दी हिन्दी ऑफ श्री लल्लूलाल कब इनटू इंग्लिश, बाई एन्साइन जे.आर.ए.एस.लो., कलकत्ता, पी.एस.डी. रोजारियो एंड कम्पनी, 1853
2. प्रेमसागर ऑर दी ओसन ऑफ लव, बाई एडवर्ड बी. ईस्टवीक, डब्ल्यू.एच. एलेन एंड कम्पनी, लन्दन, 1867
3. द टेल ऑफ फोर दरवेश ऑफ मीर अम्मन, बाई लेविस फर्डिनंड स्मिथ, पी.एस.डी. रोजारियो एंड कम्पनी, कलकत्ता, 1850

4. दी बैताल पच्चीसी ऑर दी ट्वेंटी टेल्स ऑफ डेमोन, ट्रांसलेटेड बाई डब्ल्यू.बी. बार्कर, एडिटेड बाई ई.बी. ईस्टवीक, पब्लिश्ड बाई स्टीफेन ऑस्टिन, हर्टफोर्ड

स्पष्ट है कि हिन्दी साहित्य में जिसे आधुनिक काल कहा जाता है, उसकी दशा और दिशा जिन कारकों से तय हुई, उसमें पहला नाम फोर्ट विलियम कॉलेज का आता है। हिन्दी भाषा और साहित्य के व्यवस्थित अध्ययन की नींव डालने का यह पहला सांस्थानिक प्रयास था। ओरिएंटल सेमिनरी के कार्यकाल में कोई महत् कार्य न हो सका लेकिन फोर्ट विलियम कॉलेज में, औपनिवेशिक साये में ही सही, हिन्दी भाषा और साहित्य के सन्दर्भ में जो मान्यताएँ विकसित हुईं और जो प्रयोग हुए, आज भी हिन्दी भाषा और साहित्य उसके प्रभाव से मुक्त नहीं हैं। हिन्दी साहित्य के इतिहास-ग्रन्थों में अभी भी कॉलेज की भूमिका और प्रभाव का अधूरा मूल्यांकन ही दिखाई देता है। इस स्थिति का मुख्य कारण है फोर्ट विलियम कॉलेज से सम्बन्धित सामग्री की जानकारी का अभाव और इतिहास-लेखन में अपने विचारधारात्मक आग्रहों की ही प्रतिष्ठा।

सन्दर्भ

1. रामस्वरूप चतुर्वेदी, हिन्दी साहित्य और संवेदना का विकास, लोकभारती प्रकाशन, इलाहाबाद, 2001, पृ. 81
2. कमलेश्वर, कितने पाकिस्तान, राजपाल एंड संज़, दिल्ली, 2006, पृ. 235
3. 'भारतेन्दु-युग और हिन्दी भाषा की विकास-परम्परा' पुस्तक के अपने लेख 'सूरति मिश्र की बैताल पच्चीस और लल्लू लाल' में रामविलास जी ने यह मान्यता रखी है कि जब तक सूरति मिश्र की ब्रजभाषा में लिखी हुई बैताल पच्चीसी की कोई प्रति न मिले, तब तक यह मानना चाहिए कि उन्होंने मूल पुस्तक खड़ी बोली गद्य में लिखी थी। यह धारणा उन्होंने इस बात के प्रमाण मिलने के बाद बनाई कि लल्लूलाल ने विभिन्न विद्वानों की सामग्री बिना उनके नामोल्लेख के लेने में संकोच नहीं किया है। उनकी इस धारणा के पीछे दूसरा तर्क यह था कि 1766 की एक प्रति नागरी प्रचारिणी सभा में उपलब्ध है, जो अभी तक जाली सिद्ध नहीं हुई है। रामविलास जी की इस मान्यता पर गम्भीर शोध की जरूरत है। इस पुस्तक में मैंने इस विवाद पर विचार नहीं किया है।
4. रामविलास शर्मा, भारतेन्दु-युग और हिन्दी भाषा की विकास-परम्परा, राजकमल प्रकाशन, नई दिल्ली, 1975, पृ. 277
5. लल्लूलाल, प्रेमसागर, ब्रजरत्नदास (सम्पादक), काशी नागरी प्रचारिणी सभा, काशी, 1953, पृ. 2
6. लल्लूलाल, राजनीति, अ कलेक्शन ऑफ हिन्दू एपोलॉग्स इन दी ब्रजभाषा लैंग्वेज, प्रेस्वीटेरियन मिशन प्रेस, इलाहाबाद, 1854, पृ. 74
7. लल्लूलाल, सिंहासन बत्तीसी, राजा रामकुमार प्रेस, नवलकिशोर प्रेस, लखनऊ, 1951, पृ. 2

8. लक्ष्मीसागर वार्ष्णेय, आधुनिक हिन्दी साहित्य की भूमिका, पृ. 372
9. लल्लूलाल, लतायफ़-ए-हिन्दी, नक्ल 17, पृ. 13
10. लल्लूलाल, फोर्ट विलियम कॉलेज, पृ. 100
11. रामविलास शर्मा, भारतेन्दु-युग और हिन्दी भाषा की विकास-परम्परा, वही, पृ. 301
12. सदीकुर्रहमान किदवई, पृ. 92
13. आचार्य रामचन्द्र शुक्ल, हिन्दी साहित्य का इतिहास, अशोक प्रकाशन, नई दिल्ली, 2004, पृ. 252
14. वही, पृ. 251
15. वही
16. लक्ष्मीसागर वार्ष्णेय, हिन्दी साहित्य का इतिहास, लोकभारती प्रकाशन, इलाहाबाद, 1987, पृ. 57
17. लक्ष्मीसागर वार्ष्णेय, फोर्ट विलियम कॉलेज, पृ. 172
18. लक्ष्मीसागर वार्ष्णेय, आधुनिक हिन्दी साहित्य की भूमिका, पृ. 386
19. बच्चन सिंह, आधुनिक हिन्दी साहित्य का इतिहास, लोकभारती प्रकाशन, इलाहाबाद, 1987, पृ. 57
20. लल्लूलाल, सिंहासन बत्तीसी, पृ. 15
21. विलियम प्राइस (सं), हिन्दी एंड हिन्दुस्तानी सेलेक्शंस, बैताल पच्चीसी से,
22. वही, (इस पुस्तक की पृष्ठ संख्या का कोई निश्चित क्रम नहीं है)
23. लल्लूलाल, राजनीति, प्रेस्सबीटेरियन मिशन प्रेस, इलाहाबाद, 1854
24. लल्लूलाल, लतायफ़-ए-हिन्दी, पृ. 3
25. विलियम प्राइस (सं.), हिन्दी एंड हिन्दुस्तानी सेलेक्शंस, मनोहर कहानियाँ सुगम बोली से
25. रामस्वरूप चतुर्वेदी, हिन्दी गद्य : विन्यास और विकास, लोकभारती प्रकाशन, इलाहाबाद, 1996, पृ. 58
27. रामस्वरूप चतुर्वेदी, वही, पृ. 57
28. वही, पृ. 59
29. वही, पृ. 59
30. प्रीमिटिया ओरिएंटल्स, पृ. 49
31. विलियम प्राइस, हिन्दी एंड हिन्दुस्तानी सेलेक्शंस, साधारण हिन्दी गान से।

उपसंहार

उपनिवेशवाद ने अपनी स्वीकृति के लिए एक खास किस्म के लेखन को काफी प्रश्रय दिया है। यह सर्वस्वीकृत तथ्य है। किन्तु पूरे औपनिवेशिक दौर के सम्पूर्ण लेखन को इसी सीमाग्रस्तता में बाँधकर देखने से वास्तविक भौतिक परिस्थितियों का उद्घाटन कठिन हो जाता है। औपनिवेशिक सत्ता ज्ञान का अपने पक्ष में कितना भी अनुकूलन कर ले, द्वन्द्वात्मक परिस्थितियों में ज्ञान की भूमिका के अन्य आयाम भी होते हैं। इन आयामों को हम तभी पहचान सकते हैं जब हम समय में विद्यमान अन्य प्रभावी कारकों पर भी दृष्टिपात करें।

इस पुस्तक की चिन्ता के केन्द्र में 1800 ई. और उसके बाद के कुछ दशक हैं। 1800 का समय संक्रमण का समय था। इस दौर में व्यापारिक पूँजीवाद से औद्योगिक पूँजीवाद की ओर प्रस्थान ने उत्पादन सम्बन्धों में अभूतपूर्व परिवर्तनों को जन्म दिया और सामाजिक संरचनाओं को व्यापक स्तर पर प्रभावित किया। सत्ता और ज्ञान का जो सम्बन्ध हम व्यापारिक पूँजीवाद के दौर में देखते हैं, वही सम्बन्ध संक्रमण के दौर में या पूँजीवादी उत्थान के दौर में देखना ठीक नहीं है। ईस्ट इंडिया कम्पनी की सामाजिक-सांस्कृतिक नीतियों को इन परिवर्तनों के आलोक में देखे बगैर मात्र 'उपनिवेशवाद के खेल' पर केन्द्रित होकर जब विद्वानों ने फोर्ट विलियम कॉलेज और ईस्ट इंडिया कम्पनी के सम्बन्धों की विवेचना शुरू की तो इसकी परिणति न सिर्फ फोर्ट विलियम कॉलेज और उसके साहित्य के एकरेखीय मूल्यांकन में हुई बल्कि इस दौर में सत्ता और ज्ञान के सम्बन्धों के स्वरूप का भी अधूरा और अतार्किक चेहरा ही प्रत्यक्ष हुआ। ब्रिटिश हुकूमत, ईस्ट इंडिया कम्पनी के अधिकारियों और विभिन्न संस्थानों से जुड़े विद्वानों को मात्र एक ही चश्मे से देखने की प्रवृत्ति ने इनके आपसी सम्बन्धों के अन्य आयामों को हाशिए पर डाल दिया। इसका प्रभाव यह हुआ कि इस दौर के कई प्रमुख प्रश्नों पर हमारी दृष्टि अतार्किक हो गई।

एक ही चश्मे से सभी आयामों को देखने की प्रवृत्ति का ही फल है कि फोर्ट विलियम कॉलेज की स्थापना के पीछे जो कारक गिनाए जाते हैं, उसमें विभिन्न राजनीतिक-आर्थिक विवशताओं से उपजे सुगठित प्रशासनिक ढाँचे की जरूरत पर

ही बातें केन्द्रित होकर रह जाती हैं। हमारा ध्यान इस ओर नहीं जाता कि उच्च पदासीन वेलेजली, जो घोर साम्राज्यवादी था, को इस कॉलेज की स्थापना के लिए कम्पनी से मदद मिलने के बजाय सिर्फ विरोध का ही सामना करना पड़ा। अठारहवीं सदी के आखिरी दशकों में विद्यमान प्राच्यवादी ज्ञान-पद्धति और चिन्तन-शैली के प्रभाव की ओर भी हमारा ध्यान नहीं जाता जिसका कॉलेज के नींव रखे जाने से लेकर भविष्य की महत्त्वपूर्ण नीतियों तक, सब पर प्रभाव था। प्रशासनिक आवश्यकताओं और साम्राज्यवादी आकांक्षाओं जैसे कारकों के साथ प्राच्यवाद (पुराने अर्थों में) के महत्त्व और प्रभाव को भी ध्यान में रखकर ही हम इस दौर में सत्ता और ज्ञान के सम्बन्धों की बारीकियों को पहचान सकते हैं।

यह संक्रमणकालीन परिस्थितियों से उद्‌भूत द्वन्द्व ही था कि एक ओर वेलेजली इस कॉलेज की स्थापना को लेकर इतना उत्तेजित था जबकि दूसरी ओर कम्पनी को फोर्ट विलियम कॉलेज एक बोझ ही लग रहा था। जिस फोर्ट विलियम कॉलेज को हम ईस्ट इंडिया कम्पनी की मशीनरी के रूप में याद करते हैं, उसे कम्पनी ने हमेशा अपनी अर्थनीति में बाधा ही पाया। इस पुस्तक में हिन्दुस्तानी विभाग के विकास-क्रम के माध्यम से मैंने यह दिखाने का प्रयास किया है कि औद्योगिक पूँजीवाद के दबाव के क्रम में 'मर्कंटाइल यूटिलिटी' की मानसिकता से संचालित कम्पनी ने कैसे उसे इतनी आर्थिक दुरवस्था में झोंक दिया कि अकादमिक कार्य एकदम ही ठप्प हो गए। कॉलेज को विभिन्न दुर्नीतियों और मनमानी व्याख्याओं से गर्त में पहुँचाने की सारी जिम्मेदारी सिर्फ और सिर्फ कम्पनी पर ही है।

प्राच्य भाषाओं और संस्कृति के प्रति कम्पनी का रवैया पूँजीवाद के अन्तर्विरोधों को ही प्रत्यक्ष करता है। कम्पनी को सिर्फ प्रशासनिक जरूरतों और ज्ञान-विज्ञान के प्रति गम्भीर रुख के दिखावे के लिए फोर्ट विलियम कॉलेज की दरकार थी। साम्राज्यवादी दबाव और प्रभाव के बीच फोर्ट विलियम कॉलेज पर व्यापारिक पूँजीवादी दौर की प्राच्यविदों की परम्परा की जो थोड़ी-सी छाप रह गई थी, वह भी कम्पनी को बर्दाश्त नहीं था। कहना न होगा कि ज्ञान के प्रभाव ने सत्ता के साथ प्राच्यविदों के सम्बन्ध में सिर्फ सहयोग ही नहीं, कुछ फाँक भी पैदा किये हैं। यही कारण है कि ऐसे संस्थान जो प्राच्यवाद का इस्तेमाल कर कम्पनी की सत्ता को सर्वस्वीकृत कराने में सहयोगी हो सकते थे, कम्पनी की नीतियों के कारण ही लगातार परेशानियों का सामना करते रहे और काल के मुँह में समा गए। इन संस्थानों के सामान्य अध्ययन मात्र से यह समझा जा सकता है कि सत्ता की सीधी सोच और प्राच्यविदों से प्रभावित सोच का अलग-अलग विवेचन अनिवार्य है।

सत्ता और ज्ञान के इस समीकरण और द्वन्द्व को समझने के लिए जरूरी है कि वेलेजली और अन्य प्रशासकों की मनोवृत्ति को कम्पनी तथा कोर्ट की व्यापारिक मनोवृत्ति और ब्रिटिश प्राच्यवाद—दोनों ही कोणों से देखा जाए। भ्रम तब पैदा होता

है जब ब्रिटिश प्राच्यवाद के प्रभावों को सिर्फ साम्राज्यवादी हथकंडे के रूप में प्रस्तुत किया जाता है। इरफान हबीब का मत देकर पीछे यही स्पष्ट करने की कोशिश की गई है कि कोई भी इस बात से इनकार नहीं कर सकता कि उपनिवेशवाद ने प्राच्य ज्ञान का अनुकूलन किया है। जरूरत यह है कि प्राच्यवाद के विस्तार को सिर्फ एक ही कोण से देखने की भूल न की जाए। निश्चय ही सत्ता ने पुरानी प्राच्यवादी परम्परा की उन्हीं प्रवृत्तियों को स्वीकार किया जो आर्थिक हितों में बाधा नहीं पहुँचा रही थीं और तभी तक स्वीकार किया जब तक वे उनके लिए उपयोगी थीं। वस्तुतः पूँजी का दबाव और प्रभाव ज्ञान के दबाव और प्रभाव से अलग होता ही है। सहयोग के तत्त्व हैं तो फाँक के चिह्न भी। ढूँढ़ने की प्रक्रिया अपनी अस्मिता की कैद से बाहर जाकर ही शुरू हो सकती है। रामविलास शर्मा के जोंस पाठ के माध्यम से भी मैंने यही पेशकश की है। अंग्रेज जाति, ईसाई धर्म और ब्रिटिश शासन के प्रति जोंस की अस्मितागत सीमाओं से पूर्णतया परिचित होने पर भी रामविलास जी के लिए पहले जोंस की उन्मुक्तता, रोमांसिकता और भारतीय संस्कृति के अध्ययन में उनकी कष्टसाध्यता का रेखांकन ज्यादा महत्त्वपूर्ण है। सईदी पद्धति अपनानेवालों के लिए तथ्यों का ऐसा चुनाव सम्भव नहीं हो पाता क्योंकि उनका ध्यान अठारहवीं सदी के संक्रमण की इस गम्भीरता की ओर वैसे नहीं जाता, जैसे कि रामविलास जी का। व्यापारिक पूँजीवाद से सम्बद्ध पुराने सांस्कृतिक परिवेश से जोंस का सम्बन्ध समझने के कारण ही रामविलास जी उनका महत्त्व रेखांकित कर पाते हैं। फोर्ट विलियम कॉलेज और ईस्ट इंडिया कम्पनी की नीतियों और सम्बन्धों को समझने में ऐसी विवेचन-पद्धति कारगर साबित हो सकती है।

यह जरूर है कि फोर्ट विलियम कॉलेज पर व्यापारिक पूँजीवाद की वही छाप नहीं ढूँढ़ी जा सकती जो जोंस पर दिखाई देता है किन्तु परवर्ती साम्राज्यवादी प्रवृत्ति के प्रभाव के अतिरिक्त भी फोर्ट विलियम कॉलेज पर कुछ प्रभाव निश्चित विद्यमान थे जिन्हें छोड़कर आगे बढ़ना इतिहास के साथ अन्याय है। कॉलेज की प्रशासनिक संरचना, उसके साहित्य, उसकी भाषा-दृष्टि गिलक्रिस्ट जैसे अध्येताओं की दृष्टि इत्यादि में साम्राज्यवादी पुट ढूँढ़ना बहुत ही आसान है। किन्तु महत्त्वपूर्ण कार्य इस आसान परिघटना का उद्घाटन नहीं है बल्कि उन बारीक बातों का विश्लेषण है जिन्हें हम सामान्यीकरण करने के दौरान छोड़ते चले जाते हैं। दिक्कत यह है कि हम यह तो याद करते हैं कि प्राच्यविदों ने पूरब को हेय बताकर पश्चिम सभ्यता के मानदंडों पर हमारा मूल्यांकन किया, अपने प्रतिमानों पर हमें सभ्य बनाने का प्रयास किया, भारतीय समाज की विकृतियों को कोडीफाई किया, धार्मिक विभेद को अपनी अस्मितायी चिन्तन से बढ़ावा दिया किन्तु इस बात की चर्चा कम करते हैं कि विलियम जोंस और उनके साथी प्राच्यविदों ने विभिन्न भारतीय भाषाओं में अनुवाद भी किये, भारतीय धर्मग्रन्थों का अध्ययन किया, प्राचीन पांडुलिपियों का पता

लगाया, व्याकरणों की रचना की, सामाजिक संरचना पर विचार किया और भारतीय परिवेश से प्रेरणा लेकर काव्य-सृजन भी किया।

इस प्रभाव को सम्पूर्णता में तभी पहचाना जा सकता है जब हम तत्युगीन ईस्ट इंडिया कम्पनी की नीतियों के बाहर भी झाँकें। साम्राज्यवाद के अतिरिक्त सत्ता और ज्ञान के द्वन्द्व का भी अध्ययन करें। व्यापारिक पूँजीवाद से औद्योगिक पूँजीवाद की ओर प्रस्थान का आर्थिक-सामाजिक संरचना पर प्रभाव देखते रहें। हम तभी यह समझ पाएँगे कि ईसाई मत और ब्रितानी साम्राज्य के प्रति ब्रिटिश प्राच्यवाद के चरित्र में बहुत सम्मोहन है, गिलक्रिस्ट जैसे दूसरे चरण के पश्चिमी विद्वानों में साम्राज्यवाद हितैषी तत्त्व भी बहुत अधिक हैं लेकिन इसके बाद भी ज्ञान की जैसी भी चेतना का विकास ब्रिटिश प्राच्यवाद ने किया, उसे व्यापारिक मनोवृत्ति से संचालित कम्पनी सम्पूर्णता में पचा सके, ऐसा नहीं हो सकता था। सत्ता ने प्राच्यवाद का प्रयोग भले ही अपने लिए लगातार किया हो, इससे प्राच्यविदों के सृजन को सिर्फ सत्ता के आईने में नहीं देखा जा सकता। फोर्ट विलियम कॉलेज का अध्ययन साम्राज्यवाद के पक्ष में करना बहुत ही सहज है। कॉलेज के तमाम प्रोफेसरों ने साम्राज्यवादी मानसिकता से ग्रस्त लेखन बहुत ज्यादा किया है। मेरा निवेदन बस इतना है कि इस परिवेश के चरित्र का एक और भी पहलू है जो हमारी नजर से छूटना नहीं चाहिए। वह चरित्र-चित्रण उचित नहीं जिसमें समस्त छवियाँ ठीक से उभरकर न आएँ। अधूरा ज्ञान भी चेतना के विकास में बाधक ही होता है।

संक्रमण के दौर में पूँजी के खेल के एकोन्मुखी विश्लेषण के कारण ही हिन्दी साहित्य के इतिहास-ग्रन्थों में कम्पनी और कॉलेज को एक-दूसरे से ऐसे जोड़कर देखा जाता है जैसेकि इनके आपसी सम्बन्धों में कोई और प्रभावी कारक हो ही नहीं सकता और औपनिवेशिक लक्ष्यों के लिए स्थापित कॉलेज को और किसी दृष्टि से देखने की आवश्यकता भी नहीं है। प्रस्थान बिन्दु में निहित इस सीमाग्रस्तता का प्रभाव बहुत ही दूरगामी था। फोर्ट विलियम कॉलेज की स्थापना और विकास के तर्ज पर ही इस दौर में पल्लवित हो रही भाषा-नीतियों के बारे में जब विद्वानों ने इसी प्रस्थान बिन्दु के साथ विश्लेषण शुरू किया तो उसमें भी एकपक्षीय व्याख्याओं का होना ही लाजिमी था। यह विवेचन का विषय ही नहीं बन पाया कि ईस्ट इंडिया कम्पनी और फोर्ट विलियम कॉलेज की भाषा-नीति में कोई फर्क भी हो सकता है या कॉलेज के भीतर ही अलग-अलग (गिलक्रिस्ट और विलियम प्राइस) दृष्टियों का विकास हो सकता है।

पहले गिलक्रिस्ट को देखें जिनकी भाषा-नीति का अध्ययन मात्र कम्पनी की साम्राज्यवादी-नीति के अधीन रखकर ही किया जाता रहा है। इस भूल ने समय की हमारी समझदारी को और भी उलझनों से भर दिया। वस्तुतः हिन्दी और हिन्दुस्तानी गिलक्रिस्ट से पहले भी और बाद में भी खड़ी बोली के ही व्याकरण पर खड़ी थी।

निश्चय ही गिलक्रिस्ट ने खड़ी बोली की इस शैली को अलग से एक अस्मिता, नाम और परिचय दिया किन्तु इस अलगाव की स्थापना के पीछे वस्तुतः परम्परा में ही विद्यमान धर्म, साम्राज्य और ज्ञान का गूढ़ सम्बन्ध सबसे प्रभावी कारक था, 'बाँटो और राज करो' की कोई कूटनीति नहीं। संस्कृत का हिन्दू परम्परा और अरबी का इस्लाम के साथ जो अनिवार्य सम्बन्ध प्राच्यविदों के अध्ययन से स्थापित हुआ था, उसका प्रभाव हिन्दी प्रदेश की भाषाओं और बोलियों पर भी पड़ना ही था। गिलक्रिस्ट उन प्राच्यविदों में से थे जो ईसाई मत का प्रचार जीवन का महत्त्वपूर्ण लक्ष्य मानते थे। भाषा को धर्म से गहरे जोड़कर देखने के पीछे यह भी एक बड़ी वजह थी। प्राच्यविदों के विस्तृत अध्ययन का यह गैर-तार्किक पहलू गिलक्रिस्ट की भाषा-नीति की निर्मित और हिन्दी-हिन्दुस्तानी-रेख्ता के सम्बन्धों और उनके लचीलेपन के लिए बहुत घातक रहा। इसी तरह अंग्रेजों का जातीय अलगाव-बोध, श्रेष्ठता की भावना और सांस्कृतिक धरातल पर उपनिवेशों को सभ्य बनाने की इच्छा, वे अन्य कारक रहे जिनकी वजह से हिन्दवी-हिन्दुस्तानी के लचीले रूप को गिलक्रिस्ट और उनकी परम्परा के लोग महत्त्व न दे सके। आज के दौर की साम्प्रदायिकता और ब्रिटिश हुकूमत की 'बाँटो और राज करो' की मानसिकता के सरल फ्रेम में डालकर गिलक्रिस्ट और उन्हीं के अनुरूप कम्पनी की भाषा-नीति को देखना उसे एक तरह से सीमित करना ही है। गिलक्रिस्ट ने अपनी निजी दृष्टि के अनुरूप हिन्दुस्तानी सम्बन्धी चिन्तन किया था। यह जरूर है कि अपनी भाषा-नीति का निर्धारण करते वक्त उन्हें कम्पनी के प्रशासन का ध्यान जरूर था। कम्पनी ने जब प्रशासनिक उद्देश्यों के लिए हिन्दुस्तानी की जरूरत महसूस की तो गिलक्रिस्ट के माध्यम से उन्हें समाधान मिल गया। कम्पनी गिलक्रिस्ट की हिन्दी भाषा-नीति और कॉलेज की भाषा-नीति का पल्ला इसलिए पकड़े हुए थी क्योंकि यह अनिवार्य ऐतिहासिक जरूरत थी। वस्तुतः कॉलेज से मधुर सम्बन्ध न होने पर भी कम्पनी के कोर्ट ऑफ डायरेक्टर्स कुछ और कर नहीं सकते थे।

गिलक्रिस्ट के यूरोप लौट जाने के बाद हम देखते हैं कि कॉलेज के भीतर ही उनकी भाषा-नीति को अस्वीकार किया जाने लगा था। प्राच्यविदों और गिलक्रिस्ट के चिन्तन के व्यापक प्रभाव में कॉलेज के दूसरे प्रमुख हिन्दी विद्वान विलियम प्राइस ने हिन्दी-हिन्दुस्तानी भेद को धार्मिक आधार पर ही स्वीकार किया लेकिन उस शैली को हिन्दुस्तान की 'दी ग्रैंड पॉपुलर स्पीच' और 'जनरल कोलोकियल लैंग्वेज' मानने से इनकार कर दिया, जिसे गिलक्रिस्ट प्रचलित करना चाहते थे। प्राइस की सुगम बोली की भाषा हिन्दी (आधुनिक अर्थों में) के बहुत नजदीक ठहरती है, जो इस बात को प्रमाणित करती है कि कॉलेज में ही हिन्दी को लेकर एक स्पष्ट कूटनीतिक चिन्ताधारा नहीं थी। स्पष्टतः कॉलेज की अपनी ही हिन्दी भाषा-नीति में बदलाव हो रहे थे और कम्पनी से उनकी भाषा-नीति को एकमेक करके नहीं देखा जा सकता।

गिलक्रिस्ट और कॉलेज की भाषा-नीति के अलावा तीसरा महत्त्वपूर्ण पक्ष है कम्पनी की भाषा-नीति। संक्रमण के दौर में ईस्ट इंडिया कम्पनी की भाषा में जितनी भी रुचि थी, वह प्रशासनिक कारणों से और राजनीतिक-सामाजिक दबावों से। दरबारों, प्रशासनिक कार्यालयों और अदालतों में फारसी के बाद फारसी शब्दों से आप्लावित खड़ी बोली का प्रचलन था और कम-से-कम खर्च में अधिक-से-अधिक वसूलनेवाली कम्पनी की जरूरतें गिलक्रिस्ट की भाषा-नीति की बदौलत ही पूरी हो जा रही थीं। किन्तु दूसरे दशक के बाद भारतीय साम्राज्य के विस्तार और स्थायित्व के साथ अंग्रेजी हुकूमत की प्रकृति में बदलाव आने लगा। प्राच्यविदों की पकड़ कम होने के साथ ईसाई मत और पश्चिमी ज्ञान-विज्ञान का भारत में प्रचार-प्रसार करने की इच्छा अब और भी मुखर होने लगी। इन आंग्लवादियों की ब्रिटिश राजनीति में मजबूत पकड़ थी। इन आंग्लवादियों का दबाव बढ़ने के साथ-साथ संस्कृत, अरबी, फारसी आदि भाषाओं को गहरी ठेस पहुँची। कम्पनी की भाषा-नीति पर इन आंग्लवादियों की पकड़ मजबूत हो गई थी। इन्हीं के दबाव में आकर कम्पनी को हिन्दुस्तान में शिक्षा के माध्यम के रूप में अंग्रेजी को महत्त्व देना पड़ा। लेकिन प्रशासनिक कार्यवाहियों और शिक्षा का प्रचार-प्रसार अंग्रेजी के माध्यम से सहज न था। कम्पनी के कोर्ट ऑफ डायरेक्टर्स ने इस बात को समझा और अंग्रेजी के साथ वर्नाक्यूलर्स (देशी भाषाएँ) को भी बनाए रखा। कम्पनी की भाषा-नीति के बदलाव के कारण कॉलेज का महत्त्व घटता चला गया। कम्पनी कॉलेज के ऊपर हो रहे खर्चे में जमकर कटौती करने लगी और कॉलेज को बन्द कर देने का प्रस्ताव भी लाने लगी। दूसरी ओर कॉलेज का हिन्दुस्तानी विभाग भी विलियम प्राइस के प्रभाव में हिन्दी विभाग में तब्दील हो गया। निश्चय ही इस बदलाव में भी कम्पनी की कोई भूमिका नहीं थी। गिलक्रिस्ट द्वारा स्थापित हिन्दुवी-हिन्दुस्तानी भेद का प्रभाव तो व्यापक था लेकिन कम्पनी और कॉलेज से जुड़े कई अंग्रेज विद्वानों को यह समझ में आने लगा कि जनसामान्य की भाषा इतनी फारसीनिष्ठ नहीं है। कोर्ट का झुकाव भी देशी भाषाओं की ओर हो चुका था। अगर कॉलेज और कम्पनी की भाषा-नीतियों में इतनी समानता होती तो नियमतः इन अनुकूल परिस्थितियों में अदालतों में फारसी के बाद हिन्दी और नागरी को पूर्णतया लागू हो जाना चाहिए था लेकिन ऐसा नहीं हुआ। इसकी वजह यह थी कि प्राच्यविदों के प्रभाव के कम होते जाने के साथ कम्पनी की भाषा-नीति अन्य कई कारकों से संचालित होने लगी थी, जैसेकि ब्रिटिश संसद और गद्दी की इच्छा, आंग्लवादियों की नीति, प्रशासनिक जरूरतें और राजनीतिक-सामाजिक परिस्थितियाँ। देशी भाषाओं के महत्त्व को स्वीकारने, देशी भाषाओं और अंग्रेजी में स्कूलों-कॉलेजों को प्रोत्साहन देने और फोर्ट विलियम कॉलेज में हिन्दी का प्राधान्य होने के बाद भी कम्पनी अदालतों में अन्य देशी भाषाओं को तो लागू कर गई लेकिन हिन्दी को नहीं। नागरी को अदालतों

में लागू करने का आदेश देना यह प्रमाणित करता है कि कम्पनी का झुकाव बदल रहा था लेकिन कम्पनी ने यह देखा कि हिन्दुस्तानी प्रशासनिक कार्यालयों में फारसी के बाद सर्वत्र प्रचलित है। हिन्दुस्तानी के रहने से भी कम्पनी का काम चल जा रहा था और कम्पनी की हमेशा से ही नीति रही थी—विवादास्पद मुद्‌दों पर बहुत सोच-समझकर कदम बढ़ाना अन्यथा स्वस्थ दूरी बनाए रखना। हिन्दुस्तानी के हटने से काफी लोग नाराज हो सकते थे। कम्पनी ने यह देखते हुए हिन्दुस्तानी को वैसे ही जारी रखना उचित समझा, जैसे फारसी को जारी रखा गया था। फारसी लिपि से जिनकी अस्मिता और रोजी-रोटी जुड़ी थी, उन्होंने दबाव बनाकर फारसी लिपि को पुनः प्रचलित करवा लिया। इस बदलाव में न तो गिलक्रिस्ट के क्रियात्मक प्रभाव की कोई भूमिका थी और न ही कॉलेज की भाषा-नीति की। 1837 में कम्पनी ने जब हिन्दुस्तानी को अपनाया तब उसका कारण यह नहीं था कि हिन्दुस्तानी हिन्दुस्तान की ग्रैंड पॉपुलर स्पीच है, इस बार हिन्दुस्तानी को प्रशासनिक और राजनीतिक दबाव के तहत अपनाया गया था। प्राच्यविदों के समय में यह जरूर है कि हिन्दी-हिन्दुस्तानी धार्मिक अस्मिताओं के साथ ज्यादा जुड़ गईं लेकिन 'बाँटो और राज करो' जैसी कोई इच्छा उस वक्त तक सक्रिय नहीं दिखाई देती है। गिलक्रिस्ट और प्राइस दोनों की मूलभूत समझदारी ही हिन्दी-हिन्दुस्तानी को धर्म के आधार पर अलग करके देखने की थी। हालाँकि शीघ्र ही (आंग्लवादियों और कम्पनी की भाषा-नीति के हावी होने के साथ ही) भाषा के क्षेत्र में भी धार्मिक अलगाववाद का राजनीतिक इस्तेमाल शुरू हो गया।

संक्रमण के दौर में औपनिवेशिक सत्ता के विकास को एक ही कोण से देखने और व्यापारिक पूँजी के माध्यम से तैयार हुए प्रभावों पर ध्यान न देकर मात्र एक ही चश्मे से पूरे दौर के विश्लेषण का फल यह भी हुआ कि हिन्दी-उर्दू के अलगाव के लिए फोर्ट विलियम कॉलेज पर ही ठीकरा फोड़ा जाने लगा।

इस बात में किसी को भी सन्देह नहीं है कि ब्रिटिश राजसत्ता ने हिन्दू-मुस्लिम अलगाववाद को पुख्ता करने के लिए उन्नीसवीं सदी में भाषायी मामलों में भी सचेत कूटनीतिक प्रयास किये हैं किन्तु इसके बीज जिस तरह से विभिन्न विद्वान और इस दौर की सूक्ष्म समझदारी रखनेवाले डॉ. रामविलास शर्मा भी फोर्ट विलियम कॉलेज की स्थापना के समय से ही और गिलक्रिस्ट के चिन्तन में खोजने लगते हैं, उससे उनकी तर्क-प्रणाली थोड़ी कमजोर हो जाती है और वे कुछ अतार्किक निष्कर्षों का प्रतिपादन करते दिखाई देते हैं। बाद के भी कई आलोचकों ने अपनी दृष्टि इसी 'उपनिवेशवाद के खेल' पर ही केन्द्रित कर ली है। व्यापारिक पूँजीवाद के प्रभाव की गहरी समझदारी रखने के बावजूद और हिन्दी-उर्दू के पूर्ववर्ती विभेद की जानकारी होने के बावजूद रामविलासजी की दृष्टि ऐसी इसलिए बन गई क्योंकि ब्रिटिश कूटनीतिज्ञों ने हिन्दी जाति को बाँटने के लिए जो प्रयास किये थे,

रामविलास शर्मा बहुत ही तत्परता के साथ उन्हें उद्घाटित करना चाह रहे थे। वस्तुतः फोर्ट विलियम कॉलेज को जातीय चेतना के निर्माण में एक बाधा के रूप में स्थापित करना उन्हें इतना आवश्यक लगने लगता है कि वे इस तर्क में जाते ही नहीं कि अगर भाषायी माध्यमों से जातीय चेतना को ध्वस्त करना अंग्रेजों के चिन्तन में 1800 ई. में ही इतने प्रबल रूप में विद्यमान था तो उसी फोर्ट विलियम कॉलेज को निरन्तर दुर्दशा में अंग्रेज क्यों ढकेलते रहे? अगर फोर्ट विलियम कॉलेज की मशीनरी हिन्दी-उर्दू के अलगाववाद के लिए ही तैयार की गई थी तो उस मशीनरी का विस्तार करना चाहिए था, उसे निरन्तर आर्थिक दुरवस्था में क्यों झोंक दिया गया? रामविलास जी का ध्यान इस ओर भी नहीं गया कि जिस गिलक्रिस्ट को इस कूटनीति के केन्द्र में उन्होंने रखा है, वह फोर्ट विलियम कॉलेज में अध्यापक बनने से पहले ही अपनी कई भाषा सम्बन्धी मान्यताएँ रख चुका था। ये मान्यताएँ किसी सांस्थानिक प्रयास की नहीं बल्कि गिलक्रिस्ट के अपने चिन्तन की उपज थीं।

फोर्ट विलियम कॉलेज ने हिन्दी के लचीलेपन को शास्त्रीय रूप देकर विभाजित कर देने में बहुत ही अग्रणी भूमिका अदा की है। समस्या बस यह पहचानने में है कि इस अलगावादी स्वरूप को बढ़ावा देने के पीछे ब्रिटिश कूटनीति थी या उस दौर में आस्थाओं, अस्मिताओं और श्रेष्ठता-बोध की सीमाओं में ग्रस्त विद्वानों में तार्किक समझदारी की कमी। रामविलास जी ने अगर यह माना है कि हिन्दी-उर्दू का एक अलगाव पहले से विद्यमान था तो फोर्ट विलियम कॉलेज के समय अंग्रेजों के मानस में इस अलगाव-बोध के पीछे कूटनीति के अतिरिक्त और कारण भी देखने चाहिए थे। संक्रमण के दौर की परिस्थितियों और प्राच्यवाद के प्रभाव को छोड़कर सीधे उन नीतियों की ओर क्यों प्रस्थान किया जाए जिनके स्पष्ट प्रमाण कम-से-कम भाषा के मसले में 1820 के बाद ही दिखाई देने शुरू होते हैं? गिलक्रिस्ट के सन्दर्भ में रामविलास जी ने यह साफ पहचाना है कि जातीय श्रेष्ठता या अभिजातपन या धार्मिक अलगाव का प्रभाव भाषा-नीतियों पर पड़ता है किन्तु फोर्ट विलियम कॉलेज के सन्दर्भ में ब्रिटिश उपनिवेशवाद की कमियों को रेखांकित करने की इच्छा उन पर हावी हो जाती है और वे उपर्युक्त प्रभावों के अतिरिक्त ब्रिटिश कूटनीति के तर्क को भी चस्पाँ कर देते हैं। यह उनकी व्यवस्थित तर्क-प्रणाली में बाधा-स्वरूप बन जाती है।

वस्तुतः अंग्रेज यहाँ बसने के लिए कभी नहीं आए थे इसलिए पूर्ववर्ती शासकों और आक्रमणकारियों की तरह भारत के हो नहीं पाए। अन्ततः उनकी संवेदना इंग्लैंड से ही जुड़ती थी। साम्राज्य के विकास के साथ यह अलगाववाद और भी पुख्ता होता चला गया। श्रेष्ठ होने की भावना और उपनिवेशों को सभ्य बनाने के प्रयास ने इस अलगाववादी सोच में और भी इजाफा किया। कोई भी 'भारतीय' हो जाने के मकसद से यहाँ नहीं था। धार्मिक अस्मिता ने इस अलगाववाद को और भी

पुख्ता किया। धर्म और भाषा एक-दूसरे की पहचान बनते गए। ईसाई मत—अंग्रेजी, इस्लाम मत—फारसी और हिन्दू मत—संस्कृत का समीकरण तैयार हो गया। आर्थिक-धार्मिक-सामाजिक अलगाव-बोध की ऐसी मानसिकता से ग्रस्त अंग्रेज जाति अगर विभिन्न धर्मों और जातियों को अपने भीतर समेटे हुए भारतीय संस्कृति के सम्पर्क-सूत्रों को तलाशने के बजाय धार्मिक सामाजिक भेद की तलाश करने लगी तो इसमें कोई आश्चर्य नहीं। निश्चय ही यह अंग्रेज जाति के लिए पचाना आसान नहीं था कि पहले के सभी आक्रमणकारी और अन्य जातियाँ जो भारत आईं, वे भारतीय आर्थिक-तंत्र और संस्कृति का हिस्सा होती चली गईं और उनके मेल-जोल से भारतीय संस्कृति और जातीयता और भी विकसित हुई। हिन्दुओं और मुस्लिमों की साझी संस्कृति के विकास पर, दोनों समुदायों की एक सामान्य भाषा के विकास की सम्भावनाओं पर, अंग्रेज अध्येताओं का ध्यान उतना नहीं गया जितना कि अलग से हिन्दू अतीत और धर्मग्रन्थों की खोज पर या फारसी प्रभावित भाषा के मुसलमानों के अधिक करीब होने पर और संस्कृत प्रभावित हिन्दवी के हिन्दुओं के अधिक करीब होने पर। अंग्रेज कैसे खुद को समझा सकते थे कि वे एक जातीय विकास की प्रक्रिया में हस्तक्षेप कर रहे थे। जब आज भी हम अस्मिताओं का इतना प्रभाव समाज पर देखते हैं तो अठारहवीं सदी के आखिर में अंग्रेजों से यह उम्मीद कैसे कर सकते हैं कि अपनी अस्मिता को प्रश्नांकित कर वे चिन्तन का आरम्भ करें? अगर अंग्रेज यह नहीं कर सकते थे तो निश्चय ही उनके तर्क की प्रस्थापना गलत होनेवाली थी और वह गलत हुई। यह तो भविष्य के ही आचार्य बता सकते थे कि हिन्दी-उर्दू के बीच में जो भेद है, वह उनकी आर्थिक-सामाजिक नीतियों के कारण और बढ़नेवाला है। वे ही हैं, जो शहरों का क्षरण करनेवाले हैं और एक जातीय समुदाय और एक जातीय भाषा के विकास को इतना ध्वस्त करनेवाले हैं कि उसे सँभलने में काफी लम्बा समय लगेगा। ऐसे हालात में अंग्रेजों ने ज्यादा सहज तर्कों की तलाश की और जिन तर्कों को ढूँढ़ा, उससे बेहतर तर्क उन्हें मिल भी कैसे सकते थे?

इस सीमित दृष्टि का फल यह हुआ कि फोर्ट विलियम कॉलेज के परवर्ती विद्वान, जिनकी दृष्टि गिलक्रिस्ट से भिन्न थी, उन्हें भी कूटनीति की चक्की में पीस दिया गया। कॉलेज के प्रोफेसर विलियम प्राइस की भाषा-नीति भी हिन्दू-मुस्लिम अलगाव-बोध को लेकर जरूर चलती रही किन्तु हिन्दी को बोलचाल के ज्यादा निकट लाने में जरूर मददगार साबित हुई। 'बैताल पच्चीसी' को देवनागरी में बीस के दशक में रखना यह प्रमाणित करता है कि प्राइस और मित्र बोलचाल के नजदीक दिखनेवाली हिन्दी को देवनागरी में प्रस्तुत करना चाह रहे थे ताकि विद्यार्थी वास्तविक जनता की भाषा को ठीक से समझ सके। किन्तु रामविलास जी इस विश्लेषण में जिस सीमा में बँध चुके थे, उसके बाद यह स्थापना देना उनके लिए सम्भव नहीं था। स्पष्टत: औपनिवेशिक दौर में हिन्दी-उर्दू के सम्बन्ध को एक ही कोण से देखने से

हम कई बारीकियों से वंचित हो सकते हैं। जरूरत यह है कि हिन्दी–उर्दू के सम्बन्ध के जो अनसुलझे पहलू हैं, उन्हें सुलझाकर हिन्दी जाति की चेतना को और सबल तर्कों के आधार पर अवस्थित किया जाए।

ऐसा करने से ही हम सिक्के के दूसरे पहलू की ओर जा पाएँगे। हिन्दी साहित्य की परम्परा की चिन्ता को संकीर्ण विचारों से मुक्त कर पाएँगे। हमारे अपने कुछ इतिहासकारों ने अस्मितायी सीमाओं में कैद होकर साहित्य को जिस तरह से खेमों में विभाजित कर दिया है, हम उस विभाजक रेखा को मिटा पाएँगे। 'फोर्ट विलियम कॉलेज ने साम्राज्यवाद के पक्ष में बहुत-कुछ किया' के साथ हम यह भी रेखांकित कर पाएँगे कि फोर्ट विलियम कॉलेज का साहित्य सामन्ती पतनशीलता से मुक्ति का साहित्य है। यह भी कह पाएँगे कि सामन्तवाद के पतन के साथ भारतीय समाज के बुनियादी ढाँचे में जो तब्दीली आई, साम्राज्यवादी प्रवृत्तियों का जैसा विकास हुआ, श्रेष्ठता–ग्रन्थि से ग्रस्त जो एक नया वर्ग तैयार हुआ, प्राच्य ज्ञान और सत्ता का 'न्यूनतम साझा कार्यक्रम' के तहत जो गठबन्धन कायम हुआ और अन्ततः उनके सम्बन्धों में जो दरार पड़ी—उसकी पहचान के लिए कॉलेज का साहित्य सर्वथा उपयुक्त है।

हिन्दी साहित्य में जिसे 'आधुनिक काल' कहा जाता है, उसका भविष्य जिन कारकों से तय हुआ, उसमें फोर्ट विलियम कॉलेज की भूमिका काफी महत्त्वपूर्ण है। हिन्दी भाषा और साहित्य के व्यवस्थित अध्ययन के इस पहले सांस्थानिक प्रयास के साथ, औपनिवेशिक साये में ही सही, हिन्दी भाषा और साहित्य के सन्दर्भ में जो मान्यताएँ विकसित हुईं और जिस किस्म के प्रयोग हुए, उसने न सिर्फ पूरी उन्नीसवीं सदी के भाषा–चिन्तन को परस्पर–विरोधी विचारों से ग्रस्त किया बल्कि आज भी हिन्दी भाषा और साहित्य उस प्रभाव से मुक्त नहीं है। निस्सन्देह, हिन्दी साहित्य के इतिहास–ग्रन्थों में अभी भी कॉलेज की भूमिका और प्रभाव का अधूरा मूल्यांकन ही दिखाई देता है। फोर्ट विलियम कॉलेज से सम्बन्धित सामग्री का और भी व्यवस्थित संकलन और विश्लेषण कर एवं इतिहास–लेखन को विचारधारात्मक दुराग्रहों से मुक्त कर हिन्दी साहित्य के इतिहास को और भी व्यवस्थित शक्ल देने की आवश्यकता अभी भी बनी हुई है।

परिशिष्ट

1. गिलक्रिस्ट की लिपि का नमूना (स्रोत—द हिन्दी रोमन ऑर्थोग्राफिकल अल्टिमम...)

THE NAGUREE ALPHABET.

Numbers.		Letters.		Names.	Powers.
१	1	:	अ	u	ulcer.
२	2	ा	आ	a, viz. u,u	all.
३	3	ि	इ	i	ill.
४	4	ी	ई	ee, viz. ii	eel.
५	5	ु	उ	oo	wool.
६	6	ू	ऊ	oo, viz. oooo	cool.
७	7	ृ	ऋ	ṛi	ṛill.
८	8	ॄ	ॠ	ṛee	ṛeel.
९	9	ॢ	ऌ	ḷi, ḷri	ḷilly.
१०	10	ॣ	ॡ	ḷee, ḷree	ḷee, pronounced ḷree.
११	11	े	ए	e	ere, air.
१२	12	ै	ऐ	ue, ui, uee	guile, eye, buy.
१३	13	ो	ओ	o	old.
१४	14	ौ	औ	uo	our, uor.
१५	15	ं	अं	ṇ	sans. v. ३१ & cxiv.
१६	16	:	अः	u, uḥ.	us.

in their initial, medial, and final forms, expressive of u, a, &c. all respectively under the significant names of u-*kar*, a-*kar*, ku-*kar*, the k maker, &c.

each being equivalent to our own roman letters, in the several english words—

THE NAGUREE ALPHABET *continued.*

Numbers.		Letters.	Names.	Powers.
१७	17	क क	ku	kirk.
१८	18	ख ख	kḩu	kir-kḩill.
१९	19	ग ग	gu	dog.
२०	20	घ घ	gḩu	do-gḩead.
२१	21	ङ	ngu.	sing, sink.
२२	22	च च	chu, tshu	church.
२३	23	छ	ch,hu,tsh,hu	chur-chḩill.
२४	24	ज ज	ju, dzhu	judge, juj.
२५	25	झ झ	j,hu, dzh,hu	judge him, ju-j,him.
२६	26	ञ ञ	nu.	change.
२७	27	ट ट	ṭu	nut.
२८	28	ठ ठ	ṭḩu	nu-ṭḩook.
२९	29	ड ड़	ḍu, ṛu	dub, bud.
३०	30	ढ ढ ढ़	ḍḩ, ṛḩ	aspirated ḍ, ṛ.
३१	31	ण ण	ṇu.	sand, v. cxix.
३२	32	त त	tu	tube.
३३	33	थ थ	tḩu	ho-tḩead.
३४	34	द द	du	dupe.
३५	35	ध ध	dḩu	go-dḩead.
३६	36	न न	nu.	noon.

in their initial, medial, and final forms, expressive of u, a, &c. all respectively under the significant names of u-*kar*, a-*kar*, ku-*kar*, the k maker, &c.

each being equivalent to our own roman letters, in the several english words—

THE NAGUREE ALPHABET *continued.*

Numbers.		Letters.	Names.	Powers.
३७	37	ट प	pu	up.
३८	38	प फ	pḥu	u-pḥill.
३९	39	ब ब	bu	tub.
४०	40	भ भ	bḥu	tu-bḥoop.
४१	41	म म	mu.	mama.
४२	42	य य	yu	young, yung.
४३	43	॒ ् र	ru	rural.
४४	44	ल ल	lu	lull.
४५	45	व व	wu, vu.	wine, vine.
४६	46	श श श	shu	shillishalli.
४७	47	ष ष	sḥu, k,ḥu	sḥ, k,ḥ.
४८	48	स स	su	silly, sally.
४९	49	ह	hu	ha ! aha !
५०	50	क्ष क्ष	ch,ḥu,k,ḥu	kshu, ch,ḥ, k,ḥ, ksḥ.
५१	51	ज्ञ	gṇ.	*digne*, french.

in their initial, medial, and final forms, expressive of u, a, &c. all respectively under the significant names of u-*kar*, a-*kar*, ku-*kar*, the k maker, &c.

each being equivalent to our own roman letters, in the several english words—

From १७ to ४१ the five classes of consonants, named ku-vurgu, chu-vurgu, ṭu-vurgu, tu-vurgu, and pu-vurgu, are each closed by the ṅ after their appropriate nasals ngu, &c., but the remaining two divisions, being composed of semivowels and compound, equivocal characters, do not seem to have any peculiar designations, like the former, though they might be styled yuvurgu, wuvurgu.

2. फोर्ट विलियम कॉलेज के पुस्तकालय की मुहर :

3. 'पॉलीग्लॉट ट्रांसलेशंस' का मुखपृष्ठ और उसमें संकलित एक कहानी के विभिन्न अनुवादों का नमूना (रोमन लिपि में) :

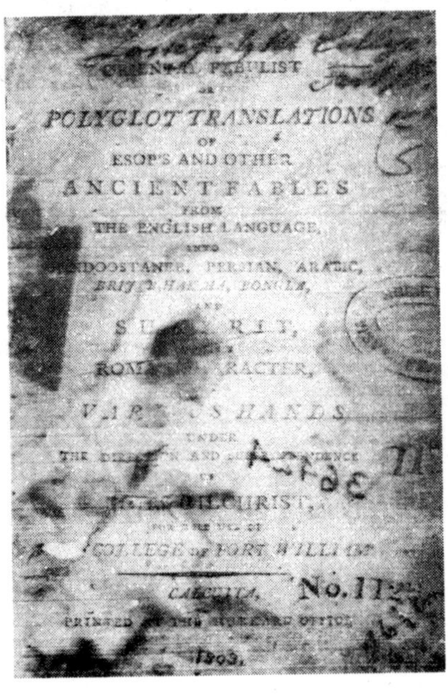

POLYGLOT TRANSLATIONS

OF

ESOP'S AND OTHER

ANCIENT FABLES

FROM

THE ENGLISH LANGUAGE,

INTO

...DOOSTANEE, PERSIAN, ARABIC,

...

COLLEGE ... FORT WILLI...

CALCUTTA.

No. 11

POLYGLOT FABLES,

FABLE II.

The Frogs petitioning Jupiter for a King.

AS Esop was travelling over Greece, he happened to pass through Athens just after Pisistratus had abolished the popular state, and usurped a sovereign power; when perceiving that the Athenians bore the yoke, though mild and easy, with much impatience, he related to them the following fable:

The commonwealth of Frogs, a discontented, variable race, weary of liberty, and fond of change, petitioned Jupiter to grant them a king. The good-natured deity, in order to indulge this their request, with as little mischief to the petitioners as possible, threw them down a Log. At first they regarded their new monarch with great reverence, and kept from him at a most respectful distance: but perceiving his tame and peaceable disposition, they by degrees ventured to approach him with more familiarity, till at length they conceived for him the utmost contempt. In this disposition, they renewed their request to Jupiter, and intreated him to bestow upon them another king. The Thunderer in his wrath sent them a Crane, who no sooner took possession of his new dominions, than he began to devour his subjects one after another, in a most capricious and tyrannical manner. They were now far more dissatisfied than before; when applying to Jupiter a third time, they were dismissed with this reproof, that the evil they complained of they had imprudently brought upon themselves; and that they had no other remedy now but to submit to it with patience.

'Tis better to bear with some defects in a mild and gentle government, than to risque [illegible] tyranny and persecution.

FROM THE ANCIENTS:

HINDOOSTANEE.

Dooſra qiſſu mendookon ka jinhon ne Khooda ſe Padſhah kee durkhwaſt kee t,hee.

Kuhte hyn Looqman Yoonan kee ſyr kurte hoo,e ittifaq-un Uſnee,e men puhooncha, buhoot din mugoozre t,he ki Piſiſtratus ne wuhan ke ru,eeſon kee hookoomut oot,ha dekur ap badſhah hoo,a t,ha ; jub dek,ha ooſne wuhan ke log hurchund ooſkee hookoomut ſat,h inſaf o moola,yumut ke hy tiſpur b,hee furman burdaree na khooſhee ſe kurte hyn, tub Looqman ne yih kuhanee kuhee :

Kiſee wuqt ſare mendook, ki jin ka quom be ſubr o hur dum khi,yalee o bequrar hy, upnee haluti azadee ſe bezar hokur, Khooda ſe ek badſhah kee durkhwaſt kee. Khooda,e kureem ne upne kurum ſe oonko iſturuh ſe qubool kee,a ki jiſmen muqdoor b,hur oonko kooch,h eeza nu puhoonche, p,hir ek koonda lukree ka neeche dal dee,a. Puhle to we is nu,e badſhah kee buhoot ſa aduman kurte, udub ſe door hee ruhte : jub ooſko inhon ne nimooha uor ud,heen jana, aſte aſte d,hit,ha,ee ſe ooſke pas jane luge, uor niput huqeer ſumuj,hne. Iſee halut men do baru dooſra padſhah girgirakur manga. Huq tu,ala ne ghuzub ſe oonpur g,hong,hul b,heja, jo oonka badſhah hote hee, zoolm ſe be undazu ek ek kurke nigulne luga. Tub we age ſe uor b,hee naraz hoo,e, uor teeſree bar durkhwaſt kee, tub Baree tu,ala ne ooſko nu ſoona uor oonko mulamut kurke furma,ya, jis khurabee kee ki toom naliſh kurte ho ſo upnee be wooq ootee ſe ap toom ne upne pur lee hy ; ub iſka uor kooch,h ilaj nuhee mugur yih ki ſubr kur ruho.

Haſil, ek umn chyn kee uch,hee ri,yaſut men kooch,h ek burj ke ſat,h ſubr kur ruhna bihtur hy, bid-ut uor zoolm ke d,hurkon kee jok,hon oot,hane ſe.

B,H A K,H A.

Doojee kut,ha dadoor,uni kee ki jinuni b,hugwan ten raja kee chah kuree hee.

Kuhutoo hyn, Looqman yoonan kee ramut kurto b,hu,yo uchanuk Ufnee,e mahin a,yo, ud,hik diwus nu beete he, ki Pififtratus nen tuhan ke ruhuni waren kee t,hukoora,ee mita,ekuri ap raja b,hu,yo ho; jub dek,hyo wa nen tuhan ke log kyonhoon wakee t,hukoora,ee fat,h nya,e uo komuluta ke hy, tapy hoo ugyakaree unmune fe kurutoo hyn tub Looqman nen yuh prufung kuhyo:

Kahoo fume figre mendookuni, ki jin kee jati ufuntok,hee uo fuda chit chunchul uroo ud,heerjee hy, tinuni apnee fwad,heen dufa ten virukt why ky b,hugwan fon ek raja kee banch,ha kuree. Prub,hoo du,yal nen apnee du,ya ten wahi ya b,hanti fon mani lu,ee, ki ja men bitt b,hur oonkuon kuch,hoo peera nu punoonche, pooni ek kat,h kuo koonda ture dari du,yo. Prut,hum tuo te ya nuveen raja kuo uti man funman kurte, muryad fon ulge hee ruhte: jub wa kuon inuni umohon uroo jur janyo fune fune d,heeta fon wa ke nikut jani lage, uroo uti tooch,h manuni. Ya hee uwuft,ha men doojee bar doofro deenta kuri chahyo. Eefwur nen kop fon oon py g,hog,hul put,ha,yo, jo oon kuo raja hoti heen uneet fon unginut ek ek kuri leeluni lagyo. Tub te prut,hum ten uorhoo uprufunn b,hu,ye, pooni teejee ber mangyo. Tub prub,hoo nen nu foonyo, uroo oon kuon d,hikk r kuri ugya kuree ki ja bipta ke lu,e toom pookar kurutoo huo, fo apnee mooruk,hta,e ten ap toom apnen pur lu,ee hy, ub ya kuo kuch,hoo oopa,e nahin, pur yuh ki funtofh kuri ruhuo.

Tatpuryu, ki anund ... t,hukoora,ee mahin kuch,hook bani ke fat,h funtok,h kuri rubno oottum *hy, viputt uo uneet ke duruni kee jok,hum* oot,ba,ewe *ten.*

B O N G L A.

Dwitee,yo kot,ha bengediger jahara eeshworer st,hane ek rajar prart,hona kori,ya ch,hilo.

Looqman yoonan b,hromon korite dyh... Ufnee,ate puonch,hilo, tok,hon onek kal ho,i,... ch,hilona je Pisistratus shek,hankar shad,haron od,h... kar niburto kori,ya aponi raja ho,i,ya ch,hilo; jok,... hon dek,hilek je tahar rajyo, jodyopi shud bichar... o shoogom bote, totrapi shek,hankar lok onich,ha poorbok agnya boho ch,hilo, Looqman tok,hon e,i kahinee kohilek.

Ek shomo,e shokol bengera, jahadiger jati ost,hir, odhyrjyo ebong obyobost,hit, apon shwad,heenota-bost,hate tyokto ho,i,ya Eeshworer st,hane ek jon rajar prart,hona korilek. Do,yaloo b,hogoban kripa poorbok taha graj,hyo kori,va krito shad,hyo kono byamoho tahadige na ho,e ejonye ek kat,her koonda tahadige p,heli,ya dilen. Prot,home tahara apon noo-ton rajar shonman shomador otisho,e korito, ebong shonkoch kori,ya doore t,hakito: kintoo jok,hon jor o st,hiro shob,hab janilek, krome krome tahar nikote g,hoona,ite lagilo, sheshe tahake otyonto tooch,ho gyan korilek. Emot b,habe poonorbar tahara deb-tar st,hane nibedon kori,ya ar ek rajar jonye byo-grota korilek. B,hogoban kop kori,ya ek telgoor-goore tahadige pat,ha,ilen, she apon shobyo rajyo od,hikar koriba matro nijo projadige brajok mote ek ek kori,ya oni,yomit k,ha,ite lagilo. Ihate tahara poorbapek,hye aro ootyokto ho,ilo; jok,hon tritee,yo bar debtar nikot prart,hona korilek taha shoonilen na, ebong emot lanch,hona korilen, je coopate

4. 'हिन्दी एंड हिन्दुस्तानी सेलेक्शंस' में संकलित लल्लूलाल के 'द न्यू साइक्लोपीडिया हिन्दुस्तानिका ऑफ विट' के 1810 संस्करण का मुखपृष्ठ और कहानी का नमूना :

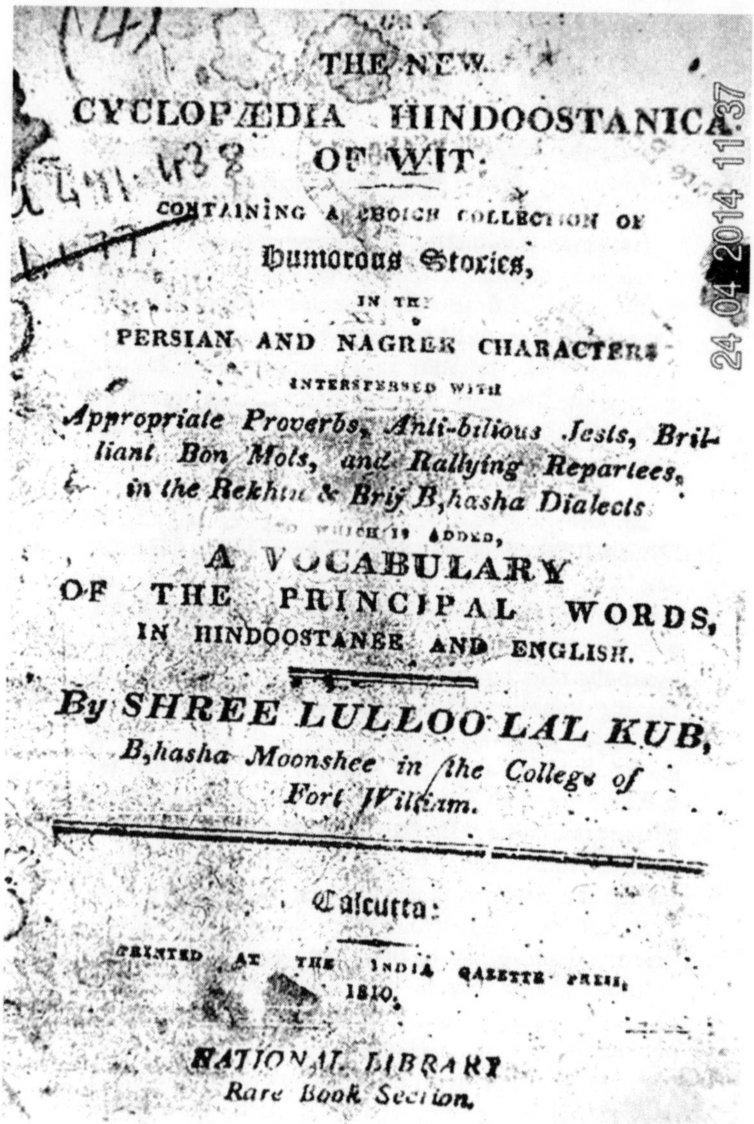

THE NEW

CYCLOPÆDIA HINDOOSTANICA

OF WIT:

CONTAINING A CHOICE COLLECTION OF

Humorous Stories,

IN THE

PERSIAN AND NAGREE CHARACTERS

INTERSPERSED WITH

Appropriate Proverbs, Anti-bilious Jests, Brilliant Bon Mots, and Rallying Repartees, in the Rekhtu & Brij B,hasha Dialects

TO WHICH IS ADDED,

A VOCABULARY

OF THE PRINCIPAL WORDS,

IN HINDOOSTANEE AND ENGLISH.

By SHREE LULLOO LAL KUB,

B,hasha Moonshee in the College of Fort William.

Calcutta:

PRINTED AT THE INDIA GAZETTE PRESS,

1810.

श्री गणेशाय नमः ८

नक़्ल १

एक साहूकार पोतड़ों का रईस ज़माने के पेच पाच में आ अपनी दौलत सब खोबैठा और लगा निपट दुखपाने और फ़ाके कड़ाके खैंचने॥ निदान उसके जीमें यिह ख़ियाल गुज़रा कि जो मैं किसी महापुरुष या सिद्ध के पास जाऊं तो यिह दुख मिटे - क्यूंकि सुना है साध के दरशन से व्याध जाती है॥ इतना बिचार चला चला एक जोगी के पास गया - यिह उस से कुछ न कहने पाया कि उसने अपने जोग से इसका मतलब दरयाफ़्त कर लिया॥

सुष्य दुष्य प्रतिदिन संग हैं मेट सके नहि कोय॥
जैसे छाया देह की न्यारी नेक न होय॥
यिह मुश्कूल जवाब पा वुह वियाना सुबन कन
आपने घन आया ०

नक्ल २

ऐक रंडा वैरागी काशी के वीच मनकनिका घाट
पन बैठ गहन में दही पेडे प्वारहा था कि ऐच्य
कन किसी पंडित ने पूछा सूनदास जी यिह क्या
कनते हो ॰ बोला महानाज दही पेडे प्याता हूं-
कहा गहन में ॰ जवाव दिया बाबा मेने गुरू की
दया से सदाही गहन है॰ यिह सुन पंडित हंस
कन चुप होनहा

नक्ल ३

कोई राजपूत बहुत अफीम प्याता था इत्तिफाकन
उसे सफन दरपेश हूआ और किसी मनज़िल में
जाकन उतना वहां के लोगोंने आकन इससे कहा
कि ठाकुन साहिब यहां मोनी बहुत होती है आप

सन्दर्भ-ग्रन्थ

अ कैटेलॉग ऑफ दी लाइब्रेरी ऑफ दी ऑनरेबुल ईस्ट इंडिया कम्पनी, प्रिंटेड बाई जे.एंड एच. कॉक्स, लन्दन, 1845

अ यंग जेंटलमैन ऑफ हर्टफोर्ड कॉलेज, पोएटिकल एसेज, जे.एफ.एंड सी. रीविंगटन, लन्दन

अमरनाथ (सं.), हिन्दी भाषा का समाजशास्त्र, आनन्द प्रकाशन, कलकत्ता, 2006

आर.आर. पीयर्स, मेमॉयर्स एंड करेस्पॉण्डेंसेज ऑफ दी मोस्ट नॉबल रिचर्ड मार्क्विस वेलेजली, रिचर्ड बेंटली, लन्दन 1846

आर.के. कौल, स्टडीज इन विलियम जोंस, एन इंटरप्रिटर ऑफ ओरिएंटल लिट्रेचर, आई.आई.ए.एस., शिमला, 1995

आर.के. पेर्ती, कैटेलॉग ऑफ मैनुस्क्रिप्ट्स ऑफ दी फोर्ट विलियम कॉलेज कलेक्शन इन दी नेशनल आर्काइब्स ऑफ इंडिया लाइब्रेरी, राष्ट्रीय अभिलेखागार, नई दिल्ली, 1989

आर.के. पेर्ती, कैटेलॉग ऑफ बुक्स ऑफ दी फोर्ट विलियम कॉलेज कलेक्शन इन दी नेशनल आर्काइब्स ऑफ इंडिया लाइब्रेरी, राष्ट्रीय अभिलेखागार, नई दिल्ली, 1984

ए.जे. ग्रीव (संकलनकर्ता), थॉमस बैबिंगटन मैकाले, क्रिटिकल एंड हिस्टॉरिकल एसेज, दो भागों में, जे.एम.डेंट एंड संस, लन्दन, 1961

एच.टी. कोलब्रूक, एसेज ऑन दी रिलीजन एंड फिलॉसॉफीज ऑफ हिन्दूज, विलियम्स एंड वॉरगेट, लन्दन, 1858

एच.टी. कोलब्रूक, मिसेलेनियस एसेज, खंड-2, डब्ल्यू.एच. एलेन एंड कम्पनी, लन्दन, 1836

एडम स्मिथ, वेल्थ ऑफ नेशंस, जे.एम. डेंट एंड संस लिमिटेड, 1933

एडवर्ड बी. ईस्टवीक (अनुवादक), प्रेमसागर ऑर दी ओसन ऑफ लव, ट्रांसलेटेड फ्रॉम दी हिन्दी ऑफ श्री लल्लूलाल कवि, डब्ल्यू.एच. एलेन एंड कम्पनी, लन्दन, 1867

एडवर्ड सईद, ओरिएंटलिज्म : वेस्टर्न कन्सेप्शंस ऑफ द ओरिएंट, पेंग्विन बुक्स, इंडिया, 2001

एजाज अहमद, इन थियरी, ऑक्सफोर्ड यूनिवर्सिटी प्रेस, नई दिल्ली, 2007

एंसाइन जे.आर.ए.एस.लो (अनुवादक), राजनीति बाई लल्लूलाल, पी.एस. डीरोजारियो एंड कम्पनी, कलकत्ता, 1853

एस.डब्ल्यू. फैलन, ए डिक्शनरी ऑफ हिन्दुस्तानी प्रोवर्ब्स, एशियन एजूकेशनल सर्विसेज, नई दिल्ली, 1998

एहतेशाम हुसैन, उर्दू साहित्य का आलोचनात्मक इतिहास, लोकभारती प्रकाशन, इलाहाबाद, 2002

ओ.पी. केजरीवाल, भारत के अतीत की खोज, किताबघर प्रकाशन, नई दिल्ली, 2009
कमलेश्वर, कितने पाकिस्तान, राजपाल एंड संस, दिल्ली, 2006
कार्ल मार्क्स, फ्रेडरिख एंगेल्स, द फर्स्ट इंडियन वार ऑफ इंडिपेन्डेंस, प्रोग्रेस पब्लिशर्स, मॉस्को, 1988
क्रिस्टोफर आर. किंग, वन लैंग्वेज, टू स्क्रिप्ट्स, ऑक्सफोर्ड यूनिवर्सिटी प्रेस, बम्बई, 1994
के. दामोदरन, भारतीय चिन्तन परम्परा, पीपुल्स पब्लिशिंग हाउस, नई दिल्ली, 2001
कैरोल ए. ब्रैकेनरीज, ओरिएंटलिज्म एंड द पोस्ट कॉलोनियल प्रीडिकामेंट, ऑक्सफोर्ड यूनिवर्सिटी प्रेस, दिल्ली, 1994
कृष्णाचार्य, अंग्रेज लेखकों की दृष्टि में हिन्दी और लल्लूलाल कवि, शिक्षा विभाग (उत्तर प्रदेश के मुख्यपत्र शिक्षा से पुनर्मुद्रित), 1967
गार्सां द तासी, इस्तवार द ला लितरेत्युर ऐंदुई ऐ ऐंदुस्तानी (अनुवाद—हिन्दुई साहित्य का इतिहास, लक्ष्मीसागर वार्ष्णेय), हिन्दुस्तानी एकेडमी, इलाहाबाद, अनूदित संस्करण, 1943
चार्ल्स विल्किस, अ ग्रामर ऑफ दी संस्कृत लैंग्वेज, ब्लैकबरी एंड किंग्सबरी, लन्दन, 1808
जॉन शेक्सपियर, ए ग्रामर ऑफ हिन्दुस्तानी लैंग्वेज, किंग्सबरी पार्बरी एंड एलेन, लन्दन, तृतीय संस्करण
जियाउद्दीन सरदार, ओरिएंटलिज्म, वीवा बुक्स प्राइवेट लिमिटेड, नई दिल्ली, 2002
जॉन बॉर्थविक गिलक्रिस्ट, दी ओरिएंटल फैब्युलिस्ट ऑर दी पॉलीग्लॉट ट्रांसलेशंस ऑफ ईसप एंड अदर ऐंशिएंट फैबल्स फ्रॉम दी इंग्लिश लैंग्वेज इनटू हिन्दुस्तानी, पर्शियन, अरबिक, ब्रजभाखा, बांग्ला एंड संस्कृत इन दी रोमन कैरेक्टर्स अंडर दी डाइरेक्शन एंड सुपरिंटेंडेंस ऑफ जॉन गिलक्रिस्ट, फॉर दी यूज ऑफ कॉलेज ऑफ फोर्ट विलियम, हरकारू ऑफिस, कलकत्ता, 1803
जॉन बॉर्थविक गिलक्रिस्ट, दी ओरिएंटल लिंग्विस्ट, फेरिस एंड ग्रीनवे, कलकत्ता, 1798
जॉन बॉर्थविक गिलक्रिस्ट, दी हिन्दी रोमन ऑर्थोएपिग्राफिकल अल्टिमम ऑर ए सिस्टेमैटिक, डिस्क्रिमिनिटेव व्यू ऑर ओरिएंटल एंड ऑक्सिडेंटल विजिबल साउंड्स ऑन फिक्स्ड एंड प्रैक्टिकल प्रिसिम्पल्स फॉर स्पीडिली एक्वायरिंग द मोस्ट एक्यूरेट प्रोनन्सिएशन ऑफ मेनी ओरिएंटल लैंग्वेजेज एक्जेम्प्लीफाइड इन वन हंड्रेड एनेकडोट्स, टेल्स, जेस्ट्स, मैक्सिम्स एंड प्रोवर्ब्स ऑफ दी हिन्दुस्तानी स्टोरी टेलर, किंग्सबरी, पार्बरी एंड एलेन, लन्दन, 1820
जॉन बॉर्थविक गिलक्रिस्ट, अ ग्रामर ऑफ दी हिन्दुस्तानी लैंग्वेज ऑर पार्ट थर्ड ऑफ वॉल्यूम फर्स्ट ऑफ ए सिस्टम ऑफ हिन्दुस्तानी फिलोलॉजी, क्रॉनिकल प्रेस, कलकत्ता, 1796
जॉन बॉर्थविक गिलक्रिस्ट, दी जनरल ईस्ट इंडिया गाइड एंड वेड मेकम, फॉर किंग्सबरी, पार्बरी एंड एलेन, लन्दन, 1825
जॉन बॉर्थविक गिलक्रिस्ट, हिन्दी मोरल प्रिसेप्टर, फोर्ट विलियम कॉलेज (यह प्रति एशियाटिक सोसाइटी, कोलकाता से उपलब्ध हुई)
जॉन बॉर्थविक गिलक्रिस्ट, हिन्दी मोरल प्रिसेप्टर, ब्लैकबरी किंग्सबरी पार्बरी एंड एलेन, लन्दन, दूसरा संस्करण, 1821
जॉन बॉर्थविक गिलक्रिस्ट, पार्लियामेंटरी रिफॉर्म ऑन कॉन्स्टीट्यूशनल प्रिंसिपल्स, ऑर ब्रिटिश

लॉयल्टी अगेंस्ट कॉण्टीनेंटल रॉयल्टी, द होल हॉस्ट ऑफ सैसेदडोटल इंक्वीजीटर्स इन यूरोप, एंड एव्री इंक्वीसियस जज, करप्ट रूलर, वेनल कॉरपोरेशन, रॉटेन बोराफ, स्लैविश एडिटर ऑर जैकोबिटिकल टोड इटर विदिन ब्रिटिश एम्पायर, डब्ल्यू लैंग द्वारा मुद्रित, ग्लासगो, 1815

जॉन बॉर्थविक गिलक्रिस्ट, द स्ट्रेंजर्स इनफैलिएबल ईस्ट इंडियन गाइड, किंग्सबरी पार्बरी एंड एलेन, लन्दन, तृतीय संस्करण, 1825

जॉर्ज अब्राहम ग्रियर्सन, दी मॉडर्न वर्नाक्यूलर लिटरेचर ऑफ हिन्दुस्तान (अनुवाद—किशोरी लाल गुप्त—हिन्दी साहित्य का प्रथम इतिहास), हिन्दी प्रचारक पुस्तकालय, वाराणसी, अनूदित संस्करण, 1957

जॉर्ज अब्राहम ग्रियर्सन (सं.), द सतसैया ऑफ बिहारी, गवर्नमेंट प्रिंटिंग, इंडिया, कलकत्ता, 1867

टॉमस रोएबक, एनाल्स ऑफ दी कॉलेज ऑफ फोर्ट विलियम, हिन्दुस्तानी प्रेस, कलकत्ता, 1819

डब्ल्यू.एथरिंगटन, द स्टूडेंट्स ग्रामर ऑफ द हिन्दी लैंग्वेज, ट्रब्नर एंड कम्पनी, लन्दन, 1870

डब्ल्यू बी. बार्कर (अनुवादक), दी बैताल पच्चीसी (लिटरली इंग्लिश इंटरलीनियर ट्रांसलेशन), स्टीफेन ऑस्टिन, हर्टफोर्ड, MDCCCLV

डब्ल्यू येट्स, इंट्रोडक्शन टू दी हिन्दुस्तानी लैंग्वेज (तीन भागों में), भूमिका से, बैप्टिस्ट मिशन प्रेस, कलकत्ता, 1827

डब्ल्यू. नस्साउ लीस, अ गाइड टू दी इक्जामिनेशन एट दी कॉलेज ऑफ फोर्ट विलियम, विलियम एंड नारगेट, लन्दन, 1860

डेविड कॉफ, ब्रिटिश ओरिएंटलिज्म एंड बंगाल रेनेसाँ, फर्मा के.एल. मुखोपाध्याय, कलकत्ता, 1969

थॉमस बैबिंगटन मैकाले, स्पीचेज, पार्लियामेंटरी एंड मिसेलेनियस (दो भागों में), भाग 1, फॉर हेनरी विजेटली, लन्दन, 1853

थॉमस रोएबक, दी एनाल्स ऑफ दी कॉलेज ऑफ फोर्ट विलियम, हिन्दुस्तानी प्रेस, कलकत्ता, 1819

दी हैंडबुक टू हिन्दुस्तानी कनवर्सेशन, राधानाथ डे एंड कम्पनी, कलकत्ता, 1847

देवेन्द्र चौबे (सं.), 1857 भारत का पहला राष्ट्रीय मुक्ति संघर्ष, प्रकाशन संस्थान, नई दिल्ली, 2008

नलिन विलोचन शर्मा (सं.), सदल मिश्र ग्रन्थावली, बिहार राष्ट्रभाषा परिषद, पटना, 1960

नामवर सिंह, आलोचक के मुख से, सम्पादक—खगेन्द्र ठाकुर, राजकमल प्रकाशन, नई दिल्ली, 2005

नामवर सिंह, दूसरी परम्परा की खोज, राजकमल प्रकाशन, नई दिल्ली, 2008

नीरज गोयल, फोर्ट विलियम कॉलेज : एक इतिहास, ऋषभचरण जैन एवं सन्तति, 1986

पद्मसिंह शर्मा, हिन्दी, उर्दू और हिन्दुस्तानी, हिन्दुस्तानी एकेडमी, इलाहाबाद, 1951

पी.ई. रॉबर्ट्स, वेलेजली के अधीन भारत, अनुवादक—उमाराव, उत्तर प्रदेश हिन्दी ग्रन्थ अकादमी, लखनऊ, 1971

प्रणय कृष्ण, उत्तर-औपनिवेशिकता के स्रोत और हिन्दी साहित्य, लोकभारती प्रकाशन, इलाहाबाद, 2008

प्रीमिटिया ओरिएंटालिस, खंड-2, थीसिस ऑन दी ओरिएंटल लैंग्वेजेज बाई दी स्टूडेंट्स ऑफ दी कॉलेज ऑफ फोर्ट विलियम, कलकत्ता, 1803

फ्रीडमान्न श्लेंदर, मोक्ष के मूल की यात्रा, फ्रेडरिख मैक्सम्यूलर, जीवन और कृत्य (अनुवादक—उज्ज्वल भट्टाचार्य), वाणी प्रकाशन, नई दिल्ली, 2000

फ्रैंचेस्का ऑर्सिनी, हिन्दी का लोकवृत्त, अनुवाद—नीलाभ, वाणी प्रकाशन, नई दिल्ली, 2011

बंगाल सरकार, सेलेक्शंस फ्रॉम द रेकॉर्ड्स ऑफ दी बंगाल गवर्नमेंट, कलकत्ता गजट ऑफिस, कलकत्ता, 1855

बच्चन सिंह, आधुनिक हिन्दी साहित्य का इतिहास, लोकभारती प्रकाशन, इलाहाबाद, 1999

मजहर अली खान विला, माधोनल, फ्रॉम दी ब्रज भाषा ऑफ मोतीराम कबीश्वर, हिन्दुस्तानी प्रेस, कलकत्ता, 1825

माइकल एस.डॉडसन, ओरिएंटलिज्म : एम्पायर एंड नेशनल कल्चर, फाउंडेशन बुक्स, कैम्ब्रिज यूनिवर्सिटी प्रेस, 2010

मॉण्टगॉमरी मार्टिन (सं.), डिस्पैचेज, मिनट्स ऑफ दी मार्क्विस वेलेजली, के.जी., ड्यूरिंग हिज एडमिनिस्ट्रेशन इन इंडिया, भाग-2, डब्ल्यू.एच. एलेन एंड कम्पनी, लन्दन, 1836, इंटर इंडिया पब्लिकेशंस, नई दिल्ली, पुनर्मुद्रित, 1984

यूस्टेस कैरे, मेमॉयर ऑफ विलियम कैरे, डी.डी. हर्टफोर्ड, कैनफील्ड एंड रॉबिन्स, ग्रेट ब्रिटेन, 1837

रजनी पामदत्त, आज का भारत, मैकमिलन प्रकाशन, नई दिल्ली, 1977

रामचन्द्र शुक्ल, लोक जागरण और हिन्दी साहित्य (सम्पादन—रामविलास शर्मा), वाणी प्रकाशन, नई दिल्ली, 2004

रामचन्द्र शुक्ल, हिन्दी साहित्य का इतिहास, अशोक प्रकाशन, नई दिल्ली, 2004

रामचन्द्र शुक्ल, हिन्दी साहित्य का इतिहास, आचार्य रामचन्द्र शुक्ल ग्रन्थावली, खंड 5, सम्पादक—ओम प्रकाश सिंह, प्रकाशन संस्थान, नई दिल्ली, 2007

रामकुमार वर्मा, हिन्दी साहित्य का आलोचनात्मक इतिहास, लोकभारती प्रकाशन, इलाहाबाद, 2007

रामविलास शर्मा, भारतीय साहित्य की भूमिका, राजकमल प्रकाशन, 1996

रामविलास शर्मा, भारतीय इतिहास और ऐतिहासिक भौतिकवाद, हिन्दी माध्यम कार्यान्वयन निदेशालय, दिल्ली विश्वविद्यालय, 1992

रामविलास शर्मा, भारतेन्दु-युग और हिन्दी भाषा की विकास-परम्परा, राजकमल प्रकाशन, नई दिल्ली, 1975

रामविलास शर्मा, भाषा और समाज, राजकमल प्रकाशन, नई दिल्ली, पाँचवाँ संस्करण, 2002

रामविलास शर्मा, भारतीय साहित्य के इतिहास की समस्याएँ, वाणी प्रकाशन, नई दिल्ली, 2002

रामविलास शर्मा, भारत में अंग्रेजी राज और मार्क्सवाद, खंड-1, राजकमल प्रकाशन, नई दिल्ली, 1982

रामस्वरूप चतुर्वेदी, हिन्दी साहित्य और संवेदना का विकास, लोकभारती प्रकाशन, इलाहाबाद, 2001

रामस्वरूप चतुर्वेदी, हिन्दी गद्य : विन्यास और विकास, लोकभारती प्रकाशन, इलाहाबाद, 1996

रिपोर्ट ऑफ दी जनरल कमिटी ऑफ पब्लिक इंस्ट्रक्शन ऑफ दी प्रेसीडेंसी ऑफ फोर्ट विलियम इन बंगाल फॉर दी इयर, 1836, कलकत्ता बैप्टिस्ट मिशन प्रेस, 1837

रेवरेंड ह्यू पियर्सन, मेमॉयर्स ऑफ दी लाइफ एंड राइटिंग्स ऑफ दी रेवरेंड क्लॉडियस बुकानन, भाग 1, लन्दन, 1819

रेव.जी.आर ग्लीग, मेमॉयर्स ऑफ दी लाइफ ऑफ दी राइट ऑनरेबुल वॉरेन हेस्टिंग्स, फर्स्ट गवर्नर जनरल ऑफ बंगाल, रिचर्ड बेंटली, लन्दन, 1941

लल्लूलाल, प्रेमसागर (सम्पादक—ब्रजरत्नदास), नागरी प्रचारिणी ग्रन्थमाला-27, काशी नागरी प्रचारिणी सभा, तृतीय संस्करण, 1953

लल्लूलाल, सिंहासन बत्तीसी, राजा रामकुमार प्रेस, लखनऊ, 1951

लल्लूलाल, लतायफ-ए-हिन्दी, या द न्यू साइक्लोपीडिया हिन्दुस्तानिका ऑफ विट, इंडिया गजट प्रेस, कलकत्ता, 1810

लल्लूलाल, राजनीति, अ कलेक्शन ऑफ हिन्दू एपोलॉग्स, प्रेसबिटेरियन मिशन प्रेस, इलाहाबाद, नया संस्करण, 1854

लक्ष्मीसागर वार्ष्णेय, फोर्ट विलियम कॉलेज, इलाहाबाद विश्वविद्यालय प्रकाशन, इलाहाबाद, 1947

लक्ष्मीसागर वार्ष्णेय, हिन्दी साहित्य का इतिहास, लोकभारती प्रकाशन, इलाहाबाद, 1987

लक्ष्मीसागर वार्ष्णेय, आधुनिक हिन्दी साहित्य, हिन्दी परिषद् प्रकाशन, इलाहाबाद, 1971

लक्ष्मीसागर वार्ष्णेय, आधुनिक हिन्दी साहित्य की भूमिका, इलाहाबाद विश्वविद्यालय प्रकाशन, इलाहाबाद, 1971

लॉर्ड टेनमथ, दी वर्क्स ऑफ सर विलियम जोंस विथ दी लाइफ ऑफ दी ऑथर, खंड 13, फॉर जॉन स्टाक्डेल, जॉन वाकर, लन्दन, 1807

वॉरेन हेस्टिंग्स, मेमॉयर्स रिलेटिव टू द स्टेट ऑफ इंडिया, जे. मुरे, लन्दन, प्रथम प्रकाशित 1786, नया एवं परिवर्धित संस्करण उपलब्ध

विलियम कर्कपैट्रिक, ए वोकाब्युलरी, पर्शियन, अरेबिक एंड इंग्लिश—ऐज हैव बीन एडॉप्टेड—एंड इन्कॉर्पोरेटेड इनटू हिन्दवी, जोसेफ कूपर एंड डूरी लेन, लन्दन, 1885

विलियम प्राइस (सं.), हिन्दी एंड हिन्दुस्तानी सेलेक्शंस, टू विच आर प्रीफिक्स्ड दी रूडीमेंट्स ऑफ हिन्दुस्तानी एंड ब्रज भाखा ग्रामर, कम्पाइल्ड फॉर दी यूज ऑफ द इंटरप्रेटर्स टू द नैटिव कॉर्प्स ऑफ दी बंगाल आर्मी (दो भागों में), भाग 1, हिन्दुस्तानी प्रेस, कलकत्ता, 1827

विलियम प्राइस (सं.), सभा विलास, अ कलेक्शन ऑफ स्टैंजाज ऑन वैरियस सब्जेक्ट्स इन हिन्दी बाई डिफरेंट ऑथर्स, एजूकेशन प्रेस, 1828

विलियम प्राइस (सं.), छत्र प्रकाश, बाई लालकवि, एजूकेशन प्रेस, 1829

वीर भारत तलवार, सामना, वाणी प्रकाशन, नई दिल्ली, 2005

सदीकुर्रहमान किदवई, गिलक्रिस्ट एंड दी लैंग्वेज ऑफ हिन्दुस्तान, रचना प्रकाशन, नई दिल्ली, 1972

सी.एच. फिलिप्स (सं.), द करेस्पॉण्डेंस ऑफ दी लॉर्ड विलियम केवेंडिश बैंटिक, भाग 1 (1828-31), ऑक्सफोर्ड यूनिवर्सिटी प्रेस, लन्दन, 1977

सी.एच. फिलिप्स, इंडिया, हचिंसन यूनिवर्सिटी लाइब्रेरी, ब्रिटिश एम्पायर हिस्ट्री, लन्दन, 1960

सुब्रत दासगुप्त, द बंगाल रेनेसाँ, पर्मानेंट ब्लैक, नई दिल्ली, 2007

सेलेक्शंस फ्रॉम दी रेकॉर्ड्स ऑफ दी बंगाल गवर्नमेंट, करेस्पॉण्डेंस रिलेटिंग टू वर्नाक्यूलर एजूकेशन इन द लोवर प्रोविंसेज ऑफ बंगाल, टॉमस जोंस, कलकत्ता गजट ऑफिस, कलकत्ता, 1855

शम्सुर्रहमान फारूकी, उर्दू का आरम्भिक युग, राजकमल प्रकाशन, नई दिल्ली, 2007

शम्भुनाथ, हिन्दी नवजागरण और संस्कृति, आनन्द प्रकाशन, कोलकाता, 2004

शंभुनाथ, अमरनाथ (सं.), आधुनिक साहित्य—मूल्यांकन के नये परिप्रेक्ष्य, यू.जी.सी. ए.एस.सी. और हिन्दी विभाग, कलकत्ता विश्वविद्यालय, कोलकाता द्वारा प्रकाशित, 2001

शितिकंठ मिश्र, खड़ी बोली आन्दोलन का इतिहास, नागरी प्रचारिणी सभा, वाराणसी, 1956

शिव मंगल राय, ईस्ट इंडिया कम्पनी की हिन्दी नीति, हिन्दी प्रचारक संस्थान, वाराणसी, 1985

शेखर बन्द्योपाध्याय, पलासी से विभाजन तक (अनुवाद—नरेश नदीम), ओरिएंट लॉन्गमैन प्राइवेट लिमिटेड, नई दिल्ली, 2007

हजारीप्रसाद द्विवेदी, हिन्दी साहित्य : उद्‌भव और विकास, राजकमल प्रकाशन, नई दिल्ली, 1990

हेनरी मॉरिस, द लाइफ ऑफ चार्ल्स ग्रांट, समटाइम मेम्बर ऑफ पार्लियामेंट फॉर इनकवनेस शायर एंड डायरेक्टर ऑफ दी ईस्ट इंडिया कम्पनी, जॉन मुरे, लन्दन, 1904

शोध-ग्रन्थ

क्रिस्टोफर आर. किंग, नागरी प्रचारिणी सभा ऑफ बनारस, 1893-1914—ए स्टडी इन द सोशल एंड पॉलिटिकल हिस्ट्री ऑफ दी हिन्दी लैंग्वेज (शोध—पीएच.डी. यूनिवर्सिटी ऑफ विस्कॉन्सिन, थीसिस, 1974), नेहरू मेमोरियल पुस्तकालय, नई दिल्ली में उपलब्ध (माइक्रोफिल्म-लाइव 1020)

अमिष वर्मा, हिन्दी भाषा के विकास में नागरी प्रचारिणी सभा का योगदान, एम.फिल. उपाधि हेतु प्रस्तुत अप्रकाशित लघु शोध-प्रबन्ध, दिल्ली वि.वि., दिल्ली, 2007

अभिलेखागारीय सामग्री

प्रोसीडिंग्स ऑफ दी कॉलेज ऑफ फोर्ट विलियम (1801-54), (19 भागों में), देखें—होम डिपार्टमेंट, मिसेलेनियस रेकाड्‌र्स, भाग 559, (24-4-1801 से 4-9-1805)

के.डी. भार्गव (प्रमुख सम्पादक), इंडियन रेकॉर्ड्स सीरीज, पी.सी. गुप्ता (सम्पादक), फोर्ट विलियम इंडिया हाउस करेस्पॉण्डेंस (पब्लिक सीरीज), भाग xiii (1796-1800),

राष्ट्रीय अभिलेखागार, भारत सरकार, दिल्ली, 1959

पत्र-पत्रिकाएँ एवं अन्य स्रोत

आलोचना, अप्रैल-जून, 2001, रामविलास शर्मा विशेषांक

ऑक्सफोर्ड लिटररी रिव्यू, खंड 16, नं 1-2, यूनाइटेड किंग्डम, 1994

एशियाटिक रिसर्चेज ऑर ट्रांजैक्शंस ऑफ दी सोसाइटी इंस्टीट्यूटेड इन बंगाल फॉर इन्क्वायरिंग इनटू दी हिस्ट्री एंड एंटीक्वीटीज, द आर्ट्स साइंसेज एंड लिट्रेचर ऑफ एशिया, खंड 4, चतुर्थ संस्करण (फ्रॉम दी कैलकटा एडिशन), लन्दन, 1807

एशियाटिक रिसर्चेज ऑर ट्रांजैक्शंस ऑफ दी सोसाइटी इंस्टीट्यूटेड इन बंगाल फॉर इंक्वायरिंग इनटू दी हिस्ट्री एंड एंटीक्वीटीज, दी आर्ट्स साइंसेज एंड लिटरेचर ऑफ एशिया, भाग-1, भारत भारती ओरिएंटल पब्लिशर्स एंड बुक सेलर्स, दुर्गा कुंड, वाराणसी, 1972

जर्नल ऑफ मल्टीलिंगुअल एंड मल्टी कल्चरल डेवेलपमेंट, हांगकांग पॉलिटेक्निक यूनिवर्सिटी, हांगकांग, भाग 23, संख्या 4, 2002

दस्तावेज 5-6, वर्ष 2, अक्तूबर 79 एवं जनवरी 80, गोरखपुर, हजारीप्रसाद द्विवेदी स्मृति अंक

दी कलकत्ता रिव्यू, खंड 22 (जनवरी-जून 1854), सैंडर्स एंड कम्पनी, कलकत्ता, 1854

लैंग्वेज इन इंडिया, भाग 3, अप्रैल 2003

समसामयिक सृजन, अंक 2, अप्रैल-जून, 2012, हिन्दी साहित्येतिहास लेखन की समस्याएँ विषय पर केन्द्रित

साखी पत्रिका 13-14, जुलाई-दिसम्बर, 2006

साखी पत्रिका 15-16, जनवरी-जून, 2007

सोशल साइंटिस्ट, खंड 33, संख्या 1-2, जनवरी-फरवरी, 2005

ऑक्सफोर्ड लिटररी रिव्यू, खंड 16, नं. 1-2, यूनाइटेड किंग्डम, 1994

अनुक्रमणिका